总顾问　安作璋

总主编　王兆成　刘秋增

副总主编　金明善　刘　娟

齐鲁诸子名家志·孟子志

齐鲁诸子名家志

孟子志

主　审　高善东
副主审　吕　郁　梁　超　张延龄
主　编　刘培桂
副主编　周广志　王　彦
编　辑（以姓氏笔画为序）
王　彦　孔令源　周广志
胡强音
摄　影　郑健方　邢卫军　刘　源

山东人民出版社

明代孟子碑刻像

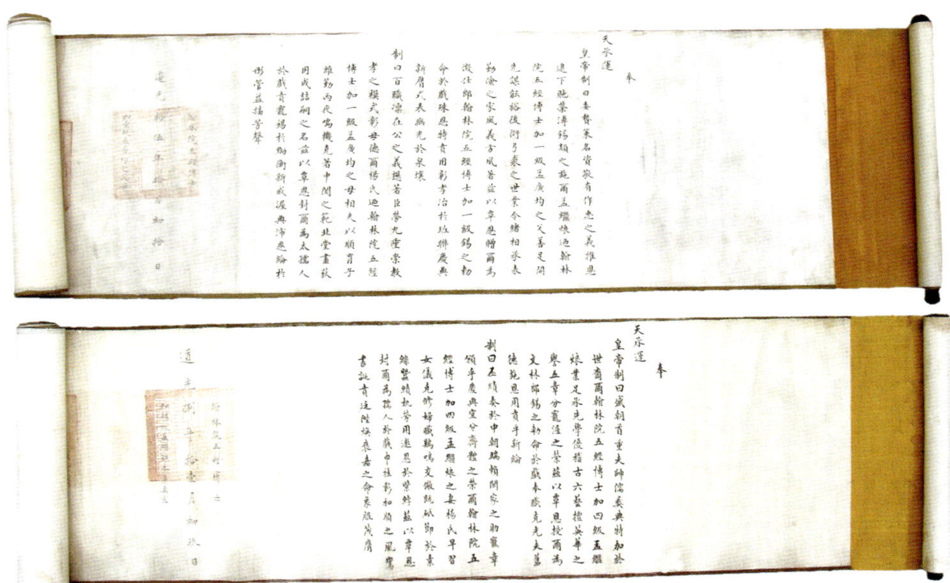

加封孟子后裔敕命

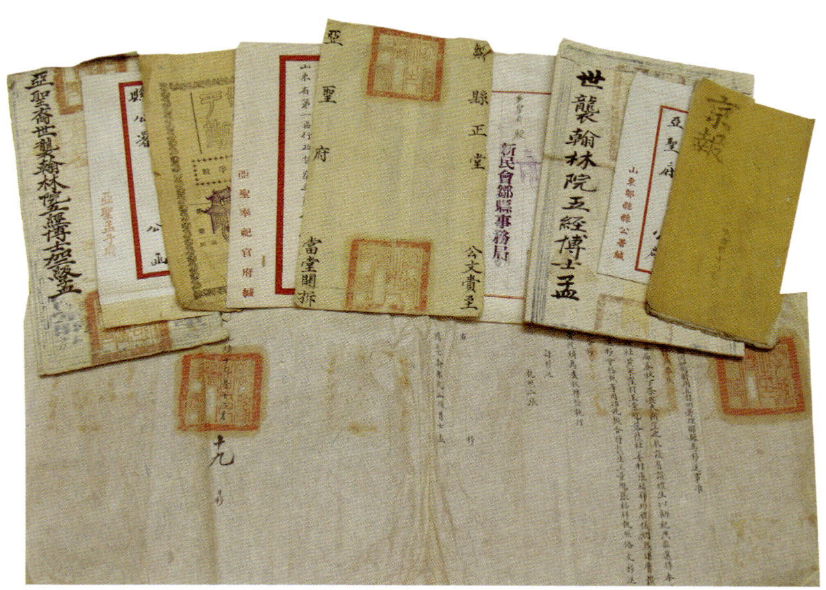

孟府档案

旧藏孟庙祭祀用器

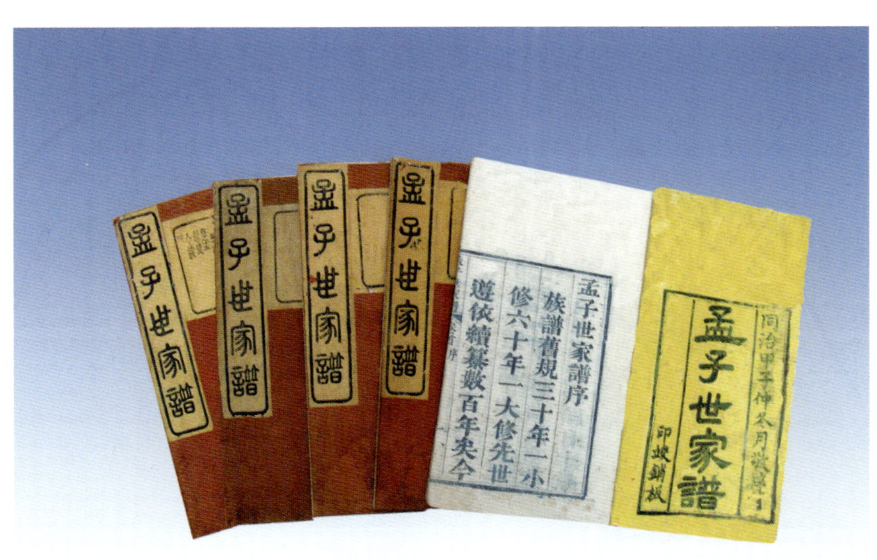

孟子世家谱

莱子侯刻石

明蕉叶白端砚

清仿汉建安瓦砚

孟庙亚圣殿

孟庙碑林

孟庙棂星门

明洪武初年《邹国公（孟子）像》石刻拓本

明天顺元年（1457年）重刊《邹国公像》石刻拓本

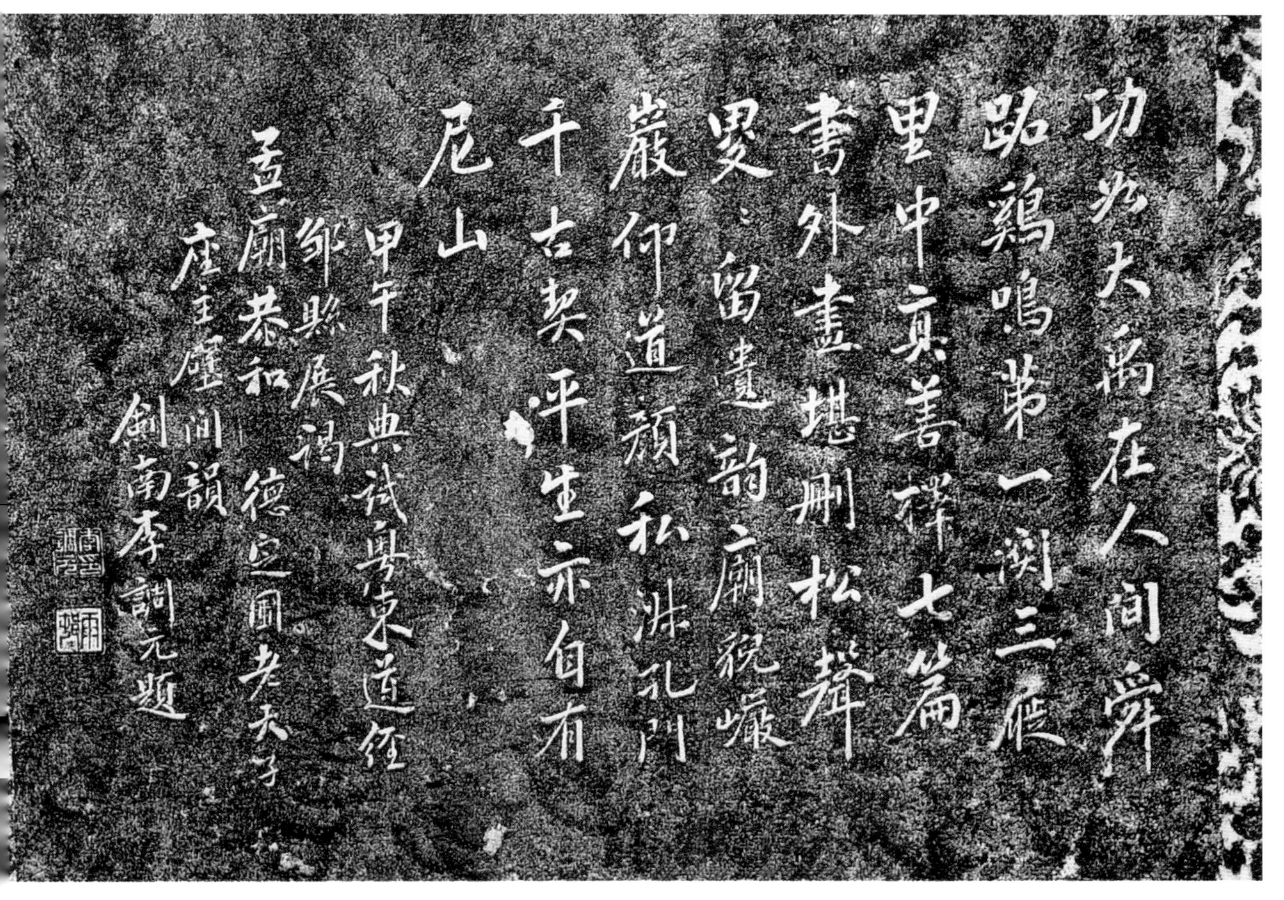

功比大禹在人間舜
跖鷄鳴第一關三徙
里中真善擇七篇
書外盡堪刪松聲
翼翼留遺韻廟貌巖
巖仰道顏私淑孔門
千古契平生亦自有
尼山
甲午秋典試粤東道經
鄒縣展謁
孟廟恭和　德定圃老夫子
座主壁間韻
劍南李誯元題

李昌元《题孟庙桧古一首》刻石拓本

齐鲁诸子名家志

总 序

齐鲁，山东古国名，世称山东为齐鲁文明礼仪之邦，历史悠久，文化灿烂，名人名家辈出，他们在政治、经济、军事、思想、文化等多个领域都作出了重大贡献，其思想、言行和业绩对中国乃至世界都产生了广泛而深远的影响，已成为全人类共同的精神财富。

山东人民出版社出版的《齐鲁诸子名家志》丛书，共20卷，收集了山东历史上28位最杰出的代表人物的生平、业绩、影响和后人的研究状况。这套丛书的出版，将进一步推动对齐鲁文化的研究，更加全面地继承和弘扬中国优秀传统文化，为社会主义和谐社会建设服务。同时，也有利于人们更加全面地了解和深入认识山东的历史和文化，激励人们热爱山东，建设山东，进一步扩大山东在国内及海外的影响。

《齐鲁诸子名家志》所收录的人物均为中国历史上著名的思想家、政治家、军事家、科学家、发明家、文学家和艺术家。他们是：姜尚、管仲、晏婴、司马穰苴、孔子、曾参、孙武、吴起、墨子、孟子、孙膑、扁鹊、徐福、淳于意（仓公）、郑玄、诸葛亮、王叔和、王羲之、王献之、刘勰、贾思勰、颜真卿、李清照、辛弃疾、戚继光、王士禛、蒲松龄、孔尚任。

姜尚,字子牙,世称姜太公,曾辅佐周武王灭商,因大功封于齐,为齐国开创者。他在齐国除继承周的"重农"传统外,又"通商工之业,便渔盐之利","尊贤而尚功",于是"人民多归齐,齐为大国",奠定了日后齐国东方霸主的地位。

管仲,春秋时期著名政治家,齐国相。他在齐国执政40余年,审时度势、因地制宜,改革政治、经济、军事制度,收到富国强兵的效果。在他辅佐下,齐桓公首建霸业。

晏婴,春秋时期著名政治家、思想家。他在齐国参政50余年,以节俭力行名重于齐。他能礼贤下士,改良政治,省刑薄敛;并且能言善辩,巧于辞令,出使楚国不辱使命。他提出重人事而远鬼神、和而不同的对立统一思想,继承发展了古代朴素的唯物辩证法。

司马穰苴,春秋时期著名军事家,齐国大夫。他的《司马穰苴兵法》以"仁、义、礼、让"为本,论述了军事制度和作战指挥的经验,是我国早期著名兵法之一。

孔子,春秋时期伟大的思想家、教育家,儒家学派的创始人,后世尊为"至圣"。他继承了中国古代优秀的思想文化传统,建立了一个"以仁为中心内容、以礼为表现形式、以中庸为思想方法、以大同为远大理想"的思想体系。他的思想不仅支配了封建时代的中国,而且也给予东亚乃至全世界以重大影响,其中某些思想在今天仍有其积极的现实意义。《论语》一书是现存的研究孔子思想学说的主要依据。

曾参,孔子弟子。他倡导"忠恕"、"孝道",注重自身修养,一生不懈地实践孔子学说,著有《孝经》和《大学》,是孔子思想

的重要继承者之一,被后人尊为“宗圣”。

孙武,春秋时期伟大的军事家,后人尊为“兵圣”。所著《孙子兵法》是我国最早最杰出的兵书,后人称为“兵学圣典”。书中对战略战术、军队指挥与作战、战争规律和战争观都提出了精辟见解,闪耀着哲理和智慧的光辉。不仅在世界军事史上享有崇高的地位,而且在其他领域也受到重视并得到推广与应用。

吴起,战国时期著名军事家。他曾在楚国实行变法,“明法审令”、“废公族疏远者”、“捐不急之官”,堵塞私门请托,加强军队建设,使楚国富强。著有《吴子》兵法,是战国时期兵家学派代表作之一。

墨子,战国时期著名思想家、科学家,墨家学派创始人。他以“兴天下之利,除天下之害”为己任,主张兼相爱、交相利,强调非攻,反对战争;强调节俭,反对奢侈;主张尚贤、尚同,反对贵族世袭制,要求提高劳动者地位。其学说在当时思想界影响很大,与儒家并称“显学”。此外,他在自然科学如数学、力学、几何学、光学以及工艺学等方面,也都有很高的成就,后人称为“科圣”。

孟子,战国时期著名思想家、教育家,儒家学派代表人物之一。他将孔子的“仁”发展为仁政,强调“民为贵,社稷次之,君为轻”。他从性善论出发,为仁政学说提供论证。他将儒学理论发展为一个完整的体系,是孔子学说的继承人,对后世有很大影响,被尊为“亚圣”。

孙膑,战国时期杰出的军事家,兵家代表人物之一。他在齐魏战争中指挥齐军取得著名的桂陵之战与马陵之战的胜利。他的《孙膑兵法》继承发展了孙武的军事思想,重视战争客观规律,

主张“内得民心，外知敌情”，强调战法创新，出奇制胜，赏罚分明，是古代军事学说的重要著作。

扁鹊，战国时期著名医学家。他精通各种医学，反对以巫术治病，采用望、闻、问、切四诊方法诊断疾病，并用针灸、汤药、按摩等方法治病，2000多年来一直为中医传统的治疗方法。所著有《扁鹊内经》、《扁鹊外经》，是中国早期医学名篇。

徐福，秦代齐方士，是中日韩早期友好交流的先驱者。他率领数千童男女、百工等以为秦始皇求仙名义东渡海外，足迹遍及朝鲜半岛与日本列岛，把先进的中国传统文化和生产技术传入东邻，为朝鲜半岛和日本列岛社会进步作出了重要贡献。

淳于意，西汉著名医学家，曾任齐太仓令，故又称仓公。他能辨证审脉，治病灵验。《史记》载其25例治病医案，称为“诊籍”，是我国现存最早的病史记录。

郑玄，东汉著名经学家。他数十年潜心研究经学，成为古文经学派集大成者。他遍注群经，杂糅今古文经学，自成一家，号称“郑学”，对后世经学影响极大。

诸葛亮，三国时期杰出的政治家、军事家。他协助刘备，建立了蜀汉政权，与曹操、孙权形成三国鼎立局面。他在执政期间，实行法治，赏罚分明，抑制豪强，任人唯贤。对西南各族安抚和好，促进边疆开发。他善计谋、通兵法、多巧思，被后人推崇为智慧与谋略的化身。

王叔和，魏晋时期著名医学家，所著《脉经》是我国历史上第一部系统的脉学著作，从理论上分析了生理、病理变化和疾病的关系，便利了临床治疗，其“寸关尺三部切脉法”，至今仍被中医

广泛使用。

王羲之，东晋著名书法家，他的书法博采众长，自成一体，草、隶、正、行皆精，尤擅长正书、行书，其书法“飘若浮云，矫若惊龙”，“为古今之冠”，有“书圣”之称，其代表作有《兰亭序》、《丧乱帖》等。

王献之，东晋著名书法家，王羲之之子。他的书法汇集各派之长，尤擅行草，与其父共称“二王”。其代表作有《洛神赋十三行》、《鸭头丸帖》等。

刘勰，南朝齐梁时著名文艺理论批评家。他撰写的《文心雕龙》是我国历史上第一部文学评论巨著，对有史以来各种体裁文章与作家进行了分析研究，阐述了文学创作的规律和文学批评的标准，对后来的文学评论有重大影响。

贾思勰，北魏著名农业科学家。他的农学名著《齐民要术》系统总结前人农业生产和农学成就，如栽培耕作、畜牧兽医、食品加工等，是我国现存最早的一部完整农书，对后世农学有很大影响。

颜真卿，唐代书法家。他在平定安史之乱中立有大功，被封为鲁郡公。他的书法端庄雄伟，气势恢宏，开创了我国古代书法新风格，人称“颜体”，有多种墨迹、碑文流传，对后世有很大影响。

李清照，南宋著名文学家、词人。她的词作语言清丽，重视音律典雅，前期多写闲情逸致，风光景物，后期感叹身世，怀念故国，为婉约派代表，有《漱玉集》。

辛弃疾，南宋著名爱国词人。一生以抗金收复失地为志，并

积极投入抗金斗争。他的词豪情奔放、壮怀激烈，为豪放派代表，著有《稼轩长短句》。

戚继光，明代著名军事家，抗倭民族英雄。他率领戚家军与倭寇数百战，为彻底平定倭乱、保卫人民群众生命财产安全，作出了巨大贡献。其后防守蓟门，使北部边疆安然无事。他的军事著作《纪效新书》、《练兵实纪》是中国古代军事理论史上的重要文献。

王士禛，清代著名文学家、诗人，官至刑部尚书。他为官清正廉洁，多有政绩，以诗文蜚声文坛。他的诗清新蕴藉，刻画工整，首创神韵诗派。又善古文、工词。门生众多，著作宏富，多达500余种，近人编有《王士禛全集》。

蒲松龄，清代著名文学家。他一生怀才不遇，经历坎坷，对政治腐败、社会黑暗有深刻认识，为文学创作提供了有利条件。他一生著述丰富。其代表作《聊斋志异》，为文言文短篇小说集，借写鬼狐花妖，奇人异事，广泛而深刻地影射并抨击现实社会，成为中国历史上有代表性的文学名著，现已有20多种外文译本，流传世界各地。

孔尚任，清代著名戏剧家。他为官多年，对当时官场黑暗和民众疾苦有清醒认识，对南明灭亡有切身感受。他历经10余年，完成揭示南明灭亡的历史悲剧《桃花扇》。上演后，轰动京城，誉满文坛。另有多部诗文集问世。

本丛书所收录的28位齐鲁历史名人，都是他们那个时代的顶尖人物，代表了他们生活的那个时代最先进的思想文化、科学技术和文学艺术。他们为丰富、发展和创造光辉灿烂的齐鲁文

化与中华文明都作出了突出的贡献。“见贤思齐”，齐鲁先贤们的思想和精神至今仍有其超时空的普世价值。这里我只想说明几点：

一是这些齐鲁先贤都是爱国主义的杰出代表人物。他们热爱自己的祖国，“忧患不忘国”，“苟利国家，不求富贵”，用毕生的智慧和能力报效祖国。有的为了国家富强而锐意改革，甚至不惜献出自己的生命；有的尽忠报国，“鞠躬尽瘁，死而后已”；有的为了保卫祖国，终生奋战沙场，“封侯非吾意，但愿海波平”。这些都表达了齐鲁先贤的爱国情怀，是永远值得后人学习和纪念的。

二是他们都十分关注民生，关注民间疾苦；反对战乱，反对苛政；主张社会公平，追求社会和谐。如“仁者爱人”，“己欲立而立人，己欲达而达人”，“摩顶放踵，利于天下”的博爱思想；“乐民之乐者，民亦乐其乐；忧民之忧者，民亦忧其忧”的民本思想；以和为贵，和而不同的辩证思想；“天下为公”与“大同”、“小康”的社会理想等等。这些思想影响深远，对于我们今天建设社会主义和谐社会仍有着现实意义。

三是他们对自己所从事的事业都有执著的追求和创新精神，“苟日新，日日新，又日新”。如上述的一些科学家、文学家和艺术家，他们大都历经人生几十年的坎坷，上下求索，排除困难，不断创新，在各自研究的领域，终于登上了一个又一个高峰，在思想文化史上留下了光辉的篇章。这种精神是永远值得后人学习与发扬光大的。

四是他们都重视自身的思想修养，追求道德的最高境界。

如“富贵不能淫，贫贱不能移，威武不能屈”的高尚气节，惩恶扬善、见利思义、恪守诚信的社会美德，“海纳百川、有容乃大”的兼容并包的开放意识和博大胸怀等等。这种品格也是永远值得后人崇敬和学习的。

古人云：“金无足赤，人无完人。”上述齐鲁先贤虽然各自成家，彪炳史册，但却并不一定都是完人。他们如同一方方光华夺目的美玉，由于历史的局限，也不免有其微瑕。这和从整体上看待中国传统文化是一样的。还是那句老话：“取其精华，去其糟粕”，我们对待齐鲁先贤也应取这样的态度。

盛世修史，继往开来。上世纪末，我们省、地、市、县都先后编辑出版了一批大型地方史志，对于存史、资政、育人都起到很重要的作用。但由于时间上限截自1840年鸦片战争以后，这样山东古代的先贤圣哲、名家名人以及优秀的传统文化基本上付之阙如。《齐鲁诸子名家志》的编辑出版，弥补了这一重大空白，其学术价值和现实意义是不言而喻的。

最后，请允许我代表广大读者，感谢各位主编、作者和编辑同志为此丛书付出的辛勤劳动，感谢山东人民出版社和山东省地方史志办公室为我们编辑出版了一套高质量、高品位的好书。祝愿这套丛书在社会主义政治文明、物质文明、精神文明、社会文明的建设中能起到应有的作用。同时，也希望总结经验，再接再厉，编撰出版更好更多的名人名家志书。

是为序。

安作璋

2009年3月于山东师范大学

编纂说明

一、本志编纂以辩证唯物主义和历史唯物主义为指导，力求客观、科学地记述孟子及其思想学说，以及与孟子有密切关系的人、事、物。

二、本志按照编纂《山东省志·诸子名家系列丛书》的统一要求，采用志、记、传、述、图、表、录诸体，以志体为主，图、表或置卷首，或随文插入有关篇章。

三、本志上限起于孟子诞生（约公元前375年）；下限因各篇章内容而异，有的篇章止于2008年10月。

四、《孟子志》所述事项，以孟子故里及孟子所到之处为基本范围。历史影响、后裔状况等则不受此限。

五、入志资料，收集自文献、实物及调查研究资料。文献资料主要采自史书、孟子林庙碑刻以及其他有关史籍。参考了国内外学术界出版的有关著作、汇集的资料和报刊以及实地考察、采访的资料等。

目　录

第一篇　生　平

第二篇　著　作

第三篇　思想学说

第四篇　历史影响

第五篇　林墓　祠庙　府第

第六篇　遗迹　遗存

第七篇　孟氏后裔

第八篇　孟子研究

附　录

概　述

孟子，名轲，字则未闻。战国中期邹国人（故国都城在今山东省邹城市）。中国历史上伟大的思想家、教育家、政治家，儒家学说创始人之一，与孔子并称为“孔孟”，后人尊为“亚圣”。

邹国，春秋时称“邾”，或称“邾娄”。曹姓。西周初年颛顼苗裔侠受封于此。至邾仪父始见于《春秋》。春秋之世，邾国曾频繁参与诸侯国间的朝聘会盟、战争征伐。至战国，逐渐衰微。传二十九世为楚所灭（一说为齐所灭）。据考古发现，在邹国故地，距今六七千年以前就有人类繁衍生息，新石器时期遗址达数十处之多。通过对邾国故城附近的野店遗址的发掘，可见大汶口文化全过程，以及上至北辛文化，下至夏、商、周的丰富文化遗存。这里的先民曾创造了光辉灿烂的物质文明和精神文明。

《孟子》一书，是孟子留给后人的宝贵精神财富，它记述了孟子一生的主要言论、活动及思想学说。孟子殁后，其书幸免秦火。汉代司马迁见到的《孟子》共七篇。而班固在《汉书》中著录的《孟子》为十一篇。东汉赵岐作《孟子题辞》，称著书七篇，二百六十一章，三万四千六百八十五字。还说又有《外书》四篇，但似非《孟子》本真。目前我们所能读到的《孟子》，即赵岐为之作注的《孟子》七篇。另外，还能看到后人辑录的七篇之外的《孟子》佚文，它散见于秦汉乃至隋唐的诸家著述之中。

清代孟子衮冕像

《孟子》及其佚文，是研究孟子及其思想学说的直接资料。

孟子的思想学说，丰富多彩，博大精深。性善说，是孟子思想学说的基石，它贯穿于整个思想体系之中。孟子认为，人可以为善。人之性善，犹水之就下。人为不善，不是人的材质的罪过，而是放失其为善的本能，以及环境影响的结果。这是孟子对人性所作出的重要论断。由此，为人的自我修养、自我完善提供了可能；为建立人格的尊严，为用教育的方法来解决人的问题乃至社会问题，提供了理论依据。孟子认为人人有贵于己者，肯定人人都有自己的价值，这个价值是天赋的，不可剥夺的。尧舜，是孟子极力推崇的古代圣贤。在孟子的学说中，他们更是为善的典型。孟子认为尧舜与人同，人皆可以为尧舜。这比“唯上知与下愚不移”大大前进了一步。孟子创立了心性学说，提出了心、志、气、性、情、命等一系列哲学概念，并论述了它们之间的关系。孟子认为，人体有贵贱，有大小。心，即为贵者，大者；耳、目、口、腹等，则为小者，贱者。人应无以小害大，无以贱害贵。孟子指出，心之官则思。思则得之，不思则不得也。强调人要存心，养心，扩充本心，求其放心。能否存心、养心，不仅是君子与小人的区别，也是人之所以异于禽兽的“几希”。孟子提出了一整套存心、养心的方法，而养浩然之气，则是其最高境界。富贵不能淫，贫贱不能移，威武不能屈，既是孟子称颂的大丈夫，也是浩然之气的一种具体表现。孟子强调人格的价值，人格的尊严，同时强调人的社会责任心。孟子赞扬禹稷的救世精神，提倡乐以天下，忧以天下。孟子认为，义是人之正路。生命与义，都是人所珍贵的，当生命与义不可得兼时，应当舍生取义。

清代孟子行像

孟子思想学说中的天，有多种含义。有自然之天，有假托的意志之天，有客观规律之天，还有道德义理之天等。假托的意志之天，实际上就是民意、人心。孟子强调客观规律之天不可违背，同时强调人的主观努力对事物的发展变化能起重要作用。道德义理之天，孟子又称为“天爵”。是天赋予每个人，又经过自我去“养”、去“为”而形成的自然尊贵，是天人相通、天人合一的，是任何人也剥夺不了的。它有别于他人所给予的“人爵”。天人合一思想，是孟子哲学思想中的精髓。

孟子的政治主张为仁政、王政、王道。其理论依据是人皆有不忍人之心。以不忍人之心，行不忍人之政，天下可运之掌上。实行仁政，必自经界始，首先应解决好土地分配问题。要制民之产，使民有恒产，然后而

有恒心。要省刑罚，薄税敛，不违农时，取于民有制。使百姓仰足以事父母，俯足以畜妻子，乐岁终身饱，凶年免于死亡。然后谨庠序之教，申之以孝悌之义。孟子所主张的仁政，不仅是为政者发政施仁，而且是老百姓都要行仁向善。他说，圣人治天下，要使粮食像水、火那样多。如果粮食像水、火那样多，老百姓哪有不仁的呢？关于君民之间的关系，孟子认为，民为贵，社稷次之，君为轻。得民心者得天下，失民心者失天下。惟仁者宜在高位，不仁而在高位，是播其恶于众。君有大过则谏，反复之而不听，则易位。汤放桀，武王伐纣，不是弑君，而是诛残贼仁义的"一夫"。孟子主张，尊贤使能，俊杰在位。国君进贤，左右、诸大夫的意见均不足为凭，而应听取国人的意见，然后察之，决定可否。君臣关系应是相互尊重，相对平等的。

孟子所处的时代，既是社会大动荡、大变革的时代，又是战争频仍、民不聊生的时代。继春秋时的诸侯争霸，而转变为诸侯纷纷称王。天下方务于合纵连横，以攻伐为贤。争地以战，杀人盈野；争城以战，杀人盈城。老弱弃尸沟壑，父母冻饿，兄弟妻子离散。面对残酷的兼并战争，孟子认为，好战者是率土地而食人肉，罪不容于死。故善战者服上刑，连诸侯者次之，辟草莱、任土地者次之。只有不嗜杀人者，才能统一天下。孟子反对不义之战，但并不反对一切战争。汤、武征伐，孟子称"民望之，若大旱之望云霓"。(《梁惠王下》)孟子认为，人心的背向，决定着战争的胜负。天时不如地利，地利不如人和。得道者多助，失道者寡助。

孟子以学孔子为己愿。然而他所生活的时代诸子蜂起，百家争鸣。杨墨之言盈天下，天下之言不归杨，则归墨。为了捍卫孔子之道，孟子与不同学派的代表人物进行了激烈的论争。孟子批评杨墨："杨氏为我，是无君也；墨氏兼爱，是无父也。"(《滕文公下》)针对农家许行"贤者与民并耕而食，饔飧而治"的主张，孟子阐述了"或劳心，或劳力"的社会分工理论。关于人性问题，孟子与告子进行了反复辩论。告子认为，性无分善恶，好像水流无分东西一样。孟子指出，人之性善，犹水之就下。告子认为生之谓性。孟子指出，自己所讲的性是人独有的性，并非人与动物共有的性。孟子驳斥了告子“义外”的观点，强调仁义礼知根于心。孟子还与宋轻、淳于髡等辩论了“义利”、“权变”等问题。

孟子不仅继承、捍卫了孔子的思想，而且发展了孔子的思想。孔子讲仁，孟子讲仁心、仁术、仁义、仁政。性善之说，义利之辨，王霸之争，知言养气之论等，都是孔子所未言，六经所不载，是孟子使儒家学说形成了一个完整的思想体系。

孟子曾说，圣人复起，不易吾言。他生前虽未能实现其平治天下的愿望，但殁后其思想学说对后世却产生了广泛而深远的影响。汉文帝时，《孟子》即与《论语》、《孝经》、《尔雅》等同置传记博士。后罢传记博士，独立五经。朝廷议事，诸家著述仍引《孟子》以明事。东汉赵岐、郑玄、刘熙等相继为《孟子》作注。赵岐则首称孟子为“命世亚圣之大才者”。(《孟子题辞》)魏晋南北朝时，虽老庄玄学及佛教盛行，但仍未间断推崇孟子的呼声。东晋袁瑰、冯怀以孔孟并称，共上《请兴国学疏》。唐代韩愈为振兴儒学，起而排斥佛老。他作《原道》，首举“道统”旗帜以反佛。将孟子称为尧、舜、禹、汤、文、武、周公、孔子之后的道统传人。他说，自孔子殁，群弟子莫不有书，独孟轲氏之传得其宗，故求观圣人之道必自孟子始。他认为孟子“功不在禹下”。进士皮日休上书朝廷，请立《孟子》为学科书。以上对孟子的推崇，虽未能得到朝廷的认可，但为宋代孟子地位的提高制造了舆论。

继唐代陆善经为《孟子》作注，张镒撰《孟子音义》，丁公著撰《孟子手音》之后，北宋大中祥符五年(1012 年)，真宗命孙奭等撰《孟子音义》。七年(1014 年)正月，国子监上新印《孟子》及《音义》，赐辅臣各一

部。景祐元年(1034 年)九月,仁宗诏刊定《孟子》,下国子监颁行。嘉祐六年(1061 年),仁宗又诏刻《孟子》石经,立于汴京开封国子监,与《易》、《书》、《周礼》、《礼记》、《春秋》、《孝经》、《论语》等九经同刊并列。其后的南宋高宗御书石经,清乾隆石经均刊有《孟子》。五代蜀石经、唐开成石经亦于北宋末、清初先后补刻了《孟子》。南宋光宗绍熙年间(1190—1194 年),《孟子》注疏本续《周易》等诸经注疏刊行。在宋代,《孟子》一书的经典地位已经确立。

熙宁四年(1071 年)二月,宋神宗采纳王安石的建议,改革科举制度,罢诗赋、帖经、墨义,以经义策论取士,首次将《孟子》与《论语》等列为取士命题之书。南宋朱熹将《孟子》与《论语》、《大学》、《中庸》合编为"四书",并为之作集注。元仁宗皇庆二年(1313 年),朝廷规定科举考试朱注"四书"。明、清两代因其制。《孟子》遂家传户诵,成为学子必读的教材。

宋神宗元丰六年(1083 年),敕命追封孟子为邹国公。七年(1084 年),始以孟子配享孔子。政和五年(1115 年),诏封孟子弟子乐正克为利国侯,公孙丑以下皆拟定其封爵,配享和从祀孟庙。元仁宗延祐三年(1316 年),追封孟子父为邾国公,母为邾国宣献夫人。元文宗至顺元年(1330 年),加赠孟子为邹国亚圣公。明世宗嘉靖九年(1530 年),孟子与其他圣人一起被去掉封爵,直称"亚圣"。清代因袭明制,仍尊称孟子为"亚圣"。

孟子虽然被尊为"亚圣",但他的思想学说历代多有争议。特别是性善说、义利辨、王霸辨等一直是争论的焦点。从先秦起,荀子针对孟子的性善说,提出了性恶论。东汉王充在《论衡》中作"刺孟"篇。宋代尊孟达到高峰,而非孟也与之对应。王安石将孟子学说作为变法的依据。而司马光作《疑孟》,晁说之作《诋孟》,李觏作《常语》,都是非议《孟子》

的。尊孟者余允文、张九成、朱熹、张栻等又先后起而为孟子辩护。通过争议，不仅没有降低孟子的地位，反而使其思想学说得到光大，启发了后世占主导地位的思想学派。

道学（即理学）的创始人程颢、程颐，虽对王安石变法有不同见解，但推崇孟子却是一致的，认为自己是孟子思想学说的直接传人。他们以"理"为最高哲学范畴，像孟子一样，强调道德原则对个人和社会的意义，注重心性修养，形成了一个新儒家学派。程颢的"浑然与物同体"，源于孟子的"上下与天地同流"；"以诚敬存之"，即孟子养"浩然之气"的方法。朱熹以二程思想为基础，集北宋理学思想家之大成，建立了一个庞大的"理学"体系。他以理学的观点作《孟子集注》，不仅使其成为理学的重要内容，而且使含《孟子》的"四书"成为宋以后高于五经的经典。与朱熹同时代的陆九渊，认为自己才是孟子的真正传人。他创立了与程朱理学并立的"心学"，称"因读《孟子》而得之"。孟子"先立乎其大者"为其宗旨，他所说的"本心"，即孟子讲的"四端"。明代中期的王阳明，以孟子的"良知"说为核心，建立了上承陆九渊的"心学"体系。他说自己平生讲学只是"致良知"三字。其影响超过象山学派。明末清初的王夫之，继承宋代道学的另一位奠基人张载的主气说，集宋明言气者之大成，建立了气本论的哲学体系。他在论述性与气的关系中，肯定先天之性是善，强调后天之性的发展。而张载代表作《西铭》的中心思想"万物一体"，本于孟子的"万物皆备于我"；"大其心则能体天下之物"，与孟子的"尽心"、"知性"、"知天"一脉相承。程、朱理学，陆、王心学，张、王气本论，是宋、元、明、清占主导地位的三大思想体系。他们的创立者虽立论不同，但都宗仰孟子，都以孟子的传人自居。

至近现代，资产阶级改良派的代表人物康有为作《孟子微》，通过对《孟子》的阐释，来融通东西方思想，宣传其变法主张。资产阶级民主革

命的先行者孙中山，称“我辈之三民主义，首渊源于孟子”，“孟子实为我等民主主义之鼻祖”（《孙中山全集》卷九）。新民主主义革命以来，以毛泽东为代表的共产党人，对传统文化采取批判继承的方针，在其著作与言论中，经常引述《孟子》名言，以表达政治主张、思想观点。

新中国成立以后，孟子的思想学说成为人们学习、研究和借鉴的文化遗产。“文化大革命”时期，孔孟之道受到了一概否定的批判。从20世纪70年代后期开始，随着学术研究气氛的正常化，对传统文化的深入探讨，以及对外文化交流的扩大，孟子的思想学说又逐步成为学术界关注的热点。国内外许多专家学者积极探索《孟子》的本义，研究孟子思想的历史与现实价值，以及在现代文明建设中的作用，取得了一系列可喜的成果。

孟子的思想学说不仅在国内影响深远，在国外也得到广泛传播。由于地理与政治的原因，《孟子》一书首先同其他儒家经典一起传入亚洲国家。高丽王朝成宗九年（990年）的敕文中，已有“使秦韩之旧俗，知邹鲁之遗风”的说法。“邹鲁”即指代孔孟儒学。元代至元二十六年（1289年），安珦从大都得含《孟子集注》的《朱子全书》带回高丽。忠肃王时敕命刊行《孟子集注》。恭愍王十六年（1367年），成均馆置四书五经斋，讲授《孟子》，在成均馆及地方乡校的文庙中以孟子配享孔子。朝鲜李朝建立之初，即用含《孟子》的四书、三经命题取士。李滉、李珥等性理学家对《孟子》及朱熹集注的阐释并不次于同时代的中国学者。仅李朝对《孟子》的研究著述就有近百家。直至今日，韩国不仅有专门传授含《孟子》在内的儒家学说的成均馆及地方乡校，还有全国性的孟子学会，致力于弘扬孟子的思想学说。在日本，天长四年（827年）滋野贞撰《经国集》已引用《孟子》。宽平年间（890年），《孟子》已见《日本国见在书目录》著录。镰仓时代（1192—1333年）及室町时代（1336—1573年），

《孟子》已广泛流传。德川时代(1600—1868 年)含《孟子集注》的朱子学已成为幕府的官学,并产生了朱子学派、折衷学派、阳明学派、古学派等不同学派,有关《孟子》的著述近五百种。源于《孟子》的王阳明学,成为明治维新的动力之一。近现代日本虽深受西方影响,但仍有不少学者致力于《孟子》研究。斯文会定期讲习《孟子》,孟子思想仍渗透在日本社会的各个领域。在越南,约从汉代之后《孟子》就有传播。黎王朝洪德六年(1475 年),定科举试法,以含《孟子》的"四书"命题取士。阮朝嘉隆七年(1808 年),修成文庙奉安孔子,并祀孟子等"四配"及"十哲"。在邹城孟庙,至今仍存有乾隆二十五年(1760 年)三位安南国使节拜谒孟庙后题写的充满景仰之情的诗句。

明万历二十一年(1593 年),意大利传教士利玛窦就将《孟子》译成拉丁文传回本国。随后,《孟子》又相继被译为法、德、英、俄等文,在西方诸国刊行。牛津大学把《孟子》中的篇章列为公共必修科目,伦敦大学把《孟子》列为古文教本。法国《拉鲁斯大百科全书》,称"孟子给人性以比孔子更为明确的阐述"。美英合编的《新不列颠百科全书》,称孟子是"仅次于孔子的重要导师",其政治思想是"坚持站在公开拥护人民为本和人民有权享受仁政,否则就应进行革命这样一种立场上"。随着亚洲经济的崛起,面对西方现代化后出现的种种社会问题,许多西方学者对孟子的思想学说特别是道德心性学说产生了浓厚的兴趣,希望从中找出解决当今社会问题的办法。

孟子逝世 1300 多年以后,由孔子 45 代孙孔道辅访得坟墓,依墓建庙。泰山孙复为之作《新建孟子庙记》。仅在北宋,孟子庙就由邹城东北四基山孟子墓旁迁至邹城东郭,由邹城东郭又迁至南门外道左,定址于宽平显明之地。经历代 50 余次维修扩建,始至今日宏伟壮观之规模。在历次扩建维修中,虽有朝廷拨款,但多数是地方士民、官吏主动捐资协

力而为。今址孟庙，即由邑士徐绂与乡人共同捐资迁建。与孔庙相比，孟庙具有浓厚的“民”的色彩。新中国成立以后，设立了专门的保护机构，人民政府多次拨款维修，总额达人民币800余万元，亚圣殿等东、西、中三路五进六十四楹古建筑原貌依旧。桧柏高耸入云，殿庑轮奂映辉。1988年由国务院公布为全国重点文物保护单位。孟子林墓，亦于2006年由国务院公布为全国重点文物保护单位。孟子墓至今如岗如阜，松柏环护，森严肃穆。其他与孟子有关的古代遗址、古代建筑，如孟子故居、孟母三迁处、子思讲堂，以及孟子游梁、游齐、游滕等遗址、遗迹、纪念建筑，也得到了不同形式的保护。

孟子后裔情况，宋代以前不可详考。北宋景祐四年(1037年)孔道辅新建孟子庙，访得孟子45代孙孟宁，并荐于朝，授迪功郎、主邹县簿。明景泰三年(1452年)，授孟子56代孙孟希文为翰林院世袭五经博士。清代因袭。1935年改称亚圣奉祀官。历代孟氏后裔的优崇称谓虽不相同，但是其主要职责都是主持孟庙祭祀，都得到了官方不同形式的优免。外徙孟氏后裔遍布全国各地。据初步统计，目前已达数十万之众。历代不乏有为知名者。海外孟氏后裔遍布亚、欧、美各洲，以韩国、日本等人数较多。韩国孟氏后裔自唐代末期迁出，至今已繁衍30多代，约两万余人。他们谱牒完整，行辈分明，组织有序，称“新昌孟氏”。流寓日本的孟氏一支，自明末由杭州武林迁出，以里籍“武林”为姓氏，已传十余代。海外孟氏后裔以圣人之后自尊，恪守祖训，崇尚仁义，与当地居民和睦相处，历代亦不乏显达者。

孟子离开我们已经两千多年，他的思想学说、大丈夫人格也整整影响了中国社会两千多年。而且超出了国界，为世人所宗仰。随着历史的发展，社会的进步，他的思想学说将愈来愈为人们所理解、所接受。我们应当珍惜这份宝贵的精神财富，更应当批判地继承这份宝贵的精神财富，让其为中华民族乃至全人类的文明进步发挥应有的作用。

大事记

一、孟子生前大事记

本书认为孟子在世时间上下限为公元前375—公元前290年之间，即周烈王元年至赧王二十五年之间。《重纂三迁志》拟定的孟子在世时间上下限为公元前401—前282年，即周安王元年至赧王三十三年。《孟氏世家谱》定孟子生卒年为前372—前289年，即周烈王四年至周赧王二十六年。近人取此说者较多，附此以供参考。

周慎靓王二年（公元前319年），梁惠王后元十六年，孟子游梁见梁惠王。

周慎靓王三年，梁襄王元年，齐宣王二年（公元前318年），孟子去梁之齐。

公元前317年，在齐丧母，归葬于鲁。

周赧王元年（公元前314年），终丧返齐，有退志，值齐有伐燕之"师命"，未遽退。

周赧王三年（公元前312年），燕人畔齐。孟子致为臣而归。之宋。遇宋牼于石丘，滕世子将之楚，过宋而见孟子，皆在此年。不久，离宋，过薛。答陈臻问齐、宋、薛馈金事当在此时。

周赧王四年（公元前311年），孟子从宋国经过薛国回到了邹国。在此前后邹国与鲁发生了一次冲突。孟子答邹穆公问，"君行仁政斯民亲其上，死其长矣"当在此时。

周赧王六年，鲁平公六年（公元前309年），孟子居邹，平公欲见孟子，嬖人臧仓沮之。

周赧王九年，鲁平公九年（公元前306年），在故里邹国专事授徒讲学。与公孙丑、万章之徒讲论、著述，作《孟子》一书，以至于终。

二、孟子后世大事记

(一)唐以前

汉文帝初年(约公元前179年),一度设《孟子》博士,不久即废传记博士,只立五经博士。

西汉时期,历史学家司马迁(约公元前145—公元前90年)撰著中国历史上第一部纪传体通史《史记》。《史记·孟子荀卿列传》记载了孟子事迹。

东汉时期,史学家班固(公元32—公元92年)撰著《汉书》。《汉书·艺文志》载:"《孟子》十一篇。名轲,邹人,子思弟子,有列传。"

现存最早《孟子》注本的作者赵岐生于公元108年,卒于201年,为《孟子》作注当在158—166年数年内。

唐贞观元年(627年),诏免圣贤子孙赋役。

唐开元十三年(725年),诏免孟氏子孙赋役。

唐天宝七年(748年),诏令所在地方官修祠致祭于历代忠烈,于孝妇七人中,孟母居第五。此为孟母有庙祠之始。

唐代宗宝应二年(763年),礼部尚书杨绾上疏请升《孟子》为经,未果行。

唐宪宗元和年间(公元9世纪初),处州刺史郦侯李繁作孔子庙,于壁上绘孟子等像奉祀,此为孟子从祀孔庙之始。

生活于8世纪末9世纪初的韩愈大力推崇孟子,创"道统"说,以孟子承尧、舜、禹、汤、文、武、周公、孔子的道统,述孟子之功,以为不在禹下。

唐末,皮日休上疏请立《孟子》为学科,未成。

(二)宋代

宋真宗大中祥符七年(1014 年),孙奭《孟子音义》刊行。

宋仁宗景祐四年(1037 年),孔道辅寻访圣贤后裔,得孟氏 45 代孟宁,授邹县主簿,奉孟子祀事,是为孟氏中兴祖。

宋仁宗景祐五年(1038 年),四基山孟子墓庙建成,孙复撰《新建孟子庙碑记》。(孔道辅守兖州,于孔庙西偏创孟轲、荀况、扬雄、王通、韩愈“五贤祠”。此为孟子有庙祀之始)

宋仁宗嘉祐元年(1056 年),敕免孟氏税粮。

宋神宗熙宁四年(1071 年),从王安石议,立《孟子》为学科。

宋神宗元丰六年(1083 年),诏封孟子为邹国公。同年,给孟子林庙赐田以供洒扫,此为孟子林庙有赐田之始。

宋神宗元丰七年(1084 年),孟子开始配享孔庙。

宋徽宗政和五年(1115 年),追封孟子弟子乐正克为利国侯,公孙丑下 17 人为伯。

宋徽宗宣和三年(1121 年),迁建孟子庙于邹县城南道左。

宋徽宋宣和四年(1122 年),拨孟庙庙户 25 家,此为孟庙有庙户之始。

宋孝宗淳熙十六年(1189 年),朱熹集取《论语》、《孟子》、《大学》、《中庸》为“四书”。

宋光宗绍熙元年(1190 年),朱熹《孟子集注》首刊。

宋理宗初时(公元 13 世纪二三十年代),陈振孙作《直斋书录题解》,把《孟子》列入经部。

宋度宗咸淳三年(1267 年),孟子配享孔子庙,与颜子、曾子、子思子同列为“四配”。

(三)金代

金世宗大定十四年(1174 年),诏迁孔庙孟子像于殿内宣圣之右,与

颜子相对。

金章宗明昌五年(1194年),诏免孟氏后代赋役。

金宣宗贞祐元年(1213年),重修林庙,孙弼撰《邹国公坟庙碑》。

(四)元代

元成宗元贞元年(1295年),邹县尹司居敬创建断机堂、中庸精舍。

元成宗元贞二年(1296年),司居敬重修孟子父母墓,张颁撰《孟母墓碑记》。

元成宗大德六年(1302年),邹县尹宋彰创建中庸书院。

元仁宗皇庆二年(1313年),诏定朱熹《四书集注》为科举命题之书。

元仁宗延祐三年(1316年),追封孟子父为邾国公,母为邾国宣献夫人。

元泰定帝致和元年(1328年),拨赐孟庙祭田30顷。为孟庙有祭田之始。

元文宗至顺元年(1330年),闰七月加封孟子为邹国亚圣公。

(五)明代

明太祖洪武五年(1372年),罢孟子配享。钱唐冒死直谏。

明太祖洪武六年(1373年),诏复孟子配享如故。该年树《孟子圣迹图》碑。

明太祖洪武七年(1374年),邹县知县桂孟当元明易代乱离之后,寻访孟子后裔,得54代宗子孟思谅,于是年循旧例授邹县主簿,奉孟子祀事。

明太祖洪武十三年(1380年),太祖第四子朱棣就藩燕国,过邹县,遣使致祭孟庙。

明代宗景泰三年(1452年),56代宗子孟希文受封为世袭翰林院五经博士。孟氏世职自此始。

明宪宗成化十八年(1482 年),刘浚修成《孔颜孟三氏志》,其中第六卷为孟氏志。

明嘉靖九年(1530 年)冬十月,罢孟子公爵,称“亚圣”,称孟子父为“先贤孟孙氏”。

明嘉靖三十年(1551 年),史鹗修成第一部《三迁志》。

明嘉靖四十一年(1562 年),孟承义等在富村重修孟子故里祠。

明万历三十八年(1611 年),胡继先修成孟氏第二部家志《孟志》。

明天启二年(1622 年),闻香教军攻占邹城,杀孟氏 60 代宗子孟承光父子及其母孔氏三人。

明天启七年(1627 年),吕兆祥、吕逢时修成天启本《三迁志》。

(六)清代

清顺治十三年(1356 年),免富村民户杂徭。

清康熙二十六年(1687 年)夏四月,颁《御制孟庙碑记》勒石亚圣门外东偏。

清康熙二十八年(1689 年),颁降御制至圣赞及颜、曾、思、孟四圣赞,俾各地文庙刻石。

清康熙五十二年(1713 年),在庙户营村“孟母二迁处”创修孟母三迁祠。

清雍正元年(1723 年),王特选、仲蕴锦修成雍正本《三迁志》。

清雍正三年(1725 年),颁降御制孟庙匾额“守先待后”和孟府大堂匾额“七篇贻矩”。

清乾隆三年(1738 年),于孟母封号上诏加“端范”二字,称“邾国端范宣献夫人”。

清乾隆十三年(1748 年),御制《亚圣赞》碑刻石于亚圣殿前东偏。

清乾隆二十二年(1757年)夏四月,皇帝南巡回銮过邹县,谒孟庙,拈香行三跪三叩礼。并为亚圣殿书“道阐尼山”匾额,和“尊王言必称尧舜,忧世心同切孔颜”对联。

清乾隆二十七年(1762年)夏四月,皇帝南巡回銮过邹县,二次谒孟庙,拈香行礼如前。

清乾隆四十二年(1777年),戴震《孟子字义疏证》成书。

清道光五年(1825年),焦循《孟子正义》刊刻完成。

清光绪十三年(1887年),陈锦、孙葆田修订《重纂三迁志》成书。

清光绪二十七年(1901年),康有为《孟子微》首刊。

(七)民国

民国13年(1924年),张丕矩等募资创“孔子诞生圣地碑”和“孟子诞生圣地碑”共两幢,树立于邹县火车站。

民国17年(1928年)4月,国民革命军北伐过邹县,时任北伐军总司令的蒋介石谒孟庙,并书写了“保护孟庙不准驻兵”的告示。

民国24年(1935年),73代主鬯人孟庆棠受国民政府委任为亚圣孟子奉祀官,去南京宣誓就职。同年,恢复祀孔、祀孟大典。

民国32年(1943年),孟繁骥承袭亚圣孟子奉祀官。

民国34年(1945年),子思祠、断机堂被兵火摧毁,未再修复。

(八)新中国成立后

1949年,设立山东省古代文物管理委员会邹县分会,定址孟府院内。

1952年6月,文管会邹县分会改称邹县文物管理委员会。

1953年,山东省人民政府拨款人民币1亿元(旧币),对孟庙、孟府、孟林古建筑进行维修。是为新中国成立后首次拨款维修。

1955年5月,文管会改称邹县文物保管所。

1965 年 7 月，山东省人民委员会(56)鲁文代丁字第 1880 号文件，公布孟庙为山东省级文物保护单位。

1966 年“文化大革命”中，邹县文管所工作人员于孟庙康熙御碑上书写毛泽东主席语录，保护该碑免遭破坏。

1977 年 12 月，山东省革命委员会重新公布第一批山东省重点文物保护单位。孟庙及孟母林皆列其中。

1982 年 7 月 17 日，邹县孟子学术研究会成立并进行首次学术研讨活动。

1983 年，山东省文物局拨款 14 万元，维修孟庙亚圣殿等三殿。

1984 年 9 月，重塑亚圣殿孟子、乐正子塑像及启圣殿孟子之父孟孙激像。

1984 年 10 月 21—25 日，在邹县举办第二次孟子学术研究活动。

1985 年，国家计委、财政部拨款 180 万元，用于孟庙、孟府、孟林维修。是新中国成立后数目最大的一次批拨维修款。

1988 年 1 月，国务院公布孟庙、孟府为全国重点文物保护单位。

1988 年 10 月 21—25 日，在邹县举办第三次孟子学术研讨活动。

1992 年 3 月，山东省文物事业管理局下发《关于邹县“三孟”维修工作的意见》，拨款 25 万元进行维修。

1992 年，撤销邹县文物保管所，改设邹城市文物管理处。

1992 年，山东省人民政府公布孟林为第二批省级重点文物保护单位。同年文物处下设孟林管理所。

1993 年，成立邹城市文物管理局，同时撤销邹城市文物管理处。

1994 年 5 月 16—18 日，邹城市孟子学术研究会在邹城举办“ ’94 国际孟子学术研讨会”。

1996 年 1 月 5 日，韩国孟子学会及居住韩国的孟氏宗亲，为纪念孟

子诞辰 2284 周年，在邹城孟林举行祭孟活动，并举办“中韩孟子学术研讨会”。

1996 年 4 月，山东省地方史志编纂委员会以鲁史志编字（1996）11 号文决定，编纂《山东省志·诸子名家志·孟子志》。

2002 年 5 月 13 日，台北市孟氏宗亲会、台北市中华文经学会、台北市山东同乡会在邹城孟庙举行祭祀活动。

2004 年 9 月，孟氏宗亲联谊会在邹城市成立。

2004 年 9 月 26 日，韩国孟子学会会长赵骏河先生率团来邹城市，在孟子林举行祭祀活动。

2005 年 9 月 22—23 日，“孟子思想暨邹鲁文化研讨会”在邹城市择邻山庄召开。

2005 年 10 月 27 日，“郭店竹简与思孟学派研究座谈会”在北京大学召开。

2006 年 4 月 26—28 日，“儒学全球论坛（2006）孟子思想的当代价值国际学术研讨会”在邹城市召开。

2007 年 4 月，邹城市举办“2007 孟子故里中华母亲文化节”活动。

2007 年 8 月 10—13 日，“儒家思孟学派国际学术研讨会”在济南和邹城两地召开。

2008 年 5 月，邹城市举办“第二届孟子故里中华母亲文化节”，并举行了“中国十大杰出母亲孟子故里行”活动。

2008 年 10 月 19 日，徐州孟子学院成立。

（九）国外

1289 年（元至元二十六年），安珦从高丽忠烈王得到新刊的《朱子全书》带回本国。

1299 年（元大德三年），元禅僧宁一自山东渡日本，讲经之余兼讲朱子学。

1367 年(高丽恭愍王十六年),朝鲜成均馆设四书五经斋,讲授包括《孟子》在内的儒家典籍。同年,开始把孟子列入"四配",配享孔子。

1594 年,意大利传教士利玛窦出齐了"四书"的拉丁语译本。

1632 年,日本亲藩德川义直在江户建孔子庙,将孟子列入"四配",配享孔子。

1808 年,越南阮朝嘉隆七年修成文庙,奉安先师孔子神位,并祀"四配"和"十哲"。

1873 年,英国传教士理雅各留华 30 余年后回国,在牛津大学主持汉学讲座。此后,英译了包括《孟子》在内的儒家典籍多部。

1914 年,在青岛的德国传教士卫礼贤,将《孟子》译成德文。

1982 年 2 月,新加坡开始把儒家伦理作为中小学生道德教育的科目。

第一篇 生平

孟子的生平，司马迁在《史记·孟子荀卿列传》中首次作了记述："孟轲，驺人也。受业子思之门人。道既通，游事齐宣王，宣王不能用。适梁，梁惠王不果所言，则见以为迂远而阔于事情。""而孟轲乃述唐、虞、三代之德，是以所如者不合。退而与万章之徒序《诗》、《书》，述仲尼之意，作《孟子》七篇。"此外，在汉代人的著述中，还可见到有关孟子的记载，除有关孟母的传说外，其他基本没有超出《史记》所载内容。汉代以后，没有新的资料出现。了解孟子生平最可靠的资料，莫过于《孟子》七篇。从七篇中，可见孟子生活的时代，可知曾与孟子共同相处的历史人物，更可了解孟子的政治主张、思想学说及主要活动等。

第一章 家世

孟子的家世,很难查到可靠的史料。后人称鲁公族孟孙氏为他的祖先,仅是猜测。关于孟子父母,《孟子》书中有“后丧逾前丧”的记载,即孟子办理母亲的丧事较办理父亲的丧事隆重。孟子名轲,生卒年月不可详知。仅能从七篇中推测其生活的大体年代。孟子是战国中期邹国人,后世公认。

第一节 名字 里籍

孟子,名轲。字,则没有确切记载。

《孟子》书中,在与北宫锜的答问中,孟子说:“然而轲也尝闻其略也。”(《孟子·万章下》)在与宋牼的对话中,孟子说:“轲也请无问其详,愿闻其指。”(《告子下》。以下均省略《孟子》书名,仅注篇名。)乐正子曾问鲁平公:“君奚为不见孟轲也?”(《梁惠王下》)

《史记·孟子荀卿列传》载:“孟轲,驺人也。”

《汉书·艺文志》称:“《孟子》十一篇。(名轲,邹人)”

东汉末,赵岐在《孟子题辞》中说:“孟子,邹人也。名轲,字则未闻也。”

三国时,曹魏人作“徐干《中论》序”,也说:“予以荀卿子、孟轲怀亚

圣之才，著一家之法，继明圣人之业，皆以姓名自书，犹至于今，厥字不传。原思其故，皆由战国之世乐贤者寡，同时之人不早记录。”

孟子逝世五百多年后，孟子的字多有争议，出现了子居、子舆、子车之说。近人罗根泽曾作概述：“孟子字，古书不载。载之自王肃《圣证论》始。《圣证论》乃王氏妄制以难马（融）、郑（玄）者，漂渺纰缪，不足为据。至《傅子》以为字子舆，盖车、舆通用，仍袭王氏之误。《孔丛子》晚出伪书，更无足采。而辗转因循，久假成真。”（《孟子传》）

孟子的里籍，《史记·孟子荀卿列传》、《汉书·艺文志》都有确切的记载：邹人。

孟子居邹，《孟子》书中多有记述。

孔孟诞生圣地碑

赵岐在《孟子题辞》中也说：“孟子，邹人也。”还说：“邹本春秋邾子之国，至孟子时改曰邹矣。国近鲁，后为鲁所并；又言邾为楚所并，非鲁也，今邹县是也。”

邹是否为鲁下邑，史籍已有明确的记载。

亚圣寝殿

东汉许慎《说文解字·邑部》云:“邹,鲁县,古邾娄国,帝颛顼之后所封。”

清末马星翼编纂《邹县志》时,撰《陬、邹考》曰:“邹,邾子国,至战国时称邹。《孟子》书有邹穆公是也。邹一作驺,《史记》称孟子驺人是也。或邹或驺,要皆为邾子国名。”(《邹县志稿》)

邹之前身“邾”、“邾娄”为国,《春秋》记载:“隐公元年(公元前722年)三月,公及邾仪父盟于蔑。”这是《春秋》所记载的第一件历史事件。公即鲁隐公,邾仪父即邾国的国君,他们在蔑地结盟。在《春秋》记载的200多年历史中,邾国参与诸侯国间朝聘会盟近50次,战争征伐40多次。因北杏之会附从齐桓,进爵为子。(《春秋·庄公十三年》)邾东、西、北三面界鲁,除与鲁多次结盟外,亦经常发生战争。

由上述可知,孟子“邹人也”之“邹”,为一古国名。春秋时称“邾”或“邾娄”,战国时称邹,与鲁国毗邻,非鲁下邑。

第二节 祖先 父母

孟子的祖先,《孟子》书中没有记述。《史记》、《汉书》中也没有记载。在孟子殁后四百多年,东汉末赵岐在《孟子题辞》中说:"或曰:'孟子,鲁公族孟孙之后。'故孟子仕于齐,丧母而归葬于鲁也。三桓子孙,既以衰微,分适他国。"后人便依此确定了孟子的祖先。

孟子的父亲叫什么名字,母亲姓氏,史书无载。延祐三年(1316年)七月,元仁宗追封孟子父为邾国公,母为邾国宣献夫人,亦未称其姓名。明代成化十八年(1482年),刘濬撰《孔颜孟三氏志》载:"孟子之父激公宜,母仉氏,或云李氏。"在明、清有关孟子的著述中被普遍采用。

孟子母亲的姓氏虽不可知,但西汉韩婴撰《韩诗外传》,刘向撰《列女传》,却留下了孟母教子的记述:

孟子少时,诵。其母方织。孟辍然中止,乃复进。其母知其諠也。呼而问之曰:"何为中止?"对曰:"有所失,复得。"其母引刀裂其织,以此戒之。自是之后,孟子不复諠矣。

孟子少时,东家杀豚。孟子问其母曰:"东家杀豚何为?"母曰:"欲啖汝。"其母自悔而言曰:"吾怀妊是子,席不正不坐,割不正不食,胎教之也。今适有知而欺之,是教之不信也。"乃买东家豚肉以食之,明不欺也。

《诗》曰:"宜尔子孙绳绳兮。"言贤母使子贤也。(《韩诗外传》卷九第一章)

邹孟轲之母也,号孟母。其舍近墓。孟子之少也,嬉游为墓间之事,踊跃筑埋。孟母曰:"此非吾所以居处子。"乃去。舍市傍。其嬉戏为贾人衒卖之事。孟母又曰:"此非吾所以居处子也。"复徙舍学宫之傍。其嬉游乃设俎豆,揖让进退。孟母曰:“真可以居吾子矣。”遂居。及孟子长,学六艺,卒成大儒之名。君子谓孟母善以渐化。《诗》云:“彼姝者子,何以予之!”此之谓也。

孟子之少也,既学而归,孟母方绩。问曰:“学所至矣?”孟子曰:“自若也。”孟母以刀断其织。孟子惧而问其故。孟母曰:“子之废学,若吾断斯织也。夫君子学以立名,问则广知。是以居则安宁,动则远害。今而废之,是不免于厮役,而无以离于祸患也。何以异于织绩而食,中道废而不为,宁能衣其夫子,而长不乏粮食哉?女则废其所食,男则堕于修德,不为窃盗则为虏役矣。”孟子惧,旦夕勤学不息,师事子思,遂成天下名儒。君子谓孟母知为人母之道矣。《诗》云:“彼姝者子,何以告之?”此之谓也。(《古列女传》卷一《母仪传》)

第三节　生卒年月

孟子的生卒年月,《孟子》七篇及其同时代乃至秦汉史籍均无记载。

据清代人称,唐代司马贞作《史记·索隐》,曾有“孟子生于周定王三十一年,卒于赧王二十六年,寿八十四”之说。(清代潘眉《孟子游历考》引)

明、清以降,作孟子年表,考孟子生卒年月者不下数十家,其说各异。《孟子》一书最能体现孟子年岁者,莫过于《梁惠王》篇,梁惠王称孟子为“叟”。而惠王年岁又有《竹书纪年》确记。孟子游梁,在惠王卒前不久,襄王新立之初。《竹书纪年》载:梁惠王卒于周慎靓王二年(公元前319年);梁襄王立于周慎靓王三年(公元前318年)。孟子见梁惠王,约为周慎靓王元年(公元前320年)。惠王称孟子为“叟”,当时孟子年龄必在五十岁以上,一般不会超过六十岁。当今通行之说,孟子约生于周烈

王四年己酉（公元前372年），约卒于周赧王二十六年壬申（公元前289年），寿八十四岁。

第四节　生活的时代

孟子生活在战国中期。关于孟子生活的时代，西汉司马迁、刘向，东汉赵岐均有记述。司马迁在《史记·孟子荀卿列传》中说："当是之时，秦用商君，富国强兵；楚、魏用吴起，战胜弱敌；齐威王、宣王用孙子、田忌之徒，而诸侯东面朝齐。天下方务于合从连衡，以攻伐为贤，而孟轲乃述唐、虞、三代之德，是以所如者不合。"

刘向校《战国策书录》云："仲尼既没之后，田氏取齐，六卿分晋，道德大废，上下失序。至秦孝公捐礼让而贵战争，弃仁义而用诈谲，苟以取强而已矣。晚世益甚，万乘之国七，千乘之国五，敌侔争权，盖为战国争强，胜者为右，兵革不休，诈伪并起。当此之时，虽有道德不得施谋，故孟子、荀卿、儒术之士，弃捐于世；而游说权谋之徒，见贵于俗，是以苏秦、张仪、公孙衍、陈轸、代、厉之属，生纵横短长之说，左右倾侧，苏秦为纵，张仪为横，横则秦帝，纵则楚王，所在国重，所去国轻。"

赵岐在《孟子题辞》中说："周衰之末，战国纵横，用兵争强，以相侵夺。当世取士，务先权谋，以为上贤，先王大道，陵迟堕废。异端并起，若杨朱、墨翟放荡之言，以干时惑众者非一。"

下面就孟子生活的时代涉及的重要背景、主要人物、重大事件等，再略作介绍。

周衰之末　当时天下已无共主，东周王朝徒有虚名。残存的周王室，仅保有今河南西部方圆一两百里的一小块地方。公元前256年，秦灭西周，同年周赧王死去。从此周王绝续。公元前249年，秦又灭了东周，东、西周皆入于秦，周王朝彻底灭亡。

六卿分晋 西周初，成王封其同母弟叔虞于唐，叔虞子燮改唐为晋，是为晋侯。春秋中期，晋文公称霸诸侯。春秋末期，继鲁国“三分公室”、“四分公室”，孟孙、叔孙、季孙三桓专权之后，各诸侯国相继发生剧烈变化。公元前453年，赵、韩、魏共杀智伯，尽并其地，最终实现了“三家分晋”。

田氏取齐 西周初，成王封其外祖父吕尚为齐侯，并赐征伐有罪诸侯之特权。春秋中期，齐桓公称霸诸侯。齐桓公十四年（公元前672年），陈国发生内乱，公子完惧祸奔齐，被任命为工正，陈氏（后改为田氏）始立于齐。公元前386年，田常曾孙田和始为诸侯，仍沿用齐国国号。公元前379年，被迁往海滨的齐康公卒，吕氏绝祀。最终完成了“田氏取齐”。

经过“六卿分晋”、“田氏取齐”，战国的格局已经形成。春秋时期的兼并战争，到战国初年，一百多国仅剩十余国。大国有秦、齐、楚、燕、韩、赵、魏，即所谓“战国七雄”。此外还有越国。小国有周、宋、卫、中山、鲁、邹、滕等。各国内部变革更加急剧，相互兼并战争更加惨烈。

秦用商鞅，富国强兵 秦孝公六年（公元前356年，一说在353年），孝公任用商鞅，实行变法。主要内容有：奖励耕织，生产多者可免徭役；废除贵族世袭特权，制定按军功大小给予爵位等级的制度；推行连坐法，建立什伍同罪连坐制。孝公十二年，迁都咸阳，进一步变法：普遍推行县制，合并乡邑为三十一县（一说四十一县），设令、丞掌管政事，直属国君，加强中央集权；废除井田制，准许土地买卖；创立按丁男征赋的办法；统一度量衡等。经过两次变法，奠定了秦国富强的基础。孝公死，公子虔等诬商鞅谋反，车裂死。

魏、楚用吴起，战胜弱敌 吴起（公元前？—公元前381年），战国

时卫国人。曾从学于曾参。初仕鲁,后仕魏。善用兵,廉平,尽能得士心。魏文侯用为将,攻秦,拔五城。为西河守,秦兵不敢东向,韩、赵宾从。文侯卒,因魏相公叔所忌,奔楚。楚悼王用为令尹,支持其“明法审令,捐不急之官,废公族疏远者,以抚养战斗之士。要在强兵,破驰说之言从横者。于是南平百越;北并陈、蔡,却三晋;西伐秦。诸侯患楚之强”(《史记·孙子吴起列传》)。悼王死,吴起被宗室大臣杀害。

齐威王用孙子、田忌之徒,而诸侯东面朝齐 齐威王,名因齐,田齐的第五代国君,公元前356至前320年在位,齐国大治。公元前354年,魏伐赵,围邯郸。次年,赵向齐求救。齐威王命田忌为大将,孙膑为军师,率兵救赵。孙膑利用魏国内部空虚之机,袭击魏都大梁,迫使魏军回兵自救。在桂陵,魏军遭到齐军的阻击,大败。这就是著名的“围魏救赵”。“于是齐最强于诸侯,自称为王,以令天下。”(《史记·田敬仲完世家》)公元前342年,魏攻韩,韩向齐求救。齐威王派田忌、田婴为将,孙膑为师,起兵攻魏救韩。两军相持达一年之久。次年,孙膑以逐日减灶的办法,制造齐军大量逃亡的假象,引诱魏军追击。当魏军追到马陵的险要狭道,齐军伏兵万弩齐发,十万魏军被歼,魏将庞涓自杀,太子申被俘。“其后,三晋之王皆因田婴朝齐王于博望,盟而去。”(《史记·田敬仲完世家》)

天下方务于合从连衡,以攻伐为贤 合从连衡,即合纵连横,是战国中后期盛行的外交攻伐谋略。自从马陵之战以后,魏国削弱,出现了秦、齐两大强国东西对峙的形势,彼此展开了争取与国、孤立敌国的斗争。而韩、赵、魏等国内,也分成联秦抗齐和联齐抗秦两派。因在地域上韩、赵、魏居中,北连燕,南连楚,南北相连为纵;东连齐,西连秦,东西相连为横。长平之战以后,合纵是六国并力抵抗强秦,连横是秦国拉拢部分弱国攻打其他弱国。公孙衍、张仪是与孟子同时代的纵横家。

在《孟子》书中,也有关于孟子生活时代的记述。如,孟子谓梁襄王曰:“今夫天下之人牧,未有不嗜杀人者也。”(《梁惠王上》)这是说当时的国君没有不杀人成性的。

孟子曰:“今之大夫皆逢君之恶”,“今之事君者皆曰,‘我能为君辟土地,充府库。’‘我能为君约与国,战必克。’今之所谓良臣,古之所谓民贼也。”(《告子下》)“辟土地,充府库”者,是以商鞅为代表的法家;“约与国,战必克”者,是以公孙衍、张仪为代表的纵横家。

孟子曰:“争地以战,杀人盈野;争城以战,杀人盈城。此所谓率土地而食人肉,罪不容于死。故善战者服上刑,连诸侯者次之,辟草莱、任土地者次之。”(《离娄上》)这是记述了兼并战争的惨烈,以及孟子对发动战争者的愤恨。

具体而言,《孟子》中记述了如下诸侯国之间的战争:

魏国屡败 “梁惠王曰:‘晋国,天下莫强焉,叟之所知也。及寡人之身,东败于齐,长子死焉;西丧地于秦七百里;南辱于楚。’”(《梁惠王上》)“东败于齐,长子死焉”,是魏、齐马陵之战。“西丧地于秦七百里”,则是魏与秦之间,于公元前339年至公元前328年间发生的连续战争。据《史记·秦本纪》记载:孝公“二十二年,卫鞅击魏,虏魏公子卬”。惠文君“六年,魏纳阴晋”,“七年,公子卬与魏战,虏其将龙贾,斩首八万”,“八年,魏纳河西地”,“九年,渡河,取汾阴、皮氏,与魏王会应。围焦,降之”,“十年,张仪相秦。魏纳上郡十五县”。这些还可与上述商鞅在秦富国强兵,张仪为秦连横相印证。“南辱于楚”,是指楚怀王“六年(公元前323年),楚使柱国昭阳将兵而攻魏,破之于襄陵,得八邑”。(《史记·楚世家》)

齐伐燕 《孟子》中记载,燕王哙三年(公元前318年),燕王哙把燕国让给了他的相国子之,子之南面行王事。将军市被、太子平等贵族不服,起兵进攻子之。子之反攻,杀死了市被和太子平。齐宣王六年(公

元前314年)，齐宣王趁燕国内乱，派匡章带领“五都之兵”、“北地之众”向燕进攻。仅仅用了五十天就攻下了燕国国都，进而占领了燕国，并施暴于燕国人民。因孟子曾劝齐宣王不要暴虐燕国人民，并赶快从燕国撤兵，齐宣王不听，结果遭到燕国人民的激烈反抗，其他诸侯国也合力救燕，迫使齐军不得不撤出燕国，故齐宣王说：“吾甚惭于孟子。”(《公孙丑下》)

秦楚构兵　“宋牼将之楚，孟子遇于石丘，曰：‘先生将何之？’曰：‘吾闻秦楚构兵，我将见楚王说而罢之。楚王不悦，我将见秦王说而罢之，二王我将有所遇焉。’”(《告子下》)这是说秦楚正在交战，宋牼想通过说服秦楚二王，使之停战。

齐楚伐宋　从万章向孟子请教的问答中可得知，宋国欲行王政，齐楚轻蔑其小而不许有所作为，故出兵讨伐。最终将宋灭掉。(《滕文公下》)

邹与鲁閧　《梁惠王下》中载，邹国与鲁国发生了流血冲突，邹国的官吏战死了33人，而老百姓却没有一个为他们死难的。这一方面记述了邹鲁之间的一次小规模战争，同时反映了邹国百姓与统治者之间的矛盾。自春秋以来，邹鲁时而结盟，时而交战，邹国屡遭鲁国的欺辱，土地被蚕食，官民被杀死，甚至国君被俘虏。鲁强邹弱，但邹国一直没有停止过对鲁国的反抗。

滕小国自危　“滕文公问曰：‘滕，小国也，间于齐、楚。事齐乎？事楚乎？’”(《梁惠王下》)滕小国间于齐、楚两大国之间，随时有被灭亡的危险，惶惶不可终日。春秋时有国140多个，至战国初仅剩十余国。在秦、齐、楚、燕、韩、赵、魏七雄争王的兼并战争中，邹、滕这类幸存的小国朝不谋夕。

率兽食人　兵连祸结，狼烟四起，《孟子》中这样记述老百姓的生活：孟子曰：“且王者之不作，未有疏于此时者也；民之憔悴于虐政，未有甚于此时者也。”(《公孙丑上》)“有布缕之征,粟米之征,力役之征。君子用其一,缓其二。用其二而民有殍,用其三而父子离。”(《尽心下》)孟子谓梁惠王曰:“狗彘食人食而不知检,涂有饿殍而不知发。”“庖有肥肉,厩有肥马,民有饥色,野有饿殍,此率兽而食人也。”“彼夺其民时,使不得耕耨以养其父母。父母冻饿,兄弟妻子离散。”(《梁惠王上》)孟子谓齐宣王曰:“今也制民之产,仰不足以事父母,俯不足以畜妻子;乐岁终身苦,凶年不免于死亡。”(《梁惠王上》)“臣闻郊关之内有囿方四十里,杀其麋鹿者如杀人之罪,则是方四十里为阱于国中。”(《梁惠王下》)孟子谓齐平陆大夫曰:“凶年饥岁,子之民,老羸转于沟壑,壮者散而之四方者,几千人矣。”(《公孙丑下》)

百家争鸣 与社会变革相适应,思想学术上则是百家争鸣。《孟子》中记述:孟子曰:“圣王不作,诸侯放恣,处士横议,杨朱、墨翟之言盈天下。天下之言不归杨,则归墨。……杨墨之道不息,孔子之道不著,是邪说诬民,充塞仁义也。”(《滕文公下》)墨翟,春秋、战国之际思想家,墨家学派的创始者。杨朱,魏国人,又称杨子、阳子或阳生,后于墨翟,前于孟子。杨、墨是战国时期和儒家对立的两个重要学派,墨家曾与儒家并称为“显学”。

关于其他学派的争鸣与交流,《孟子》中记述:“有为神农之言者许行,自楚之滕,踵门而告文公曰……”(《滕文公上》)孟子通过其追随者陈相,与之辩论社会分工、商品以质论价等问题。“陈良,楚产也,悦周公、仲尼之道,北学于中国。北方之学者,未能或之先也。”(同上)这是说学术上的南北交流,南方也有超过北方的大儒。而其弟子陈相、陈辛“见许行而大悦,尽弃其学而学焉”(同上)。由此可见不同学派之间的争夺与农家的影响力之大。还有孟子与告子关于人性的反复辩论,与淳于髡关于权变的辩论等,则反映了学术争鸣之激烈。

附:

孟子先祖新考

孟子的先祖是谁,《孟子》七篇没有提到,《史记》、《汉书》及其他与孟子同时代或稍晚的历史文献也没有记载。在孟子殁后四百多年,东汉末赵岐首次言及这一问题。他在《孟子题辞》中说:"或曰:'孟子,鲁公族孟孙之后。'故孟子仕于齐,丧母而归葬于鲁也。三桓子孙,既以衰微,分适他国。"

赵岐没说出处,并以"或曰"冠之。但后人便依此确定了孟子的先祖。金代贞祐元年(1213 年)孙弼撰《邹公坟庙之碑》称,"其先鲁公族孟孙之后"。清代阎若璩《孟子生卒年月考》云:"孟子,盖鲁公族孟孙之后。不知何时分适邹,遂为邹人。"焦循在《孟子正义》中,除罗列了鲁公族孟孙氏的世系及名人外,也说:"孟子既以孟为氏,宜为孟孙之后。但世系不可详,故赵氏以'或曰'疑之耳。"(《孟子正义》卷一)

另外,明代《孔颜孟三氏志》、《三迁志》、《孟志》及清代《重纂三迁志》等,还将孟子的祖先由孟孙氏向上追溯到周公,由周公又追溯到黄帝,向下叙述了孟氏的形成:"周公子伯禽封鲁,数传至桓公。桓公生子庄公同及庆父、叔牙、季友。庆父之后为仲孙氏,与叔孙、季孙并称三家,亦曰三桓。仲孙为三桓之孟,故号孟孙,其后称孟氏焉。孟子,即孟孙之后也。"(清光绪十三年刻本《重纂三迁志》卷一)同时,还历数了孟孙氏的世系,罗列了多位孟氏名人。遗憾的是,不论是孟孙氏的世系,还是孟氏名人,越接近孟子越无法衔接,只有空缺数代。绕过这一难题,然后接着说:“故后汉赵岐云,孟子鲁公族孟孙之后是也。孟子之父激公宜……”(明成化十八年刻本《孔颜孟三氏志》卷六)或者说:“至孟激字公宜者,娶仉氏而孟子生焉。”(明万历三十九年刻本《孟志》卷一)然而,唐代林宝在《元和姓纂》中却说:“孟敬子生滕伯,滕伯生廖,廖生孟轲。”

直至今日,不少有关孟子的论著中都沿用了孟子是“鲁公族孟孙之后”的说法。《辞源》“孟子”条目下也记为“春秋鲁公族孟氏之后”。这一说法,似乎已成公论,或已成定论。

孟子是鲁公族孟孙之后吗?这个问题首先由东汉赵岐提出,故还要重温赵岐的说法。赵岐先说“或曰”,即“有的说”,就是说没有肯定,只是有这样一种说法。作为一种说法,是可以提出的。但后人却去掉“或曰”,将一种说法,变为唯一的说法,将一种推测与假设,变为一种肯定与结论,这本身就是荒谬的,是对赵岐说法的断章取义与歪曲,因而是不能成立的。

退一步看,赵岐的推测是否就能成立呢?在赵岐的推测里,“孟子,鲁公族孟孙之后”,与“故孟子仕于齐,丧母而归葬于鲁也”,这两句话是互为因果关系的。如果前者为因,后者为果,那么其大前提就是:“如果是鲁公族孟孙之后,那么他就会丧母而归葬于鲁。”如果后者为因,前者为果,那么其大前提就是:“如果丧母而归葬于鲁,那么他就是鲁公族孟孙之后。”稍作分析,这两个大前提都是不能成立的。因为鲁公族孟孙之后丧母,一般来说会归葬于鲁,但并不是全部归葬于鲁;凡归葬于鲁者,有的是鲁公族孟孙之后,但不都是鲁公族孟孙之后。这一假言推理,是犯了大前提不真实的错误。

孟子仕于齐,丧母而归葬于鲁,本于《孟子》一书。《公孙丑》篇记曰:“孟子自齐葬于鲁,反于齐,止于嬴。”如果孟子不是鲁公族孟孙之

后,那么他为什么会自齐葬于鲁呢?而不自齐葬于故里邹呢?要回答这一问题,还必须回顾一下春秋战国期间邹国与鲁国之间的疆界纠葛。

孟子的故乡邹国,春秋时称邾或邾娄,东、西、北三面界鲁,除与鲁多次结盟外,亦经常发生战争。因鲁强邾弱,战争虽互有胜负,但最终还是多以邾国失败、大片领土被鲁国侵占而罢兵。据《春秋》记载:

僖公三十三年(公元前627年),“公伐邾,取訾娄”。

文公七年(公元前620年),“春,公伐邾。三月甲戌,取须句”。

宣公十年(公元前599年),“公孙归父帅师伐邾,取绎”。

襄公十九年(公元前554年),“取邾田,自漷水”。

哀公二年(公元前493年),“春,王二月,季孙斯、叔孙州仇、仲孙何忌帅师伐邾,取漷东田及沂西田”。

哀公三年(公元前492年),“叔孙州仇、仲孙何忌帅师围邾”。

哀公六年(公元前489年),“冬,仲孙何忌帅师伐邾”。

哀公七年(公元前488年),“秋,公伐邾。八月己酉,入邾,以邾子益来”。

对此次鲁国侵邾,《左传·哀公七年》还有详细记述:“师遂入邾,处其公宫。众师昼掠,邾众保于绎。师宵掠,以邾子益来,献于亳社,囚诸负瑕。”

鲁侵邾,还曾于宣公九年(公元前600年)“取根牟”,宣公十年(公元前599年)“取蘱”,成公六年(公元前585年)“取鄟”,襄公十三年(公元前560年)“取诗”,昭公三十二年(公元前510年)“取阚”,以上《春秋公羊传》均在其下记曰:“邾娄之邑也。曷为不系乎邾娄?讳亟也。”

另外,邾国的大夫等,还多人带着土地投奔鲁国。如,《春秋·襄公二十一年》(公元前552年)载,“邾庶其以漆、闾丘来奔”。《左传·昭公三十一年》(公元前511年)载,“冬,邾黑肱以滥来奔”。就在哀公七年(公元前488年),邾国的国君邾子益被鲁国俘去的那次战争中,“成子以茅叛”(《左传》)。

直至战国,《孟子》中还记述了“邹与鲁閧。穆公问曰:‘吾有司死者三十三人,而民莫之死也’”(《梁惠王下》)。邹鲁之间仍未停止流血冲突。

邹鲁之间的战争,使邹国大片的土地被鲁国占领。至春秋末年,已“鲁击柝闻于邾”(《左传·哀公七年》)。战国中期的孟子也说:“去圣人之世若此其未远也,近圣人之居若此其甚也。”(《尽心下》)圣人之居,应是指的孔子居住的鲁都(今曲阜)。这都说明邹鲁相距甚近,领土犬牙交错。据实地考察,鲁都与邾国故城(今邹城市峄山前纪王城)实际距离,亦不过30余公里。鉴于上述,必然有相当一部分邾国人的墓地,随邾国土地的丧失而沦为鲁国的土地。为随葬先祖,或夫妇合葬,这部分邾国人不得不居邾而葬于鲁。据此,应当存在这样一种可能,孟子先祖的墓地原在邹国北部近鲁处,后被鲁国侵占,孟子虽为邹人居邹,仕于齐,丧母,但不得不“自齐葬于鲁”。

这种推测,与实际情况有相吻合之处。孟母墓所在地,在今邹城北10公里凫村马鞍山东麓。距鲁都10余公里,距邾国故城20公里左右,春秋时邻近邹鲁两国交界地,在古沂水西侧,即哀公二年(公元前493年)鲁国伐邾取沂西田的范围。这里历史上曾长期隶属于邹县,而邹县的地界是以古邾国的四境为基础的。元代邹县尹司居敬,曾请孔颜孟三氏子孙教授张颏撰《孟母墓碑》碑文,刻石立于孟母墓前,至今犹存。明代邹县知县王一桢,捐俸置地20亩,给帖佃种,一切租税差役悉为蠲免,止令看守孟子父母林墓。清代邹县知县娄一均,在孟母墓西侧的凫村,留有《蠲免富村杂徭记》碑。碑文曰:“……父老告余曰:‘此亚圣孟子诞

生处也……今又名凫村，尚有孟子故宅在焉。其后裔聚族而居，代有优崇之典，并无差役'……爰令一切摊派杂项概行豁除，以示优宠。"并勒石致意后之莅斯土者。居住在邹城孟府里的孟子主祀孙，从45代孟宁起，至73代(74代旅居台湾)，基本上都埋葬在这里，且有碑刻墓志可考。由此看来，孟子自齐葬于鲁，确实有特殊的历史背景与原因，这是赵岐按照一般规律分析所不能理解的。

"孟子既以孟为氏，宜为孟孙之后。但世系不可详，故赵岐以'或曰'疑之耳。"(《孟子正义》卷一)这是焦循为赵岐的推测补充的新依据，即"孟子既以孟为氏"，又以"世系不可详"，解释了赵岐以"或曰"疑之的原因。按照焦循的说法，其前提应当是：如果以孟为氏，那么他就是孟孙之后。这一前提是否可靠呢？这要考察历史上"孟"字在姓氏名字中的应用。

姓氏的形成，在中国历史上是一个漫长的发展演变过程。上古，姓和氏是有区别的。姓的出现早于氏。最早的姓源于母系氏族的族号，氏则为同姓氏族的分支族号。氏的来源是多方面的，有的得之于先祖的号，有的得之于先祖的封国，有的得之于先祖的居住地名、官职名、职业名以及名、字、排行等。由于人口的繁衍，新的分支族号不断增加，姓氏也就不断发展。至春秋战国，姓氏的使用是最纷杂活跃的时代，已有姓氏不分的趋势。至秦汉，姓氏逐渐合而为一，并加在名字之前，且延续至今。

孟氏之"孟"，是以排行为氏。子女中居长者称孟。在古代既是一个姓氏，又经常用于人名。春秋战国时期，还通行以孟(或伯)、仲、叔、季的排行加在姓名前作称呼。考诸史籍，在孟子之前，鲁国内外，以"孟"为姓氏名字者，除孟孙氏之外，不乏其人。如，"夏后启之臣曰孟涂，是司神于巴，巴人请讼于孟涂之所。"(《山海经·海内南经》)"(帝启)八年,帝使孟涂如巴莅讼。"(《竹书纪年·上》)"王若曰:'孟侯,朕其弟,小子封。'"(《书·康诰》)卫公孟絷之后,亦为孟氏。(《通志·二八·氏族·四·以次为氏》)赵之先曰季胜,"季胜生孟增,孟增幸于周成王……"(《史记·赵世家》)《孟子》中还记载有孟贲、孟施舍,为古勇士。(《公孙丑上》)许慎说:"孟贲,卫人。"(《史记·范睢蔡泽列传·集解》)另外,古代女子名字中有"孟"者也不少见。如:"彼美孟姜,洵美且都。"(《诗·郑风·有女同车》)《传》:"孟姜,齐之长女。"孟姚,战国时吴广之女,一称娃嬴,为赵武灵王后。(《史记·赵世家》)"璋珪杂于甑室兮,陇廉与孟娵同宫"(《楚辞·哀时命》),孟娵,古美女名。在鲁国,与孟孙氏并称"三桓"之一的叔孙氏,其后有一名曰叔孙豹者,娶齐国国姜为妻,生有二子,一个叫孟丙,一个叫仲壬。(《左传·昭公四年》)还有,孔子的哥哥名孟皮。(《孔子家语·卷九》)上述人名中的"孟",有的是作为姓氏,有的是作为名字,但他们与鲁公族孟孙氏均无牵连。由此可见,"孟"绝非孟孙氏所专用。因孟子以孟为氏,就推测其为孟孙之后,同样是犯了大前提不真实的错误。

赵岐的说法,并不是其臆想,而是根据《孟子》一书中的有关记载作出的一种推测。细读七篇,反而发现了多处否定孟子是鲁公族孟孙之后的记述。

其一,不尊周王室。鲁公族是周王室的同姓分支。孟子所处的时代,周王室尚且存在,历烈王、显王、慎靓王、赧王,诸侯国的名分还需要周天子确认。然孟子周游列国,所到之处,则劝时君行王道,以仁德统一天下,视周王室如无有。如,他回答梁惠王:"地方百里而可以王。"回答梁襄王:"不嗜杀人者能一之。"回答齐宣王:"保民而王,莫之能御也。""……故王之不王,不为也,非不能也。"(以上均见《梁惠王上》)孟子还答公孙丑说:"以齐王,由反手也。"(《公孙丑上》)答万章:"……(宋)苟

行王政，四海之内皆举首而望之，欲以为君。”（《滕文公下》）

其二，不称文王、武王、周公等为先祖。文王、武王、周公都是鲁公族的先祖。如果孟子是鲁公族孟孙之后，那么他们也是孟子的先祖。然而，孟子在谈话中经常引用他们的言行，却从没表示过对先祖式的尊称。如，孟子曰：“文王生于岐周，卒于毕郢，西夷之人也。”（《离娄下》）陈贾见孟子，问曰：“周公何人也？”曰：“古圣人也。”（《公孙丑下》）就连鲁公族孟孙氏的第四代孟献子（仲孙蔑），孟子也是直呼其谥号：“孟献子，百乘之家也，有友五人焉：乐正裘，牧仲，其三人，则予忘之矣。献子之与此五人者友也，无献子之家者也。此五人者，亦有献子之家，则不与之友矣。”（《万章下》）从孟献子去世，到孟子出生，还不到二百年。

其三，邹与鲁閧，不倾向鲁。邹国与鲁国发生了流血冲突，邹穆公请教孟子说：“吾有司死者三十三人，而民莫之死也。诛之，则不可胜诛；不诛，则疾视其长上之死而不救，如之何则可也？”孟子对曰：“凶年饥岁，君之民，老弱转乎沟壑，壮者散而之四方者，几千人矣；而君之仓廪实，府库充，有司莫以告，是上慢而残下也。曾子曰：‘戒之戒之！出乎尔者，反乎尔者也。’夫民今而后得反之也。君无尤焉！君行仁政，斯民亲其上，死其长矣。”（《梁惠王下》）鲁公族孟孙氏的仲孙何忌等，曾多次带兵侵邾。若孟子是孟孙氏之后，邹穆公何以涉及邹鲁冲突之疑难问仇敌之裔，而孟子又何以为宗主国之敌而补弊兴利？若邹穆公按孟子之言去做，战胜鲁国不是没有可能。

其四，葬母，遭到鲁国君臣的非议。由于孟子弟子乐正克的推荐，鲁平公将要去见孟子，后因臧仓阻止，改变了主意。乐正克问鲁平公原因，鲁平公回答：“或告寡人曰：‘孟子之后丧逾前丧’，是以不往见也。”乐正克又问：“何哉，君所谓逾者？前以士，后以大夫；前以三鼎，而后以五鼎与？”鲁平公答：“否；谓棺椁衣衾之美也。”乐正克解释道：“非所谓逾也，

贫富不同也。”(《梁惠王下》)

当孟子的弟子充虞,也因其葬母“木若以美然”,向孟子提出疑问时,孟子这样解释:“古者棺椁无度,中古棺七寸,椁称之。自天子达于庶人,非直为观美也,然后尽于人心。不得,不可以为悦;无财,不可以为悦。得之为有财,古之人皆用之,吾何为独不然?且比化者无使土亲肤,于人心独无恔乎?吾闻之也:君子不以天下俭其亲。”(《公孙丑下》)这里值得注意的是,孟子关于丧葬的崇尚者,是“古者”、“中古”、“古之人”,没有提到周王室与鲁公族。而鲁国君臣对孟子葬母的非议,也未称其违背了鲁公族的葬俗,而是因其“后丧逾前丧”。

其五,持与鲁公族不同的丧葬观点与习俗。如果说,孟子葬母仅引起了鲁国君臣的非议,并不能直接说明其与鲁公族的丧葬习俗有异,那么,他在与滕文公的使者然友,关于如何为滕定公举行葬礼的答问中,则表述了与鲁公族截然不同的丧葬观点与习俗:

滕定公薨,世子谓然友曰:“昔者孟子尝与我言于宋,于心终不忘。今也不幸至于大故,吾欲使子问于孟子,然后行事。”

然友之邹,问于孟子。

孟子曰:“不亦善乎!亲丧,固所自尽也。曾子曰:‘生,事之以礼;死,葬之以礼,祭之以礼,可谓孝矣。’诸侯之礼,吾未之学也;虽然,吾尝闻之矣。三年之丧,齐疏之服,饦粥之食,自天子达于庶人,三代共之。”

然友反命,定为三年之丧。父兄百官皆不欲,曰:“吾宗国鲁先君莫之行,吾先君亦莫之行也,至于子之身而反之,不可。且《志》曰:‘丧祭从先祖。’曰,‘吾有所受之也。’”

谓然友曰:“吾他日未尝学问,好驰马试剑。今也父兄百官不我足也,恐其不能尽于大事,子为我问孟子!”

然友复之邹问孟子。

孟子曰："然；不可以他求者也。孔子曰：'君薨，听于冢宰，歠粥，面深墨，即位而哭，百官有司莫敢不哀，先之也。'上有好者，下必有甚焉者矣。君子之德，风也；小人之德，草也。草尚之风，必偃。是在世子。"

然友反命。

世子曰："然，是诚在我。"

五月居庐，未有命戒。百官族人可，谓曰知。及至葬，四方来观之，颜色之戚，哭泣之哀，吊者大悦。(《滕文公上》)

由上述可知，孟子的丧葬主张是：实行三年的丧礼，穿着粗布缉边的孝服，吃着稀粥，从天子一直到老百姓，三代都是这样的。滕文公准备采纳孟子的意见，而滕国的父兄百官却都竭力反对。理由是：我们的宗国鲁国的历代君主没有实行过，我们的历代祖先也没有实行过，到你这一代却改变了祖先的做法，这是不应该的。而且《志》说过，丧礼祭礼一律依从祖宗的规矩。道理就在于我们是从这一传统继承下来的。滕文公拿不定主意，再次派然友到邹国请教孟子。孟子坚持了自己的主张，并以孔子的话作为依据。滕文公尽管非常尊重孟子，但最终还是没有实行"三年之丧"，仅部分地采纳了孟子的意见。

丧葬习俗，往往保留着一个民族、氏族、家族的历史传统，也是与其他民族、氏族、家族相区分的重要标志。如果孟子是鲁公族之后，为什么他所主张的三年之丧，鲁国的历代君主没有实行过，滕国的历代君主也没有实行过？滕国与鲁国同为周王室分封的姬姓国，同一祖宗。况且，当时的《志》规定，丧礼、祭礼一律依从祖宗的规矩。是孟子背叛了祖宗，还是孟子根本与鲁公族没有血缘关系？如果孟子背叛了祖宗，为什么滕国的父兄百官不就此直接对孟子痛加指责？孟子一生以继承传统为己任，他为什么在丧葬大事上不依从祖宗的规矩？再者，不论是孟子本人，还是滕国的父兄百官，以及鲁平公、臧仓等，都不曾言及孟子与鲁公族有什么关系。从三桓衰微，孟孙氏的封邑郕被齐国攻破（据《史记·田敬仲完世家》记载，约公元前408年），到孟子诞生（约公元前372年），不过四十年，如果说孟子是孟孙氏之后，他本人不会装作不知，世人也不可能闭口不言。对此，《孟子》一书可以不作记载，而与孟子同时代或稍晚的论著、史书，岂能也不记述？直至东汉末才出现赵岐的推测。孟子以好辩著称，对论敌丝毫不留情面，他的论敌为什么不就此重大问题对他进行攻击？

综上所述，“孟子，鲁公族孟孙之后”，自东汉赵岐以“或曰”提出，经后人断章取义，遂将一种推测变为一个定论。此说的形成，实由圣贤皆出自名门望族这一陈腐观念所致。支撑这一说法的理由，一是孟子自齐葬于鲁；一是以孟为氏。春秋中晚期，邹国大片土地被鲁国侵占，孟子先祖的墓地沦入鲁国的版图，这是孟子自齐葬于鲁的真正原因。以孟为氏，孟子之前，鲁国内外，非孟孙氏之族均有使用者，并非孟孙氏所专用。况且，春秋战国时通行以孟（或伯）、仲、叔、季的排行加在姓名前作称呼。故“自齐葬于鲁”，“以孟为氏”，都不能证明孟子是鲁公族孟孙氏之后。孟子不尊周王室；不称文王、武王、周公、孟献子等为先祖；邹与鲁閧，不倾向鲁；葬母遭到鲁国君臣的非议；持与鲁公族完全不同的丧葬观点与习俗，将这一些联系起来看，可以说明孟子与鲁公族孟孙氏没有血缘关系。

孟子的先祖究竟应当如何认定，应以实事求是的态度，到最原始的历史文献中去寻找答案。司马迁生于孟子殁后约140多年，是第一位为孟子立传者。他虽然写人物传记时往往首先追溯其先祖，并曾到鲁国和邹国故地做过考察，但他却没有记述孟子的先祖，仅说：“孟轲，邹人

也。"(《史记·孟子荀卿列传》)《孟子》一书,是了解孟子最原始的资料,其中也没有涉及孟子的先祖,同样记载了孟子是邹人,如,"孟子居邹"(《告子下》),"然友之邹问于孟子","然友复之邹问孟子"(《滕文公上》)。"屋庐子不能对,明日之邹,以告孟子"(《告子下》)。《史记》、《孟子》是有关孟子最原始、最可靠的历史文献,既然在这两部最权威的历史文献里没有孟子先祖的记载,就说明孟子的先祖与史无征。既然与史无征,不妨存疑待考。然而,在这两部历史文献里,有关孟子里籍的记载是非常明确的,也是一致的,这就为考证其先祖提供了最基本的线索。孟子既然是邹人,故应首先在邹国寻访其先祖,首先推测其先祖是邹人,这是合乎情理的,也是追溯孟子先祖最科学的途径。至于能否寻到具体人,则有待于新的可靠证据的发现。当然,这并不排除其他有据之说。

另据1993年由齐鲁书社出版的《邾鲁春秋》(聂凤峻、王洪军、高善东著)一书中,对孟子宗族世系作了详细考辨,也可谓一家之言。现摘录于下:

关于孟子的宗族世系,早在后汉时期孟学之士赵岐就发表过自己的意见。他在《孟子题辞》中说:"孟子,鲁公族孟孙之后,故孟子仕于齐,丧母而归葬于鲁也。三桓子孙既以衰微,分适他国。"焦循《孟子正义》曰:"邹有孟孙,孟子即以孟为氏,宜为孟孙之后。"宋代人郑樵在其《通志·氏族略》中也说:"孟氏,姬姓,鲁桓公子庆父之后也。庆父曰公仲,本为仲氏,亦称仲孙氏,为闵公之故,讳弑君之罪,更为孟氏。"由上述记载,使我们得知:一、孟子为鲁国孟孙氏之后,二、"孟孙"氏是怎样由庆父经仲孙氏变为孟孙氏的。

随着时代的推移,愈到后世人们对孟氏祖上的追溯也就愈久远。明代嘉靖年间的戴光修、谢秉秀所纂的《邹县地理志》"氏族源流"中云:

"其父(应为"祖")出自黄帝。黄帝生玄嚣,玄嚣生蟜极,蟜极生帝喾,帝喾生弃,姬姓之祖,始封于邰。十六世至周文王,当商之季,三分天下有其二。生子发,是为武王,遂克商而有天下。武王封弟周公旦于鲁,留辅王室,其子伯禽就封之国。伯禽生炀公,炀公生魏公,魏公生繄公,繄公生武公,武公生伯御,伯御生孝公,孝公生惠公,惠公生桓公,桓公生庄公及三家。三家皆桓公庶子,初以仲、叔、季为氏,其后加以字,公子之子称公孙也。仲后改为孟,盖庶子自为长少,不敢与庄公为伯、仲、叔、季,公孙不敢祖诸侯也。故自以庶长为孟,其后子孙因以孟为姓。"此段记述舛误甚多,我们不再详加考订;仅是"仲、叔、季"如何改为"孟姓"提出了其作者的主观臆测,就是如此,也不能自圆其说。"不敢与庄公为伯、仲、叔、季",而为何仅是"仲"孙氏改为"孟"孙氏,而为何"叔、季"未改呢?其言不足信。

关于孟子的宗族世系,文献记载:孟子十二世祖为鲁桓公之子,鲁庄公庶弟孟孙庆父。庆父之后递生穆伯护(作敖)、文伯穀、献子蔑、庄子速、孝伯羯、僖子貜、懿子何忌、武伯彘、敬子捷。皆名见经传。由此我们列表如下:

鲁孟孙世系表

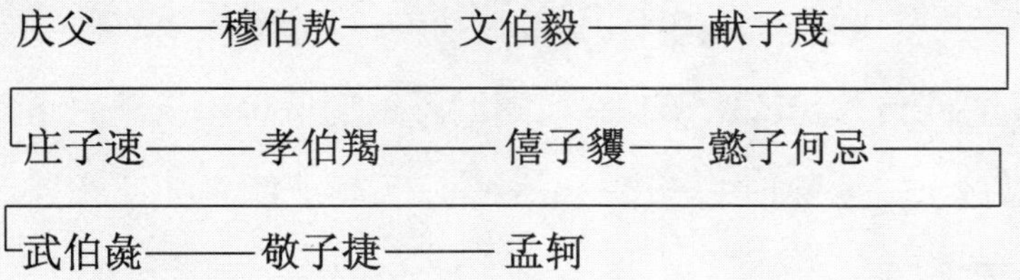

从孟敬子捷到孟轲有二说:唐代杜宝在其《元和姓纂》中说:"孟敬子生滕伯,滕伯生廖,廖生孟轲。"《孟氏谱》、《邹县地理志》、《邹县志》皆云:孟子父名激,字公宜。对此杨伯峻先生在《孟子译注·导言》中说这"是些无稽之谈"。

在此我们需要说明的是:(一)从庆父至敬子捷,作为鲁国三桓之一的孟孙氏的世系表应该说是可信的。(二)孟轲是孟孙氏之后恐怕是有历史缘由的,但是否就是孟孙氏的“嫡系”后裔,却是另一个问题。公元前408年,齐国出兵伐鲁,孟孙氏的封邑被齐国夺去。孟孙氏郕邑被攻破以后,孟孙氏迁往何方?史籍并无明文记载,人们只是因为后来邾(邹)国出了一个大思想家孟子,而臆测在郕邑破后,孟孙氏一部迁往邾(邹),由此给孟夫子找到了“根”。其实是否是公元前408年以后迁往邾(邹)国,只能有待于今后文献资料的新发现或田野考古的新资料来给以说明。另外,有这样一条线索也值得注意:鲁襄公二十三年(前550年),在孟庄子速临死之前,关于孟孙氏的继承人问题,季孙氏出面干预,立了孝伯羯,而孟庄子的另一个儿子孺子秩却“奔邾”。而邾国的孟孙氏是否与“奔邾”的孺子秩有关系呢?孟子是否就是孺子秩的后人呢?在此我们不敢妄断。(三)孟敬子生活于春秋末年,虽然人们对孟子的具体出生年月有争议,但对孟子生活于战国时代的中后期这一断定,人们大致上是认同的。那么,从孟敬子至孟子,其间还有近百年的时间间隔,假如孟子就是孟敬子的后裔,这近百年的时间间隔又如何填补呢?也就是说从孟敬子至孟子,其间至少还有三至四世。于是,我们再回过头去看唐代杜宝在《元和姓纂》中所云以及《孟氏谱》等文献中的说法,是否就是些无稽之谈呢?假如我们将他们所说的贯穿起来,其世系当为:孟敬子——滕伯——廖——激——孟轲。能否如此相连,有待进一步考订。

孟子的父亲,是一位默默无闻的人物,史籍不见记其事,乃至《阙里志》方说:孟子三岁丧父。孟子是否三岁丧父,《韩诗外传》、《列女传》俱无此说。所以,有的学者认为“孟父实非早卒,其三迁断织或者父出游,慈母代严父耳”。

《风俗通义》、郑樵《通志 · 氏族略》均载：孟母，仉（zhǎng，音掌）氏。即鲁大夫党氏之族，后为仉氏。张澍《姓氏寻源》说："仉，即掌字。"明代陈镐《阙里志》曰："孟子父名激，字公宜，娶仉氏。"而《重纂三迁志》则说："元张﨑撰孟母墓碑云：'旧碑题孟母李氏。'旧碑即孙弼《邹国公坟庙碑》，王志改称《谒祠记》者。碑云：'公夙丧其父，母李氏以贤德称。'言之凿凿，此碑具在墓侧，似非臆造，第后人磨李改仉耳。《阙里志》载：'此碑文李氏甚明，今学者多从仉氏。'"

"党"、"仉"、"掌"，音近相通。所谓"磨李改仉耳"，似可能为磨"掌"改"李"耳。孟母大概就是鲁国大夫党氏之女。

孟子的夫人和后人，《邹县地理志》说："孟子娶田氏，生子名仲子。"

第二章　生平活动

孟子受业子思之门人。在青壮年时期,除受业讲学外,还曾居邹为士。周游列国,已是近年老以后的活动。他怀着“王天下”、“救民于水火”的美好愿望,先后游历了梁、齐、宋、滕、鲁等国。他劝说时君施行仁政、王道,坚决反对暴政、霸道。在齐曾任过客卿。滕文公曾非常尊重他。虽然梁、齐等国不采纳他的主张,但他从不枉尺直寻。年老后,退而归邹。与万章、公孙丑等弟子疑难答问,著书立说。

第一节　受　业

孟子受业在七篇中略有自述:

“乃所愿,则学孔子也。”(《公孙丑上》)

“君子之泽五世而斩,小人之泽五世而斩。予未得为孔子徒也,予私淑诸人也。”(《离娄下》)

后人对孟子受业于谁亦有记述,但说法有异。

司马迁说:“……受业子思之门人。”(《史记・孟子荀卿列传》)

刘向说:“师事子思。”(《列女传・母仪传》)

班固说:“……名轲,邹人,子思弟子。”(《汉书・艺文志》)

应劭说:“孟子受业于子思。”(《风俗通・穷通篇》)

赵岐也说："长师孔子之孙子思，治儒术之道……"（《孟子题辞》）

上述诸说，一为"受业子思之门人"，一为"受业于子思"。

《孟子》中涉及子思的有以下几章：

子思居于卫，有齐寇。或曰："寇至，盍去诸？"子思曰："如伋去，君谁与守？"

孟子曰："曾子、子思同道。曾子，师也，父兄也；子思，臣也，微也。曾子、子思易地则皆然。"（《离娄下》）

孟子曰："费惠公曰：'吾于子思，则师之矣……'"（《万章下》）

（淳于髡）曰："鲁缪公之时，公仪子为政，子柳、子思为臣，鲁之削也滋甚。"（《告子下》）

（孟子）曰："坐，我明语子。昔者鲁缪公无人乎子思之侧，则不能安子思；泄柳、申详无人乎缪公之侧，则不能安其身。子为长者虑，而不及子思；子绝长者乎？长者绝子乎？"（《公孙丑下》）

（孟子）曰："缪公亟见于子思，曰：'古千乘之国以友士，何如？'子思不悦，曰：'古之人有言，事之云乎，岂曰友之云乎？'子思之不悦也，岂不曰，'以位，则子，君也；我，臣也；何敢与君友也？以德，则子事我者也，奚可以与我友？'"（《万章下》）

（孟子）曰："缪公之于子思也，亟问，亟馈鼎肉。子思不悦。于卒也，摽使者出诸大门之外，北面稽首再拜而不受，曰：'今而后知君之犬马畜伋。'盖自是台无馈也。悦贤不能举，又不能养也，可谓悦贤乎？"

（孟子）曰："子思以为鼎肉使己仆仆尔亟拜也，非养君子之道也。"（《万章下》）

上述六章，孟子仅引述之而用以阐述自己的主张。

简言之，孟子青少年时，曾受业于子思之门人，并私淑诸人。

第二节 游 梁

约梁惠王后元十六年,周慎靓王二年(公元前319年),孟子来到梁国(即魏国)。

当时的梁国,据惠王自述:"晋国,天下莫强焉,叟之所知也。及寡人之身,东败于齐,长子死焉;西丧地于秦七百里;南辱于楚。寡人耻之,愿比死者壹洒之……"(《梁惠王上》)这些重大历史事件,在史籍中均可找到记载。《史记·魏世家》载:惠王"……数被军旅,卑礼厚币以招贤者。邹衍、淳于髡、孟轲皆至梁"。

孟子到了梁国,惠王见面就问:"叟!不远千里而来,亦将有以利吾国乎?"孟子回答:"王!何必曰利,亦有仁义而已矣。"接着又阐述了为什么不可言利:"上下交争利而国危矣。""未有仁而遗其亲者也,未有义而后其君者也。"(《梁惠王上》)

孟子见梁惠王,梁惠王站在池塘边,一边看着鸿雁麋鹿,一边问孟子:"贤者亦乐此乎?"孟子回答:"贤者而后乐此。不贤者虽有此,不乐也。"并指出:"古之人与民偕乐,故能乐也。""民欲与之偕亡,虽有台池鸟兽,岂能独乐哉?"(《梁惠王上》)

梁惠王以国事问孟子:"寡人之于国也,尽心焉耳矣。河内凶,则移其民于河东,移其粟于河内。河东凶亦然。察邻国之政,无如寡人之用心者。邻国之民不加少,寡人之民不加多,何也?"孟子以作战为喻,指出梁惠王的治国方法与邻国没有本质的区别,只不过是五十步笑百步。问题的根本不是年成不好,而是治国的路子不对。孟子告诫惠王:"不违农时,谷不可胜食也;数罟不入洿池,鱼鳖不可胜食也;斧斤以时入山林,材木不可胜用也。谷与鱼鳖不可胜食,材木不可胜用,是使民养生丧死无憾也。养生丧死无憾，王道之始也。”孟子还向惠王描述了一个理想社会：“五亩之宅，树之以桑，五十者可以衣帛矣。鸡豚狗彘之畜，无失其时，七十者可以食肉矣。百亩之田，勿夺其时，数口之家可以无饥矣。谨庠序之教，申之以孝悌之义，颁白者不负戴于道路矣。七十者衣帛食肉，黎民不饥不寒，然而不王者，未之有也。”孟子批评惠王：“狗彘食人食而不知检，途有饿殍而不知发；人死，则曰：‘非我也，岁也。’是何异于刺人而杀之，曰：‘非我也，兵也。’王无罪岁，斯天下之民至焉。”（《梁惠王上》）

经过几次答问，梁惠王对孟子终于心悦诚服地说：“寡人愿安承教。”孟子进一步指出惠王为政的弊端：“庖有肥肉，厩有肥马，民有饥色，野有饿殍，此率兽而食人也。兽相食，且人恶之；为民父母，行政，不免于率兽而食人，恶在其为民父母也？”（《梁惠王上》）

梁惠王问孟子，如何洗雪“东败于齐，长子死焉；西丧地于秦七百里；南辱于楚”之耻。孟子劝惠王最好的办法是施仁政于民。“省刑罚，薄税敛，深耕易耨；壮者以暇日修其孝悌忠信，入以事其父兄，出以事其长上，可使制梃以挞秦楚之坚甲利兵矣。”“彼夺其民时，使不得耕耨以养其父母。父母冻饿，兄弟妻子离散。彼陷溺其民，王往而征之，夫谁与王敌？故曰‘仁者无敌。’王请勿疑。”（《梁惠王上》）

梁惠王与孟子相处不久便去世了。《竹书纪年》载：周“慎靓王……二年（公元前 319 年），魏惠成王薨。”“三年（公元前 318 年），今王元年。”今王，即梁惠王的儿子梁襄王。

孟子见梁襄王，出来后，告诉别人说：“望之不似人君，就之而不见所畏焉。卒然问曰：‘天下恶乎定？’吾对曰：‘定于一。’‘孰能一之？’对曰：‘不嗜杀人者能一之。’‘孰能与之？’对曰：‘天下莫不与也。……今夫天下之人牧，未有不嗜杀人者也。如有不嗜杀人者，则天下之民皆引

领而望之矣。诚如是,民归之,由水之就下,沛然谁能御之?'"(《梁惠王上》)

孟子与梁襄王仅有一次谈话。因对其印象不好,不久,孟子就离开了梁国。时间约在梁襄王即位那一年,即周慎靓王三年(公元前318年)。

在梁国,孟子还与景春、周霄、白圭等进行过交谈或论争。

景春问:"公孙衍、张仪岂不诚大丈夫哉?一怒而诸侯惧,安居而天下熄。"孟子反驳说,他们怎么能算大丈夫呢?他们是"以顺为正者,妾妇之道也"。只有"居天下之广居,立天下之正位,行天下之大道;得志,与民由之;不得志,独行其道。富贵不能淫,贫贱不能移,威武不能屈,此之谓大丈夫"(《滕文公下》)。

在与周霄的谈话中,孟子阐述了为士之道:"古之人未尝不欲仕也,又恶不由其道。不由其道而往者,与钻穴隙之类也。"(《滕文公下》)

孟子还与白圭讨论过国家税收的比例。白圭问:"吾欲二十而取一,何如?"孟子认为,轻于尧舜之道,重于尧舜之道,都是不恰当的,税收要依据国家的实际需要而定。

白圭还说:"丹之治水也愈于禹。"孟子批评他说:"子过矣。禹之治水,水之道也。是故禹以四海为壑,今吾子以邻国为壑。"(《告子下》)

第三节　游　齐

约梁襄王元年,齐宣王二年(周慎靓王三年,公元前318年),孟子离开梁国,来到了齐国。

当时齐宣王刚刚即位不久,一心想成就一番霸业。他让孟子做客卿。在与孟子的交谈中,首先问孟子:"齐桓、晋文之事可得闻乎?"孟子答："仲尼之徒无道桓、文之事者，是以后世无传焉，臣未之闻也。"并说，王一定要我说，我就讲讲用道德的力量来统一天下的王道吧！

齐宣王问："德何如则可以王矣？"孟子答："保民而王，莫之能御也。"宣王问："若寡人者，可以保民乎哉？"孟子肯定地回答："可。"并以曾听说过齐宣王见到将用于衅钟之牛，不忍其觳觫，若无罪而就死地，并以羊易之为例，说这就是不忍之心，如果将这种不忍之心推及到百姓，就是仁术。"故王之不王，不为也，非不能也。""故推恩足以保四海，不推恩无以保妻子。"孟子反问齐宣王："抑兴甲兵，危士臣，构怨诸侯，然后快于心与？"宣王矢口否认，并说："将以求吾所大欲也。"孟子问他的大欲是什么？宣王笑而不答。孟子猜测说："……欲辟土地，朝秦楚，莅中国而抚四夷也。"孟子告诫齐宣王："以若所为求若所欲，犹缘木而求鱼也。""尽心力而为之，后必有灾。"孟子劝齐宣王，要想达到自己的愿望，不如从根本做起，发政施仁，"使天下仕者皆欲立于王之朝，耕者皆欲耕于王之野，商贾皆欲藏于王之市，行旅皆欲出于王之途，天下之欲疾其君者皆欲赴诉于王。其若是，孰能御之？"齐宣王终于为孟子所折服，说："吾惛，不能进于是矣。愿夫子辅吾志，明以教我。我虽不敏，请尝试之。"于是孟子向齐宣王讲了"恒产"与"恒心"的关系，"是故明君制民之产，必使仰足以事父母，俯足以畜妻子，乐岁终身饱，凶年免于死亡；然后驱而之善，故民之从之也轻"。又描述了他曾向梁惠王介绍的理想社会模式："五亩之宅，树之桑……老者衣帛食肉，黎民不饥不寒，然而不王者，未之有也。"（《梁惠王上》）

齐宣王见孟子于雪宫。问孟子："贤者亦有此乐乎？"孟子说："有。人不得，则非其上矣。不得而非其上者，非也；为民上而不与民同乐者，亦非也。乐民之乐者，民亦乐其乐；忧民之忧者，民亦忧其忧。乐以天下，忧以天下，然而不王者，未之有也。"（《梁惠王下》）

齐宣王让孟子讲讲怎样去实行王政,孟子说:“昔者文王之治岐也,耕者九一,仕者世禄,关市讥而不征,泽梁无禁,罪人不孥。”并且,发政施仁,必先鳏、寡、独、孤。齐宣王高兴地说:“善哉言乎!”孟子追问:“王如善之,则何为不行?”宣王说:“寡人有疾,寡人好货。”孟子说:王如好货,与百姓同之,那对实行王政有什么妨碍呢?宣王又说:“寡人有疾,寡人好色。”孟子说:只要内无怨女,外无旷夫,王如好色,与百姓同之,那对实行王政又有什么妨碍呢?(《梁惠王下》)

齐宣王也曾就一些非常尖锐的问题,向孟子试探。他问孟子:“汤放桀,武王伐纣,有诸?”“臣弑其君可乎?”孟子回答:“贼仁者谓之‘贼’,贼义者谓之‘残’,残贼之人谓之‘一夫’。闻诛一夫纣矣,未闻弑君也。”(《梁惠王下》)

齐宣王问关于公卿的事情。孟子说:贵戚之卿“君有大过则谏;反复之而不听,则易位”。齐宣王听了突然变了脸色。神色稍定,又问异姓之卿,孟子说:“君有过则谏,反复之而不听,则去。”(《万章下》)

孟子在回答齐宣王提问的同时,也主动向齐宣王就多方面的问题谈论自己的看法。或严厉地批评时政,或提出自己的建议。孟子对齐宣王说:您有一个臣子把妻室儿女托付给朋友照顾,自己游楚国去了。等他回来时,他的妻儿却在挨饿受冻。对这样的朋友,该怎么办呢?齐宣王说:“弃之。”孟子又说:“士师不能治士,则如之何?”王曰:“已之。”孟子紧接着说:“四境之内不治,则如之何?”齐宣王装作没听懂,左顾右望而把话题扯到了别处。(《梁惠王下》)

孟子向齐宣王提出辨识人才的方法:“左右皆曰贤,未可也;诸大夫皆曰贤,未可也;国人皆曰贤,然后察之;见贤焉,然后用之。左右皆曰不可,勿听;诸大夫皆曰不可,勿听;国人皆曰不可,然后察之;见不可焉,然后去之。左右皆曰可杀,勿听;诸大夫皆曰可杀,勿听;国人皆曰可杀,然

后察之；见可杀焉，然后杀之。故曰，国人杀之也。如此，然后可以为民父母。”（《梁惠王下》）

孟子以雕琢璞玉为例，劝说齐宣王，治理国家要任用精通治国之道的政治家，正像价值万镒的璞玉也要让玉工去雕琢一样。如果非让政治家放弃治国之道而一切听从国君的，“则何以异于教玉人雕琢玉哉？”（《梁惠王下》）

孟子告诫齐宣王说：“君之视臣如手足，则臣视君如腹心；君之视臣如犬马，则臣视君如国人；君之视臣如土芥，则臣视君如寇仇。”（《离娄下》）

孟子对齐宣王直言不讳，齐宣王虽不得不听，但有时内心实在难于接受，以致出现了回避的倾向。一次，孟子准备朝见齐宣王，宣王派人以“有寒疾，不可以风”相推辞，让孟子明天临朝办公时再来见。孟子针锋相对，说：“不幸而有疾，不能造朝。”次日，孟子不上朝，反而到东郭氏家去吊丧。齐宣王派人带着医生来看孟子。孟仲子一边以谎言搪塞使者，一边派人告诉孟子赶紧去上朝。孟子不得已躲到景丑氏家里歇宿。景子责问孟子：“内则父子，外则君臣，人之大伦也。父子主恩，君臣主敬，丑见王之敬子也，未见所以敬王也。”孟子辩解说：齐国人没有一个拿仁义的道理向王进言的，认为这个王哪配得上和他谈仁义呢？这才是最大的不恭敬。“我非尧舜之道，不敢以陈于王前，故齐人莫如我敬王也。”景子说：“否。非此之谓也。礼曰：‘父召，无诺；君命召，不俟驾。’固将朝也，闻王命而遂不果，宜与夫礼若不相似然。”孟子说：“岂谓是与！曾子曰：‘晋楚之富，不可及也；彼以其富，我以吾仁；彼以其爵，我以吾义，吾何慊乎哉？’夫岂不义而曾子言之？是或一道也。天下有达尊三：爵一，齿一，德一。朝廷莫如爵，乡党莫如齿，辅世长民莫如德。恶得有其一以慢其二哉？故将大有为之君，必有所不召之臣；欲有谋焉，则就之。

其尊德乐道,不如是,不足与有为也。故汤之于伊尹,学焉而后臣之,故不劳而王;桓公之于管仲,学焉而后臣之,故不劳而霸。今天下地丑德齐,莫能相尚,无他,好臣其所教,而不好臣其所受教。汤之于伊尹,桓公之于管仲,则不敢召。管仲且犹不可召,而况不为管仲者乎?"(《公孙丑下》)

在齐国,孟子的弟子们也经常就一些政治问题向孟子请教。公孙丑问曰:夫子如果在齐国当权,管仲、晏子的功业可以再度兴起吗?孟子批评他说:你真是个齐国人,只知道管仲、晏子,管仲是曾西都不愿跟他相比的人,你以为我愿意效法他吗?并说,以齐国来统一天下,易如反掌。"当今之时,万乘之国行仁政,民之悦之,犹解倒悬也。故事半古之人,功必倍之,惟此时为然。"(《公孙丑上》)

公孙丑问孟子:"夫子加齐之卿相,得行道焉,虽由此霸王,不异矣。如此,则动心否乎?"孟子说:"否;我四十不动心。"并向公孙丑讲述了不动心的道理,讲了如何养勇,讲了心、气、志的相互关系。公孙丑问孟子:"敢问夫子恶乎长?"孟子说:"我知言,我善养吾浩然之气。"(《公孙丑上》)

孟子在齐任客卿,曾受命到齐国各地了解民情、政情。一次,他到了平陆,对其地方长官孔距心说:如果你的战士一天三次失职,你开除他吗?孔距心说:不等到三次。孟子说:那么,你自己失职的地方也很多了。灾荒年成,你的百姓,年老体弱抛尸露骨于山沟中的,年轻力壮逃亡四方的,已近千人了。孔距心说:这个事情不是我力所能及的。孟子说:比如现在有一个人,接受别人的牛羊而替人放牧,那一定要为牛羊找牧场和草料。如果牧场和草料都找不到,是把它退还原主呢?还是站在那里看着它一个个死去呢?孔距心终于认识到了自己的过错。过了几天,孟子见到齐王,说:王的地方长官,我了解了五位。明白自己罪过的,只

有孔距心一人。齐王说:这个也是我的罪过啊!(《公孙丑下》)

齐国灾荒之年,孟子曾积极建议开仓救济灾民。并在棠地主持发放救灾粮。为此,似乎受到过别人的误解或非议。以至后来齐国又一次发生灾荒,弟子陈臻说:“国人皆以夫子将复为发棠,殆不可复。”孟子说:再这样做,便成了被人讥笑的冯妇了。(《尽心下》)

齐王曾命孟子为正使到滕国吊丧,并让盖大夫王驩为副使同行,孟子弟子公孙丑也作陪同。王驩做事独断专行,孟子对他很反感,往返的路上连话也不给王驩说。(《公孙丑下》)

后来,王驩做了右师,公行子死了儿子,王驩去吊唁,他一进门,不少人争着与他打招呼。当时孟子也在场,就是不理睬他。王驩不高兴地说:“诸君子皆与驩言,孟子独不与驩言,是简驩也。”孟子听说了,说:“礼,朝廷不历位而相与言,不逾阶而相揖也。我欲行礼,子敖以我为简,不亦异乎?”(《离娄下》)

匡章,齐国人都说他不孝。而孟子却与他交游,并非常礼貌地对待他。当公都子感到不解,问孟子为什么这样做时,孟子说:世俗所谓不孝者五:四肢懒惰,不养父母,一不孝;好下棋饮酒,不养父母,二不孝;好钱财,偏爱妻子儿女,不养父母,三不孝;放纵耳目的欲望,使父母因此受到耻辱,四不孝;好勇斗狠,危及父母,五不孝。章子这五项中有一项吗?他不过是因父子之间以善相责,而把关系弄坏了罢了。(《离娄下》)

孟子处事为人不同凡俗,齐王曾派人悄悄地窥探他,看他有什么与别人不同的地方。储子问孟子:“王使人瞯夫子,果有以异于人乎?”孟子说:“何以异于人哉?尧舜与人同耳。”(《离娄下》)

孟子在齐国时,曾返回鲁国为母亲举办葬礼。他为母亲做了非常精美的棺椁,葬礼也办得很隆重。返回齐国的路上,在嬴地稍停,弟子充虞忍不住问孟子:棺木是不是太好了?孟子答道:上古时对棺椁没有什么

规定,到中古才规定棺厚七寸,椁相称。从天子到庶人,讲究棺椁,不仅是为了美观,更主要的是想通过这来表达孝心。为地位所限,不能用上等木料,当然不称心;能用上等木料,没有财力,也还是不称心。既有地位又有财力,古人都这样做,我为什么不能这样做呢?况且仅使死者的尸体不与泥土相挨,难道就能使人心满足吗?我听说过:"君子不以天下俭其亲。"(《公孙丑下》)

约齐宣王二年,即燕王哙三年,周慎靓王三年(公元前318年),燕国发生了重大政治变故,燕王哙将燕国让给了相国子之,子之南面行王事。过了三年,燕国大乱,百姓恫怨。将军市被、太子平谋,将攻子之。太子因要党聚众,将军市被围公宫,攻子之,不克。子之欲杀太子平,亦不克。因构难数月,死者数万。齐宣王因令匡章将五都之兵,因北地之众伐燕。士卒不战,城门不闭,燕君哙死。齐师杀子之,醢其身。(《竹书纪年》、《战国策·燕一》)

当燕国发生内乱时,沈同曾经以个人的名义问孟子:"燕可伐与?"孟子说:"可。子哙不得与人燕,子之不得受燕于子哙。"齐国果然去讨伐了燕国,有人问孟子:"劝齐伐燕,有诸?"孟子说:"未也。沈同问'燕可伐与',吾应之曰,'可',彼然而伐之也。彼如曰:'孰可以伐之?'则将应之曰,'为天吏,则可以伐之。'今有杀人者,或问之曰,'人可杀与?'则将应之曰,'可'。彼如曰,'孰可以杀之?'则将应之曰:'为士师,则可以杀之。'今以燕伐燕,何为劝之哉?"(《公孙丑下》)

齐人伐燕,大获全胜。齐宣王问孟子:"或谓寡人勿取,或谓寡人取之。以万乘之国伐万乘之国,五旬而举之,人力不至于此。不取,必有天殃。取之,何如?"孟子回答:"取之而燕民悦,则取之。古之人有行之者,武王是也。取之而燕民不悦,则勿取,古之人有行之者,文王是也。以万乘之国伐万乘之国,箪食壶浆以迎王师,岂有他哉?避水火也。如

水益深，如火益热，亦运而已矣。”（《梁惠王下》）

齐国吞并了燕国，其他诸侯国计议着要救助燕国，齐宣王不知如何是好，向孟子求教：“诸侯多谋伐寡人者，何以待之？”孟子回答说：“臣闻七十里为政于天下者，汤是也。未闻以千里畏人者也。《书》曰：‘汤一征，自葛始。’天下信之，东面而征，西夷怨；南面而征，北狄怨，曰：‘奚为后我？’民望之，若大旱之望云霓也。归市者不止，耕者不变，诛其君而吊其民，若时雨降。民大悦。《书》曰：‘徯我后，后来其苏。’今燕虐其民，王往而征之，民以为将拯己于水火之中也，箪食壶浆以迎王师。若杀其父兄，系累其子弟，毁其宗庙，迁其重器，如之何其可也？天下固畏齐之强也，今又倍地而不行仁政，是动天下之兵也。”孟子郑重建议齐宣王：您赶快发出命令，遣回老老小小的俘虏，停止搬运燕国的宝器，再和燕国的百姓协商，择立一位燕王，然后自己从燕国撤退。这样做，要使各国停止兴兵，还是来得及的。（《梁惠王下》）

齐宣王没有听从孟子的规劝。第二年，燕人群起反抗齐国。不久，又拥立了公子平（一说公子职）为国君，即燕昭王。齐宣王后悔地说：“吾甚惭于孟子。”（《公孙丑下》）

孟子看到齐宣王不能听从自己的劝谏，又做出了侵略燕国这样的不仁不义的事情，在齐国已无法实现自己的政治抱负，于是，辞去客卿的职位，准备返回故里邹国。齐宣王急忙来到孟子的住处，说：“前日愿见而不可得，得侍同朝，甚喜；今又弃寡人而归，不识可以继此而得见乎？”孟子说：“不敢请耳，固所愿也。”过了几天，齐宣王对时子说：我想在临淄城中给孟子一幢房屋，用万钟之粟来养他的门徒，使我国的臣民都有所效法。你何不替我向孟子谈谈。时子又托陈子把这话转告了孟子。孟子仍婉言拒绝。（《公孙丑下》）

孟子启程返回邹国，在离齐都不远的昼邑歇宿过夜。有一位想替齐

王把孟子挽留住的人，恭敬地坐着同孟子说话，孟子却不加理会，那人很不高兴地说："弟子斋宿而后敢言，夫子卧而不听，请勿复敢见矣。"孟子说："坐！我明语子，昔者鲁缪公无人乎子思之侧，则不能安子思；泄柳、申详无人乎缪公之侧，则不能安其身。子为长者虑，而不及子思。子绝长者乎？长者绝子乎？"(《公孙丑下》)

孟子在昼邑歇宿了三天，盼望着齐宣王改变态度。他认为，宣王如能回心转意，那一定还会把自己召回。假若真心实意地按自己的主张去做，岂止能安齐国之民，天下的百姓都能得到太平。但是，三天过去了，齐王并没有再来召唤。孟子终于失望地离开了齐国。这一年，约是齐宣王八年，即周赧王三年(公元前312年)。

在离开齐国的路上，弟子充虞问孟子："夫子若有不豫色然。前日虞闻诸夫子曰：'君子不怨天，不尤人。'"孟子说："彼一时，此一时也。五百年必有王者兴，其间必有名世者。由周而来，七百有余岁矣。以其数，则过矣；以其时考之，则可矣。夫天未欲平治天下也；如欲平治天下，当今之世，舍我其谁也？吾何为不豫哉？"(《公孙丑下》)

第四节　游宋　过薛

孟子离开了齐国，回到了故里邹国。不久，听说宋国的国君偃要实行仁政，他就与弟子一起，奔赴宋国。当时宋国的国君偃，已即位十七年，称王已七年，时间大约在周赧王三年(公元前312年)。

孟子的弟子万章问孟子："宋，小国也；今将行王政，齐楚恶而伐之，则如之何？"孟子向万章讲了历史上汤征葛的事例，并说："不行王政云尔；苟行王政，四海之内皆举首而望之，欲以为君；齐楚虽大，何畏焉？"(《滕文公下》)

在宋国，孟子对宋臣戴不胜说：你想让你的君主为善吗？我明白地告诉你，这里有个楚国的官员，希望他的儿子会说齐国话，那么，找齐国人来教呢？还是找楚国人来教呢？戴不胜答道：找齐国人来教。孟子说：一个齐国人教他，却有许多楚国人在打扰，纵使每天鞭打他，逼他说齐国话，也是做不到的。假若带领他在临淄庄街岳里的闹市里住上几年，纵使每天鞭打他，逼他说楚国话，也是做不到的。你说薛居州是个好人，要他住在王宫中，如果王宫中的年龄大的小的，地位高的低的，都是薛居州式的好人，那王同谁一起干坏事呢？在王周围的人如果都不是薛居州式的好人，那王与谁为善呢？只有一个薛居州，能对宋王起什么作用？（《滕文公下》）

宋大夫戴盈之问孟子：税率十分抽一，免除关卡和商品的赋税，今年还办不到，预备先减轻一些，等到明年，然后完全实行，怎么样？孟子说：现在有一个人每天偷邻居一只鸡，有人告诉他说：这不是正派的行为。他便说：准备减少一些，先每一个月偷一只，等到明年，然后完全不偷。——如果晓得这种行为不合道理，便赶快停止算了，为什么要等到明年呢？（《滕文公下》）

在宋国，弟子公孙丑问孟子："不见诸侯何义？"孟子说："古者不为臣不见。"他还引曾子的话说："胁肩谄笑，病于夏畦。"即竦起两肩，做着讨好的笑脸，这比夏天在菜地里干活还要累。（《滕文公下》）

滕国的太子即后来的滕文公要到楚国去，途经宋国，会见了孟子。孟子向他讲了性善的道理，言必称尧、舜。滕太子从楚国回来，又来看孟子，孟子说："世子疑吾言乎？夫道一而已矣。成眮谓齐景公曰：'彼，丈夫也；我，丈夫也；吾何畏彼哉？'颜渊曰：'舜何？人也。予何？人也。有为者亦若是。'公明仪曰：'文王，我师也；周公岂欺我哉？'今滕，绝长补短，将五十里也，犹可以为善国。"孟子恐滕太子难于接受自己的主

张，还引《书》经上的话说，如果药物不能使人吃得头昏脑涨，那病是不会痊愈的。(《滕文公上》)

孟子在宋国过了一段时间，最终感到仍不能施展自己的政治抱负，于是离开宋国，返回故里邹国。临行前接受了宋王兼金七十镒的馈赠。途中，路过薛邑，又接受了薛君兼金五十镒的馈赠。孟子的弟子陈臻对此感到不解，问孟子：过去在齐国，齐王送您上等金一百镒，您不接受；后来在宋国，宋王送您七十镒，您接受了；在薛，薛君送您五十镒，您也接受了。如果过去的不接受是正确的，那今天的接受便错了；如果今天接受是正确的，那过去的不接受便错了。二者之中，老师您一定有一个是错的。孟子说：都是正确的。当在宋国时，我准备远行，对远行的人一定要送些路费，因此他说：送上一点路费吧。我为什么不受？当在薛时，我听说路上有危险，需要戒备，因此他说：听说你需要戒备，送点钱给您买兵器吧。我为什么不受？至于在齐国，就没有什么理由。没有什么理由却要送我一些钱，这等于用金钱收买我。哪里有君子可以拿钱收买的呢？(《公孙丑下》)

薛邑离邹国仅有百里左右。孟子在薛邑稍作歇息，很快便回到了故里邹国。

第五节　居邹　游滕　至鲁

约周赧王四年(公元前311年)，孟子从宋国经过薛邑回到了邹国。当时，邹国与鲁国发生了一次流血冲突。

邹穆公问孟子：这一次冲突，我的官吏牺牲了三十三个，老百姓却没有一个为他们死难的。杀了他们，杀不了那么多；不杀，他们瞪着两眼看着长官被杀却不去营救，怎么处置他们才好呢？孟子答道：当灾荒年岁,您的百姓,年老体弱的弃尸于山沟荒野之中,年轻力壮的便四处逃荒,这样的人有一千多了。而您的仓库中堆满了粮食,库房里装满了财宝。这种情况,您的有关官吏谁也不来报告,这就是在上位的人不关心老百姓,并且还残害他们。曾子说:戒之戒之,出乎尔者,反乎尔者也。现在,您的百姓可得着报复的机会了。您不要责备他们了!您如果实行仁政,老百姓自然会亲近他们的长官,情愿为他们牺牲了。(《梁惠王下》)

滕国国君定公死了,太子对然友说:过去在宋国,孟子给我谈了很多,我心里一直不曾忘记。今日不幸得很,遭了父丧,我想让你到孟子那里请教一下,然后再办丧事。然友便到邹国去问孟子。孟子建议按照尧舜禹三代的规矩,实行三年的丧礼。然友回国复命。太子打算按孟子的建议去办。但滕国的父老、官吏却不同意。因为宗国鲁国的先君及本国的先君都没有这样实行过。太子感到为难,又派然友到邹国再问问孟子。孟子说:嗯!这是不能够求于别人的。孔子说过,君主死了,太子把一切政务交给冢宰安排,喝着粥,面色深黑,就临孝子之位痛哭。大小官吏没有人敢不悲哀,这是因为太子带头的缘故。在上位的有什么爱好,在下面的一定爱好得更厉害。君子的德行好像风,小人的德行好像草,风向哪边吹,草就向哪边倒。这件事情完全决定于太子。然友向太子回报,太子说:对,这应当决定于我。于是,太子居丧庐中五月,不曾颁布过任何命令和禁令。官吏同族们都很赞成,认为知礼。举行葬礼时,四方的人都来观看,太子容色的悲惨,哭泣的哀痛,使来吊丧的人都深受感动。(《滕文公上》)

滕文公即位后,孟子到了滕国。时间约在周赧王六年至七年,即公元前 309 年至公元前 308 年。

滕文公就国事多次向孟子请教。滕文公问道:滕国是一个弱小的国

家，处在齐国和楚国的中间，是服事齐国呢？还是服事楚国呢？孟子说：这个问题不是我的能力所能解决的。您如果一定要我谈谈，那只有一个主意，把护城河挖深，把城墙筑坚固，同百姓一道来保卫它，宁肯献出生命，百姓都不离开，那就有办法了。（《梁惠王下》）

滕文公问道："齐人将筑薛，吾甚恐，如之何则可？"孟子回答说："昔者大王居邠，狄人侵之，去之岐山之下居焉。非择而取之，不得已也。苟为善，后世子孙必有王者矣。君子创业垂统，为可继也。若夫成功，则天也。君如彼何哉？强为善而已矣。"（《梁惠王下》）

滕文公还问孟子："滕，小国也；竭力以事大国，则不得免焉，如之何则可？"孟子对此实在没有什么好办法，只得请滕文公在"大王去邠"与"效死勿去"之中，选择其一。（《梁惠王下》）

滕文公问孟子应当怎样治理国家。孟子说："民事不可缓也。""民之为道也，有恒产者有恒心，无恒产者无恒心。苟无恒心，放辟邪侈，无不为已。及陷乎罪，然后从而刑之，是罔民也。焉有仁人在位罔民而可为也？是故贤君必恭俭礼下，取于民有制。"同时，还要"设为庠序学校以教之"，"人伦明于上，小民亲于下。有王者起，必来取法，是为王者师也"。孟子还勉励滕文公："《诗》云：'周虽旧邦，其命惟新。'文王之谓也。子力行之，亦以新子之国！"（《滕文公上》）

滕文公让毕战向孟子询问关于井地的问题，孟子说：你的君准备行仁政，选择你来问我，你一定要好好干。实行仁政，一定要从划分整理田界开始。田界划分得不正确，井田的大小就不均匀，作为俸禄的田租收入也就不会公平合理。所以暴虐的君王以及贪官污吏一定要打乱正确的田界。田界正确了，分配人民以田地，制定官吏的俸禄，都可以毫不费力地作出决定了。……（《滕文公上》）

滕文公按照孟子的主张行仁政，使信奉神农学说的许行，带领门徒从楚国来到滕国，谒见文公，表示要做滕国的百姓。陈良的门徒陈相和他的弟弟陈辛，也背着农具从宋国到了滕国。也对文公说：听说您实行圣人的政治，那么，您也是圣人了，我愿意做圣人的百姓。陈相见了许行，完全抛弃以前所学，而向许行学习。陈相来看孟子，向孟子宣扬许行的主张。孟子听后，批驳了许行“贤者与民并耕而食，饔飧而治”的观点，阐述了社会分工理论，以及商品应以质论价的理论。

孟子在滕国住了一段时间，虽然滕文公非常尊重他，但他感到还是难以施展自己的抱负，于是，仍旧回到了故里邹国。

约鲁平公九年，即周赧王九年（公元前 306 年），孟子听说鲁国要任用他的弟子乐正克治理国政，高兴得连觉也睡不着了。公孙丑问曰：“乐正子强乎？”孟子说：“否。”“有知虑乎？”答：“否。”“多闻识乎？”答：“否。”“然则奚为喜而不寐？”答：“其为人也好善。”“好善足乎？”答：“好善优于天下，而况鲁国乎？……”（《告子下》）

孟子来到了鲁国。乐正克建议鲁平公去会见孟子。

鲁平公准备外出，他所宠幸的小臣臧仓问道：平日您外出，一定要把去的地方通知管事的人。现在车马都准备好了，管事的人还不知道您要往哪里去，因此来请示。平公说：我要去拜访孟子。臧仓说：您不尊重自己的身份，而先去拜访一个普通人，为的什么呢？您以为孟子是贤德之人吗？贤德之人的行为应该合乎礼义，而孟子办他母亲的丧事，大大超过他以前办父亲的丧事。您不要去看他！平公说：好吧。乐正子去见平公，问道：您为什么不去看孟轲呢？平公说：有人告诉我说，孟子办他母亲的丧事，大大超过他以前办父亲的丧事。所以不去看他了。乐正子说：您所说的超过，是什么意思呢？是办父亲的丧事用士礼，办母亲的丧事用大夫之礼吗？是办父亲的丧事用三个鼎摆设供品，办母亲的丧事用五个鼎摆设供品吗？平公说：不。我指的是棺椁衣衾的精美。乐正子

说:那便不能叫超过,只是前后贫富不同罢了。乐正子去见孟子,说道:我同鲁君讲了,他打算来看您。可是有一个他所宠幸的小臣臧仓阻止了他,他因此就不来了。孟子说:“行,或使之;止,或尼之。行止,非人所能也。吾之不遇鲁侯,天也。臧氏之子焉能使予不遇哉?”(《梁惠王下》)

第六节　授徒　著述

孟子在鲁国没有得到鲁平公的会见,便彻底取消了游说诸侯的念头。约从鲁平公九年,即周赧王九年(公元前306年)之后,便在故里邹国专事授徒讲学,并与万章、公孙丑等高弟整理一生的言论,编撰《孟子》一书。

在孟子的晚年,墨家信徒夷之,借着孟子弟子徐辟的关系求见孟子,孟子通过徐辟,向夷之转述了自己与墨家不同的观点:墨家办理丧事,以节俭为合理,并想以此推行天下,但他自己埋葬父母却相当丰厚,那便是拿他所轻贱、所否定的东西对待他的父母了。况且天生万物只有一个根源,就人来说,只有父母,所以儒家主张“老吾老以及人之老”。夷子却说有两个根源,因此认为自己的父母和别人的父母没有区别,主张爱无差等,这是没有道理的。大概上古有不埋葬父母的人,父母死了,抬了他弃在山沟中。过了些时候,经过那里,狐狸在吃着他,苍蝇蚊子在吸吮着他,那个人不禁额头上流着悔恨的汗,斜着眼睛望望,不敢正视。这一种流汗,不是流给别人看的,实是由于衷心的悔恨而在面貌上表达出来的,大概他也回家去取了锄头畚箕再把尸体埋葬了。埋葬尸体诚然是对的,那么,孝子仁人埋葬他的父母,自然有他的道理了。夷之接受了孟子的观点。(《滕文公上》)

有一位任国人问屋庐连道：礼和食哪样重要？答道：礼重要。又问：娶妻和礼哪样重要？答道：礼重要。接着问：如果按着礼节去找吃的，便会饿死；不按礼节去找吃的，便会得到吃的，那一定要按着礼节行事吗？如果按照亲迎礼，便得不到妻子；如果不行亲迎礼，便会得着妻子，那一定要行亲迎礼吗？屋庐连不能对答，第二天便去邹国，把这话告诉孟子。孟子说：答复这个有什么困难呢？如果不揣度基础的高低是否一致，而只比较其顶端，那一寸厚的木块，若放在高处，可以使它比尖角高楼还高。我们说金子比羽毛重，难道是说三钱多重的金子比一大车的羽毛还重吗？拿吃的重要方面和礼的细节相比较，何止于吃的重要？拿婚姻的重要方面和礼的细节相比较，何止于娶妻重要？你这样去答复他吧：扭折哥哥的胳膊，抢夺他的食物，便得到吃的；不扭便得不着吃的，那会去扭吗？爬过东邻的墙去搂抱女子，便得到妻室；不去搂抱，便得不着妻室，那会去搂抱吗？（《告子下》）

曹交问道：人人都可以做尧、舜，有这话吗？孟子作了肯定的回答。曹交问：我听说文王身高一丈，汤身高九尺，如今我有九尺四寸多高，只会吃饭罢了，要怎样才成呢？孟子说：这有什么关系呢？只要去做就行了。……人难道以不能胜任为忧吗？只是不去做罢了。慢点走，走在长者之后，便叫悌；走得很快，抢在长者之前，便叫不悌。慢点儿走，难道是人所不能的吗？只是不那样做罢了。尧舜之道，也不过就是孝和悌而已。你穿尧的衣服，说尧的话，作尧的所作所为，便是尧了。你穿桀的衣服，说桀的话，作桀的所作所为，便是桀了。曹交说：我准备去谒见邹君，向他借个住的地方，情愿留在您门下学习。孟子说：道就像大路一样，难道难于了解吗？只怕人不去寻求罢了。你回去自己寻求罢，老师多得很呢！（《告子下》）

孟子弟子众多，周游列国时，曾“后车数十乘，从者数百人，以传食

于诸侯”(《滕文公下》)。年老居邹时,邹国及邻近各国都有不少人到孟子门下求学。但《孟子》书中留下记载的仅有:万章、公孙丑、乐正克、浩生不害、孟仲子、陈臻、充虞、屋庐连、徐辟、陈代、彭更、公都子、咸邱蒙、高子、桃应、盆成括、滕更等。

附：

孟子周游列国年代考

孟子周游列国，据《孟子》一书记载，曾到过梁（魏）、齐、宋、滕、鲁等国。因《孟子》不记年月，战国史又比较混乱，缺乏统一准确的文献记载，故具体时间及顺序历来多有争议。争议的焦点，是先到梁，还是先到齐；是一次游齐，还是两次游齐。只要游梁、游齐的问题理清了，其他问题都将迎刃而解。要理清这一问题，唯一的办法，就是依据《孟子》中的记载，核对有关史书的记载。能与《孟子》相核对这一问题的史书，主要有《竹书纪年》、《战国策》、《史记》等。因《竹书纪年》在宋代就已经亡佚，目前又有今古本之争，故本文仅依据《孟子》，参照南朝宋·裴骃《史记·集解》和唐·司马贞《史记·索隐》中引证的《竹书纪年》，并参考《战国策》、《史记》等来作考证。

一、孟子游梁的年代

《孟子·梁惠王上》第1至5章，记述了孟子与梁惠王的答问。第1章说："孟子见梁惠王。王曰：'叟！不远千里而来，亦将有以利吾国乎？'孟子对曰：'王！何必曰利？……'"这段对话，反映了孟子刚到梁国的情况。在这5章答问中，最能说明时间问题的，是第5章梁惠王的一段自述："晋国，天下莫强焉，叟之所知也。及寡人之身，东败于齐，长子死焉；西丧地于秦七百里；南辱于楚。寡人耻之，愿比死者壹洒之，如

之何则可?"这段自述,说明了孟子到梁之前不久,梁发生了"东败于齐,长子死焉";"西丧地于秦七百里";"南辱于楚",三件大事。紧接着,第6章记述了孟子见梁襄王的情况:"孟子见梁襄王,出,语人曰:'望之不似人君,就之而不见所畏焉。……'"孟子与梁襄王的对话就这么一章。仅这一章,可以反映两个问题:一是孟子在梁国见到惠、襄两位王,且在这两位王交替之际;二是孟子认为梁襄王'不似人君',在其即位不久就离开了梁国。

根据《孟子》书中提供的线索,只要理清了梁惠王、梁襄王的在位年代,以及梁惠王所述孟子到梁前发生的三件大事,就可大体反映出孟子游梁的年代。

1. 关于梁惠王、梁襄王在位的年代

据《史记·六国年表》记载,周烈王六年,为梁惠王元年。

而杨宽著《战国史》(上海人民出版社,第二版,1980年7月)称,周烈王七年,为梁惠王元年。理由是,《开元占经·卷一百一》曾引《竹书纪年》载:"梁惠成王元年,昼晦(即日蚀)。"《史记·六国年表》亦载:周烈王七年,秦献公十六年,"民大疫,日蚀"。据朱文鑫《历代日食考》中《战国及秦日食考》,公元前369年4月11日13时9分,确是日有环食。因此,梁惠王元年应在周烈王七年,即公元前369年,而不在周烈王六年。应以《竹书纪年》纠正《史记》记载之误。

《史记·魏世家》载,惠王"三十六年,复与齐王会甄。是岁,惠王卒,子襄王立"。襄王"十六年,襄王卒,子哀王立"。

"惠王卒"句下,[索隐]曰:"按《纪年》,惠成王三十六年改元,称一年,未卒也。"

"襄王卒,子哀王立"句下,[集解]曰:"荀勗曰:'和峤云:《纪年》起自黄帝,终于魏之今王。今王者,魏惠成王子。……今案古文,惠成王立三十六年，改元称一年，改元后十七年卒。《太史公书》误分惠、成之世，以为二王之年数也。《世本》惠王生襄王而无哀王。然则今王者魏襄王也。'"[索隐]曰："按：《系本》襄王生昭王，无哀王。盖脱一代耳。而《纪年》说惠成王三十六年，又称后元一十七年卒。"

《史记·田敬仲完世家》"魏惠王卒"句下，[索隐]也说："案《纪年》……此时梁惠王改元称一年，未卒也。"

《史记·孟尝君列传》"杀魏将庞涓"句下，[索隐]也说："《纪年》当梁惠王二十八年，至三十六年改为后元也。"

由上述可知，根据《竹书纪年》的记载，梁惠王元年，为周烈王七年，公元前369年。至三十六年，即周显王三十五年，公元前334年，改元，称后元一年。改元后十七年，即周慎靓王三年，公元前318年卒。在位52年。

梁惠王卒后，如果梁襄王当年即位，那么，周慎靓王三年，即公元前318，就是梁襄王元年；如果次年即位，周慎靓王四年，即公元前317年，就是梁襄王元年。目前学术界流行周慎靓王三年为梁襄王元年之说。《竹书纪年》记至今王20年，说明梁襄王在位20年。

2. 关于梁惠王所说，孟子游梁之前发生的几件大事的年代

(1)东败于齐，长子死焉

《史记·魏世家》载，惠王"三十年，魏伐赵，赵告急齐。齐宣王用孙子计，救赵击魏……太子果与齐人战，败于马陵。齐虏魏太子申，杀将军涓，军遂大破"。

"败于马陵"句下，[索隐]曰："按：《纪年》二十八年，与齐田肦战于马陵。"《纪年》对此事的记载较《史记》早两年。

《史记·田敬仲完世家》载，宣王"二年，魏伐赵。……韩氏请救于齐。宣王召大臣而谋曰：'蚤救孰与晚救？'驺忌子曰：'不如勿救。'田忌

曰:'弗救,则韩且折而入于魏,不如蚤救之。'……齐因起兵,使田忌、田婴将,孙子为师,救韩、赵以击魏,大败之马陵。杀其将庞涓,虏魏太子申"。

"不如蚤救之"句下,[索隐]曰:"案:《纪年》威王十四年,田肦伐梁,战马陵。"

"使田忌、田婴将"句下,[集解]曰:"徐广曰:'婴,一作肦。'"

《史记·孙子吴起列传》,在记载魏齐桂陵之战的"后十三岁"句下,[索隐]曰:"王劭(按):《纪年》云,'梁惠王十七年,齐田忌败梁于桂陵,至二十七年十二月,齐田肦败梁于马陵',计相去无十三岁。"战争发生于年末,延续到下一年是可能的,此二十七年之说,与二十八年之说相近。

《史记·孟尝君列传》载,"宣王二年,田忌与孙膑、田婴俱伐魏,败之马陵,虏魏太子申,而杀魏将庞涓"。

"而杀魏将庞涓"句下,[索隐]曰:"《纪年》当梁惠王二十八年,至三十六年改为后元也。"

由上述可知,"东败于齐,长子死焉",发生于梁惠王二十七年至二十八年,即周显王二十六年至二十七年,公元前343年至公元前342年。当时齐国的国君,《史记》记载为齐宣王,而《纪年》的记载为齐威王,应以《纪年》的记载为准。

(2)西丧地于秦七百里

《史记·魏世家》记载,惠王"三十一年,秦、赵、齐共伐我,秦将商君诈我将军公子卬而袭夺其军,破之。秦用商君,东地至河……"

襄王(笔者注:应为惠王后元)"五年,秦败我龙贾军四万五千于雕阴,围我焦、曲沃。予秦河西之地"。

"六年,与秦会应。秦取我汾阴、皮氏、焦。"

“七年，魏尽入上郡于秦。秦降我蒲阳。”

《史记·秦本纪》载，孝公“二十二年，卫鞅击魏，虏魏公子卬”。

惠文君“六年，魏纳阴晋”。

“七年，公子卬与魏战，虏其将龙贾，斩首八万。”

“八年，魏纳河西地。”

“九年，渡河，取汾阴、皮氏与魏王会应。围焦，降之。”

“十年，张仪相秦。魏纳上郡十五县。”

由上述可知，“西丧地于秦七百里”，约发生在梁惠王三十一年至梁惠王后元七年，即周显王三十年至四十一年，公元前339年至公元前328年。

（3）南辱于楚

《史记·魏世家》载，襄王（笔者注：应为惠王后元）“十二年，楚败我襄陵”。

《史记·楚世家》载，怀王“六年，楚使柱国昭阳将兵而攻魏，破之于襄陵，得八邑”。

由上述可知，“南辱于楚”，发生在梁惠王后元十二年，楚怀王六年，即周显王四十六年，公元前323年。

总之，梁惠王向孟子所述之三件大事，发生于梁惠王二十七年至梁惠王后元十二年，即周显王二十六年至四十六年，公元前343年至公元前323年。

明确了梁惠王、梁襄王在位的年代，就可推测孟子游梁的年代。由孟子与梁惠王、梁襄王的对话可知，孟子是在梁惠王末年至梁，约梁惠王后元十六年，即周慎靓王二年，公元前319年。梁惠王卒后，梁襄王即位。约梁襄王元年，即周慎靓王三年，公元前318年，孟子就离开了梁国。

明确了孟子游梁前梁国发生的三件大事的年代，就可推测，孟子游梁，最早不会早于三件大事中最晚的“南辱于楚”的年代，即梁惠王后元十二年，周显王四十六年，公元前323年。

《史记·魏世家》之所以产生“（惠王）三十六年……是岁，惠王卒，子襄王立”的有误记载，并由此而引申出“（惠王）三十五年……惠王数被于军旅，卑礼厚币以招贤者，邹衍、淳于髡、孟轲皆至梁”的有误记载，并将梁惠王后元之年发生的大事，系于襄王之年，主要原因是不知“惠王三十六年改元，称一年”，将惠王后元之年，误记为襄王之年。究其原委，正如司马迁在《史记·六国年表》中所说：“秦既得意，烧天下《诗》、《书》，诸侯史记尤甚，为其有所刺讥也。《诗》、《书》所以复见者，多藏人家，而史记独藏周室，以故灭。惜哉，惜哉！独有《秦记》，又不载日月，其文略不具。”又云：“余于是因《秦记》，踵《春秋》之后，起周元王，表六国时事，讫二世，凡二百七十年，著诸所闻兴坏之端。”六国时事因《秦记》所记，《秦记》又不载日月，有误在所难免。司马迁作《史记》时，《竹书纪年》尚埋在汲郡魏墓中。直至西晋咸宁五年（279年，一作太康元年或二年，即280年或281年）才出土。《竹书纪年》为魏人所记，其记又与《孟子》相符，故应以《竹书纪年》纠正《史记》之误。

二、孟子游齐的年代

《孟子·梁惠王上》共七章，前六章记录了孟子在梁国与梁惠王、梁襄王的答问，从内容上来看，基本是按时间顺序排列的。第七章是与齐宣王的答问：“齐宣王问曰：‘齐桓、晋文之事可得闻乎？’孟子对曰：‘仲尼之徒无道桓文之事者……’”从内容上来看，似首次见面或刚刚接触不久相互了解的对话。孟子与齐宣王的对话约有13章；未称齐宣王，简称“王”或“齐王”的对话约3章。在与齐宣王的对话中，牵涉的重大历史事件,主要是“齐伐燕,杀子之”。因孟子与齐宣王对伐燕的主张不同,在“燕人畔”之后,孟子离齐。《史记·田敬仲完世家》对田齐诸王的纪年也有错误。由于受《史记》有误记载的影响,目前学术界仍流行孟子在齐威王时首次游齐的说法。故考证孟子游齐的年代,必须对齐威王、齐宣王的在位年代,以及“齐伐燕”的年代逐一进行考证。

1. 关于齐威王、齐宣王的在位年代

据《史记·六国年表》,齐威王因齐元年,在周安王二十四年,即公元前378年。在位36年。齐宣王辟疆元年,在周显王二十七年,即公元前342年。在位19年。接着是齐湣王地元年,在周显王四十六年,即公元前323年。在位40年。

《史记索隐》引《纪年》,多处纠正《史记》的有误记载,为理清田齐诸王的年代提供了重要线索。

《史记·田敬仲完世家》桓公午“六年,救卫。桓公卒”句下,[索隐]曰:“案《纪年》,梁惠王十二年,当齐桓公十八年,后威王始见,则桓公十九年而卒,与此不同。”

《史记·魏世家》“齐威王初立”句下,[索隐]曰:“按《纪年》,齐幽公(笔者注:当为齐桓公)之十八年而威王立。”

《史记·田敬仲完世家》“田忌曰:‘……不如蚤救之’”句下,[索隐]曰:“案:《纪年》威王十四年,田肦伐梁,战马陵。”

《史记·孙子吴起列传》在记载魏齐桂陵之战“后十三岁”句下,[索隐]曰:“王劭(按):《纪年》云‘梁惠王十七年,齐田忌败梁于桂陵,至二十七年十二月,齐田肦败梁于马陵’,计相去无十三岁。”

《史记·孟尝君列传》“湣王即位。即位三年,而封田婴于薛”句下,[索隐]曰:“《纪年》以为梁惠王后元十三年四月,齐威王封田婴于薛。十月齐城薛。十四年,薛子婴来朝。十五年,齐威王薨,婴初封彭城,皆

与此文异也。”

由上述可知,按《史记·田敬仲完世家》[索隐]引《纪年》,“梁惠王十二年,当齐桓公十八年,后威王始见”。那么齐威王元年应在梁惠王十三年,即周显王十二年,公元前357年。按《史记·魏世家》[索隐]引《纪年》,“齐幽公(笔者注:当为齐桓公)之十八年,而威王立”。这就出现了齐威王元年的两个说法:一个在齐桓公十八年,一个在齐桓公十九年。齐桓公十八年,当梁惠王十二年,即周显王十一年,公元前358年。

再看关于魏齐马陵之战的记载。《史记·田敬仲完世家》[索隐]引《纪年》,马陵之战发生在齐威王十四年。《史记·魏世家》[索隐]引《纪年》,在梁惠王二十八年。《史记·孙子吴起列传》[索隐]引《纪年》,在梁惠王二十七年十二月。按齐威王十四年,当梁惠王二十七年,上推,齐威王元年,应在梁惠王十四年,即周显王十三年,公元前356年。按齐威王十四年,当梁惠王二十八年,上推,齐威王元年,应在梁惠王十五年,即周显王十四年,公元前355年。

以上四种说法,第一种说法,“梁惠王十二年,当齐桓公十八年,后威王始见”,没有说“后”在哪一年。说梁惠王十三年,为齐威王元年,仅是一种推测;第二种说法,“齐幽公十八年,而威王立”,有“幽公”记载不确之疑;第三种说法,魏齐马陵之战,发生在齐威王十四年,梁惠王二十七年十二月,一个是《史记·田敬仲完世家》[索隐]引《纪年》,一个是《史记·孙子吴起列传》[索隐]引《纪年》,年代具体,且至月,应较可信;第四种说法,是战争延续至次年的记载,应与第三种说法基本属同一种说法。因此,齐威王元年,在梁惠王十四年,即周显王十三年,公元前356年,比较可靠有据。

按《史记·孟尝君列传》[索隐]引《纪年》,“梁惠王后元十五年,齐威王薨”。由梁惠王十四年,为齐威王元年,下推,这一年是齐威王三十七年，即周慎靓王元年，公元前 320 年。齐威王在位 37 年。

由此再下推，齐宣王即位，当梁惠王后元十六年，即周慎靓王二年，公元前 319 年。

《史记·田敬仲完世家》载：宣王“十九年，宣王卒，子湣王地立”。对此记载，[索隐]没有引《纪年》校正。那么，齐宣王在位就是十九年。按齐宣王元年在周慎靓王二年，那么卒年应在周赧王十四年，即公元前 301 年。当梁襄王十八年。

2. 关于齐伐燕

《史记·六国年表》载：燕王哙元年，当周慎靓王元年，即公元前 320 年。又载：燕王哙五年“君让其臣子之国，顾为臣”。七年“君哙及太子相子之皆死”。

《史记·田敬仲完世家》未记载“齐伐燕，杀子之”这一重大历史事件。

《史记·燕召公世家》载：“燕哙三年……王因收印自三百石吏已上而效之子之。子之南面行王事，而哙老不听政，顾为臣，国事皆决于子之。”“三年，国大乱，百姓恫恐。将军市被与太子平谋，将攻子之。……因构难数月，死者数万，众人恫恐，百姓离志。孟轲谓齐王曰：‘今伐燕，此文武之时，不可失也。’王因令章子将五都之兵，以因北地之众以伐燕。士卒不战，城门不闭，燕君哙死，齐大胜。燕子之亡二年，而燕人共立太子平，是为燕昭王。”

“燕子之亡”句下，[集解]曰：“徐广曰：‘《年表》云君哙及太子相子之皆死。’骃案：《汲冢纪年》曰：‘齐人禽子之而醢其身也。’”

“是为燕昭王”句下，[集解]曰：“徐广曰：‘哙立七年而死，其九年燕人共立太子平。’”

《史记·赵世家》也记载了这一件事：武灵王“十年……齐破燕。燕

相子之为君，君反为臣”。“十一年，王召公子职于韩，立以为燕王，使乐池送之。”

“立以为燕王”句下，[集解]曰：“徐广曰：‘《纪年》亦云尔。’”

“使乐池送之”句下，[集解]曰：“按《燕世家》，子之死后，燕人共立太子平，是为燕昭王，无赵送公子职为燕王之事，当是赵闻燕乱，遥立职为燕王，虽使乐池送之，竟不能就。”[索隐]曰：“《燕系家》无其事，盖是疏也。今此云‘使乐池送之’，必是凭旧史为说，且《纪年》之书，其说又同，则裴骃之解得其旨矣。”

《战国策·燕一》对于“齐伐燕”的记载，基本与《燕召公世家》同。其不同点，主要是当时齐国国君是谁的记载，《燕召公世家》称子之“三年。国大乱……诸将谓齐湣王曰：‘因而赴之，破燕必矣’”。而《战国策·燕一》称：“子之三年，燕国大乱……储子谓齐宣王：‘因而仆之，破燕必矣！’”一个记为齐湣王，一个记为“齐宣王”。

由上述可知，“燕王哙让国与子之”，《六国年表》说在燕王哙五年，而《燕世家》则说在燕王哙三年。《战国策·燕一》的记载，也是燕王哙三年“子之南面行王事”。本文从《燕世家》与《战国策》之说。并猜测，《六国年表》“五年”之说，是否为“三年”刊刻之误？按燕王哙三年，当周慎靓王三年，齐宣王二年，魏（梁）襄王元年，即公元前318年。

燕“国大乱”，“齐人伐燕”，“君哙及太子相子之皆死”，这一年，按《六国年表》为燕王哙七年，而按《燕世家》及《战国策》此事发生在“子之三年”，当燕王哙六年。其实这两个时间并不矛盾。据推测，《燕世家》及《战国策》所说的应是“国大乱”开始的时间，而《六国年表》则是说的“君哙及太子相子之皆死”的时间。《燕世家·集解》也引徐广曰：“哙立七年而死。”那么，“齐人伐燕”、杀子之、燕王哙死的时间应在燕王哙七年，即周赧王元年，齐宣王六年，公元前314年。

“燕人共立太子平。是为燕昭王”，按《史记·燕世家》及《战国策·燕一》均在“子之亡二年”，《燕世家·集解》引徐广曰：“哙立七年而死，其九年燕人共立太子平。”那么，燕人立昭王，当在燕王哙九年，即齐宣王八年，周赧王三年，公元前312年。

另外，《史记·赵世家》所记载的：武灵王“十年……齐破燕。燕相子之为君，君反为臣”。“十一年，王召公子职于韩，立以为燕王，使乐池送之。”这不论在“齐伐燕”、“立燕王”的时间上，还是被立的燕王是谁上，都与《燕世家》及《战国策》不同。从时间上看，赵武灵王十年，按《六国年表》为燕王哙五年，周慎靓王五年，即公元前315年。在这一时间下，既记有齐破燕，又记有“燕相子之为君，君反为臣”，并非专指，故仅供参考。“齐伐燕”的时间，仍应从《燕世家》及其[集解]。“十一年，王召公子职于韩，立以为燕王”，从时间上看，不同于《燕世家》及其[集解]所载的“子之亡二年”，即燕王哙九年，“燕人共立太子平”。这一时间，亦仍应从《燕世家》及其[集解]。然“王召公子职于韩，立以为燕王”句下，[集解]曰：“徐广曰：‘《纪年》亦云尔。’”既然《纪年》亦云新立的燕王为公子“职”，而不是太子“平”，那么，新立的燕王是谁？应从《纪年》。

齐伐燕，当时齐国的国君是谁？按《史记·六国年表》及《燕召公世家》，为湣王时。按《战国策·燕一》的记载，为宣王时。《史记》齐纪年有误。《六国年表》与《燕召公世家》关于燕、齐的纪年相互矛盾。《六国年表》载，燕王哙元年，为齐湣王四年。而《燕召公世家》载：“燕哙既立，齐人杀苏秦。……及苏秦死，而齐宣王复用苏代。”这是说，燕王哙元年，当齐宣王时。而燕王哙七年齐伐燕，又记为湣王时。按《六国年表》，燕王哙七年，当周赧王元年。据《竹书纪年》校正的结果，周赧王元年，当齐宣王六年，即公元前314年。这时齐国的国君是宣王。《战国策》的记载与《竹书纪年》是一致的，故应从《战国策》。

下面,再看《孟子》的有关记载。从《孟子·梁惠王上》第6、7章可知,孟子与梁襄王的对话后,接着就是与齐宣王的对话。从梁襄王、齐宣王的在位年代来看,梁襄王元年,当齐宣王二年。孟子约在这一年离梁游齐。

《孟子·公孙丑下》第8章载:"沈同以其私问曰:'燕可伐与?'孟子曰:'可;子哙不得与人燕,子之不得受燕于子哙。'"由此可知,燕王哙让国子之,燕大乱时,孟子已在齐国。这与齐宣王二年孟子来齐,燕王哙三年哙让国与子之,都是相吻合的。

《孟子·梁惠王下》第10章载:"齐人伐燕,胜之。宣王问曰:'或谓寡人勿取,或谓寡人取之。……取之,何如?'孟子对曰:'取之而燕民悦,则取之。……取之而燕民不悦,则勿取。'"本章可以说明两个问题:一个是齐伐燕时齐国的国君是宣王,而不是威王或湣王;二是齐伐燕时孟子在齐,齐宣王曾征询过他的意见。

《孟子·梁惠王下》第11章载:"齐人伐燕,取之。诸侯将谋救燕。宣王曰:'诸侯多谋伐寡人者,何以待之?'孟子对曰:'……若杀其父兄,系累其子弟,毁其宗庙,迁其重器,如之何其可也?天下固畏齐之强也,今又倍地而不行仁政,是动天下之兵也。王速出令,反其旄倪,止其重器,谋于燕众,置君而后去之,则犹可及止也。"这说明孟子曾劝齐宣王赶快发出命令,遣回老老小小的俘虏,停止搬运燕国的重器,再和燕国的人士协商,择立一位燕王,然后从燕撤退。

《孟子·公孙丑下》第9章载:"燕人畔。王曰:'吾甚惭于孟子。'"这说明,齐宣王没有听孟子的劝告,导致燕人另立了新君,即燕昭王公子职,并组织反抗齐国。此时,孟子仍在齐国,时为子之亡二年,燕王哙九年,齐宣王八年。

接着,第10章载:"孟子致为臣而归。王就见孟子……"这说明,燕人畔不久，孟子因齐宣王不听劝告，不行仁政，便非常遗憾地离开了齐国。

综上所述，孟子游齐约在齐宣王二年至齐宣王八年，即周慎靓王三年至周赧王三年，公元前318年至公元前312年。

三、孟子游宋、滕、鲁等国的年代

根据以上考证，孟子游梁约在梁惠王后元十六年至梁襄王元年，即周慎靓王二年至周慎靓王三年，公元前319年至公元前318年；孟子游齐约在齐宣王二年至齐宣王八年，即周慎靓王三年至周赧王三年，公元前318年至公元前312年，那么，孟子就是先游梁而后游齐。

孟子游梁、游齐的先后确定了，游历其他各国的顺序也较好确定了。《孟子·公孙丑下》有这样一段记载："陈臻问曰：'前日于齐，王馈兼金一百而不受；于宋，馈七十镒而受；于薛，馈五十镒而受。前日之不受是，则今日之受非也；今日之受是，则前日之不受非也。夫子必居一于此矣。'孟子曰：'皆是也。当在宋也，予将有远行，行者必以赆；辞曰：馈赆。予何为不受？当在薛也，予有戒心；辞曰：闻戒，故为兵馈之。予何为不受？若于齐，则未有处也。无处而馈之，是货之也。焉有君子而可以货取乎？'"从这一记载可知，孟子离开齐国后，到了宋国，在宋国过了不久，便由宋国经过薛，回到了离薛不足五十公里的故里邹国。时间约在宋王偃称王七年至八年，即周赧王三年至四年，公元前312年至公元前311年。

《孟子·滕文公上》第1章，有这样一段记载："滕文公为世子，将之楚，过宋而见孟子。孟子道性善，言必称尧舜。世子自楚反，复见孟子。"由此可知，孟子游宋时，滕文公尚为世子。滕文公在往返楚国的途中，在宋国曾与孟子交谈。紧接着第2章，记述了滕文公的父亲滕定公

薨，作为世子的滕文公，两次派然友去邹国，请教孟子如何办理丧事。第3章，“滕文公问为国。孟子曰‘民事不可缓也。’”这时滕文公已即位，孟子也到了滕国。以上说明，孟子在游宋后，经薛回到了邹国。在邹期间，滕定公薨，滕文公即位。滕文公即位后，孟子到了滕国，时间约在周赧王六年至七年，即公元前309年至公元前308年。

关于孟子游鲁，在《孟子·梁惠王下》第16章有所反映。鲁平公欲见孟子，遭到嬖人臧仓的阻止，理由是“孟子之后丧逾前丧”。《孟子·公孙丑下》第7章，有“孟子自齐葬于鲁，反于齐，止于嬴”，弟子充虞有“木若以美然”的疑问。孟子回答：“君子不以天下俭其亲。”这说明，孟子游鲁，当在游齐之后。这一点，从乐正子身份的变化上也可反映。鲁平公要见孟子，是由于乐正子的建议，此时乐正子已为政于鲁。而孟子在齐时，乐正子曾因追随齐卿王驩谋求职位，而受到孟子的责备。由《孟子》中鲁平公见孟子受臧仓阻拦一章，排列在滕文公与孟子答问的第15章之后，以及孟子哀叹：“行，或使之；止，或尼之。行止，非人所能也。吾之不遇鲁侯，天也。臧氏之子焉能使予不遇哉？”可知，孟子游鲁当在游滕之后，在孟子的晚年，是他周游列国的最后一次活动。时间约在鲁平公九年，即周赧王九年，公元前306年。

综上所述，孟子周游列国，应先梁后齐，其大体顺序为：梁、齐、宋、滕、鲁。由故里邹国出游，又老归故里。其间多次返邹，居邹。游梁、游齐、游宋基本可以系年，而游滕、游鲁的时间仅能大体推测。

第三章　弟　子

孟子以“得天下英才而教育之”为君子三乐之一，终生授徒讲学，弟子众多。《孟子》主要记录了孟子的言论，只是在答问中涉及弟子，故仅留下了二十余位弟子的姓名。其中著名的有乐正克、公孙丑、万章、公都子等。他们是一个庞大的学术团体，不少人终生追随孟子，与孟子一起弘扬儒学，创立了孟子思想学说，并参与编纂《孟子》一书。

一、乐正克

乐正克，乐正，姓；克，名。据传说为鲁国人。

乐正克是孟子的早期弟子。学成，即离开孟子自谋仕途。

约齐宣王六年（公元前314年），乐正克跟随齐臣王子敖到了齐国。此时，孟子正在齐国为客卿。乐正克到齐后，次日才去拜见孟子。孟子不悦，生气地说：“子亦来见我乎？”乐正克答：“先生何为出此言也？”孟子又说：“子来几日矣？”乐正克答：“昔者。”孟子说：“昔者，则我出此言也，不亦宜乎？”乐正克辩解说：“舍馆未定。”孟子说：“子闻之也，舍馆定，然后求见长者乎？”乐正克无言以对，只得道歉说：“克有罪。”孟子并未就此罢休，继续批评说：“子之从于子敖来，徒餔啜也，我不意子学古之道而以餔啜也。”（《离娄上》）王子敖，即王驩，曾任齐国盖邑大夫，后任右师。因专权，孟子对其不屑一顾。孟子之所以生乐正克的气，主要是因其追随了自己所讨

厌的人。乐正克终于明白了孟子的良苦用心，不久就离开了齐国。

后来，鲁国打算让乐正克治理国政。孟子听说了，高兴得睡不着觉。公孙丑不解，连续问："乐正子强乎？""有知虑乎？""多闻识乎？"孟子都作了否定的回答。公孙丑又问："然则奚为喜而不寐？"孟子说："其为人也好善。"公孙丑接着问："好善足乎？"孟子答："好善优于天下，而况鲁国乎？……"（《告子下》）

浩生不害也曾问孟子："乐正子何人也？"孟子答："善人也，信人也。"又问："何谓善？何谓信？"孟子解释说："可欲之谓善，有诸己之谓信，充实之谓美，充实而有光辉之谓大，大而化之之谓圣，圣而不可知之之谓神。乐正子，二之中，四之下也。"（《尽心下》）

《梁惠王下》中还记载了孟子到鲁国时，乐正克与鲁平公的交涉和孟子的回答。

《孟子》书中记乐正克与孟子问答共三章，孟子弟子与孟子问答中涉及乐正克者共二章，分别见《离娄》、《梁惠王》、《告子》、《尽心》等篇。

《汉书·古今人表》，将乐正克列入"圣人"、"仁人"、"智人"之下的"中上"一类。

宋政和五年（1115 年），诏定乐正克封爵为"利国侯"，配享孟子庙。（《宋史》卷一〇五）

元元贞元年（1295 年），邹县尹司居敬重修孟庙，将乐正克原在正殿孟子像左侧的南向之位，改为西向。（张颏《驺孟子庙碑铭》）

清雍正二年（1724 年），诏增乐正克等二十人祔祀孔庙。位设曲阜孔庙东庑。（《清史稿》卷八十四，《孔子家世》）

乾隆二十一年（1756 年），诏去旧时封爵，改称"先贤乐正子"。（《重纂三迁志》卷五）

乐正克配享孟庙，自元代之后，一直位设孟庙正殿孟子像左，西向。

二、公孙丑

公孙丑，公孙，姓；丑，名。齐国人。

约齐宣王二年（公元前318年），孟子刚到齐国不久，公孙丑便拜孟子为师，常侍其左右，随时求教。

公孙丑对治理国政颇感兴趣，他向孟子请教政治问题，还常向孟子探讨心、性、志、气等学说。他问道："不动心有道乎？"孟子说："有。"接着列举了北宫黝、孟施舍、曾子、子夏等养勇之道，最后说："孟施舍之守气，又不如曾子之守约也。"

公孙丑问："敢问夫子之不动心，与告子之不动心，可得闻与？"孟子说："告子曰：'不得于言，勿求于心；不得于心，勿求于气。'不得于心，勿求于气，可；不得于言，勿求于心，不可。夫志，气之帅也；气，体之充也。夫志至焉，气次焉；故曰：'持其志，无暴其气。'"公孙丑说："既曰，'志至焉，气次焉。'又曰，'持其志，无暴其气'者，何也？"孟子说："志壹则动气，气壹则动志也，今夫蹶者趋者，是气也，而反动其心。"

孟子向公孙丑讲述孔子师弟及古代圣贤的故事，公孙丑听罢，问道："宰我、子贡善为说辞，冉牛、闵子、颜渊善言德行。孔子兼之，曰：'我于辞命，则不能也。'然则夫子既圣矣乎？"孟子说："恶！是何言也？……夫圣，孔子不居——是何言也？"公孙丑说："昔者窃闻之：子夏、子游、子张皆有圣人之一体，冉牛、闵子、颜渊则具体而微，敢问所安？"孟子让他暂且不谈这个。公孙丑稍转话题，又问："伯夷、伊尹何如？"孟子答："不同道。……皆古圣人也，吾未能有行焉；乃所愿，则学孔子也。"公孙丑问："伯夷、伊尹于孔子，若是班乎？"孟子答："否；自有生民以来，未有孔子也。"又问："然则有同与？"孟子答："有。得百里之地而君之，皆能以朝诸侯，有天下；行一不义，杀一不辜，而得天下，皆不为也。是则同。"

接着问:“敢问其所以异?”孟子说:“宰我、子贡、有若,智足以知圣人,汙不至阿其所好。宰我曰:‘以予观于夫子,贤于尧舜远矣。’……”(《公孙丑上》)

孟子在齐国任卿,奉使到滕国吊丧,公孙丑陪同。齐王并派盖邑大夫王驩作为副使同行。孟子与王驩往返于齐滕之路,朝夕相处,却不与其谈论公事。公孙丑不解,问道:“齐卿之位,不为小矣;齐滕之路,不为近矣,反之而未尝与言行事,何也?”孟子答道:“夫既或治之,予何言哉?”(《公孙丑下》)

齐有国丧,宣王想要缩短守孝的时间,公孙丑问孟子:守孝一年,不是还比完全不守孝强些吗?孟子打了个比方说:这好比有人扭他哥哥的胳膊,你劝他慢慢地扭。那怎么能行呢?我让他守三年之丧,是教他孝悌罢了。(《尽心上》)

有个齐王子死了母亲,他的师傅替他请求守孝几个月。公孙丑又问:“若此者何如也?”孟子答道:“是欲终之而不可得也。虽加一日愈于已,谓夫莫之禁而弗为者也。”(《尽心上》)

一天,孟子正准备去朝见齐王,齐王却派人来转告说:“寡人如就见者也,有寒疾,不可以风。朝,将视朝,不识可使寡人得见乎?”孟子答道:“不幸而有疾,不能造朝。”次日,孟子到东郭大夫家里去吊丧。公孙丑问道:“昔者辞以病,今日吊,或者不可乎?”孟子说:“昔者疾,今日愈,如之何不吊?”(《公孙丑下》)

孟子离开齐国,居于休地。公孙丑也告别了故乡同往。一日,公孙丑问道:“仕而不受禄,古之道乎?”孟子说:“非也;于崇,吾得见王,退而有去志,不欲变,故不受也。继而有师命,不可以请。久于齐,非我志也。”(《公孙丑下》)

公孙丑还曾问道:“不见诸侯何义?”孟子说:“古者不为臣不

见。……”(《滕文公下》)

公孙丑长期跟随孟子,诗、道、政、教等无所不问。一日,对孟子说:“高子曰:《小弁》,小人之诗也。”孟子问:“何以言之?”答道:“怨。”孟子说:“固哉;高叟之为诗也! ……《小弁》之怨,亲亲也。亲亲,仁也。……”公孙丑又问:“《凯风》何以不怨?”孟子说:“《凯风》,亲之过小者也;《小弁》,亲之过大者也。……”(《告子下》)

公孙丑问道:“《诗》曰:‘不素餐兮’。君子之不耕而食,何也?”孟子说:“君子居是国也,其君用之,则安富尊荣;其子弟从之,则孝悌忠信。‘不素餐兮’,孰大于是?”(《尽心上》)

公孙丑问道:“伊尹曰:‘予不狎于不顺,放太甲于桐,民大悦。太甲贤,又反之,民大悦。’贤者之为人臣也,其君不贤,则固可放与?”孟子答道:“有伊尹之志,则可;无伊尹之志,则篡也。”(《尽心上》)

孟子说:“不仁哉,梁惠王也! 仁者以其所爱及其所不爱,不仁者以其所不爱及其所爱。”公孙丑问道:“何谓也?”孟子说:“梁惠王以土地之故,糜烂其民而战之,大败,将复之,恐不能胜,故驱其所爱子弟以殉之,是之谓以其所不爱及其所爱也。”(《尽心下》)

孟子曾向弟子们讲了这样一个故事:曾子的父亲曾皙喜欢吃羊枣,曾子因而不忍吃羊枣。公孙丑问道:“脍炙与羊枣孰美?”孟子答道:“脍炙哉!”又问:“然则曾子何为食脍炙而不食羊枣?”孟子答:“脍炙所同也,羊枣所独也,讳名不讳姓,姓所同也,名所独也。”(《尽心下》)

公孙丑问道:“君子之不教子,何也?”孟子答道:“势不行也。……古者易子而教之,父子之间不责善。责善则离,离则不详莫大焉。”(《离娄上》)

公孙丑听孟子谈学论道,有时觉得高深莫测,可望而不可及。一日,他试探着对孟子说:“道则高矣,美矣,宜若登天然,似不可及也;何不使

彼为可几及而日孳孳也?”孟子说:“大匠不为拙工改废绳墨,羿不为拙射变其彀率。君子引而不发,跃如也。中道而立,能者从之。”(《尽心上》)

孟子年老时,公孙丑随其同居故里邹国,朝暮相伴。边与孟子疑难答问,边协助孟子整理编撰《孟子》七篇。书成,第三篇以“公孙丑”命名,书中共记公孙丑与孟子答问十五章。

公孙丑去世后,埋葬在孟子故里邹国。后人有记:“公孙子墓在邹县西北十里。《齐乘》云:‘滕州北公村有公孙丑墓’,即其地,今名南宫村。明成化十九年(1483年),县令张泰始立碑以表墓。万历九年(1581年),县令许守恩重为封树,为文纪之。”(《重纂三迁志》卷四)

《汉书·古今人表》,公孙丑列入“上下智人”之中,与曾子、滕文公等并。

北宋景祐四年(1037年),孔道辅新建孟子庙,即以公孙丑、万章等配享。

政和五年(1115年),诏定公孙丑封爵为“寿光伯”,从祀孟庙。(《宋史》卷一〇五)

清雍正二年(1724年),诏祔祀孔庙,位设西庑。(《清史稿》卷八十四,《孔子家世》)

乾隆二十一年(1756年),诏去旧时封爵,改称“先贤公孙子”。

公孙丑从祀孟庙,一直位设孟庙东庑之首。

三、万章

万章,万,姓;章,名。邹国人。孟子故里邹城东南30公里有万庄,聚居万姓族众数千人。据其族谱记载,均为万章之后。

万章为孟子晚期弟子,然属弟子中之高足。喜读《诗》、《书》,且对

《书》深有探究。与孟子答问最多，其次数与公孙丑不相上下，内容主要涉及古圣贤故事。

万章问道："舜往于田，号泣于旻天，何为其号泣也？"孟子答道："怨慕也。"万章引用曾子的话又问："'父母爱之，喜而不忘；父母恶之，劳而不怨。'然则舜怨乎？"孟子答："大孝终身慕父母。五十而慕者，予于大舜见之矣。"（《万章上》）

万章问道："《诗》云，'娶妻如之何？必告父母'。信斯言也，宜莫如舜。舜之不告而娶，何也？"孟子说："告则不得娶。男女居室，人之大伦也。如告，则废人之大伦，以怼父母，是以不告也。"万章说："舜之不告而娶，则吾既得闻命矣；帝之妻舜而不告，何也？"孟子说："帝亦知告焉则不得妻也。"万章说："父母使舜完廪，捐阶，瞽瞍焚廪。使浚井，出，从而揜之。象曰：'谟盖都君咸我绩，牛羊父母，仓廪父母，干戈朕，琴朕，弤朕，二嫂使治朕栖。'象往入舜宫，舜在床琴。象曰：'郁陶思君尔。'忸怩。舜曰：'惟兹臣庶，汝其于予治。'不识舜不知象之将杀己与？"孟子说："奚而不知也？象忧亦忧，象喜亦喜。"万章问："然则舜伪喜者与？"孟子答："否……故君子可欺以其方，难罔以非其道。彼以爱兄之道来。故诚信而喜之，奚伪焉？"（《万章上》）

万章问道："象日以杀舜为事，立为天子则放之，何也？"孟子答："封之也；或曰，放焉。"万章说："舜流共工于幽州，放驩兜于崇山，杀三苗于三危，殛鲧于羽山，四罪而天下咸服，诛不仁也。象至不仁，封之有庳。有庳之人奚罪焉？仁人固如是乎——在他人则诛之，在弟则封之？"孟子说："仁人之于弟也，不藏怒焉，不宿怨焉，亲爱之而已矣。"万章又问："敢问或曰放者，何谓也？"孟子答："象不得有为于其国，天子使吏治其国而纳其贡税焉，故谓之放。"（《万章上》）

万章问道："尧以天下与舜，有诸？"孟子答："否，天子不能以天下与

人。"又问："然则舜有天下也，孰与之？"孟子答："天与之。"接着问："天与之者，谆谆然命之乎？"孟子答："否，天不言，以行与事示之而已矣。""以行与事示之者，如之何？"孟子答："天子能荐人于天，不能使天与之天下……昔者，尧荐舜于天，而天受之；暴之于民，而民受之。故曰，天不言，以行与事示之而已矣。""敢问荐之于天，而天受之；暴之于民，而民受之，如何？"孟子答道："使之主祭，而百神享之，是天受之；使之主事，而事治，百姓安之，是民受之也。"（《万章上》）

万章问道："人有言，'至于禹而德衰，不传于贤，而传于子。'有诸？"孟子答道："否，不然也；天与贤，则与贤；天与子，则与子。"（《万章上》）

万章问道："人有言，'伊尹以割烹要汤'，有诸？"孟子答道："否，不然；伊尹耕于有莘之野，而乐尧舜之道焉。……吾闻其以尧舜之道要汤，未闻以割烹也。"（《万章上》）

万章问道："或曰，'百里奚自鬻于秦养牲者，五羊之皮食牛，以要秦穆公。'信乎？"孟子答道："否，不然；好事者为之也。百里奚，虞人也。……自鬻以成其君，乡党自好者不为，而谓贤者为之乎？"（《万章上》）

万章问道："或谓孔子于卫主痈疽，于齐主侍人瘠环，有诸乎？"孟子答道："否，不然也；好事者为之也。于卫主颜雠由。……吾闻观近臣，以其所为主；观远臣，以其所主。若孔子主痈疽与侍人瘠环，何以为孔子？"（《万章上》）

万章问道："孔子在陈曰：'盍归乎来！吾党之小子狂简，进取，不忘其初。'孔子在陈，何思鲁之狂士？"孟子答道："孔子'不得中道而与之，必也狂猖乎！狂者进取，猖者有所不为也'。孔子岂不欲中道哉？不可必得，故思其次也。""敢问何如斯可谓狂矣？"答道："如琴张、曾皙、牧皮者，孔子之所谓狂矣。""何以谓之狂也？"答道："其志嘐嘐然，曰：'古之人，古之人。’夷考其行，而不掩焉者也。……孔子曰：‘过我门而不入我室，我不憾焉者，其惟乡原乎！乡原，德之贼也。’”“何如斯可谓之乡原矣？”答道：“……阉然媚于世也者，是乡原也。”万章接着问：“一乡皆称原人焉，无所往而不为原人，孔子以为德之贼，何哉？”孟子答道：“非之无举也，刺之无刺也，同乎流俗，合乎污世，居之似忠信，行之似廉洁，众皆悦之，自以为是，而不可与入尧舜之道，故曰：‘德之贼’也。”（《尽心下》）

万章曾随孟子游历宋国，就宋国政事向孟子请教。

万章还问：“士之不托诸侯，何也？”孟子说：“不敢也。诸侯失国，而后托于诸侯，礼也；士之托于诸侯，非礼也。”万章问：“君馈之粟，则受之乎？”孟子答：“受之。”“受之何义也？”答道：“君之于氓也，固周之。”“周之则受，赐之则不受，何也？”答道：“不敢也。”问道：“敢问其不敢何也？”答道：“抱关击柝者皆有常职以食于上。无常职而赐于上者，以为不恭也。”问道：“君馈之，则受之，不识可常继乎？”答道：“缪公之于子思也，亟问，亟馈鼎肉。子思不悦。……悦贤不能举，又不能养也，可谓悦贤乎？”问道：“敢问国君欲养君子，如何斯可谓养矣？”答道：“……尧之于舜也，使其子九男事之，二女女焉，百官牛羊仓廪备，以养舜于畎亩之中，后举而加诸上位，故曰，王公之尊贤也。”（《万章下》）

万章问道：“敢问不见诸侯，何义也？”孟子说：“在国曰市井之臣，在野曰草莽之臣，皆谓庶人。庶人不传质为臣，不敢见于诸侯，礼也。”万章问：“庶人，召之役，则往役；君欲见之，召之，则不往见之，何也？”孟子答：“往役，义也；往见，不义也。且君之欲见之也，何为也哉？”万章说：“为其多闻也，为其贤也。”孟子说：“为其多闻也，则天子不召师，而况诸侯乎？为其贤也，则吾未闻欲见贤而召之也。”万章问：“敢问招虞人何以？”孟子答：“以皮冠。庶人以旃，士以旂，大夫以旌。以大夫之招招虞

人，虞人死不敢往……欲见贤人而不以其道，犹欲其入而闭之门也。”万章问：“孔子，君命召，不俟驾而行；然则孔子非与？”孟子说：“孔子当仕有官职，而以其官召之也。”（《万章下》）

万章问道：“敢问友。”孟子答道：“不挟长，不挟贵，不挟兄弟而友。友也者，友其德也，不可以有挟也。……用下敬上，谓之贵贵；用上敬下，谓之尊贤。贵贵、尊贤，其义一也。”（《万章下》）

万章问道：“敢问交际何心也？”孟子答：“恭也。”万章说：“‘却之却之为不恭’，何哉？”孟子说：“尊者赐之，曰：‘其所取之者义乎，不义乎？’而后受之，以是为不恭，故弗却也。”万章说：“请无以辞却之，以心却之，曰：‘其取诸民之不义也’，而以他辞无受，不可乎？”孟子答道：“其交也以道，其接也以礼，斯孔子受之矣。”万章问：“今有御人于国门之外者，其交也以道，其馈也以礼，斯可受御与？”孟子答道：“不可；《康诰》曰：‘杀越人于货，闵不畏死，凡民罔不譈。’是不待教而诛者也。”万章问：“今之诸侯取之于民也，犹御也。苟善其礼际矣，斯君子受之，敢问何说也？”孟子答：“子以为有王者作，将比今之诸侯而诛之乎？其教之不改而后诛之乎？夫谓非其有而取之者盗也，充类至义之尽也。孔子仕于鲁也，鲁人猎较，孔子亦猎较。猎较犹可，而况受其赐乎？”万章问：“然则孔子之仕也，非事道与？”孟子答：“事道也。”“事道奚猎较也？”孟子答：“孔子先簿正祭器，不以四方之食供簿正。”万章问：“奚不去也？”孟子说：“为之兆也。兆足以行矣，而不行，而后去，是以未尝有所终三年淹也。孔子有见行可之仕，有际可之仕，有公养之仕。”（《万章下》）

孟子老居故里邹国，万章、公孙丑等高第与孟子一起整理编撰《孟子》七篇。其中第五篇以“万章”题名，多记孟子与万章答问。全书记述孟子与万章答问共15章，分别见《万章》、《尽心》、《滕文公》等篇。

万章墓在邹县城西南八里，地名万村。《齐乘》云：“滕州南万村有万章墓。”（转引自《重纂三迁志》卷四）明成化十九年（1483 年），县令张泰始立碑以表墓；万历九年（1581 年），县令许守恩重为封树，为文纪之。清道光九年（1829 年），孟子 69 代孙、世袭翰林院五经博士孟继烺于万章墓前创建享堂，鱼台马星翼为之记。万章墓与享堂今俱存。

《汉书 · 古今人表》，列万章为圣人、仁人、智人之下的第四等，为中上者，与公羊子、穀梁子、告子、薛居州、乐正子等并。

北宋景祐四年（1037 年），孔道辅新建孟子庙，以公孙丑、万章之徒配享。（孙复《新建孟子庙记》）

政和五年（1115 年），诏定万章封爵为“博兴伯”，从祀孟庙。（《宋史》卷一〇五）

清雍正二年（1724 年），诏祔祀孔庙。位设曲阜孔庙东庑，称先贤。（《清史稿》卷八十四，《孔子家世》）

乾隆二十一年（1756 年），诏去孟庙配享、从祀者旧时封爵，万章改称为“先贤万子”。（《重纂三迁志》卷五）

万章从祀孟庙，一直位设西庑之首。

四、公都子

公都子，公都，复姓；子，古代男子的美称或尊称。名字不详。据传说为邹国人。曾随孟子游齐，后随孟子居邹。

孟子在齐国时，曾劝辞去灵丘邑宰而做治狱官的蚳蛙向齐王进言。蚳蛙向王进言，王不听，辞职而去。对此，齐国有人议论说：孟子替蚳蛙考虑的主意是不错的了，但是他怎样替自己考虑的呢？那我们还不知道。公都子把这话告诉了孟子。孟子说：“吾闻之也，有官守者，不得其职则去；有言责者，不得其言则去。我无官守，我无言责也，则吾进退，岂不绰绰然有余裕哉？”（《公孙丑下》）

匡章，齐国人多以为不孝，孟子却常与他在一起，并且还很尊敬他。公都子不解，问道："匡章，通国皆称不孝焉，夫子与之遊，又从而礼貌之，敢问何也？"孟子答道："世俗所谓不孝者五……章子有一于是乎？夫章子，子父责善而不相遇也。"（《离娄下》）

公都子问道："外人皆称夫子好辩，敢问何也？"孟子答道："予岂好辩哉？予不得已也。……我亦欲正人心，息邪说，距诐行，放淫辞，以承三圣者；岂好辩哉？予不得已也。能言距杨墨者，圣人之徒也。"（《滕文公下》）

公都子曾与孟季子讨论"义内"、"义外"的问题。孟季子问公都子："何以谓义内也？"公都子答："行吾敬，故谓之内也。"又问："乡人长于伯兄一岁，则谁敬？"答道："敬兄。"再问："酌则谁先？"答道："先酌乡人。"孟季子反驳说："所敬在此，所长在彼，果在外，非由内也。"公都子不能对答，便来告诉孟子。孟子说："敬叔父乎？敬弟乎？彼将曰：'敬叔父。'曰，'弟为尸，则谁敬？'彼将曰：'敬弟。'子曰：'恶在其敬叔父也？'彼将曰：'在位故也。'子亦曰：'在位故也。庸敬在兄，斯须之敬在乡人。'"孟季子听了这话，又说："敬叔父则敬，敬弟则敬，果在外，非由内也。"公都子反驳说："冬日则饮汤，夏日则饮水，然则饮食亦在外也？"（《告子上》）

孟子向弟子们讲性善的道理，公都子请教说："告子曰：性无善无不善也。'或曰：'性可以为善，可以为不善；是故文武兴，则民好善；幽厉兴，则民好暴。'或曰：'有性善，有性不善；是故以尧为君而有象；以瞽叟为父而有舜；以纣为兄之子，且以为君，而有微子启、王子比干。'今曰'性善'，然则彼皆非与？"孟子答道："乃若其情，则可以为善矣，乃所谓善也。若夫为不善，非才之罪也。……仁义礼智，非由外铄我也，我固有之也，弗思耳矣。故曰：'求则得之，舍则失之。'或相倍蓰而无算者，不

能尽其才者也。”(《告子上》)

公都子问道:“钧是人也,或为大人,或为小人,何也?”孟子说:“从其大体为大人,从其小体为小人。”又问:“钧是人也,或从其大体,或从其小体,何也?”答道:“耳目之官不思,而蔽于物,物交物,则引之而已矣。心之官则思,思则得之,不思则不得也。此天之所与我者。先立乎其大者,则其小者不能夺也。此为大人而已矣。”(《告子上》)

孟子在邹国讲学,弟子滕更发问,孟子不答,公都子纳闷,问道:“滕更之在门也,若在所礼,而不答,何也?”孟子说:“挟贵而问,挟贤而问,挟长而问,挟有勋劳而问,挟故而问,皆所不答也。滕更有二焉。”(《尽心上》)

《孟子》一书共记孟子与公都子答问七章,分别见《公孙丑》、《离娄》、《滕文公》、《告子》、《尽心》等篇。

北宋政和五年(1115 年),诏定公都子封爵为“平阴伯”,从祀孟庙。(《宋史》卷一〇五)

清雍正二年(1724 年),诏祔祀孔庙,位设西庑,称先贤。(《清史稿》卷八十四,《孔子家世》)

乾隆二十一年(1756 年),诏去孟庙配享、从祀者旧时封爵,公都子由“平阴伯”改称“先贤公都子”。(《重纂三迁志》卷五)

公都子从祀孟庙,一直位设东庑。

五、屋庐连

屋庐连,屋庐,姓;连,名。因居任,传说为任国人。曾随孟子居平陆,到任国,到齐国。

屋庐连与孟子答问多涉及“礼”。

有一位任国人问屋庐连道:“礼与食孰重?”屋庐连答:“礼重。”又

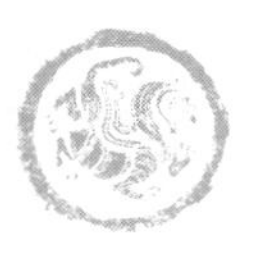

问："色与礼孰重?"答道："礼重。"再问："以礼食，则饥而死；不以礼食，则得食，必以礼乎？亲迎，则不得妻；不亲迎，则得妻，必亲迎乎?"屋庐连不能对答。第二天一早便启程到邹国去，向孟子请教。邹国在任国之东南，相距百里左右，当天便可到达。

屋庐连向孟子诉说委原后，孟子说："于答是也，何有？不揣其本，而齐其末，方寸之木可使高于岑楼。金重于羽者，岂谓一钩金与一舆羽之谓哉？取食之重者与礼之轻者而比之，奚翅食重？取色之重者与礼之轻者而比之，奚翅色重？往应之曰：'紾兄之臂而夺之食，则得食；不紾，则不得食，则将紾之乎？逾东家墙而搂其处子，则得妻；不搂，则不得妻；则将搂之乎?'"(《告子下》)

当孟子住在邹国的时候，季任留守任国，代理国政，送礼物来和孟子交友，孟子接受了礼物，并不回报。又当孟子住在平陆的时候，储子做齐国的卿相，也送礼物来和孟子交友，孟子接受了，并不回报。过了一段时间，孟子从邹国到任国，拜访了季子；从平陆到齐都，却不去拜访储子。屋庐连见此，暗自高兴地说："连得间矣。"便问道："夫子之任，见季子；之齐，不见储子，为其为相与?"孟子说："非也；《书》曰：'享多仪，仪不及物曰不享，惟不役志于享。'为其不成享也。"屋庐连听后，喜不自禁。有人问他，他说："季子不得之邹，储子得之平陆。"(《告子下》)

《孟子》一书记孟子与屋庐子答问共两章。

宋政和五年(1115年)，诏定屋庐连封爵为"奉符伯"，从祀孟庙。(《宋史》卷一〇五)

清乾隆二十一年(1756年)，诏去孟庙配享、从祀者旧时封爵，改称屋庐连为"先儒屋庐氏"。(《重纂三迁志》卷五)

屋庐连从祀孟庙，一直位设孟庙东庑。

六、陈臻

陈臻，陈，姓；臻，名。据传说为邹国人。精于计算，善于管理。曾随孟子周游列国，除受业外，兼管孟子师弟钱粮给养。

在齐国时，有一年遭了饥荒，孟子力劝齐王，打开棠地的粮仓，救济灾民。灾民得救了，而孟子却遭到权臣的诋毁。为此，孟子发誓不再做这类事情。后来，齐国又遭了饥荒，陈臻对孟子说："国人皆以夫子将复为发棠，殆不可复。"孟子以"冯妇搏虎"的故事为喻，说："是为冯妇也。……众皆悦之，其为士者笑之。"(《尽心下》)

孟子辞去齐国的官职，准备返回故里邹国，齐王对时子说："我欲中国而授孟子室，养弟子以万钟，使诸大夫国人皆所有矜式。子盍为我言之！"时子便托陈臻把这话转告孟子。孟子听后，说："然；夫时子恶知其不可也？如使予欲富，辞十万而受万，是为欲富乎？"明确表示自己辞职并不是因为贪图财富。(《公孙丑下》)

孟子离开齐国，陈臻紧随其后。回到邹国稍作休息，又到了宋国。在宋国过了不久，又一同返回邹国。途中经过了薛邑。离邹国越来越近，陈臻忍不住问孟子："前日于齐，王馈兼金一百，而不受；于宋，馈七十镒而受；于薛，馈五十镒而受。前日之不受是，则今日之受非也；今日之受是，则前日之不受非也。夫子必居一于此矣。"孟子说："皆是也。当在宋也，予将有远行，行者必以赆；辞曰：'馈赆。'予何为不受？当在薛也，予有戒心；辞曰：'闻戒，故为兵馈之。'予何为不受？若于齐，则未有处也。无处而馈之，是货之也。焉有君子而可以货取乎？"(《公孙丑下》)

《孟子》书中，共记孟子与陈臻答问两章，分别载《公孙丑》篇与《尽心》篇。另有孟子与"陈子"答问两章，分别见《公孙丑》篇与《告子》篇。

北宋政和五年(1115 年)，诏定陈臻封爵为"蓬莱伯"，从祀孟庙。

（《宋史》卷一〇五）

清乾隆二十一年（1756 年），诏去孟庙配享、从祀者旧时封爵，改称为“先儒陈臻氏”。

陈臻从祀孟庙，一直位设孟庙东庑。

七、陈代

陈代，陈，姓；代，名。年龄与里籍不详。约为孟子晚期弟子。

陈代对谒见诸侯与出仕比较关心。他劝孟子说：“不见诸侯，宜若小然；今一见之，大则以王，小则以霸。且《志》曰：‘枉尺而直寻’，宜若可为也。”孟子听后，先讲了齐景公以旌招虞人，虞人不往；赵简子使王良与嬖奚乘，王良辞，两个故事，然后说：“……且夫枉尺而直寻者，以利言也。如以利，则枉寻直尺而利，亦可为与？……如枉道而从彼，何也？且子过矣：枉己者，未有能直人者也。”（《滕文公下》）

陈子问道：“古之君子何如则仕？”孟子答道：“所就三，所去三。……”（《告子下》）

《孟子》一书共记孟子与陈代答问两章，其一记为陈代，其一记为“陈子”。分别见《滕文公》与《告子》篇。

北宋政和五年（1115 年），诏定陈代封爵为“沂水伯”，从祀孟庙。（《宋史》卷一〇五）

清乾隆二十一年（1756 年），诏去孟庙配享、从祀者旧时封爵，改称“先儒陈代氏”（《重纂三迁志》卷五）

陈代从祀孟庙，位设东庑。

八、徐辟

徐辟，徐，姓；辟，名。邹国人。生卒不详。邹城东南二十公里徐桃园村旧有徐辟祠，为其后人所建，今存遗址。

墨家信徒夷之，通过徐辟的关系要求见孟子。孟子因病推辞了。过了些日子，夷之又要求来见孟子。孟子说："吾今则可以见矣。不直，则道不见；我且直之。……"徐辟把这话告诉了夷之。夷之说："儒者之道，古之人若保赤子，此言何谓也？之则以为爱无差等，施由亲始。"徐辟又把这话告诉了孟子。孟子说："夫夷子信以为人之亲其兄之子为若亲其邻之赤子乎？彼有取尔也。赤子匍匐将入井，非赤子之罪也。且天之生物也，使之一本，而夷子二本故也。……"徐辟又把这话告诉了夷之。夷之很为怅惘地停了一会，说："命之矣。"（《滕文公上》）

徐辟问道："仲尼亟称于水，曰：'水哉，水哉！'何取于水也？"孟子答道："源泉混混，不舍昼夜，盈科而后进，放乎四海。有本者如是，是之取尔。苟为无本，七、八月之间雨集，沟浍皆盈；其涸也，可立而待也。故声闻过情，君子耻之。"（《离娄下》）

《孟子》书中记孟子与徐辟答问共两章，分别见《滕文公》篇与《离娄》篇。前者先称徐辟，后称"徐子"；后者称"徐子"，均为徐辟。

北宋政和五年（1115 年），诏定徐辟封爵为"仙源伯"，从祀孟庙。（《宋史》卷一〇五）

清乾隆二十一年（1756 年），诏去孟庙配享、从祀者旧时封爵，改称"先儒徐氏"。（《重纂三迁志》卷五）

徐辟从祀孟庙，一直位设西庑。

九、充虞

充虞，充，姓；虞，名。生卒年月与里籍不详。曾随孟子游齐，又随孟子归邹。

充虞深得孟子信赖，常随孟子左右。孟子在齐丧母，受嘱监理棺椁

的制作，并随孟子归葬母亲于鲁。葬毕，返回齐国的路上，在嬴县停留了下来。充虞请教道："前日不知虞之不肖，使虞敦匠事。严，虞不敢请。今愿窃有请也：木若以美然。"孟子说："古者棺椁无度，中古棺七寸，椁称之。自天子达于庶人，非直为观美也，然后尽于人心。……吾闻之也：君子不以天下俭其亲。"（《公孙丑下》）

孟子离开齐国，充虞与其同行。途中，充虞问道："夫子若有不豫色然。前日虞闻诸夫子曰：'君子不怨天，不尤人。'"孟子说："彼一时，此一时也。五百年必有王者兴，其间必有名世者。由周而来，七百有余岁矣。以其数，则过矣；以其时考之，则可矣。夫天未欲平治天下也；如欲平治天下，当今之世，舍我其谁也？吾何为不豫哉？"（《公孙丑下》）

《孟子》一书共记孟子与充虞答问两章，均载《公孙丑》篇。

北宋政和五年（1115 年），诏定充虞封爵为"昌乐伯"，从祀孟庙。（《宋史》卷一〇五）

清乾隆二十一年（1756 年），诏去孟庙配享、从祀旧时封爵，改称"先儒充氏"。（《重纂三迁志》卷五）

充虞从祀孟庙，一直位设西庑。

十、高子

高子，高，姓；子，古时对男子的美称或尊称。不知名何，亦不详生卒年月与里籍。

高子曾随孟子在齐。孟子离开齐国时，尹士对别人说："不识王之不可以为汤武，则是不明也；识其不可，然且至，则是干泽也。千里而见王，不遇故去，三宿而后出昼，是何濡滞也？士则兹不悦。"高子把这话告诉了孟子。孟子说："夫尹士恶知予哉？千里而见王，是予所欲也；不遇故去，岂予所欲哉？予不得已也！……予岂若是小丈夫然哉！谏于其

君而不受，则怒，悻悻然见于其面，去则穷日之力而后宿哉？”尹士听了这话以后，说：“士诚小人也。”（《公孙丑下》）

高子说：“禹之声尚文王之声。”孟子问：“何以言之？”高子答：“以追蠡。”孟子说：“是奚足哉？城门之轨，两马之力与？”（《尽心下》）

孟子曾批评高子说：“山径之蹊，间介然用之而成路；为间不用，则茅塞之矣。今茅塞子之心矣。”（《尽心下》）

《孟子》书中共记孟子与高子答问三章，其中《尽心》篇两章，《公孙丑》篇一章。另外，在《告子》篇公孙丑与孟子的问答中，还提到一位讲诗的高子，孟子称其为“高叟”，似年长于孟子，当为另一人，非本文之高子。

北宋政和五年（1115 年），诏定高子封爵为“泗水伯”，从祀孟庙。（《宋史》卷一〇五）

清乾隆二十一年（1756 年），诏去孟庙配享、从祀者旧时封爵，改称“先儒高氏”。（《重纂三迁志》卷五）

高子从祀孟庙，一直位设东庑。

十一、浩生不害

浩生不害，浩生，复姓；不害，名。据传说为邹人。孟子晚期弟子。

浩生不害对孟子器重弟子乐正克不解，问道：“乐正子何人也？”

孟子答道：“善人也，信人也。”

又问：“何谓善？何谓信？”

孟子说：“可欲之谓善，有诸己之谓信，充实之谓美，充实而有光辉之谓大，大而化之之谓圣，圣而不可知之之谓神。乐正子，二之中，四之下也。”（《尽心下》）

《孟子》书中仅记浩生不害与孟子问答一章，见《尽心》篇。

北宋政和五年（1115 年），诏定“告子不害”封爵为“东阿伯”，从祀

孟庙。(《宋史》卷一〇五)

清乾隆二十一年(1756年),诏去孟庙配享、从祀者旧时封爵,改"东阿伯告子不害"为"先儒浩生氏",并正"告子不害"为"浩生不害"。(《重纂三迁志》卷五)

浩生不害从祀孟庙,位设东庑。

十二、彭更

彭更,彭,姓;更,名。生卒年月与里籍不详。

彭更曾随孟子周游列国。途中,他问道:"后车数十乘,从者数百人,以传食于诸侯,不以泰乎?"

孟子答道:"非其道,则一箪食不可受于人;如其道,则舜受尧之天下,不以为泰——子以为泰乎?"

彭更说:"否,士无事而食,不可也。"

孟子说:"子不通功易事,以羡补不足,则农有余粟,女有余布;子如通之,则梓匠轮舆皆得食于子。于此有人焉,入则孝,出则悌,守先王之道,以待后之学者,而不得食于子;子何尊梓匠轮舆而轻为仁义者哉?"

彭更说:"梓匠轮舆,其志将以求食也;君子之为道也,其志亦将以求食与?"

孟子说:"子何以其志为哉?其有功于子,可食而食之矣。且子食志乎?食功乎?"

彭更说:"食志。"

孟子说:"有人于此,毁瓦画墁,其志将以求食也,则子食之乎?"彭更说:"否。"孟子说:"然则子非食志也,食功也。"(《滕文公下》)

《孟子》书中记孟子与彭更的答问仅此一章。

北宋政和五年(1115年),诏定彭更封爵为"雷泽伯",从祀孟庙。

（《宋史》卷一〇五）

清乾隆二十一年(1756 年)，诏去孟庙配享、从祀者旧时封爵，改称“先儒彭氏”。(《重纂三迁志》卷五)

彭更从祀孟庙，一直位设西庑。

十三、咸丘蒙

咸丘蒙，咸丘，复姓；蒙，名。据传说是鲁国人。

咸丘蒙好读《诗》、《书》，曾向孟子请教尧舜孝道之故事。他问道：“语云：‘盛德之士，君不得而臣，父不得而子。’舜南面而立，尧帅诸侯北面而朝之，瞽瞍亦北面而朝之。舜见瞽瞍，其容有蹙。孔子曰：‘于斯时也，天下殆哉，岌岌乎！’不识此语诚然乎哉？”

孟子答道：“否；此非君子之言，齐东野人之语也。尧老而舜摄也。……”

咸丘蒙又问：“舜之不臣尧，则吾既得闻命矣。《诗》云：‘普天之下，莫非王土；率土之滨，莫非王臣。’而舜既为天子矣，敢问瞽瞍之非臣，如何？”

孟子答道：“是诗也，非是之谓也；劳于王事而不得养父母也。曰：‘此莫非王事，我独贤劳也。’故说诗者，不以文害辞，不以辞害志。以意逆志，是为得之。……《书》曰：‘祗载见瞽瞍，夔夔齐栗，瞽瞍亦允若。’是为父不得而子也？”(《万章上》)

《孟子》书中记孟子与咸丘蒙答问仅此一章。

北宋政和五年(1115 年)，诏定咸丘蒙封爵为“须城伯”，从祀孟庙。(《宋史》卷一〇五)

清乾隆二十一年(1756 年)，诏去孟庙配享、从祀者旧时封爵，改称“先儒咸丘氏”。(《重纂三迁志》卷五)

咸丘蒙从祀孟庙,一直位设西庑。

十四、桃应

桃应,桃,姓;应,名。生卒年月与里籍不详。

桃应好学尧舜,又习法制。他以舜为例,向孟子请教孝与法的关系问题。他问道:“舜为天子,皋陶为士,瞽瞍杀人,则如之何?”

孟子答道:“执之而已矣。”

桃应又问:“然则舜不禁与?”

孟子说:“夫舜恶得而禁之? 夫有所受之也。”

桃应接着问:“然则舜如之何?”

孟子说:“舜视弃天下犹弃敝蹝也。窃负而逃,遵海滨而处,终身䜣然,乐而忘天下。”(《尽心上》)

《孟子》书中记孟子与桃应答问仅此一章。

北宋政和五年(1115 年),诏定桃应封爵为“胶水伯”,从祀孟庙。(《宋史》卷一〇五)

清乾隆二十一年(1756 年),诏去孟庙配享、从祀旧时封爵,改称“先儒桃氏”。(《重纂三迁志》卷五)

桃应从祀孟庙,位设西庑。

十五、盆成括

盆成括,盆成,复姓;括,名。生卒年月不详。传为齐国人。

盆成括从学于孟子,道未通而急于出仕。他离开孟子,在齐国做了个小官。孟子听说后,气愤而又悲痛地说:“死矣盆成括!”

不久,盆成括被杀害。门人问道:“夫子何以知其将见杀?”

孟子答道:“其为人也小有才,未闻君子之大道也,则足以杀其驱而

已矣。”(《尽心下》)

《孟子》书中关于盆成括的记述仅此一章。

北宋政和五年(1115年),诏定盆成括封爵为“莱阳伯”,从祀孟庙。(《宋史》卷一〇五)

清乾隆二十一年(1756年),诏去孟庙配享、从祀者旧时封爵,改称“先儒盆成氏”。(《重纂三迁志》卷五)

盆成括从祀孟庙,位设东庑。

十六、孟仲子

孟仲子,孟,姓;仲子,名。生卒不详。邹国人。赵岐《注》云:“孟仲子,孟子之从昆弟,学于孟子者也。”

孟仲子随孟子游齐,与孟子住在一起。一天,孟子因齐宣王不够礼遇,为回避齐宣王而称病不朝。次日,却到东郭大夫家里去吊丧。恰巧,齐王派人来探视孟子的病情,并有医生同往。此时,只有孟仲子在家,他连忙应付说:“昔者有王命,有采薪之忧,不能造朝。今病小愈,趋造于朝,我不识能至否乎?”

接着,孟仲子派出好几个人,分别在孟子回家的路上拦截孟子,并交代说:“请必无归,而造于朝。”

孟子没有办法,只得躲到景丑的家里歇宿。(《公孙丑下》)

《孟子》一书记述孟仲子言行仅此一章。

北宋政和五年(1115年),诏定孟仲子封爵为“新泰伯”,从祀孟庙。(《宋史》卷一〇五)

清乾隆二十一年(1756年),诏去孟庙配享、从祀者旧时封爵,改称“先儒孟氏”。(《重纂三迁志》卷五)

孟仲子从祀孟庙,一直位设西庑。

十七、曹交

曹交,曹,姓;交,名。生卒不详。祖籍邹国。

孟子居邹,曹交登门求教。他问道:“人皆可以为尧、舜,有诸?”

孟子答道:“然。”

又问:“交闻文王十尺,汤九尺,今交九尺四寸以长,食粟而已,如何则可?”

孟子说:“奚有于是?亦为之而已矣。……尧、舜之道,孝弟而已矣。子服尧之服,诵尧之言,行尧之行,是尧而已矣。”

曹交恳求道:“交得见于邹君,可以假馆,愿留而受业于门。”

孟子说:“夫道若大路然,岂难知哉?人病不求耳。子归而求之,有余师。”(《告子下》)

《孟子》书中记孟子与曹交答问仅此一章。

十八、滕更

滕更,滕,姓;更,名。生卒不详。滕国人。赵岐《注》曰:“滕君之弟,来学于孟子者也。”

滕更求学于孟子门下,因滕文公与孟子的友好关系,颇有优越感。一日,向孟子提问,孟子不答。公都子不解,问道:“滕更之在门也,若在所礼,而不答,何也?”

孟子说:“挟贵而问,挟贤而问,挟长而问,挟有勋劳而问,挟故而问,皆所不答也。滕更有二焉。”(《尽心上》)

《孟子》书中未记孟子与滕更的答问。仅有一章孟子与公都子的答问涉及滕更。见《尽心》篇。

十九、周霄

周霄，周，姓；霄，名。生卒不详。赵岐《注》曰：“魏人也。”

孟子游梁，周霄求学于孟子。他问道：“古之君子仕乎？”

孟子答道：“仕。《传》曰：‘孔子三月无君，则皇皇如也，出疆必载质。’公明仪曰：‘古之人三月无君，则吊。’”

又问：“三月无君则吊，不以急乎？”

孟子答道：“士之失位也，犹诸侯之失国家也。……”

接着问：“出疆必载质，何也？”

孟子答道：“士之仕也，犹农夫之耕也；农夫岂为出疆舍其耒耜哉？”

周霄说：“晋国亦仕国也，未尝闻仕如此其急。仕如此其急也，君子之难仕，何也？”

孟子说：“丈夫生而愿为之有室，女子生而愿为之有家；父母之心，人皆有之。不待父母之命、媒妁之言，钻穴隙相窥，逾墙相从，则父母国人皆贱之。古之人未尝不欲仕也，又恶不由其道。不由其道而往者，与钻穴隙之类也。”（《滕文公下》）

《孟子》书中记孟子与周霄答问仅此一章。

周霄，又见于《战国策·魏策》，考其年代，当在梁惠王、襄王时。

二十、宋勾践

宋勾践，宋，姓；勾践，名。生卒不详。传为宋国人。

宋勾践求学于孟子，孟子对他说：“子好游乎？吾语子游。人知之，亦嚣嚣；人不知，亦嚣嚣。”

宋勾践问道：“何如斯可以嚣嚣矣？”

孟子答道：“尊德乐义，则可以嚣嚣矣。故士穷不失义，达不离道。

穷不失义，故士得己焉；达不离道，故民不失望焉。古之人，得志，泽加于民；不得志，修身见于世。穷则独善其身，达则兼善天下。”（《尽心上》）

《孟子》书中记孟子与宋勾践答问仅此一章。

二十一、景春

景春，景，姓；春，名。生卒不详。据传说是魏国人。赵岐《注》曰“为纵横之术者”，仅是猜测。

景春问孟子道：“公孙衍、张仪岂不诚大丈夫哉？一怒而诸侯惧，安居而天下熄。”

孟子答道：“是焉得为大丈夫乎？子未学礼乎？……以顺为正者，妾妇之道也。”孟子还向他讲了什么是真正的大丈夫：“居天下之广居，立天下之正位，行天下之大道；得志，与民由之；不得志，独行其道。富贵不能淫，贫贱不能移，威武不能屈，此之谓大丈夫。”（《滕文公下》）

《孟子》书中记孟子与景春答问仅此一章。

二十二、貉稽

貉稽，貉，姓；稽，名。生卒与里籍不详。

貉稽向孟子诉说：“稽大不理于口。”即口碑不好。

孟子劝教他说：“无伤也。士憎兹多口。《诗》云：‘忧心悄悄，愠于群小。’孔子也。‘肆不殄厥愠，亦不殒厥问。’文王也。”（《尽心下》）

《孟子》书中记孟子与貉稽答问仅此一章。

附：

孟子弟子考述

关于孟子弟子的考证，据现有文献，始于东汉末赵岐注《孟子》。他在《孟子章句》中确认的孟子弟子，按书中出现的先后顺序有：乐正子、公孙丑、陈臻、充虞、季孙、子叔、高子、徐辟、陈代、彭更、万章、公都子、咸丘蒙、屋庐子、桃应，共15人。另外，还有孟仲子，“学于孟子者也”；告子，“尝学于孟子，而不能纯彻性命之理”；滕更，“来学于孟子者也”；高子，“尝学于孟子，乡道而未明，去而学于他术”（此高子不同于上述高子）；盆成括，“尝欲学于孟子，问道未达而去”。（赵岐《孟子章句》）这些各种形式的“学于孟子者”，共5人。

北宋政和五年（1115年），“太常等言，兖州邹县孟子庙，诏以乐正子配享，公孙丑以下从祀，皆拟定其封爵。乐正子克利国侯，公孙丑寿光伯，万章博兴伯，告子不害东阿伯，孟仲子新泰伯，陈臻蓬莱伯，充虞昌乐伯，屋庐连奉符伯，徐辟仙源伯，陈代沂水伯，彭更雷泽伯，公都子平阴伯，咸丘蒙须城伯，高子泗水伯，桃应胶水伯，盆成括莱阳伯，季孙丰城伯，子叔承阳伯”（《宋史・卷一〇五》）。在上述18人中，赵岐注为孟子弟子的15人全部予以了封爵。“学于孟子”的孟仲子，“尝学于孟子”的告子，以及“欲学于孟子”的盆成括，也给予了封爵。仅剩“来学于孟子”的滕更，“尝学于孟子”的高子没有封爵。

官方的封爵，使孟子弟子的名分得到了进一步确认。然而，这并没

有阻止人们对孟子弟子的进一步考证。南宋朱熹撰《孟子集注》，对赵岐确认的孟子弟子就没有全部认可。乐正子、公孙丑、陈臻、充虞、徐辟、陈代、彭更、万章、公都子、咸丘蒙、屋庐子、桃应、高子等13人，亦注为“孟子弟子”。而对季孙、子叔二人则提出了疑义。在“季孙曰：异哉！子叔疑”句下注曰：“此孟子引季孙之语也。季孙、子叔疑，不知何时人。”（《孟子集注·卷之二》）此说，得到了后人的普遍认同。

清代全祖望，除赞同朱熹否认季孙、子叔为孟子弟子外，还对高子为孟子弟子提出了质疑。他说：“以高子为弟子，盖以山径茅塞之语，似乎师戒其弟，故以为学他术而不终。然《小弁》之言，孟子称之为叟，则非弟子矣。”（全祖望《经史答问》）

清代崔述撰《孟子事实录》，仅认可了乐正子、公都子、屋庐子、万章、公孙丑、充虞、陈臻、徐辟等8人为孟子弟子。其他人不列。他说：“不知果为孟子弟子与否者四人：陈代、彭更、咸丘蒙、桃应。此四人《集注》皆以为孟子弟子，然皆止有一问，他无所见，未敢决其必为弟子也。故附次于诸弟子之后。”（《孟子事实录·卷下》）

同时，也有在赵岐确认的孟子弟子15人外，以及宋代封爵18人以外，新增孟子弟子者。如，清代朱彝尊撰《孟子弟子考》，对宋代封爵的18人，去季孙、子叔；告子不害，记作“浩生（亦作告）子不害”；并增滕更为孟子弟子，列孟子弟子17人。他说：“考《尽心篇》，公都子曰：‘滕更之在门也’，赵岐注：‘滕更，滕君之弟，来学于孟子也。’其为弟子甚明。不知宋太常之议何独赠爵不及，有不可解者。”

清代周广业，欲增匡章、夷之为孟子弟子。他说：“高诱注《吕氏春秋》云：‘匡章，孟子弟子。’《艺文类聚》亦然。章在孟门所礼异于滕更，称子有同乐正，谓为著录也宜，而赵《注》却止言齐人。夷子，逃墨归儒，怃然受命，当在不距之科，而赵亦无明文。”他还列举了前人对孟子弟子增减的情况："张九韶《群言拾唾》载孟门十七弟子，去季孙、子叔、滕更、盆成括，而益以孟季子、周霄。《经义考》亦去季孙、子叔，而谓告子与浩生不害是二人，因去告子，而列浩生不害，余并依赵氏。宫梦仁《读书记数略》，则易滕更、浩生不害、盆成括为孟季子、告子（一本作曹交）、周霄。"还说："他若高注《淮南》有陈仲子，《史记·索隐》有公明高，《广韵》有离娄，邓名世《古今姓氏书辨证》有公明仪、高叟，《集语》滥及淳于髡、邹衍等，其误固不待辨。"（周广业《孟子四考·卷四·出处实地考》）

孟庙配享从祀的孟子弟子，也不是一成不变。宋政和五年追封的"告子不害东阿伯"，元代张颏撰《驺孟子庙碑铭》，列两庑从祀，记为"告不害东阿伯"。（刻石今存孟庙）刻制于元末，立于明初的《孟氏宗传祖图》碑，门人图中刻为"东阿伯告子"。（刻石今存孟庙）明成化十八年（1482 年），刘濬撰《孔颜孟三氏志》，记述孟庙东庑的从祀者，有"东阿伯浩生不害"，而无"告子"。宋代追封的"子叔承阳伯"，则记为"豕阳伯子叔疑"。（《孔颜孟三氏志·卷六》）万历三十九年（1611 年），潘榛撰《孟志》，以孟庙神主为据，列弟子从祀座次，仍记作"浩生不害"、"子叔疑"，并注曰："旧志及今神主皆作浩生不害。按赵氏注《告子篇》曰：'告，姓，名不害，兼治儒墨之道者，尝学于孟子，而不能纯彻性命之理。'《正义》则疑《尽心》有浩生不害，与告子为一人，以为告子名不害，字浩生。至赵《注》，则又以浩生不害为人姓名，而定为齐人。与《正义》不同。窃考告子平生，与孟子反复辩驳，绝无相下之意，其非弟子明甚，而以浩生不害为名字，殊觉牵强，宜依今所改浩生不害为是。"他还提议："正冒祀之谬。"季孙、子叔非孟子弟子，不可一日而食于孟氏之庑。（潘榛《孟志·卷之三》）

潘榛的建议并非没有反响。清康熙二十四年（1685 年），朱彝尊撰

《邹县重修亚圣孟子庙碑》，记载了孟庙配享从祀情况的变化："政和五年，太常议以弟子十八人配。其后，季孙、子叔罢祀。配者堂上一人，庑下一十五人。彝尊三谒庙……"（见《重纂三迁志·卷之八》）这是朱氏据所见而记。这说明，在此之前季孙、子叔曾经被罢从祀。然而，至乾隆二十一年（1756年），诏去孟庙配享从祀各主侯伯封号，"改称乐正克、公孙丑、万章、公都子四人为先贤某子；陈臻、屋庐连、陈代、高子、孟仲子、充虞、徐辟、彭更、咸丘蒙、桃应、季孙、子叔、浩生不害、盆成括，及从祀之唐臣韩愈、宋臣孔道辅，皆称先儒某氏。"（《重纂三迁志·卷之五》）这说明，此时，官方已将宋代追封的"告子不害"改为"浩生不害"，而明末清初被罢祀的季孙、子叔，则又列入从祀者之中。直至清末以及民国初年，孟庙东西两庑依然供奉着季孙、子叔的牌位。（见王小隐《圣迹导游录》）

由上述可知，孟子弟子的确认是一个长期争论不休的问题。赵岐首先辨认孟子弟子，有正有误。在他确认的15名弟子中，后人公认的有：乐正子、公孙丑、万章、公都子、充虞、屋庐子、陈臻、徐辟8人；后人否认的有季孙、子叔2人；后人质疑的有高子、陈代、彭更、咸丘蒙、桃应等5人。而赵岐《注》"学于孟子"的5人是否为弟子，则争议更大。同时，后人还提出，增滕更、匡章、夷之、孟季子、周霄、浩生不害、告子、曹交等为弟子。还有人曾罗列陈仲子、离娄、公明仪、高叟、淳于髡、邹衍等为弟子。官方的封爵虽然对确认孟子弟子有一定的权威性，但它基本上是以学术界的考证为依据，没有实证价值。

彭更说孟子"后车数十乘，从者数百人，以传食于诸侯"。（《孟子·滕文公下》）齐宣王"欲中国而授孟子室，养弟子以万钟，使诸大夫国人皆有所矜式"（《孟子·公孙丑下》）。可见孟子弟子之多。前人对孟子弟子的考证，多数言之有据。之所以众说纷纭，一是历史上没有留下有关弟子的翔实记载;一是确认弟子无一个统一的标准。就以赵岐为代表的考证者而言,所依据的仅是《孟子》中的记述,基本无其他历史资料相佐证。后人又围绕赵岐的考证有减有增,争论不休。至今不论官方还是学术界均没有一个令人信服的说法。为加深对孟子弟子的研究,应当仍回到辨认孟子弟子最原始也是最可靠的依据——《孟子》中去,从《孟子》记述的同时代人中,用排除法和优选法,对孟子弟子再作一次新的探讨。

《孟子》一书,主要记录了孟子的言论。在七篇260章中(据杨伯峻《孟子译注》本),其中144章为"孟子曰",即纯粹是孟子自己的叙述,个别在"孟子曰"前加有前提类的叙述;1章未标"孟子曰"者,即"齐人有一妻一妾"章;另外115章均是以与别人对话的形式表述的。这些对话,多数是孟子与一人答问,也有一章涉及多人者。就对话的口气、内容、次数等,可以判断对话人与孟子的关系,以及对话人的身份。当然,有些人在对话中已经注明了身份。与孟子对话者,以及与孟子对话中涉及的同时代人,总计约75人,大致可以分为以下几种类型:

一、王、公

王、公包括梁惠王、梁襄王、齐宣王、燕王子哙、宋王、滕文公、滕定公、邹穆公、鲁平公9人,涉及《孟子》约36章。其中单独直接与孟子对话24章;多人与孟子直接对话3章;通过他人转达与孟子对话4章;他人与孟子对话涉及者5章。这类人,虽然梁惠王说:"寡人愿安承教";(《梁惠王上》)齐宣王说:"愿夫子辅吾志,明以教我";(《梁惠王上》)滕文公对孟子毕恭毕敬,事必请教;邹穆公与孟子对话也是请教的口气,但他们应排除在孟子弟子之外。

二、大夫、大臣、将、相、王子等有官职或有特殊身份的人

如，齐平陆宰孔距心、齐相储子、齐右师王驩、齐将匡章、齐大夫蚳蛙、齐臣胡龁、庄暴、时子、陈贾、沈同、公行子、齐王子垫、齐世家陈仲子、齐人东郭氏，燕相子之，魏相白圭、魏人张仪、公孙衍，宋臣戴盈之、戴不胜、薛居州，滕臣然友、毕战，鲁将军慎子、鲁嬖人臧仓，任处守季任等约26人。他们涉及《孟子》约32章。其中单独直接与孟子对话9章；多人与孟子直接对话6章；通过他人转达与孟子对话2章；他人与孟子对话涉及者15章。这类人，本身有一定的官职或地位，或有特殊身份，虽有些对话是请教的口气，但他们有的是受国君的派遣，有的是就政事商讨，有的是平等的交流，非求学之类，故不宜列入孟子弟子行列。

三、与孟子不同学派的论争者

包括告子、许行、淳于髡、孟季子、宋牼等5人。涉及《孟子》11章。其中单独直接与孟子对话7章；通过他人转达与孟子对话2章；他人与孟子对话中涉及者2章。告子似年长于孟子，就人性问题，孟子与其展开了激烈的辩论；宋牼亦似一位长者，孟子称其为“先生”，而自称“轲”，并劝其放弃以“利”说人的观点；淳于髡对孟子发问尖刻刁钻，简直是诘难；许行虽未直接与孟子论争，但通过陈相转述，孟子驳斥了他的观点；孟季子坚持“义外”说，与告子同出一辙，是孟子坚决反对的。这些人，所持的学术、政治观点与孟子不同，又与孟子有过直接或间接的论争，当然不可能是孟子弟子。

四、与孟子有不同意见，但友好相处的学者、士、朋友等

如景丑氏，孟子可在其家借宿，又相互谈论一些伦理政治观点，虽有不同意见，但是讨论；再如尹士，对孟子离齐有看法，并通过高子转告了孟子，孟子反驳，尹士亦理解，并表示"士诚小人也"（《公孙丑下》）；还有陈相、陈辛，他们是陈良的弟子，虽然背陈良而追随了许行，但主动去拜访孟子，向孟子转述了许行的观点，受到了孟子的批评，但相互仍是友好的；夷之，虽是墨家信徒，但通过徐辟多次求见孟子，通过与孟子间接对话，交流学术观点，最后说"命之矣"（《滕文公上》）；高子，虽然孟子责备他讲诗太机械，但仍尊称他为"高叟"（《告子下》）。这类共 6 人，涉及《孟子》5 章，其中多人与孟子直接对话 2 章；通过他人转达与孟子对话 2 章；他人与孟子对话中涉及者 1 章。他们不是孟子的论敌，也不是孟子的追随者，虽有不同见解，但友好相处，亦应排除在孟子弟子之外。

五、与孟子答问两次以上，比较明确是孟子弟子者

这包括：公孙丑，称孟子为"夫子"，自谓"弟子"。（《公孙丑上》）与孟子答问达 15 章之多，其中 14 章是单独直接答问，1 章是多人参与直接答问。《孟子》七篇第二篇以其名题篇名。

万章，与孟子答问共 15 章，均为单独直接答问。《孟子》七篇第五篇以其名题篇名。司马迁说：孟轲"退而与万章之徒序《诗》、《书》，述仲尼之意，作《孟子》七篇"（《史记·孟子荀卿列传》）。

公都子，与孟子答问共 7 章，其中 5 章单独直接答问，2 章多人参与直接答问。孟季子与公都子辩"义内?""义外?"公都子不能答，以告孟子。（《告子上》）公都子问孟子："外人皆称夫子好辩，敢问何也?"（《滕文公下》）一个"外人"，一个"夫子"，一个"敢问"，师弟关系不言而喻。

乐正克，涉及《孟子》5 章，其中两章单独直接与孟子答问，1 章多人参与直接答问，两章是他人与孟子答问中被议论的中心对象。乐正克称孟子为"先生"，孟子则直呼其为"子"。因其到齐国后未先去拜见孟子，而受到孟子的严厉批评。（《离娄上》）鲁欲使乐正克为政，孟子说："吾

闻之,喜而不寐。"(《告子下》)

陈臻,曾随孟子周游列国。与孟子答问共3章,其中2章单独直接答问,1章多人参与直接答问。内容均与钱、粮有关。在齐,遇到灾荒,问孟子:"国人皆以夫子将复为发棠,殆不可复。"(《尽心下》)孟子致为臣而归,齐宣王通过时子传话,欲以万钟之粟挽留孟子师弟,时子又通过陈臻,将此意转告了孟子。(见《公孙丑下》,此章记作"陈子")在离薛返邹的途中,陈臻问孟子:"前日于齐,王馈兼金一百,而不受;于宋,馈七十镒而受;于薛,馈五十镒而受。前日之不受是,则今日之受非也;今日之受是,则前日之不受非也。夫子必居一于此矣。"(《公孙丑下》)

陈代,与孟子答问共2章,均为单独直接答问。陈代问孟子:"不见诸侯,宜若小然;今一见之,大则以王,小则以霸。且《志》曰:'枉尺而直寻',宜若可为也。"(《滕文公下》)还问孟子:"古之君子何如则仕?"(见《告子下》,此处记作"陈子"。此问与前一问内容同属一类,且有递进关系)

屋庐连,常随孟子左右,与孟子答问2章,均为多人参与直接答问。任人有问屋庐子曰:"礼与食孰重?"、"色与礼孰重?"屋庐子不能对,明日之邹,以告孟子。(《告子下》)孟子之任,见季子;由平陆之齐,不见储子。屋庐子喜曰:"连得间矣。"并就此向孟子发问。(《告子下》)

充虞,常随孟子左右,与孟子答问2章,均为单独直接答问。孟子自齐葬于鲁,反于齐,止于嬴。充虞请曰:"前日不知虞之不肖,使虞敦匠事。严,虞不敢请,今愿窃有请也:木若以美然。"(《公孙丑下》)孟子离开齐国途中,充虞问:"夫子若有不豫色然。前日虞闻诸夫子曰:'君子不怨天,不尤人。'"(《公孙丑下》)

徐辟,与孟子答问2章,其中1章单独直接答问,1章多人参与直接答问。徐辟应墨者夷之之请,向孟子转达求见之愿,并多次在夷之与孟子之间传话。(见《滕文公上》。此章先称“徐辟”,后称“徐子”)徐辟问孟子:“仲尼亟称于水,曰‘水哉,水哉!’何取于水也?”(见《离娄下》,此章记作“徐子”)

高子,此高子不同于上述“为诗”之高子。与孟子答问共3章,其中单独直接答问2章,多人参与直接答问1章。孟子离齐,尹士语人以不解,高子将尹士的话转告了孟子。(《公孙丑下》)孟子批评高子“今茅塞子之心矣”(《尽心下》)高子对孟子说:“禹之声尚文王之声。”孟子反问:“何以言之?”(见《尽心下》。此章系讨论音乐,似“为诗”之高子与孟子答问。但因本章与“今茅塞子之心矣”章紧挨,故归入本高子)

这类共10人,涉及《孟子》56章,其中45章是与孟子单独直接对话;9章多人参与与孟子直接对话;2章是他人与孟子对话中涉及者。

六、与孟子答问一次,是求学,或跟随左右,可视为弟子者

这包括:桃应,问孟子:“舜为天子,皋陶为士,瞽瞍杀人,则如之何?”(《尽心上》)

咸丘蒙,问孟子:“语云,‘盛德之士,君不得而臣,父不得而子。’……不识此语诚然乎哉?”孟子解答后,自谓曰:“舜之不臣尧,则吾既得闻命矣。”又问:“而舜既为天子矣,敢问瞽瞍之非臣,如何?”(《万章上》)

彭更,问孟子:“后车数十乘,从者数百人,以传食于诸侯,不以泰乎?”孟子解答后,他又以“士无事而食”、“食志”、“食功”等问题向孟子请教,孟子耐心作了解答。(《滕文公下》)

浩生不害,问孟子:“乐正子何人也?”孟子答:“善人也,信人也。”又问:“何谓善?何谓信?”答:“可欲之谓善,有诸己之谓信……”(《尽心下》)

孟仲子，孟子在齐，因齐宣王礼遇不周而表示报复，出了漏洞，孟仲子为其掩护，一边谎称孟子有病，一边派人到路上拦截孟子，告知孟子："请必无归，而造于朝！"孟子不得已而到景丑家歇宿。（《公孙丑下》）

景春，问孟子："公孙衍、张仪岂不诚大丈夫哉？一怒而诸侯惧，安居而天下熄。"孟子说："是焉得为大丈夫乎？子未学礼乎？"斥公孙衍、张仪是"以顺为正者，妾妇之道也"。还讲了什么是真正的大丈夫。（《滕文公下》）"子未学礼乎？"是先生责问弟子的口气。

周霄，接连问孟子："古之君子仕乎？""三月无君则吊，不以急乎？""出疆必载质，何也？""晋国亦仕国也，未尝闻仕如此其急。仕如此其急也，君子之难仕，何也？"孟子一一作了耐心的解答。（《滕文公下》）

宋勾践，孟子对他说："子好游乎？吾语子游。人知之，亦嚣嚣；人不知，亦嚣嚣。"宋勾践问道："何如斯可以嚣嚣矣？"孟子答道："尊德乐义，则可以嚣嚣矣。……"（《尽心上》）

曹交，问孟子："人皆可以为尧舜，有诸？"孟子答："然。"又问："交闻文王十尺，汤九尺，今交九尺四寸以长，食粟而已，如何则可？"孟子回答后，他虔诚地说："交得见于邹君，可以假馆，愿留而受业于门。"孟子说："夫道若大路然，岂难知哉？人病不求耳。子归而求之，有余师。"（《告子下》）尽管孟子让其"归而求之"，但曹交已经受教于孟子。况且孟子曾说："教亦多术矣，予不屑之教诲也者，是亦教诲之而已矣。"（《告子下》）

貉稽，对孟子说："稽大不理于口。"孟子说："无伤也。士憎兹多口。……"（《尽心下》）

这类共10人，涉及《孟子》10章，其中9章是与孟子单独直接答问，1章是多人参与与孟子答问。

七、虽未与孟子直接答问，但从他人与孟子答问的语气与内容中，可知是孟子弟子者

这包括：滕更，公都子问孟子：“滕更之在门也，若在所礼，而不答，何也？”孟子说：“挟贵而问，挟贤而问，挟长而问，挟有勋劳而问，挟故而问，皆所不答也。滕更有二焉。”（《尽心上》）虽然孟子批评滕更有“挟”二，并且不回答他的提问，但不能否定滕更已在门下，“若在所礼”。

盆成括，在齐国做了官，孟子说：“死矣盆成括！”盆成括被杀，门人问曰：“夫子何以知其将见杀？”孟子说：“其为人也小有才，未闻君子之大道也，则足以杀其驱而已矣。”（《尽心下》）知其“其为人也小有才”，仕则料其“死矣”，未曾教训，何以知之如此深切？无师弟之情，对其死为何如此悲愤？

这类共 2 人，涉及《孟子》2 章，均是孟子与他人答问中涉及者。

八、与孟子有答问，是请教，或讨论，但关系不明者

北宫锜，问孟子：“周室班爵禄也，如之何？”孟子答：“其详不可得闻也，诸侯恶其害己也，而皆去其籍；然而轲也尝闻其略也。……”（《万章下》）孟子自称“轲”，可见对北宫锜之尊重。而北宫锜又确是在请教问题。

公明仪，是一个值得注意的人物。在《孟子》中曾有 4 章涉及。其中 3 章是孟子引其名言讲述道理。如“公明仪曰：‘文王，我师也；周公岂欺我哉？’”（《滕文公上》）“公明仪曰：‘古之人三月无君，则吊。’”（《滕文公下》）“公明仪曰：‘庖有肥肉，厩有肥马；民有饥色，野有饿莩，此率兽而食人也。’”（《滕文公下》）另 1 章是孟子与其对话。“逢蒙学射于羿，尽羿之道，思天下惟羿为愈己，于是杀羿。孟子曰：‘是亦羿有罪焉。’公明仪曰：‘宜若无罪焉。’曰：‘薄乎云尔，恶得无罪？郑

人使子濯孺子侵卫,卫使庾公之斯追之。……’”(《离娄下》)从孟子多次引用公明仪之言以明理,似孟子或许曾私淑公明仪;以孟子与公明仪之对话,又似在相互平等讨论问题。

这类共2人,涉及《孟子》5章,其中2章是单独直接答问,3章是他人与孟子答问中涉及者。

九、与孟子有答问，但未留下姓名者

这包括:“齐人。”孟子劝“辞灵丘而请士师”的蚳蛙向齐王进言,蚳蛙向齐王进言,王不听,辞职而去。齐人说:“所以为蚳蛙则善矣;所以自为,则吾不知也。”公都子把这话告诉了孟子。孟子说:“吾闻之也:有官守者,不得其职则去;有言责者,不得其言则去。……”(《公孙丑下》)

“有欲为王留行者。”孟子去齐,宿于昼。有欲为王留行者,坐而言。不应,隐几而卧。客不悦曰:“弟子齐宿而后敢言,夫子卧而不听,请勿复敢见矣。”孟子说:“坐！我明语子。……子绝长者乎?长者绝子乎?”(《公孙丑下》)

“门人。”盆成括仕于齐,孟子曰:“死矣盆成括!”盆成括见杀,门人问曰:“夫子何以知其将见杀?”(《尽心下》)

“滕上宫馆人。”孟子到滕国,住在上宫。有一双没有织成的草鞋在窗上不见了,馆人寻找不着,或问之曰:“若是乎从者之廋也?”孟子说:“子以是为窃屦来与?”答道:“殆非也。夫子之设科也,往者不追,来者不拒。苟以是心至,斯受之而已矣。”(《尽心下》)

“任人。”任人有问屋庐子曰:“礼与食孰重?”曰:“礼重。”“色与礼孰重?”曰:“礼重。”曰:“以礼食,则饥而死;不以礼食,则得食,必以礼乎?亲迎,则不得妻;不亲迎,则得妻,必亲迎乎?”屋庐子不能对,明日之邹以告孟子。(《告子下》)

这类共5人,涉及《孟子》5章,其中3章是单独直接答问,2章是通过他人传话而作的答问。

综上所述,《孟子》书中所记载的与孟子对话或他人与孟子对话中涉及的孟子同时代人共75名,涉及《孟子》162章次。其中与孟子单独直接答问99章次;多人参与直接答问21章次;通过他人转述答问12章次;他人与孟子答问中涉及者30章次。去多人参与直接答问中重复的6章次,去通过他人转述答问重复的11章次,去他人与孟子答问中涉及者30章次,实际涉及《孟子》115章。

在与孟子同时代的75人中,去梁惠王、梁襄王、齐宣王、燕王子哙、宋王、滕文公、滕定公、邹穆公、鲁平公9名王、公;去孔距心、储子、王驩、匡章、蚳蛙、胡龁、庄暴、时子、陈贾、沈同、公行子、王子垫、陈仲子、东郭氏、子之、白圭、张仪、公孙衍、戴盈之、戴不胜、薛居州、然友、毕战、慎子、臧仓、季任26名大夫、大臣、将、相、王子等有官职或有特殊身份的人;去告子、许行、淳于髡、孟季子、宋牼5名与孟子不同学派的论争者;去景丑氏、尹士、陈相、陈辛、夷之、高叟6名与孟子有不同意见,但友好相处的学者、士、朋友等;去北宫锜、公明仪2名与孟子有答问,但关系不明者;去齐人、有欲为王留行者、门人、滕上宫馆人、任人5名与孟子或其弟子有答问,但未留下姓名者,还剩22人。

在剩余的22人中,公孙丑、万章、公都子、乐正克、陈臻、陈代、屋庐连、充虞、徐辟、高子10人,与孟子答问两次或两次以上,比较明确是孟子弟子;桃应、咸丘蒙、彭更、浩生不害、孟仲子、景春、周霄、宋勾践、曹交、貉稽10人,与孟子答问一次,可以视为孟子弟子;滕更、盆成括2人,虽未与孟子直接答问,但从他人与孟子答问的语气与内容中,可知是孟子弟子。本文确认孟子弟子共22人。

本文确认的22名孟子弟子,与本文所述前人曾提出的乐正子、公孙

丑、万章、公都子、充虞、屋庐子、陈臻、徐辟、高子、陈代、彭更、咸丘蒙、桃应、孟仲子、浩生不害、滕更、周霄、盆成括、曹交 19 人相重合。景春、宋勾践、貉稽 3 人为前人未曾提到者。

另外,前人曾提出的匡章、陈仲子,是有官职或特殊身份的人;告子、孟季子、淳于髡、夷之是与孟子不同学派者;高叟是与孟子有不同意见的长者;公明仪与孟子关系不明确;邹衍《孟子》书中无名;离娄、季孙、子叔非孟子同时代人,故均不应列入孟子弟子之中。

第二篇　著作

孟子的著作为《孟子》一书。它记述了孟子一生的主要言论、活动及思想学说。由孟子与其弟子万章、公孙丑等共同编撰而成。孟子殁后，其书幸免秦火，汉文帝时曾置传记博士。后罢传记博士，诸家著述仍引用其言以明事。汉代为《孟子》作注的有赵岐、郑玄、刘熙等，但流传下来的仅赵岐一家。目前我们所能读到的《孟子》，即赵岐为之章句并与《章句》共同流传下来的《孟子》七篇。另外，我们还能见到后人辑录的七篇之外的《孟子》佚文，它散见于秦汉乃至隋唐的各家著述之中。汉代还曾流传《孟子》外书四篇，但唐代之前就已亡佚。《孟子》也曾遭厄运，明太祖朱元璋命刘三吾删去《孟子》八十八章，称《孟子节文》。

第一章 《孟子》七篇

《孟子》七篇，是指由东汉赵岐作注而流传至今的《孟子》一书。因其分为《梁惠王》、《公孙丑》、《滕文公》、《离娄》、《万章》、《告子》、《尽心》七篇而得名，故《孟子》又称“七篇”。七篇之中，共含260章，35384字。其内容博大精深，丰富多彩，主旨是以性善论为基础的修身、齐家、治国、平天下的道理。它是一部优秀的散文集，文笔雄健，语言优美，气势磅礴，浑然天成。

第一节 作 者

《孟子》的作者，七篇中没有署名。但每章中的“孟子曰”已经告诉了读者作者是谁，后人对于作者的争论，实际上是围绕着谁是撰者、编者、纂者、辑者之类展开。

最早记述《孟子》作者的是司马迁。他在《史记·孟子荀卿列传》中说：“天下方务于合从连衡，以攻伐为贤，而孟轲乃述唐虞三代之德，是以所如者不合。退而与万章之徒序《诗》、《书》，述仲尼之意，作《孟子》七篇。”

东汉末，应劭在《风俗通义·穷通篇》中也作了类似的记载。

与应劭同时约年长于应劭的赵岐，在《孟子题辞》中对司马迁的说

法虽没有提出异议,但大同之中已含有小异:“此书,孟子所作也,故总谓之《孟子》”,“于是退而论集所与高第弟子公孙丑、万章之徒难疑答问,又自撰其法度之言,著书七篇”。“孟子退自齐梁,述尧舜之道而著作焉,此大贤拟圣而作者也。”

据《太平御览》引三国时吴人姚信著《士纬》,首先提出了与汉代人不同的见解:《孟子》之书“门人所记,非自作也,故其志行多见,非惟教辞而已。或拒万钟之禄,或辞兼金之赠”。

晋代傅玄仍同汉人说。《傅子·附录》称:“昔仲尼没,仲尼之徒追论夫子之言,谓之《论语》。其后,邹之君子孟子舆拟其体,著七篇,谓之《孟子》。”

唐代张籍在《上韩昌黎书》中云:“宣尼没后,杨朱、墨翟恢诡异说,干惑人听,孟子作书而正之。”但韩愈对此说提出了异议,他在《答张籍书》中说:“孟轲之书,非轲自著,轲既没,其徒万章、公孙丑相与记轲所言焉耳。”张籍在《上韩昌黎第二书》中则同意并又阐述了韩愈的观点:“古之学君臣父子之道,必资于师。师之贤者,其徒数千人,或数百人,是以没则纪其师之说以为书,若《孟子》是已。传者犹以孟子自论集其书,不云没后其徒为之也。”

唐代林慎思在《续孟子》中也说:“《孟子》书,先自其徒记言而著。”

南宋初人晁公武在《郡斋读书志》中,对韩愈的说法作了肯定,并加考证:“按此书韩愈以为弟子所会集,非轲自作。今考其书,则知愈之言非妄也。书载孟子所见诸侯皆称谥,如齐宣王、梁惠王、梁襄王、滕定公、滕文公、鲁平公是也。夫死然后有谥。轲著书时,所见诸侯不应皆死。且惠王元年至平公之卒凡七十七年,孟子见梁惠王,王目之曰叟,必已老矣,决不见平公之卒也。故予以愈言为然。”

朱熹对《孟子》的作者多有议论。其基本观点与司马迁、赵岐相近。

王应麟《困学纪闻》述:“《孟子集注·序说》引《史记·列传》,以为《孟子》之书孟子自作。韩子曰:‘轲之书,非自著。’谓《史记》近是。而《滕文公》首章‘道性善’注,则曰:‘门人不能尽记其词。’又第四章‘决汝汉’注曰:‘记者之误。’吴伯丰(《困学纪闻集证》全谢山云:朱子弟子,名必大)以问朱文公,文公答曰:‘前说是,后两处失之。熟读七篇,观其笔势如熔铸而成,非缀缉所就也。’”

在《朱子大全》董叔重与朱熹的问答里亦这样记述:“观七篇文字笔势如此,决是一手所成,非鲁论比也。然其间有如云:‘孟子道性善,言必称尧舜。’亦恐是其徒所记,孟子必曾略加删定也。此非甚紧切,以朋友间或有疑此者,尝以此答之,恐未是也。(朱子)曰:‘或恐是如此。’”

朱熹还说:“《论语》多门弟子所集,故言语时有长长短短不类处。《孟子》疑自著之书,故首尾文字一体,无些子瑕疵。不是自下手,安得如此好?若是门弟子集,则其人亦甚高,不可谓轲死不传。”(《朱子语类》)

宋代林之奇在《孟子讲义序》中,又发表了既不同于司马迁、赵岐,又不同于韩愈的观点,认为:“《孟子》之书,乃公孙丑、万章诸人之所录,其称‘万子’曰者,则又万章门人之所录,盖集众人之闻见而后成也。”

元代何异孙在《十一经问对》中重述了与赵岐、朱熹相似的观点,认为《论语》是诸弟子记诸善言而成编集,故曰《论语》,而不号《孔子》;《孟子》是孟轲所自作之书,如《荀子》,故谓之《孟子》。

明代郝敬则推崇朱熹的说法,在《孟子说解》中称:“《论语》章法简短,故是后人记录;《孟子》文章长展,非他手可代,正是孟子手笔。”

清代,关于《孟子》的作者又多有争论与考证。阎若璩《孟子生卒年月考》云:“七篇为孟子自作,至韩昌黎故乱其说。《论语》成于门人之手,故记圣人容貌甚悉;七篇成于己手,故但记言语或出处耳。”又云:

"孟子道不行,归而作七篇。卒当在赧王之世。卒后,书为门人所叙定,故诸侯王皆加谥焉。"

周广业则进一步发挥了宋代林之奇的观点,他在《孟子四考四·孟子出处时地考》中说:"此书叙次数十年之行事,综述数十人之问答,断非辑自一时,出自一手。其始章、丑之徒追随左右,无役不从,于孟子之言动,无不熟察而详记之。每章冠以'孟子曰'者,重师训,谨授受,兼法《论语》也。观公孙丑美大之称,几及孳孳之言,屋庐子喜于得间数节,当日师弟情事毕见矣。迨还自青齐,既难必于行道,而孟子亦欲垂教后世,取向所进说时王传授弟子者,润饰而删定之,以为有王者起,必来取法,托诸空言,不若载诸事实之深刻著明也。老游梁、鲁,其例亦同。岂竟孟子自著哉!至其后编次遗文,又疑乐正子及公都子、屋庐子、孟仲子之门人与为之。"

崔述则又使韩愈的观点具体化,并找了依据。他在《孟子事实录》中说:"谓《孟子》一书为公孙丑、万章所纂述者近是。谓孟子与之同撰,或孟子所自撰则非也。《孟子》七篇之文,往往有可议者,如'禹决汝汉,排淮泗而注之江','伊尹五就汤,五就桀'之属,皆与事理未合。果孟子所自著,不应疏略如是,一也;七篇中称时君皆举其谥,如梁惠王、襄王、齐宣王、鲁平公、邹穆公皆然,乃至滕文公之年少亦如是。其人未必皆先孟子而卒,何以皆称其谥?二也;七篇中于孟子门人多以子称之,如乐正子、公都子、屋庐子、徐子、陈子皆然。不称子者无几。果孟子所自著,恐未必自称其门人皆曰子,三也。细玩此书,盖孟子之门人万章、公孙丑等所追述,故二子问答之言在七篇中为最多,而二子在书中亦皆不以'子'称也。"

焦循在《孟子正义》中,对司马迁与赵岐的说法表示赞同,并注疏道:"难疑者,有疑则解说之也。答问者,有问则答之也。平日与诸弟子解说之辞,诸弟子各记录之,至是孟子聚集而论次之,如篇中诸问答之文是也。其不由问答,如《离娄》、《尽心》等章,则孟子自撰也。又有与齐、魏、邹、滕诸君所言,景子、庄暴、淳于髡、周霄、景春、宋牼、宋勾践、夷之、陈相、貉稽、戴盈之、戴不胜、储子、沈同、陈贾、慎子、王驩等相问答,盖亦诸弟子录之,而孟子论集之也。”

魏源作《孟子年表考》,亦表示了对司马迁、赵岐说法的赞同:“至七篇中无述孟子容貌言动,与《论语》为弟子记其师者不类,当为手著无疑。又公都子、屋庐子、乐正子、徐子皆不书名,而万章、公孙丑独名,《史记》谓‘退而与万章之徒作七篇’者,其为二人亲承口授而笔之书甚明(咸丘蒙、浩生不害、陈臻等偶见,或亦得预记述之列)。与《论语》成于有子、曾子门人故独称子者,殆同一间。”

对历代关于《孟子》作者的争论,今人杨伯峻在《孟子译注·导言》中曾作综述。他归纳为三种说法:一是孟轲自著;二是孟轲死后他的门弟子万章、公孙丑之徒共同记述的;三是虽有万章之徒参加,但主要作者还是孟子自己,而且在孟子生前便基本完成了。这三种说法的代表人物分别为赵岐、韩愈、司马迁。杨伯峻认为:“以上三种说法,虽各言之成理,但符合于历史客观事实的,当然只有一种。我们认为,太史公的话是可信的。他的时代较早,当日所见到的史料,所听到的传闻,比后人多而且确实。尤其是验以《孟子》本书,考之孟子生卒,其余两种说法所持的理由都是不充分的。”

简言之,《孟子》一书的作者是孟子,其弟子万章、公孙丑等参与了编纂。

第二节　篇章结构

《孟子》共分为七篇，每篇以篇首的人名或有代表意义的几个字命名。分别为：梁惠王、公孙丑、滕文公、离娄、万章、告子、尽心。篇名并无概括本篇内容之意，篇与篇之间亦无严密的逻辑关系。但篇中内容相对集中于某一个论题。

赵岐在《孟子篇叙》中称："孟子以为圣王之盛，惟有尧舜，尧舜之道，仁义为上，故以梁惠王问利国，对以仁义，为首篇也；仁义根心，然后可以大行其政，故次之以公孙丑问管晏之政，答以曾西之所羞也；政莫美于反古之道，滕文公乐反古，故次以文公为世子，始有从善思礼之心也；奉礼之谓明，明莫甚于离娄，故次之以离娄之明也；明者当明其行，行莫大于孝，故次之以万章问舜往于田号泣也；孝道之本，在于情性，故次以告子论情性也；情性在内而主于心，故次以尽心也；尽己之心，与天道通，道之极者也，是以终于尽心也。"

清代周广业又有另外的见解："其体依倣《论语》，不似诸子，自立篇目。大率起《齐宣王》至《滕文公》三册，记仕宦出处；《离娄》以下四册，记师弟问答杂事。迨归自梁而孟子已老，于行文既绝少，又暮年所述，故仅与鲁事分附诸牍末。其后门人论次遗文，分篇列目。以齐宣旧君，不可用以名篇。而仁义两言为全书纲领。孟子所谓愿学孔子，以直接尧舜禹汤文武周公之心法治法，无[不]出乎此。因割其六章冠首，而以《梁惠王》题篇。又特变文曰'孟子见梁惠王'，以尊其师。今《尽心》卷下，尚有'梁惠王'一章可证也。不第此也，'齐人伐燕'等章本在《公孙丑》篇；滕小国也，三章本在《滕文公》篇；记鲁事止三章，本皆在《告子》篇，今亦割取其一而于梁、齐之下，继以邹、滕、鲁，盖孟子生平所注意者，只此五国而已。乃其在梁也，始以去利行仁义期之，终料其嗜杀而去。于齐宣，始以易牛之仁冀其王，终以伐燕之暴决于归。邹于仁政一言，行否未可知，而父母之邦，君子重之，且与齐宣皆属旧君，不容略也。滕文遵礼，孟子遇矣。而国小多故，莫必其成功。鲁则周公之后，孔子之乡，平公乘五百里之地，既知用乐正子，兼有见贤之意，似可与图功矣，而卒不遇。孟子一生行藏，首篇尽之矣。其曰‘天欲平治天下，舍我其谁?’壮而欲行，厚望之辞也。功之成否，身之遇否，皆归之天。老不得志，绝望之辞也。首次二篇以天终，末篇以天始；《梁惠王》以王道始，《尽心》以圣学终；《公孙丑》由王道推本圣学，其为章二十有三，记齐事者十有五，余八章皆言仁义，又王道也。而齐之仕止，详见起讫，明是篇为在齐之日，公孙丑识之矣。《滕文公》亦兼举圣学王道，而滕系弱小，故其言井田学校，虽较详于齐梁，但可新其国耳，王非所能也。圣王不兴于上，圣道将绝于下，于是力辟杨墨以承之，许行、夷之以至陈仲子，皆邪说诐行之害仁义者也，故以不得已好辩终焉。《离娄》、《万章》、《告子》、《尽心》发端言尧舜心性，与《滕文公》同。其后皆杂说训言，而《万章》一篇又知人论世之林。此则七篇大致，可得而略言者。”(《孟子四考四·孟子出处时地考》)

焦循认为：“周氏所云，似较赵氏为长。然探赵氏《篇叙》之恉，盖恐后人紊乱其篇次，增损其字数，故假其义以示其信耳。”(《孟子正义》)

《孟子》七篇，赵岐在《孟子题辞》中称：“二百六十一章，三万四千六百八十五字。”他为注释之便，将每篇分为上、下，共十四卷。每章之后作《章指》，概述其宗旨。《孟子》各篇的章与章之间，有的有一定的上下连贯性，有的则无必然上下连贯之逻辑或事实。

宋代孙奭《孟子音义》载：《梁惠王》上七章，下十六章；《公孙丑》上九章，下十四章；《滕文公》上五章，下十章；《离娄》上二十八章，下三十

二章;《万章》上九章,下七章;《告子》上二十章,下十六章;《尽心》上四十七章,下三十九章;共为二百五十九章。

焦循作《孟子正义》时称:"今以《章指》计之,《尽心》下篇止得三十八,则共为二百五十八章。校此《题辞》所云,少三章。"

《崇文总目》谓:"陆善经删去赵岐《章指》,邵武士人作疏,依用陆本,《章指》既删,章数遂不可定。"

孙奭《孟子注疏·题辞解》疏曰:"云二百六十一章者,合七篇之章数言也。据赵氏分章,则《梁惠王》篇,凡二十有一章;《公孙丑》篇,凡二十有三章;《滕文公》篇,凡十有五章;《离娄》篇,凡六十一章;《万章》篇,凡十有八章;《告子》篇,凡三十有六章;《尽心》篇,凡八十有四章。总而计之,是二百六十一章也。"按此疏所言各篇章数,合计仅二百五十八章,不知二百六十一章之数从何得来?

朱熹《孟子集注》所载《孟子》章数,除《梁惠王》篇二十三章,与《孟子注疏》二十一章不同外,其余各篇章数均相同,总计二百六十章。

《孟子》七篇的字数,赵岐称三万四千六百八十五字。孙奭《孟子注疏·题辞解》中又有具体每篇的记述:"今计《梁惠王》篇,凡五千三百三十三字;《公孙丑》篇,凡五千一百二十字;《滕文公》篇,凡四千五百三十三字;《离娄》篇,凡四千二百八十五字;《万章》篇,凡五千一百二十字;《告子》篇,凡五千五百三十五字;《尽心》篇,凡四千一百五十九字。总而计之,是三万四千六百八十五字也。"

明代陈士元《孟子杂记》云:"赵氏谓三万四千六百八十五字,今计字数,《梁惠王》篇上下共五千三百六十九;《公孙丑》篇上下共五千一百四十四;《滕文公》篇上下共五千零四十五;《离娄》篇上下共四千七百八十九;《万章》篇上下共五千一百二十五;《告子》篇上下共五千二百五十五;《尽心》篇上下共四千六百八十三,统之实有三万五千四百一十字,较赵说多七百二十五字。详考赵注《孟子》文,与今本不差,赵盖误算也。”

清代周广业对陈士元之说持有异议,他在《孟子异本考》中云:“赵注《孟子》,三年乃成,谓可寤疑辨惑。字数易明,岂复疏于布算。……但旧书古简,脱漏居多,唐、宋本固应减于汉,否亦不能加多,今兹剩字,得无有后人所羼者乎?”

焦循据清乾隆壬辰(1772 年)孔继涵微波榭刊本《孟子》又作了一次统计:“今以孔本经文计之,《梁惠王》共五千二百六十四字;《公孙丑》共五千一百四十二字;《滕文公》共四千九百八十字;《离娄》共四千七百八十九字;《万章》共五千一百五十四字;《告子》共五千二百二十三字;《尽心》共四千六百七十四字,七篇共三万五千二百二十六字,校赵氏所云,实多五百四十一字。”(《孟子正义》)

据今人杨伯峻《孟子译注》所载《孟子》原文统计:《梁惠王》上,7 章,2442 字;下 16 章,2927 字,共 23 篇,5369 字。《公孙丑》上,9 章,2688 字;下 14 章,2454 字;共 23 章,5142 字。《滕文公》上,5 章,2495 字;下,10 章,2550 字;共 15 章,5045 字。《离娄》上,28 章,2394 字;下,33 章,2356 字;共 61 章,4750 字。《万章》上,9 章,2676 字;下,9 章,2453 字;共 18 章,5129 字。《告子》上,20 章,2642 字;下,16 章,2612 字;共 36 章,5254 字。《尽心》上,46 章,2419 字;下,38 章,2276 字;共 84 章,4695 字。总计 260 章,35384 字。

字数小有差异,可能为刊印者有失,或计算有误,然相差数百字,则不可能为疏误所致。对于《孟子》孔本较赵岐注本字数增加数百,焦循作了这样的分析:“……寻绎其故,赵氏本所不同者,当在‘孟子曰’等文。盖问答则有‘孟子曰’,‘孟子对曰’,或单用‘曰’字。其自为法度之言,则不必加‘孟子曰’。如《荀子·儒效篇》与秦昭王问答,《议兵篇》

与陈嚣、李斯等问答，则用‘孙卿子曰’，余皆不加‘荀子曰’。惟自言本不加‘孟子曰’，此赵氏所以定七篇为孟子自作。《史记》‘太史公曰’，索隐云：‘杨恽、东方朔所加。’则‘孟子曰’三字容为后人所加，如《齐人有一妻一妾》章、《逄蒙学射于羿》章章首皆无‘孟子曰’，可例其余。《曾子居武城》章章首，亦无‘孟子曰’，而‘孟子曰’三字在章末有之。又《公孙丑上篇·伯夷》章章首有‘孟子曰’，章末‘伯夷隘’云云，又有‘孟子曰’，亦后人增加未画一之证。凡孟子自言一百数十章，则多‘孟子曰’一百数十。又赵氏于单言‘曰’字或无‘曰’字，必明标‘孟子曰’、‘孟子言’及‘丑曰’、‘克曰’、‘相曰’、‘髡曰’、‘轻曰’云云，其‘孟子谓戴不胜曰’，赵氏亦标云‘孟子假喻’，疑章首‘孟子’亦后人所加，赵氏本但云‘谓戴不胜曰’，经无‘孟子’字，赵氏乃以‘孟子’标之也。‘孟子曰子能顺杞柳之性’、‘孟子曰水性无分于东西’，赵注皆明标‘孟子曰’，盖赵氏本亦但有‘曰’字，无‘孟子’字，故标之也。以此推之，虽未能尽得其增加之迹，而赵氏之本转减少于今本五百四十一字者，约略可于此见之也。”（《孟子正义》）

第三节　主要内容与文风

《孟子》一书的内容，“包罗天地，揆叙万类，仁义道德，性命祸福，粲然靡所不载”（赵岐《孟子题辞》）。具体而言，它记述了孟子一生的主要言论、活动及思想学说，涉及哲学、政治、经济、军事、教育、伦理等，是修身、齐家、治国、平天下的理论，其核心是讲道德、说仁义。

从《孟子》书中，可知孟子一生的主要活动。约在周慎靓王元年（公元前320年）之后，他怀着平治天下、救民于水火的美好愿望，先后游历了梁、齐、宋、滕、鲁等国。在齐国曾任过客卿。他劝说时君讲仁义，重德治，施行仁政、王道，坚决反对暴政、霸道，反对不义之战，主张以王道统一天下。他坚持民为邦本，以为民事不可缓，把黎民不饥不寒，养生丧死无憾，作为王道之始。虽然梁、齐等国都不能采纳他的主张，也不真正任用他为政，但他从不枉尺直寻，迁就时君。年老后，退而归邹，授徒讲学，与万章、公孙丑等弟子疑难答问，著书立说。

通过与梁惠王、梁襄王、齐宣王、滕文公等时君的对话，孟子阐述了自己的政治主张，即仁政、王政、王道，其理论依据是人皆有不忍人之心。他认为，以不忍人之心，行不忍人之政，天下可运之掌上。实行仁政，必自经界始，首先应解决好土地分配问题；要制民之产，使民有恒产，然后而有恒心；要省刑罚，薄税敛，不违农时，取于民有制；使百姓仰足以事父母，俯足以畜妻子，乐岁终身饱，凶年免于死亡；然后谨庠序之教，申之以孝悌之义。孟子所主张的仁政，不仅是为政者发政施仁，而且是老百姓都要行仁向善。他说，圣人治天下，要使粮食像水、火那样多。如果粮食像水、火那样多，老百姓哪有不仁的呢？关于君民之间的关系，孟子认为，民为贵，社稷次之，君为轻。得民心者得天下，失民心者失天下。惟仁者宜在高位，不仁而在高位，是播其恶于众。君有大过则谏，反复之而不听，则易位。汤放桀，武王伐纣，不是弑君，而是诛残贼仁义的一夫。孟子主张，尊贤使能，俊杰在位；国君进贤，左右、诸大夫的意见均不足为凭，而应听取国人的意见，然后察之，决定可否；君臣关系应是相互尊重，相对平等的。

面对残酷的兼并战争，孟子认为，好战者是率土地而食人肉，罪不容于死。故善战者服上刑，连诸侯者次之，辟草莱、任土地者次之。只有不嗜杀人者，才能统一天下。孟子反对不义之战，但并不反对一切战争。汤、武征伐，孟子称“民望之，若大旱之望云霓”（《梁惠王下》）。孟子认为，人心的背向，决定着战争的胜负：天时不如地利，地利不如人和；得道

者多助，失道者寡助。

通过与公孙丑、万章等弟子的疑难答问，孟子阐述了自己的思想学说。（见第三篇）

《孟子》文笔雄健，语言优美。历代文人多有赞述，例如，赵岐说："儒家惟有《孟子》，闳远微妙，缊奥难见，宜在条理之科"，"孟子长于譬喻，辞不迫切，而意已独至"。（《孟子题辞》）

刘勰说："研夫孟、荀所述，理懿而辞雅。"《文心雕龙·诸子》

韩愈说："昔者孟轲好辩，孔道以明……吐辞为轻，举足为法，绝类离伦，优入圣域。"（《进学解》）

孙奭说："惟孟子挺名世之才……其言精而赡，其旨渊而通。"（《孟子正义·序》）

欧阳修说："孔子之后，惟孟轲最知道。然其言，不过教人树桑麻，畜鸡豚，以谓养生送死为王道之本。……孟轲之言，岂不为道？而其事乃世人之甚易知而近者，盖切于事实而已。"（《与张秀才第二书》）

苏洵说："孟子之文，语约而意尽，不为巉刻斩绝之言，而其锋不可犯。"（《上欧阳内翰书》）他在《上田枢密书》中，还称孟子之文"温醇"。

苏轼说："自孔子没，诸子各以所闻著书，而皆不得其源流，故其言无有统要。若孟子，可谓深于《诗》，长于《春秋》者矣。其道始于至粗，而极于至精，充乎天地，放乎四海，而毫釐有所必计。至宽而不可犯，至密而可乐者，此其中必有所守，而后世或未之见也。"（《孟子论》）

苏辙说："孟子曰'我善养吾浩然之气。'今观其文章，宽厚宏博，充乎天地之间，称其气之大小。……其气充乎其中，而溢乎其貌，动乎其言，而见乎其文，而不自知也。"（《上枢密韩太尉书》）

《二程遗书》谓："孟子，泰山岩岩之气象也。观其言皆可以见之矣"，"孟子言语，句句是实事"，"孟子尽雄辩"。

朱熹说："(《孟子》)元来许多长段都自首尾相照管，脉络相贯串，只恁地熟读，自见得意思。从此看《孟子》，觉得意思极痛快。"(《朱子语类》)

南宋张邦基说："孟子之言道，如项羽用兵，直行曲施，逆见错出，皆当大败，而举世莫能与者，何其横也！"(《墨庄漫录》)

明人郝敬说："七篇之言，近而远，浅而深，疏畅条达而详允精密，不为钩深索隐，而肯綮盘错通会无迹。"(《孟子解说·附读〈孟子〉》)

清人方苞说："夫四子之书，减一字则义不著，辞不完。盖无意于文，而乃臻其极也"；"宋儒之书，义理则备矣。抑不若四子之旨远而辞文"(《书删定荀子后》)。"而孟子之言，则虽妇人小子，一旦反之于心，而可信为诚然。然则自事其心，与治天下国家者，一以孟子之言为始事可也。"(《读孟子》)

简言之，《孟子》之文，理懿辞雅，言近旨远；宽厚宏博，气势磅礴；善用譬喻，通俗生动；首尾贯通，浑然天成。

第四节 历代流传及版本校勘

孟子逝世后至汉代，对《孟子》一书的流传情况，赵岐曾作过记述："孟子既没之后，大道遂绌，逮至亡秦，焚灭经术，坑戮儒生，孟子徒党尽矣。其书号为诸子，故篇籍得不泯绝。汉兴，除秦虐禁，开延道德，孝文皇帝欲广游学之路，《论语》、《孝经》、《孟子》、《尔雅》皆置博士。后罢传记博士，独立五经而已。讫今诸经通义，得引《孟子》以明事，谓之博文。……孟子以来五百余岁，传之者亦已众多。"(《孟子题辞》)

《孟子》幸免秦火，《汉书》亦有记载："河间献王德，以孝景前二年立，修学好古，实事求是。从民得善书，必为好写与之，留其真，加金帛赐

以招之。繇是四方道术之人,不远千里,或有祖先旧书,多奉以奏献王者,故得书多与汉朝等。是时淮南王安亦好书,所招致率多浮辩。献王所得书,皆古文先秦旧书,《周官》、《尚书》、《礼》、《礼记》、《孟子》、《老子》之属,皆经传说记,七十子之徒所论。”(《汉书·河间献王传》)

东汉明帝时创修,至灵帝熹平中成书的《东观汉记》载:“章帝以《孟子》赐黄香。”可见那时《孟子》已作为宫中藏书,皇帝作为经典赐与臣下。“黄香,字文彊,江夏安陆人也……京师号曰‘天下无双,江夏黄童’……元和元年(公元84年),肃宗诏香诣东观,读所未尝见书。”(《后汉书·文苑列传》)

汉文帝置《孟子》传记博士,《汉书》没有记载。但汉代论著多见引《孟子》者称“《传》曰”。如王充《论衡·对作篇》:“杨墨之学不乱儒义,则孟子之《传》不造。”《汉书·刘向传》:“《传》曰:圣人不出,其间必有命世者焉。”许慎《说文解字》:“《传》曰:箪食壶浆。”《诗·凯风正义》:“《传》云:外无旷夫,内无怨女。”徐干《中论·夭寿篇》:“《传》曰:所好有甚于生者,所恶有甚于死者。”等等。

汉代论著中,以“孟子曰”引述《孟子》者,则更普遍。如西汉桓宽撰辑的《盐铁论》,记述了昭帝始元六年(公元前81年),御史大夫与贤良文学争辩盐铁专买等问题,引述《孟子》约五十余条。如:“孟子云,不违农时,谷不可胜食。”(《通有第三》文学曰)“孟子曰:未有仁而遗其亲,义而后其君也。”(《取下第四十一》贤良曰)“孟子曰:观近臣者以所为主,观远臣者以其所主。”(《大论第五十九》文学曰)

《后汉书》载东汉人引《孟子》者,如:“彪既才高而好述作……其略论曰:……故孟子曰:楚之《梼杌》、晋之《乘》、鲁之《春秋》,其事一也。”(《班彪列传》)“法曰:‘……孟子有言:夫仁者如射,正己而后发。发而不中,不怨胜己者,反诸身而已矣。’”(《李法列传》)“忠上疏曰:‘臣闻

之……孟子有言：老吾老以及人之老，幼吾幼以及人之幼，天下可运于掌。’”（《郭躬陈宠列传》）

孟子之后至秦汉引述《孟子》文者，还有荀卿、韩婴、董仲舒、刘向、扬雄、张衡、何休、郑玄等。

为《孟子》作注，是《孟子》传播的另一重要形式。《隋书·经籍志》载：“《孟子》十四卷，齐卿孟轲撰，赵岐注；《孟子》七卷，郑玄注；《孟子》七卷，刘熙注。”“梁有《孟子》九卷，綦母邃（同綦毋邃）撰，亡。”赵岐、郑玄、刘熙均为东汉人。另外，《后汉书·儒林列传·程曾传》载：程曾“又作《孟子章句》”。高诱在《吕氏春秋序》中称：“……诱正《孟子章句》。”《隋书》均未著录。

《旧唐书·经籍志》著录：“《孟子》十四卷，孟轲撰，赵岐注；又七卷，刘熙注；又七卷，郑玄注；又七卷，綦母邃注。”

《新唐书·艺文志》著录：“赵岐注《孟子》十四卷（孟轲）；刘熙注《孟子》七卷；郑玄注《孟子》七卷；綦母邃注《孟子》七卷；陆善经注《孟子》七卷；张镒《孟子音义》三卷。”

《宋史·艺文志》著录《孟子》十四卷，同时著录有关《孟子》的著作三十余部，三百余卷。汉代的三种《孟子注》、梁代的一种均没有著录，而唐代的除著录了陆善经《孟子注》七卷、张镒《孟子音义》三卷外，又增录了丁公著《孟子手音》一卷。由此可见，《孟子》一书到了宋代已广为传播。

熙宁四年（1071 年）二月，宋神宗采纳王安石的建议，改革科举制度，罢诗赋、帖经、墨义，以经义策论取士。令士各占治《易》、《诗》、《书》、《周礼》、《礼记》一经，兼《论语》、《孟子》。每试四场，初大经，次兼经，大义凡十道。后改《论语》、《孟子》义各三道，次论一首，次策三道……自此，《孟子》开始成为朝廷取士命题之书。

南宋孝宗淳熙十六年(1189 年),朱熹取《论语》、《孟子》及《礼记》中的《大学》、《中庸》两篇为之章句集注,取名"四书"合刊。元仁宗皇庆二年(1313 年),朝廷规定朱熹注"四书"为科举考试命题之书,明、清两代因袭。《孟子》遂家传户诵,士子必读。

《孟子》一书,从秦汉至隋唐,主要以抄写的形式流传。北宋大中祥符五年(1012 年),孙奭等撰《孟子音义》二卷。七年(1014 年)正月,国子监上新印《孟子》及《音义》,赐辅臣各一部。(《玉海·艺文》)这是以印刷的形式传播《孟子》的记载。孙奭《孟子音义》序云:"……其书由炎汉以后盛传于世,为之注者则有赵岐、陆善经,为之音者则有张镒、丁公著。自陆善经已降,其所训说,虽小有异同而共宗赵氏。今既奉敕校定,仍据赵注为本。惟是音释,宜在讨论。臣今详二家撰录俱未精当。张氏则徒分章句,漏略颇多;丁氏则稍识指归,伪谬时有。若非刊正,讵可通行。谨与尚书虞部员外郎、同判国子监臣王旭,诸王府侍讲、太常博士、国子监直讲臣马龟符,镇宁军节度推官、国子学说书臣吴易直,前江阴军江阴县尉、国子学说书臣冯元等,推究本文,参考旧注,采诸儒之善,削异说之烦,证以字书,质诸经训,疏其疑滞,备其阙遗,集成《音义》二卷。"

《孟子音义》问世后,又有《孟子正义》刊行。署赵岐注,孙奭疏。其疏虽署"孙奭",而朱子语录则谓:"邵武士人假托,蔡季通识其人","谓其全不是疏体,不曾解出名物制度,只绕缠赵岐之说"(参见《四库全书总目提要》)。《宋史》中亦不曾记载孙奭撰《孟子正义》。

景祐元年(1034 年)九月,诏翰林学士张观等刊定《前汉书》、《孟子》,下国子监颁行。(《麟台故事》)

金大定六年(1166 年),始置太学,后渐立府州学,以《孟子》与《易》、《书》等并为经,用赵岐注,孙奭疏。命国子监印版颁诸学校习之。又设女真学,令译经所以女真字译诸经及《孟子》书,俾女真子弟习之。

(《重纂三迁志》)

刊刻石经,是《孟子》流传的又一重要形式。北宋庆历元年(1041年)至嘉祐六年(1061年),仁宗诏刻石经,立于汴京开封国子监,包括《孟子》及《易》、《诗》、《书》、《周礼》、《礼记》、《春秋》、《孝经》、《论语》九经。因石经竣工于嘉祐年间,故称"嘉祐石经"。经文篆楷二体,又称"二体石经"。(《玉海·艺文》)这是《孟子》第一次刻为石经。

五代蜀宰相毋昭裔主持刊刻的成都石经,依据唐代开成石经雕成,无《孟子》。宋徽宗宣和五年(1123年),知成都府席旦,补刻《孟子》。晁公武《石经考异》云:"皇朝席贡宣和中知成都,刊石置于学官。云伪蜀时刻六经于石,而独无《孟子》,经为未备。夫经大成于孔子,岂有阙耶?其论既谬又多误字,如以'频颇'为'类',不可胜数。"

南宋绍兴十六年(1146年),高宗御书《论语》、《孟子》。"皆刊石立于太学首善阁,及大成殿后三礼堂之廊庑。"(《玉海》)薛应旗《浙江通志》云:"石经《孟子》十四卷。"周广业《孟子异本考》云:"高宗御书石经,今在杭州府学东西廊壁中,绍兴年所摹勒也。《易》、《诗》、《书》、《春秋》、《左传》、《论语》、《礼记》、《中庸》等篇皆楷书,《孟子》兼用行书。朱子修白鹿书院奏请石经本即此也。《孟子》刻石在东廊南,只存第三、四、六、七、八、九、十五、十六、十七、十九、二十一,共十一片。盖原有二十二片,今亡其半矣。文多漫阙,向就石摩得录之。继从梁君履绳借拓本与宋版本详校,大率相同,但多避讳字耳。"

唐代开成石经,原刻《周易》、《尚书》、《诗经》、《周礼》、《仪礼》、《礼记》、《左氏春秋》、《公羊春秋》、《穀梁春秋》、《孝经》、《论语》、《尔雅》十二种经书,以及五经文字、九经字样,共一百一十四石。清康熙三年(1664年),陕西巡抚贾汉复又补刻《孟子》,共九石。

清雍正初年,江苏金坛贡生蒋衡游历西安,见唐开成石经众手杂书,

非常遗憾,发愤自书十三经。自雍正四年(1726 年)至乾隆二年(1737 年)历时十二年完成。乾隆五年(1740 年),江南河道总督高斌转献朝廷。乾隆五十六年(1791 年),敕命镌石留于太学。上石前,彭元瑞曾对经文考证、校订。五十九年(1794 年),碑刻成,立于太学。后权相和珅嫉妒彭元瑞,挖去了全部碑上经彭改订过的古体字。嘉庆九年(1804 年),纪晓岚、董浩等人重新校订并补正了被和珅挖去的字。这部含《孟子》在内的石经,因刻成于乾隆年间,故又称"乾隆石经"。(参见苏宝敦《北京文物旅游景点大观·国子监》)

上述五种石经《孟子》,嘉祐石经《孟子》因战乱、水患及国子监多次迁徙,现已亡佚,蜀石经《孟子》亦不复存在,高宗御书石经《孟子》,现存 10 块,保存于杭州碑林,开成石经康熙三年补刻的《孟子》,现存西安碑林,保存完好,乾隆石经《孟子》,现存北京孔庙与国子监之间的夹道内,亦保存完好。

《孟子》版本考证校勘,清代成果颇丰。周广业《孟子异本考》称:"考是书最古者,汉河间献王本。""东汉有秘阁本。黄香诣东观,章帝赐以《孟子》、《淮南》各一通。其民间行本,则子长所谓世多有其书者。""夫汉晋世远文灭,校饬良难。以字体辨之,'豳'为'邠','期'为'朞','悦'旁从'心','智'下加'日',其出唐人抄录可知。宋祥符五年,孙奭等撰《音义》二卷,七年正月上新印《孟子》及《音义》。自是始有版本。但宋槧今不易得,因以汲古阁注疏本为主,参考宋本石经,条录汉晋以来讫于唐宋,凡有睽异悉著于篇。而注疏本之与今集注本不同者,亦列焉。其有改窜太过,援引舛谬,则附见各章之后,庶为循诵之一助云。"

其后,著名学者阮元裒集宋本《十三经注疏》重刊,并广校唐石经等古本,撰校勘记附于诸经卷末。他在《孟子注疏校勘记序》中说:"汉人《孟子》注,存于今者,惟赵岐一家。""唐之张镒、丁公著始为之音。宋孙奭采二家之善，补其阙遗，成《音义》二卷。本未尝作《正义》也。未详何人拟他经为《正义》十四卷，于注义多所未解，而妄说之处，全抄孙奭《音义》，略加数语，署曰孙奭疏。”“自明以来，学官所贮注疏本，而已疏之。悠缪不待言，而经注之伪舛阙逸，莫能諟正。吴中旧有北宋蜀大字本，宋刘氏丹桂堂巾箱本，相州岳氏本，盱郡重刊廖莹中世彩堂本，皆经注善本也。赖吴宽、毛扆、何焯、何煌、朱奂、余萧客先后传校，迄休宁戴震，授曲阜孔继涵、安丘韩岱云锓版，于是经注伪可正，阙可补。而注疏本有十行者，亦较他注疏本为善。今属元和生员李锐合诸本，胪其同异，元为辨其是非，以经注本正注疏本，以注疏十行本正明之闽本、北监本、汲古阁本，为校勘记十四卷。《章指》及《篇叙》，既学者所罕见，则备载之。《音义》亦校订附后。俾为赵氏之学者，得有所参考折衷。日本孟子考文所据，仅足利本、古本二种，今则所据差广，考《孟子》者殆莫能舍是矣。”引据各本目录：

单经本：宋石经残本（高宗御书，行书，每行字数参差不齐，今止存十一碑，见在杭州府学）。

经注本：北宋蜀大字本（章丘李氏所藏，今据何焯校本）；宋本（刘氏丹桂堂巾箱本，郑师山所藏，阙《公孙丑》、《告子》二册，今据何焯校本）；岳本（亦据何焯校本）；廖本（廖莹中世綵堂本，元盱郡重刊，今据何煌校本）；孔本（乾隆壬辰，曲阜孔继涵微波榭刊，凡十四卷，末附《音义》，韩本同）；韩本（乾隆辛丑，安丘韩岱云刊）；日本古本（已下二本据《七经孟子考文补遗》）；足利本。

注疏本：宋十行本（凡十四卷，卷分上下，闽、监、毛三本同。又，此本及闽本无《题辞》，监、毛本有）；闽本；监本；毛本。

第二章 《孟子》外书、佚文与节文

《孟子》外书亡佚后，宋代、明代都曾有人说又重见，但均不可信。至清末，已有多种《外书》版本刊行。其书虽不可信，但作为研究孟子的参考资料还是可取的。唐代始有人作《逸孟子》。经宋代至明清，已有多家。辑佚者从汉代乃至魏晋隋唐的著述中，搜集《孟子》七篇之外称之为孟子之言者，号曰《孟子》佚文。孟子的著作也曾遭到厄运。明太祖朱元璋曾命翰林学士刘三吾删去《孟子》85 章，85 章之内课试不以命题，科举不以取士。

第一节 《外书》四篇

司马迁在《史记》中记载，孟子“退而与万章之徒叙《诗》、《书》，述仲尼之意，作《孟子》七篇”。然而，《汉书·艺文志》却著录《孟子》十一篇。东汉应劭《风俗通·穷通篇》也说：孟子“退与万章之徒序《诗》、《书》，仲尼之意，作书中外十一篇”。赵岐作《孟子题辞》，在记述孟子“于是退而论集所与高第弟子公孙丑、万章之徒疑难答问，又自撰其法度之言，著书七篇”之后，还说：“又有《外书》四篇，性善、辩文、说孝经、为政。其文不能宏深，不与内篇相似，似非孟子本真，后世依放而托之者也。”由此可见，在汉代，《孟子》确有七篇、十一篇两种。而《孟子》十一篇，则由《孟子》七篇与《外书》四篇组成。

《隋书·经籍志》中，仅著录孟轲撰、赵岐注《孟子》十四卷；郑玄注《孟子》七卷；刘熙注《孟子》七卷；以及“梁有《孟子》九卷，綦毋邃撰，亡”，只字未提《外书》四篇。《旧唐书》中，除著录綦母邃注《孟子》为七卷且并未称亡外，其他均与《隋书》同。《新唐书》在《旧唐书》的基础上，又增加了陆善经注《孟子》七卷、张镒《孟子音义》三卷，也未著录《外书》四篇。

但是，在汉代乃至唐初的论著中，引用《孟子》七篇之外的孟子言论者，屡见不鲜。（详见第二节孟子佚文）

《宋史·艺文志》著录《孟子》类论著三十余种，仍未见著录《外书》四篇，以及有关论著。南宋王应麟在《困学纪闻》中明确记载：“汉《七略》所录，若《齐论》之‘问王’、‘知道’，《孟子》之外书四篇，今皆亡传。”

然而，孙奕《履斋示儿篇》云：“昔尝闻前辈有云，亲见馆阁中有《孟子》外书四篇，曰性善辩，曰文说，曰孝经，曰为政。”

刘昌诗《芦浦笔记》也说：“予乡新喻谢氏，多藏古书，有《性善辩》一帙。”

奇怪的是，北宋初始修、南宋删定的《崇文总目》，著录了昭文、史馆、集贤三馆及秘阁藏书，却没有著录孙奕、刘昌诗所称的《外书》。

元代马端临撰《文献通考》三百八十四卷，亦未著录《外书》四篇。且金、元时无人论及《外书》。

到了明代，又出现了《孟子》外书。清代周广业《孟子逸文考》云：“近有姚士粦等所传《孟子》外书四篇，云是熙时子注，则显属伪托也。”

姚士粦所传的《外书》四篇，附有明末海盐人胡震亨所作的跋语：“吾友叔祥客济南，得《孟子》外书，见奇，惜第四篇《为正》残阙不全，真秘册也。案刘昌诗《笔记》云，新喻谢氏多藏古书异本，有《性善辩》一

帙。盖即是书自宋以来流传绝少,虽断圭碎璧,尤当宝贵之。昔赵氏所斥《外书》不能宏深,与内篇弗类,故其书遂不显于世。然汉时引《孟子》者谓之博文,则内外篇均在博文之列,何可存内而佚外哉?”跋中所称“叔祥”,即姚士粦。可见,这部《外书》出现在明末。

目前所能看到的《孟子》外书,据曲阜师范学院孔子研究所编《孔孟研究书目选编》著录,均为清代刊本,约有以下几种:

孟子外书四篇四卷　(宋)熙时子注

清乾隆四十五年(1780 年)吴氏拜经楼刻本,板藏新坡乡

见　涵海(清)李调元辑

清乾隆中绵州李氏万卷楼刊,嘉庆十四年(1809 年)李鼎元重校印本

清道光五年(1825 年)李朝夔补刊印本

清光绪七年至八年(1881—1882 年)广汉钟登甲乐道斋刊本

见　拜经楼丛书(一名愚谷丛书)(清)吴骞辑

清乾隆嘉庆间海昌吴氏刊本

民国 11 年(1922 年)上海博古斋据清吴氏刊本增辑影印本

见　艺海珠尘(清)吴省兰辑(清)钱熙辅增辑

清嘉庆中南汇吴氏听彝堂刊

孟子外书　(宋)刘攽注

清嘉庆二十三年(1818 年)金绍仑刊本,一册。

孟子外书四卷　(宋)熙时子注

见　经苑(清)钱仪吉辑

清道光咸丰间大梁书院刊,同治七年(1868 年)王儒行等印本

孟子外书一卷　(宋)刘攽注(清)姜国伊正本并补注

见　守中正斋丛书(清)姜国伊撰

清光绪二十一年(1895 年)刊本

孟子外书四篇四卷 (宋)熙时子注 附(清)林春溥撰《外书考》二卷,(清)孟经国撰《答书》一篇

清刊本

孟子外书集证五卷 (清)施彦士撰

清嘉庆二十四年(1819 年)崇明施氏求己堂刻本一册

清道光十年(1830 年)刻本 附《读孟质疑》三卷

见 求己堂八种(清)施彦士撰

清嘉庆道光间崇明施氏求己堂刊本

孟子外书补正一卷 (宋)刘攽注(清)林春溥补证

见 竹柏山房十五种(清)林春溥撰

清嘉庆咸丰间刊本

孟子外书补注四卷 (宋)刘攽注(民国)陈矩补注

清光绪十七年(1891 年)云南府署刻本一册

清光绪十七年(1891 年)陈氏刻本

见 灵峰草堂丛书(民国)陈矩辑

清光绪中贵阳陈氏刊本

上述《孟子》外书刊本,分别收藏于北京、上海、南京、浙江、山东等图书馆及北京大学、北京师范大学、复旦大学、华东师范大学、南开大学、南京大学、杭州大学、山东大学、山东师范大学、曲阜师范大学等图书馆。

关于《孟子》外书的真伪,清人崔灏考证颇详。他在《四书考异》中说:"赵氏不为《外书》章句,嗣后传《孟子》者悉以《章句》为本,《外书》悉以废阁致亡。南宋去赵氏千有余岁,不应馆阁中能完然如故也。孙氏仅得耳闻,当日在馆阁诸公,未有以目击详言之者,道听途说,必不足为按据。新喻谢氏所藏一帙,刘氏似及见之。《隋书 · 经籍志》录有梁綦

母邃《孟子注》九卷。他家注俱七卷,独綦母氏多出二卷,岂所谓四篇者,在梁时尝得其二,至宋乃仅存刘氏所见之一篇邪?但綦母氏书,李善注《文选》,犹引用之,似流行于唐世,而其有无《外书》,唐人绝无片言论及,则又难以质言。且《外书》之篇目,自宜以《性善》为一,《辩文》为一,《说孝经》为一。刘氏之所见《性善辩》,遂以'辩'字上属,而谓《文说》一篇,《孝经》一篇。据《论衡・本性篇》,但云孟子作《性善》之篇,不缀'辩'字。疑新喻谢氏所藏《性善辩》,又属后人依放而作,非《外书》本真也。"翟灏还说:"此书之伪,败迹显然。约略举之,其验有八。……其伪既有此八验,其作伪人甚晚,近不当刘贡父注,复有三证。赵氏《章指》有云:'计及下者无遗策,举及众者无废功。'《选注》引上一句误题'孟子曰'字,邵武士人作疏删去《章指》,此遂不知其下句而漫易其文,则此书必出邵武士人后矣。荀子称孟子'三见齐王不言事',《集注》取以注'格君心之非'句,此遂以《尚书》'格其非心'连属之,则此书必出于朱子后矣。《盐铁论》引孔子曰:'吾于河广,知德之至也。'明李诩误以'孔'字为'孟',类举为《孟子》逸文,而此遂措入篇中,则此书更出李诩后矣。"

第二节 《孟子》佚文

《汉书》之后,《孟子》十一篇不见历代史书中的经籍志、艺文志著录。然汉代乃至唐代诸家论著、经传注疏引述《孟子》者颇多,七篇之外的《孟子》佚文散见其中。并且早在《荀子》中就有《孟子》七篇之外的孟子言论。从唐代开始,即有称逸《孟子》者。至明、清,辑佚者已有多家。周广业《孟子佚文考》云:"汉晋六朝诸儒所引,尚不明言存佚。至唐虞永兴作《书钞》,始云逸《孟子》。盖与逸《诗》、逸《书》同列焉。前明应城陈心叔著《孟子杂记》，尝裒集逸文三十余条。临湘方仲美作《孟子集语》，取逸文分系各篇，而以意贯之，又补《外书》四篇。近朱竹垞《太史经义考》，亦载《孟子》逸句。斯实汲古深心，非直好事已也。”周广业本人则“详加参订，据各书先后编次之，各曰《逸文》”，且逐条考证，统称之《孟子佚文考》。

明万历三十九年（1611 年），潘榛撰《孟志》，卷二之下专列孟子“佚文”，共载 38 章。其中称《孟子》所不见者 16 章。天启七年（1627 年）吕元善撰《三迁志》，清雍正元年（1723 年）孟衍泰等撰《三迁志》，皆照《孟志》录之。

清李调元辑《逸〈孟子〉》，其中称《孟子》“七篇所无者”27 章，“今文所有小异者”36 章。

光绪十三年（1887 年），陈锦等编《重纂三迁志》，载《孟子》佚文 42 章，列入卷之三。

另外，宋代晁子止、洪容斋、王伯厚，明代焦弱侯，清代顾炎武、程大中、马宛斯等皆有所采辑，目为《佚文》。

诸家所辑《孟子》佚文，虽有小异，但存大同。辑佚有由少到多的发展过程，也有去伪存真的辨别过程。诸家所据各书，往往有本七篇之意而增易其词者，有他家之言而讹为孟子者，有引赵氏、刘氏注第曰《孟子》遂疑为《孟子》佚书者，故难免鱼目混珠。今参阅所辑，重核出处，取较公认者罗列如下：

《孟子》佚文

1. 孟子三见宣王不言事，门人曰：“曷为三遇齐王而不言事？”孟子曰：“我先攻其邪心。”（见《荀子 · 大略篇》）

2. 孟子曰：“人之学者，其性善。”（见《荀子 · 性恶篇》）

3. 孟子曰:“今人之性,善将皆失,丧其性故也。”(见《荀子·性恶篇》)

4. 高子问于孟子曰:“夫嫁娶者,非己所自亲也。卫女何以得编于《诗》也?”孟子曰:“有卫女之志则可,无卫女之志则怠。若伊尹于太甲,有伊尹之志则可,无伊尹之志则篡。夫道二,常之谓经,变之谓权。怀其常道而挟其变权,乃得为贤。夫卫女行中孝,虑中圣,权如之何?《诗》曰:既不我嘉,不能旋反,视尔不臧,我思不远。”(见《韩诗外传》卷二第三章)

5. 孟子说齐宣王而不悦,淳于髡侍。孟子曰:“今日说公之君,公之君不悦,意者其未知善之为善乎?”淳于髡曰:“夫子亦诚无善耳。昔者瓠巴鼓瑟而潜鱼出听,伯牙鼓琴而六马仰秣。鱼马犹知善之为善,而况君人者也。”孟子曰:“夫电雷之起也,破竹折木,震惊天下,而不能使聋者卒有闻;日月之明,遍照天下,而不能使盲者卒有见。今公之君若此也。”淳于髡曰:“不然。昔者揖封生高商,齐人好歌;杞梁之妻悲哭而人称咏。夫声无细而不闻,行无隐而不行。夫子苟贤,居鲁而鲁国之削,何也?”孟子曰:“不用贤,削何有也?吞舟之鱼不居潜泽,度量之士不居污世。夫藾冬至必凋,吾亦时矣。《诗》曰:不自我先,不自我后。非遭凋世者欤?”(见《韩诗外传》卷六第十四章)

6. 性有善端,动之爱父母,善于禽兽,则谓之善。此孟子之善。(见《春秋繁露·深察名号》)

7. 孟轲谓齐王曰:“今伐燕,此文、武之时,不可失也。”(见《史记·燕召公世家》)

8. 惠王数被于军旅,卑礼厚币以招贤者。邹衍、淳于髡、孟轲皆至梁。梁惠王曰:“寡人不佞,兵三折于外,太子虏,上将死,国以空虚,以羞先君宗庙社稷,寡人甚丑之。叟不远千里,辱幸至弊邑之廷,将何以利吾国?”孟轲曰:“君不可以言利若是。夫君欲利,则大夫欲利;大夫欲利,则庶人欲利。上下争利,国则危矣。为人君,仁义而已矣,何以利为?”(见《史记·魏世家》)

9. 孟子称禹生石纽,西夷人也。(见《史记·六国年表》裴骃集解引皇甫谧曰)

10. 寄君,谓人困于下,主骄于上,离析可待,故孟轲谓之“寄君”也。(见《史记·殷本纪》司马贞索隐)

11. (故)孟子曰:“纣贵为天子,死曾不若匹夫。是纣先自绝于天下久矣,非死之日而天下去之。”(见《史记·淮南衡山列传》。又见《前汉书·伍被传》:“孟子曰:‘纣贵为天子,死曾不如匹夫,是纣先自绝久矣,非死之日天去之也。’”)

12. 梁惠王欲谋攻赵,孟轲称太王去邠。(见《史记·孟子荀卿列传》。此句下司马贞索隐云:“孟子‘太王去邠’,是轲对滕文公语。今云梁惠王谋攻赵,与《孟子》不同。”)

13. 孟子云:“不违农时,谷不可胜食。蚕麻以时,布帛不可胜衣也。斧斤以时入,材木不可胜用。田渔以时,鱼肉不可胜食。”(见《盐铁论·通有》)

14. 孟子曰:“居今之朝,不易其俗,而成千乘之势,不能一朝居也。”(见《盐铁论·论儒》)

15. 孟子曰:“今之士,今之大夫,皆罪人也,皆逢其意以顺其恶。”(见《盐铁论·孝养》)

16. 孟子曰:“尧舜之道非远人也,而人不思之耳。”(见《盐铁论·执务》)

17. 孟子曰:“君不乡道,不由仁义,而为之强战,虽克必亡。”(见《盐铁论·伐攻》)

18. 孟子曰:"人知粪其田,莫知粪其心。粪田莫过利苗得粟,粪心易行而得其所欲。何谓粪心?博学多闻。何谓易行?一性止淫也。"(见《说苑·建本》)

19. 孟子曰:"人皆知以食愈饥,莫知以学愈愚。故善材之幼者,必勤于学问,以修其性。"(见《说苑·建本》)

20. 孟子对曰:"轲闻之,君子称身而就位,不为苟得而受赏。"(见《古列女传·母仪传》)

21. 孟子曰:"夫有意而不至者,有矣;未有无意而至者也。"(见《扬子法言·修身》)

22. 孟子作《性善》之篇,以为人性皆善;及其不善,物乱之也。谓人生于天地,皆秉善性,长大与物交接者,放纵悖乱,不善日以生矣。(见《论衡·本性》)

23. 孟子曰:"诸侯有王。"(见《周礼注疏·大行人》郑玄注)

24. 孟子曰:"舜年五十而不失其孺子之心。"(见《礼记正义·坊记》郑玄注)

25. 孟轲云:"尧舜不胜其美,桀纣不胜其恶。传言失指,图景失形。"(见《风俗通义·正失》)

26. 孟子曰:"性无不善,而情欲害之。"(见《淮南子·俶真训》高诱注)

27. 孟子曰:"王者师臣也。"(见《吕氏春秋·当染》高诱注)

28. 恽曰:"孟轲以强其君之所不能为忠,量其君之所不能为贼。"(见《后汉书·郅恽列传第十九》)

29. 孟子曰:"矫枉过直。"(见《后汉书·仲长统列传第三十九》李贤注)

30. 孟子曰:"矫枉过正。"(见《后汉书·陈球列传第四十六》李贤

注)

31. 正枉必过其直。见孟子。(见《后汉书·党锢列传第五十七》李贤注)

32. 泄柳,鲁之贤人也。鲁穆公时,请见之,泄柳闭门而不纳。事见《孟子》。(见《后汉书·桥玄列传第四十一》李贤注)

33. 孟子曰:“阿意事贵,胁肩所尊,俗之情也。”(见《后汉书·张衡列传第四十九》李贤注)

34. 孟子曰:“千载一圣,是旦暮也。”(见《宋书·列传第十一》鲍照《河清颂》)

35. 孟子曰:“今人之于爵禄,得之若其生,失之若其死。”(见《梁书·列传第四十五处士·序》)

36. 孟子曰:“计及下者无遗策。”(见《文选·王仲宣诔一首并序》李善注)

37. 孟子曰:“离娄者,古明目者也。能视百步之外,见秋毫之末。”(见《文选·七命八首》李善注)

38. 孟子曰:“离娄,黄帝时人。黄帝亡其玄珠,使离娄索之,能视百里外,见秋毫之末。”(见《文选·琴赋并序》李善注)

39. 孟子曰:“太山之高,参天入云。”(见《文选·送应氏诗二首》李善注;再见《文选·登临海峤初发强中作与从弟惠连见羊何共和之一首》李善注;又见《文选·别赋》李善注云:“《孟子[注]》曰:太山之高,参天入云。”)

40. 孟子云:“齐人饥管晏。饥者易为食,渴者易为饮。若久涂炭则易政,如渴不择饮也。”(见《意林·卷一》)

41. 孟子云:“……白羽白,性轻;白雪白,性消;白玉白,性贞。虽俱白,其性不同也。”(见《意林·卷一》)

42.（似若）孟子与司马法云："天子囿方百里，公侯十里，是十取一之文也。"（见《春秋公羊传注疏·定公十有二年》何休注，徐彦疏）

第三节 《孟子》节文

明洪武四年（1371 年）春正月，诏设科取士，连举三年，嗣后三年一举。科目者沿唐宋之旧，而稍变其试士之法。仍以含《孟子》在内的四书，及《易》、《书》、《诗》、《春秋》、《礼记》五经命题。

洪武五年（1372 年），明太祖朱元璋尝览《孟子》，至"草芥"、"寇仇"语，谓非臣子所宜言，议罢其配享。并诏有谏者以大不敬论。时刑部尚书钱唐抗疏入谏曰："臣为孟轲死，死有余荣。"时廷臣无不为唐危。帝鉴其诚，不之罪。孟子配享亦旋复。然卒命儒臣修《孟子节文》。（《明史·钱唐传》）

洪武二十七年（1394 年），翰林学士刘三吾等，奉朱元璋之旨，删去《孟子》书中八十五条。"自今八十五条之内，课试不以命题，科举不以取士。""其余一百七十余条，悉颁之中外校官，俾读是书者知所本旨。"（《孟子节文题辞》）

关于删去《孟子》八十五章的缘由，刘三吾说："《孟子》七篇，圣贤扶持名教之书。但其生于战国之世，其时诸侯方务合从连衡，以功利为尚，不复知有仁义。唯魏惠王首以礼聘至其国。彼其介于齐、秦、楚三大国之间，事多龃龉。故一见孟子即问何以便利其国，非财利之利也。孟子恐利源一开，非但有害仁义，且将有弑夺之祸。仁义，正论也；所答非所问矣。是以所如不合，终莫能听纳其说。及其欲为死者雪耻，非兵连祸结不可也。乃谓能行仁政，可使制梃以挞秦楚之坚甲利兵，则益迂且远矣。台池鸟兽之乐，引文王灵台之事，善矣。《汤誓》'时日害丧'之喻，岂不太甚哉！雪宫之乐，谓贤者有此乐宜矣；谓人不得即有非议其上之心，又岂不太甚哉？其他或将朝而闻命中止；或相待如‘草芥’，而见报施以仇雠；或以谏大过不听而易位；或以诸侯危社稷则变置其君；或所就三，所去三，而不轻其去就于时君，固其崇高节抗浮云之素志。抑斯类也，在当时列国诸侯可也。若夫天下一君，四海一国，人人同一尊君亲上之心，学者或不得其扶持名教之本意，于所不当言不当施者概以言焉，概以施焉，则学非所学，而用非所用矣。”(《孟子节文题辞》)

刘三吾等删去《孟子》85 章，余者称《孟子节文》。于洪武二十七年(1394 年)十月刊行。

今以朱熹《孟子集注》之篇章，核对《孟子节文》(北京图书馆藏明洪武二十七年刻本)之篇章，实删去 88 章，剩 172 章。其中《梁惠王》共 23 章，删去 17 章，剩 6 章；《公孙丑》共 23 章，删去 11 章，剩 12 章(《孟子节文》称 13 章，因第 8 章分为两章，与朱注本不同)；《滕文公》共 15 章，删去 7 章，剩 8 章；《离娄》共 61 章，删去 21 章，剩 40 章；《万章》共 18 章，删去 10 章，剩 8 章(《孟子节文》称 7 章，因漏数一章)；《告子》共 36 章，删去 5 章，剩 31 章；《尽心》共 84 章，删去 17 章，剩 67 章。现将《孟子》节文及被删去的 88 章，附录本章之末。

《孟子节文》自刊行后，即未见再重复刊行。至明永乐中(约 1416 年)，成祖朱棣敕胡广等纂修《四书大全》三十六卷，含《孟子》完整篇章在内，并自作序。又颁《四书五经大全》，废注疏不用。

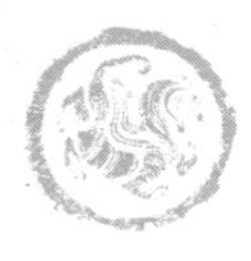

附一：

《孟子》外书四篇

（以下为清光绪七年（1881 年）八月重镂于广汉的《函海》本《孟子外书》，括号内为注释。）

孟子外书四篇卷一

宋　熙时子　注

清　左绵　李调元（赞庵）校

性善辨第一

孙卿子自楚至齐，见孟子而论性。（荀卿名况，楚人。避汉讳，易荀为孙。见奚遍反）孟子曰："有善无恶，天也；有善有恶，人也。"（言天之赋性，但有善而无恶。其有善恶，乃人后起之私）孙卿子曰："有善有恶，天也；有善无恶，人也。"（言性本有善恶，圣人以学胜之，方能有善无恶）孟子曰："率天下之人而迷性本者，必自子始矣！"

孟子曰："虎狼知父子，蜂蚁知君臣，而况于人乎！故人之性善。今人之性不善，皆失丧其性故也。"（丧，息浪反）

孟子曰："性善也，尧舜不胜其美；习不善也，桀纣不胜其恶。（胜，平声）性无不善，而欲害之；水无不清，而物污之，是岂水性也哉。"

曼邱不择问于孟子曰："夫子焉学？"（曼邱，姓；不择，名。齐人。

曼,音万)孟子曰:“鲁有圣人,曰孔子。曾子学于孔子,子思学于曾子。子思孔子之孙,伯鱼之子也。子思之子曰子上,轲尝学焉。是以得圣人之传也。”(子上,名白)

孟子曰:“舜生于姚墟,禹生于石纽,汤生于蒲南,文王生于台疆。千年一圣,犹旦暮也。”(姚墟、石纽、蒲南、台疆并地名)

孟子曰:“太山之高,参天入云,而瞽者莫之见也;黄河之涛,冲击如雷,而聋者莫之闻也。甚矣,人不可不学也。”(此章戒人,不学面墙,一如聋瞽也)

孟子三岁而孤。孟母贤,携孟子以居。始舍近墓,孟子幼,嬉戏为墓间事,踊跃筑埋。孟母曰:“此非所以居我子也。”乃去舍市,又嬉戏为贾衒事。孟母曰:“此亦非所以居我子也。”徙学旁,乃设俎豆,揖让进退。孟母曰:“此真可以居我子矣。”(此即世俗所传孟母三迁事)

孟子幼诵,其母方织。孟子辍,乃复诵。母知其諠也,呼而问之曰:“何为辍?”对曰:“如有失复得。”母乃引刀断其织,以此戒之。自后孟子不复諠矣。(辍,中止也。諠,哗也)

孟子妻独居踞,孟子入户视之,白其母曰:“妇无礼,请去之。”母曰:“何也?”曰:“踞。”母曰:“何以知之?”曰:“我亲见之。”母曰:“乃汝无礼也。礼不云乎:‘将入门,言必闻;将上堂,声必扬;将入户,视必下。’不掩人不备。今汝往燕私之室,入户不有声,令人踞而视之,是汝之无礼也,非妇无礼也。”孟子自责,不敢去妇。(踞,《列女传》作袒)

孟子处齐为客卿,居常有忧色,拥楹而叹。孟母见曰:“子拥楹而叹,若有忧色,何也?”对曰:“轲闻之:君子称身而正位,不为苟得而受赏,不贪荣禄。今道不用于齐,愿行而母老,是以忧也。”孟母曰:“妇人之礼,精五饭,幂酒浆,缝衣裳而已。故有阃内之修,而无境外之志。《易》曰:‘无攸遂,在中馈。’《诗》曰:‘无非无仪,惟酒食是议’以言妇人

无擅制之义，而有三从之道也。故幼则从乎父母，嫁则从乎夫，夫死则从乎子，礼也。今子成人也，而我老矣。子行乎子义，吾行乎吾礼，子何忧也。”（五饭，稻、黍、稷、麦、菽五种之饭。幂，弥笔反）

孟子游于莒，有曾子讲堂焉。孟子登堂弹琴而歌，二三子和之。莒父老曰：“久矣夫，不闻此音也，圣人之徒也。”（和，去声。夫，吾扶切）

孟子曰：“人皆知以食愈饥，莫知以学愈愚；人皆知粪其田，莫知粪其心。粪田莫过利苗得粟，粪心易行而得所欲。何谓粪心？博学多闻。何谓易行？一性止淫也。”（专一其性，禁止其淫。行，去声）

孟子谓子石曰：“卵有毛，信乎？”（公孙龙，字子石，赵人。为坚白异同之辨者。）子石曰：“信。”孟子曰：“何为其然也？”子石曰：“卵无毛，鸡无翼。”孟子曰：“鸡而烹，人可食。然则子腹亦有鸡与？”（此章孟子之辟邪说。与，音余）

孟子曰：“管敬仲，仁；故齐威公亦仁。管敬仲，义；故齐威公亦义。吾于《河广》知德之至也。”（《河广》，宋威夫人所作。此章言齐威公存卫亡国之德）

徐辟将之秦，孟子曰：“秦，虎狼之国也。子何游焉？”（辟，音璧）徐辟对曰：“山东之国，无可与者。苏子来招，故将必往。”（苏子，苏秦也）孟子曰：“夫苏子天下之至无信人也，天下之大不义人也，子何交焉？”（夫，音扶）徐辟对曰：“辟之祖自南州迁于郏鄏，今五世矣，于苏为睦，且辟苏之自出也。”（南州，徐国也。郏鄏，洛阳也。自出，谓苏氏之甥）孟子曰：“然则姑赠子以言：不约纵不连横，不为威屈，不为利疚，以守子义，以全子生，斯可矣。”（纵，音宗）

凡十五章

（庚子四月四日抱经校）

孟子外书四篇卷二

宋　熙时子　注

左绵　李调元(赞庵)校

文说第二

孟子曰:“文其说,不若文其心。文胜者不陋,质胜者可久。”(言人徒骋才辩而文其说,不若笃实好学而文其心。不陋,文采可观也。可久,经久不敝也)

孟子曰:“士贵立志,志不立则无成。”

孟子曰:“君子为己,小人为人。为己者逸而泰,为人者劳而危。”(为,去声)

孟子曰:“人不可以不知天。凡事可以对天,则知天矣。”

孟子问于子上曰:“敢问圣人之教。”(圣人,谓孔子也)子上曰:“言仁不言暴,言义不言利,言礼不言邪,言信不言诈。此圣人之教也。”

子上谓孟子曰:“舜之诰禹曰:‘人心惟危,道心惟微,惟精惟一,允执厥中。’子其识之。”(此心传也。识,音志)

公明高问于孟子曰:“《诗》云:‘不敢暴虎,不敢冯河。’又云:‘如临深渊,如履薄冰’何谓也?”(公明高,孟子门人。冯,皮冰反)孟子曰:“君子之学,敬而已矣。”

孟子曰:“言不可不慎也。言巧则天刑之,言肆则人害之。《大雅》云‘无言不雠,无德不报’。”(此章补金人铭所未及)

梁襄王问战于孟子。孟子曰:“战,危事也。臣未之闻也。”

孟子去梁,梁襄王追之,及诸东桑。孟子曰:“为吾谢梁王,勿忘先王之礼遇也。”再拜登车而去。(东桑,地名,未详所在。为,去声)

万章从游于牛山之上，孟子喟然叹曰："此齐景公流涕之所也。而其骨已朽矣。"万章曰："古之人何以不朽?"孟子曰："太上有立德，其次有立功，其次有立言，此之谓三不朽。古之人皆有死，君子虽死而求其不死者，若小人则未死而已死矣。"

陈仲子卒，孟子诔之曰："吁嗟，仲子！廉洁以保贞兮，求名而得名兮。数齐国之高士，舍仲子其谁称兮。惟山高而水流，千古一於陵兮。吁嗟，仲子！名长存兮，可慰于九泉兮。"（数、舍，并上声。於，音乌）

蠶鼀隐于莱。（丁氏公著云：蠶，古蚔字。莱，国名，后属齐，今莱州也。隐居，当在致为臣而去之后）孟子使人问之以书，且遗之粟，曰："介士也。"（使、遗，并去声）

万章问曰："子庚何人也?"（子庚，泄柳字）孟子曰："古之高人也。上不臣天子，下不事诸侯。《易》曰：'不事王侯，高尚其志。'"

子叔问曰："文王囚于羑里，孔子厄于陈蔡，何以系《易》也?"（子叔，孟子门人）孟子曰："夫《易》，忧患之书也。安乐而不知《易》，君子吉，小人凶；忧患而不知《易》，小人吉，君子凶。是以君子不可以不知《易》也。"（夫，音扶。乐，音洛）

孟子去齐，宿于画，王蠋请见，孟子见之。（蠋，画邑人。请见，奚遍反）王蠋曰："夫子何以久于齐也?"孟子曰："久于齐，非我志也。"蠋曰："我固知非夫子之志也。齐王外好善而心不好，夫子去国，乱将至矣，蠋是以忧也。"孟子去数年，而齐国果乱。（好，去声）

滕文公卒，葬有日矣。天大雨雪，及牛目。群臣请弛期，太子不许。惠子谏曰："昔者王季葬涡山之尾，栾水啮其墓，见棺之前和，文王曰：'先君欲见群臣百姓矣。'乃出为帐，三日后葬。今先公欲小留而抚社稷，故使雪甚弛期而更为日，此文王之志也。"孟子曰："礼也。"（弛，缓也。惠子，名施。涡山、栾水，未详所在。修书亦有此文，大同小异。雨，

去声。更,平声)

凡十七章

孟子外书四篇卷二

孟子外书四篇卷三

宋　熙时子　注

左绵　李调元(赞庵)校

孝经第三

孟子曰:"《孝经》者,曾子传于孔子,诸弟子不得而闻也。"

孟子曰:"曾子之孝,士之孝也。故孔子先以事亲、事君、立身告之。"

孟子曰:"天下之孝,文王也。诸侯之孝,鲁釐公也。卿大夫之孝,孟庄子也。士之孝,曾子舆也。庶人之孝,大连、少连也。"(鲁釐公之孝,无考。岂以《诗》有寿母之文而称之欤!釐、僖同。少,去声)

孟子曰:"舜生五十而不失其孺子之心。"(綦母氏邃曰:"郑氏《礼记》注引之。")

孟子曰:"孝者,顺德也。父子亲,兄弟睦,夫妇和,人人齐其家而天下平矣。"

孟子曰:"乐正子春,生孝也。茅亶,死孝也。"(刘氏熙曰:茅亶,驺大夫,丧母哀毁而死)

乐正子春年九十矣,使其孙克学于孟子。告之曰:"昔者圣人之门:颜子以仁,曾子以孝,季路以勇,伯赣以智,各以所得闻于天下,传于后世。汝往矣,庶几其有一得乎!"(綦母氏邃曰:"伯赣,端木赐也。")

孟母之丧，门弟子各治其事：陈臻治货，季孙郊治车，咸丘蒙治器，万章治缞，充虞治椁，公都彧治馔，陈代治牲，乐正克治仪，公孙丑治宾客。（治，平声）孟子三日不食，哭不止。门弟子请曰："古者五十不毁。"孟子曰："五十也乎哉！吾母死，吾犹孺子也。"（记孟子居母丧之孝，尽礼，尽哀。）黼子吊，见之，流涕自责曰："今而知圣人之道。遂弃墨而归儒。"（黼子，为墨子之学者。黼，他端反）

孟子曰："传言失指，图景失形，言治者尚覈实。"（此乃循名责实之义。景、影同）

梁惠王曰："先王用李悝，尽地利，至于今赖之。"（先王，谓文侯）孟子曰："非古也。古莫善于莇，莇者殷法，虽周亦莇也。地有余利则民有余，地无余利则君有余，损下以益上，非古也。"（綦毋氏邃曰：莇，读如藉。陆氏德明曰：与助同）

孟子三见齐宣王而不言事。丑子曰："夫子何以三见齐王而不言？"（高氏诱曰：丑子，即公孙丑。《世本》云：齐末公子，公子朝之子。字子景，以字为氏，亦曰景丑）孟子曰："我先攻其邪心，邪心去则无不正矣。《书》曰：'格其非心。'"

孟子去齐，子敖饯于荦门。（子敖，王驩字。程氏曾曰：荦门，齐南门。荦，力博反）再举觞，孟子辞而去。子敖曰："夫子盍赋诗？"孟子曰："子大夫欲我赋诗乎？不曰坚乎，磨而不磷，不曰白乎？涅而不缁。"（磷读如连，与坚为韵。白读如裴，缁读如哉为韵。四语本孔子之辞。孟子以其类诗，故以为诗而赋之。此章见孟子之待小人不恶而严。涅，乃结反）

屋庐子曰："无为而治，何如？"孟子曰："有心于无为，非无为也。虞舜先劳而后逸者也。"（屋庐子初为黄老之学，故以清静无为为问。孟子恐其有流弊也，举虞舜以告之）

孟子曰："矫枉不可过直。"（此章即不为已甚之意）

孟子曰："天下有道，诸侯有王。东迁以后，天下无王，五伯之罪也。"（綦毋氏邃曰：诸侯有王，郑氏《周礼》注引之。伯，音霸）

孟子曰："有远虑者无遗策，无深谋者有败机。"

孟子曰："敬老爱幼，推心于民，天下如运掌中也。"

齐人（代）〔伐〕赵，桃应将，问于孟子。孟子曰："毋嗜杀，将心也；勿争功，将才也；与士卒同甘苦，将道也。"（将，去声。毋，音无）

孟子说齐宣王而不说。淳于髡侍，孟子曰："今日说公之君，公之君不说，意者未知善之为善乎？"（说齐、说公并音税。不说，音悦）淳于髡曰："夫子亦诚无善耳。昔者瓠巴鼓瑟，而潜鱼出听；伯牙鼓琴，而六马仰秣。鱼马犹知善之为善，而况君人者也。"孟子曰："夫电雷之起也，破竹折木，震惊天下，而不能使聋者卒有闻。日月之明，遍照天下，而不能使盲者卒有见。今公之君若此也。"（夫，音扶。卒，音猝）淳于髡曰："不然，昔者揖封生高商而齐生好歌，杞梁之妻悲哭而莒人称咏。夫声无细而不闻，行无隐而不形。夫子苟贤，居鲁而鲁国之削，何也？"（揖封生，齐善歌人。高商，商调之高者。好、行并去声。夫，音扶）孟子曰："不用贤，削何有也？吞舟之鱼不居潜泽，度量之士不居污世。夫蓺冬至必凋，吾亦时矣。《诗》曰：'不自我先，不自我后'，非遭凋世者欤！"（艺，树艺五谷也。夫，音扶。度，徒洛反）

驺衍请受业于孟子。孟子曰："吾老矣，不能偕子游于九州之外也。"（以衍好为大言，且多荒诞不经之说，故孟子拒之如此）

凡二十章

孟子外书四篇卷三

孟子外书四篇卷四

宋　熙时子　注

左绵　李调元(赞庵)校

为正第四

孟子曰:"为正以心,为邪以心,心之所之,邪正因之。故君子存心而不放。"

孟子曰:"道不远人。人之为道而远人,不可以为道。尧舜之道,非远人也。人不自思之尔。"

孟子曰:"人谓孟尝君好士,吾不信也。"(孟子言孟尝君不过好名,非真好士也。好,去声)

高子问于孟仲子曰:"《诗》曰:'维天之命,於穆不已'何谓也?"孟仲子曰:"大哉!天命之无极,而美周之礼也。"孟子曰:"否,不然。'维天之命,於穆不已',盖曰:天之所以为天也,於乎!不显文王之德之纯。盖曰:文王之所以为文也,纯亦不已。"(於穆,音呜。於乎,音呜呼)

高子问于孟子曰:"夫嫁者,非己所自亲也,卫女何以得编于《诗》也?"(夫,音扶)孟子曰:"有卫女之志则可,无卫女之志则殆。夫道二:常谓之经,变谓之权。怀其常道,而挟其变,乃得为贤。夫卫女行中孝,虑中圣,权如之何?"(夫,音扶。行、中并去声)

邾娄缪公问政于孟子曰:"为政之道奚先?"孟子曰:"省刑罚,薄税敛,爱民之政也。非是,则无所为政也。君其勿信倖臣之言。"

孟子过郑,见郑庄公。(郑,国名。高氏诱曰:《世本》郑庄公名颙)孟子道性善,言必称文王。(道,去声)庄公曰:"闻夫子之言,昭然若发矇矣。"

孟子老于(驺)〔邹〕,燕昭王使乐閒迎之,孟子不往。或问曰:“夫子何以不往?”孟子曰:“以吾受齐王之知,是以不往也。且燕王霸才也,亦非王天下之主也。”(使、王并去声)

凡八章　以下阙

《孟子外书四篇》附录:

麻沙新刊《四家孟子注》,伪作无疑也。至其附《外书四篇》,颇有精义,且流传已久,似非全伪者。先师梦奠,无从就正,耿耿于怀,莫能自决云。

涪翁晏渊谨记

《孟子题辞》:又有外书四篇,性善辨、文说、孝经、为正。予乡新喻谢氏,多藏古书,有《性善辨》一帙,则知与《文说》、《孝经》、《为正》是谓四篇。

右芦蒲笔记一条

吾友叔祥客济南,得《孟子外书》,见奇。惜第四篇《为正》残缺不全,真秘册也。案刘昌诗《笔记》云,新喻谢氏多藏古书异本,有《性善辨》一帙。盖即是书自宋以来,流传绝少,虽断珪碎璧,尤当宝贵之。昔赵氏斥《外书》不能闳深,与内篇弗类,故其书遂不显于世。然汉时引《孟子》者,谓之博文,则内、外篇均在博文之列,何可存内而佚外哉?

武原胡震亨跋

序

坊间有《四家孟子注》,曰扬子云也,韩文公也,李习之也,熙时子

也。《中兴史志》以为依托,信也。然三家者依托,而熙时子非依托也,乃熙时子依托三家也。熙时子者谁?相传即公非先生,刘贡父也。贡父因李泰伯不喜《孟子》,为此以示之也。注中往往用泰伯语也。熙时者,晓然也,[illegible]也,越绝参同契之流也。《孟子外书四篇》,赵台卿不取也,故不显于世。赖《四家注》附刊于后,而熙时子且注之也,是以传也,则熙时子之功不浅也。《四家注》依托不足传,而《孟〔子〕外书四篇》不可不传也。遂序而存之也。

碧梧老人马廷鸾书

附二：

《孟子》节文（七卷）

〔明〕刘三吾 辑

孟子节文题辞

《孟子》七篇，圣贤扶持名教之书。但其生于战国之世，其时诸侯方务合从连衡，以功利为尚，不复知有仁义。唯魏惠王首以礼聘至其国。彼其介于齐、秦、楚三大国之间，事多龃龉。故一见孟子即问何以利便其国，非财利之利也。孟子恐利源一开，非但有害仁义，且将有弑夺之祸。仁义，正论也；所答非所问矣。是以所如不合，终莫能听纳其说。及其欲为死者雪耻，非兵连祸结不可也。乃谓能行仁政，可使制梃以挞秦楚之坚甲利兵，则益迂且远矣。台池鸟兽之乐，引文王灵台之事，善矣。《汤誓》"时日害丧"之喻，岂不太甚哉。雪宫之乐，谓贤者有此乐宜矣；谓人不得即有非议其上之心，又岂不太甚哉？其他或将朝而闻命中止；或相待如"草芥"，而见报施以仇雠；或以谏大过不听而易位；或以诸侯危社稷则变置其君；或所就三，所去三，而不轻其去就于时君，固其崇高节抗浮云之素志。抑斯类也，在当时列国诸侯可也。若夫天下一君，四海一国，人人同一尊君亲上之心，学者或不得其扶持名教之本意，于所不当言不当施者概以言焉，概以施焉，则学非所学，而用非所用矣。今翰林儒臣三吾等，既请旨与征来天下耆儒同校蔡氏书传，蒙赐其名曰《书传会选》。又《孟子》一书，中间词气之间，抑扬大过者，八十五条。其余一百七十余条，悉颁之中外校官。俾读是书者，知所本旨。自今八十五条之

内,课试不以命题,科举不以取士。壹以圣贤中正之学为本,则高不至于抗,卑不至于谄矣。抑《孟子》一书,其有关于名教之大,如孔子贤于尧舜。后人因其推尊尧舜,而益知尊孔子之道。诸侯之礼吾未之学,而知其所学者周天子盛时之礼,非列国诸侯所僭之礼,皆所谓扩前圣所未发者。其关世教,讵小补哉。

洪武二十七年十月癸酉,翰林学士、奉议大夫臣刘三吾等谨上。

孟子卷之一

梁惠王章句　凡六章

1. 梁惠王曰:"寡人之于国也,尽心焉耳矣。河内凶,则移其民于河东,移其粟于河内。河东凶亦然。察邻国之政,无如寡人之用心者。邻国之民不加少,寡人之民不加多,何也?"

孟子对曰:"王好战,请以战喻。填然鼓之,兵刃既接,弃甲曳兵而走,或百步而后止,或五十步而后止。以五十步笑百步,则何如?"

曰:"不可。直不百步耳,是亦走也!"

曰:"王如知此,则无望民之多于邻国也。不违农时,谷不可胜食也;数罟不入污池,鱼鳖不可胜食也;斧斤以时入山林,材木不可胜用也。谷与鱼鳖不可胜食,材木不可胜用,是使民养生丧死无憾也。养生丧死无憾,王道之始也。五亩之宅,树之以桑,五十者可以衣帛矣;鸡豚狗彘之畜,无失其时,七十者可以食肉矣;百亩之田,勿夺其时,数口之家可以无饥矣;谨庠序之教,申之以孝悌之意,颁白者不负戴于道路矣。七十者衣帛食肉,黎民不饥不寒,然而不王者,未之有也。狗彘食人食而不知检,涂有饿殍而不知发;人死,则曰:'非我也,岁也。'是何异于(剌)〔刺〕人而杀之,曰:'非我也,兵也!'王无罪岁,斯天下之民至焉。"(1.3)

2. 齐宣王问曰:"交邻国有道乎?"

孟子对曰："有。惟仁者为能以大事小，是故汤事葛，文王事昆夷。惟智者为能以小事大，故大王事獯鬻，勾践事吴。以大事小者，乐天者也；以小事大者，畏天者也。乐天者保天下，畏天者保其国。《诗》云：'畏天之威，于时保之。'"

王曰："大哉言矣！寡人有疾，寡人好勇。"

对曰："王请无好小勇。夫抚剑疾视曰：'彼恶敢当我哉！'此匹夫之勇，敌一人者也。王请大之。

"《诗》云：'王赫斯怒，爰整其旅，以遏徂莒，以笃周祜，以对于天下。'此文王之勇也。文王一怒而安天下之民。

"《书》曰：'天降下民，作之君，作之师。惟曰其助上帝宠之。四方有罪无罪，惟我在，天下曷敢有越厥志？'一人衡行于天下，武王耻之，此武王之勇也。而武王亦一怒而安天下之民。今王亦一怒而安天下之民，民惟恐王之不好勇也。"（2.3）

3. 孟子见齐宣王，曰："为巨室，则必使工师求大木。工师得大木，则王喜，以为能胜其任也。匠人斫而小之，则王怒，以为不胜其任矣。夫人幼而学之，壮而欲行之。王曰：'姑舍女所学而从我。'则何如？今有璞玉于此，虽万镒，必使玉人雕琢之。至于治国家，则曰：'姑舍女所学而从我。'则何以异于教玉人雕琢玉哉？"（2.9）

4. 滕文公问曰："滕，小国也，间于齐楚，事齐乎？事楚乎？"

孟子对曰："是谋非吾所能及也。无已，则有一焉：凿斯池也，筑斯城也，与民守之，效死而民弗去，则是可为也。"（2.13）

5. 滕文公问曰："齐人将筑薛，吾甚恐，如之何则可？"

孟子对曰："昔者太王居邠，狄人侵之，去之岐山之下居焉。非择而取之，不得已也。苟为善，后世子孙必有王者矣。君子创业垂统，为可继也。若夫成功，则天也。君如彼何哉！强为善而已矣。"（2.14）

6. 滕文公问曰:“滕,小国也,竭力以事大国,则不得免焉。如之何则可?”

孟子对曰:“昔者太王居邠,狄人侵之。事之以皮币,不得免焉;事之以犬马,不得免焉;事之以珠玉,不得免焉。乃属其耆老而告之曰:‘狄人之所欲者,吾土地也。吾闻之也:君子不以其所以养人者害人。二三子何患乎无君!我将去之。’去邠,逾梁山,邑于岐山之下居焉。邠人曰:‘仁人也,不可失也。’从之者如归市。

“或曰:‘世守也,非身之所能为也,效死勿去。’

“君请择于斯二者。”(2.15)

孟子卷之二

公孙丑章句　凡(十三)〔十二〕章

1. 孟子曰:“尊贤使能,俊杰在位,则天下之士皆悦,而愿立于其朝矣;市,廛而不征,法而不廛,则天下之商皆悦,而愿藏于其市矣;关,讥而不征,则天下之旅皆悦,而愿出于其路矣;耕者,助而不税,则天下之农皆悦,而愿耕于其野矣;廛,无夫里之布,则天下之民皆悦,而愿为之氓矣。信能行此五者,则邻国之民,仰之若父母矣。率其子弟,攻其父母,自生民以来,未有能济者也。如此,则无敌于天下。无敌于天下者,天吏也。然而不王者,未之有也。”(3.5)

2. 孟子曰:“人皆有不忍人之心。先王有不忍人之心,斯有不忍人之政矣。以不忍人之心,行不忍人之政,治天下可运之掌上。所以谓人皆有不忍人之心者,今人乍见孺子将入于井,皆有怵惕恻隐之心,非所以内交于孺子之父母也,非所以要誉于乡党朋友也,非恶其声而然也。由是观之,无恻隐之心,非人也;无羞恶之心,非人也;无辞让之心,非人也;无是非之心,非人也。恻隐之心,仁之端也;羞恶之心,义之端也;辞让之心，礼之端也；是非之心，智之端也。人之有是四端也，犹其有四体也。有是四端而自谓不能者，自贼者也；谓其君不能者，贼其君者也。凡有四端于我者，知皆扩而充之矣，若火之始然，泉之始达。苟能充之，足以保四海；苟不充之，不足以事父母。”(3.6)

3. 孟子曰：“矢人岂不仁于(亟)〔函〕人哉？矢人惟恐不伤人，函人惟恐伤人。巫、匠亦然。故术不可不慎也。孔子曰：‘里仁为美。择不处仁，焉得智？’夫仁，天之尊爵也，人之安宅也，莫之御而不仁，是不智也。不仁不智，无礼无义，人役也。人役而耻为役，由弓人而耻为弓，矢人而耻为矢也。如耻之，莫如为仁。仁者如射：射者正己而后发；发而不中，不怨胜己者，反求诸己而已矣。”(3.7)

4. 孟子曰：“子路，人告之以有过，则喜。禹闻善言，则拜。大舜有大焉，善与人同，舍己从人，乐取于人以为善。自耕稼、陶、渔以至为帝，无非取于人者。取诸人以为善，是与人为善者也。故君子莫大乎与人为善。”(3.8)

5. 孟子曰：“天时不如地利，地利不如人和。三里之城，七里之郭，环而攻之而不胜。夫环而攻之，必有得天时者矣；然而不胜者，是天时不如地利也。城非不高也，池非不深也，兵革非不坚利也，米粟非不多也；委而去之，是地利不如人和也。故曰：域民不以封疆之界，固国不以山溪之险，威天下不以兵革之利。得道者多助，失道者寡助。寡助之至，亲戚畔之；多助之至，天下顺之。以天下之所顺，攻亲戚之所畔。故君子有不战，战必胜矣。”(4.1)

6. 陈臻问曰：“前日于齐，王馈兼金一百而不受；于宋，馈七十镒而受；于薛，馈五十镒而受。前日之不受是，则今日之受非也。今日之受是，则前日之不受非也。夫子必居一于此矣。”

孟子曰：“皆是也，当在宋也，予将有远行，行者必以赆；辞曰：‘馈

赆。'予何为不受？当在薛也，予有戒心；辞曰：'闻戒，故为兵馈之。'予何为不受？若于齐，则未有处也。无处而馈之，是货之也。焉有君子而可以货取乎？"(4.3)

7. 孟子之平陆，谓其大夫曰："子之持戟之士，一日而三失伍，则去之否乎？"

曰："不待三。"

"然则子之失伍也亦多矣。凶年饥岁，子之民，老羸转于沟壑，壮者散而之四方者，几千人矣。"

曰："此非距心之所得为也。"

曰："今有受人之牛羊而为之牧之者，则必为之求牧与刍矣。求牧与刍而不得，则反诸其人乎？抑亦立而视其死与？"

曰："此则距心之罪也。"

他日，见于王，曰："王之为都者，臣知五人焉。知其罪者，惟孔距心。"为王诵之。

王曰："此则寡人之罪也。"(4.4)

8. 孟子自齐葬于鲁，反于齐，止于嬴。

充虞请曰："前日不知虞之不肖，使虞敦匠事。严，虞不敢请。今愿窃有请也：木若以美然。"

曰："古者棺椁无度，中古棺七寸，椁称之。自天子达于庶人，非直为观美也，然后尽于人心。不得，不可以为悦；无财，不可以为悦。得之为有财，古之人皆用之，吾何为独不然？且比化者，无使土亲肤，于人心独无恔乎？吾闻之也：君子不以天下俭其亲。"(4.7)

9. 沈同以其私问曰："燕可伐与？"

孟子曰："可。子哙不得与人燕，子之不得受燕于子哙。有仕于此，而子悦之，不告于王，而私与之吾子之禄爵；夫士也，亦无王命而私受之于子，则可乎？何以异于是！”

齐人伐燕。

或问曰：“劝齐伐燕，有诸？”曰：“未也。沈同问：‘燕可伐与？’吾应之曰：‘可。’彼然而伐之也。彼如曰：‘孰可以伐之？’则将应之曰：‘为天吏，则可以伐之。’今有杀人者，或问之曰：‘人可杀与？’则将应之曰：‘可。’彼如曰：‘孰可以杀之？’则将应之曰：‘为士师，则可以杀之。’今以燕伐燕，何为劝之哉！”(4.8)

10. 燕人畔。王曰：“吾甚惭于孟子。”

陈贾曰：“王无患焉。王自以为与周公孰仁且智？”

王曰：“恶！是何言也！”

曰：“周公使管叔监殷，管叔以殷畔。知而使之，是不仁也；不知而使之，是不智也。仁智，周公未之尽也，而况于王乎？贾请见而解之。”

见孟子，问曰：“周公何人也？”

曰：“古圣人也。”

曰：“使管叔监殷，管叔以殷畔也，有诸？”

曰：“然。”

曰：“周公知其将畔而使之与？”

曰：“不知也。”

“然则圣人且有过与？”

曰：“周公，弟也；管叔，兄也。周公之过，不亦宜乎？且古之君子，过则改之；今之君子，过则顺之。古之君子，其过也，如日月之食，民皆见之；及其更也，民皆仰之。今之君子，岂徒顺之，又从为之辞。”(4.9)

11. 孟子致为臣而归。王就见孟子曰：“前日愿见而不可得，得侍同朝，甚喜；今又弃寡人而归，不识可以继此而得见乎？”

对曰：“不敢请耳，固所愿也。”

他日,王谓时子曰:“我欲中国而授孟子室,养弟子以万钟,使诸大夫国人皆有所矜式。子盍为我言之?”

时子因陈子而以告孟子,陈子以时子之言告孟子。

孟子曰:“然。夫时子恶知其不可也?如使予欲富,辞十万而受万,是为欲富乎?季孙曰:‘异哉子叔疑!使(巳)〔己〕为政,不用,则亦已矣,又使其子弟为卿。人亦孰不欲富贵?而独于富贵之中,有私龙断焉。’古之为市也,以其所有易其所无者,有司者治之耳。有贱丈夫焉,必求龙断而登之,以左右望而罔市利。人皆以为贱,故从而征之。征商自此贱丈夫始矣。”(4.10)

12. 孟子去齐,居休。公孙丑问曰:“仕而不受禄,古之道乎?”

曰:“非也。于崇,吾得见王,退而有去志,不欲变,故不受也。继而有师命,不可以请。久于齐,非我志也。”(4.14)

(录者注:本篇第九章,《节文》分为两章,实为一章;故本篇非十三章,而仅十二章)

孟子卷之三

滕文公章句　凡八章

1. 滕文公为世子,将之楚,过宋而见孟子。孟子道性善,言必称尧舜。

世子自楚反,复见孟子。孟子曰:“世子疑吾言乎?夫道一而已矣。成𫰛谓齐景公曰:‘彼,丈夫也,我,丈夫也,吾何畏彼哉?’颜渊曰:‘舜,何人也?予,何人也?有为者亦若是。’公明仪曰:‘文王,我师也,周公岂欺我哉!’今滕,绝长补短,将五十里也,犹可以为善国。《书》曰:‘若药不瞑眩,厥疾不瘳。’”(5.1)

2. 滕定公薨。世子谓然友曰:“昔者孟子尝与我言于宋,于心终不忘。今也不幸至于大故,吾欲使子问于孟子,然后行事。”

然友之邹,问于孟子。

孟子曰:“不亦善乎!亲丧,固所自尽也。曾子曰:‘生,事之以礼;死,葬之以礼,祭之以礼,可谓孝矣。’诸侯之礼,吾未之学也。虽然,吾尝闻之矣:三年之丧,齐疏之服,饘粥之食,自天子达于庶人,三代共之。”

然友反命,定为三年之丧。父兄百官皆不欲,曰:“吾宗国鲁先君莫之行,吾先君亦莫之行也。至于子之身而反之,不可。且《志》曰:‘丧祭从先祖。’”曰:“吾有所受之也。”

谓然友曰:“吾他日未尝学问,好驰马试剑。今也父兄百官不我足也,恐其不能尽于大事。子为我问孟子。”

然友复之邹,问孟子。

孟子曰:“然。不可以他求者也。孔子曰:‘君薨,听于冢宰,歠粥,面深墨,即位而哭;百官有司莫敢不哀,先之也。上有好者,下必有甚焉者矣。君子之德,风也;小人之德,草也。草尚之风必偃。’是在世子。”

然友反命。

世子曰:“然。是诚在我。”

五月居庐,未有命戒。百官族人可,谓曰知。及至葬,四方来观之,颜色之戚,哭泣之哀,吊者大悦。(5.2)

3. 有为神农之言者许行,自楚之滕,踵门而告文公曰:“远方之人,闻君行仁政,愿受一廛而为氓。”

文公与之处。

其徒数十人,皆衣褐,捆屦织席以为食。

陈良之徒陈相,与其弟辛,负耒耜而自宋之滕,曰:“闻君行圣人之

政,是亦圣人也,愿为圣人氓。”

陈相见许行而大悦,尽弃其学而学焉。

陈相见孟子,道许行之言,曰:“滕君,则诚贤君也。虽然,未闻道也。贤者与民并耕而食,饔飧而治。今也滕有仓廪府库,则是厉民而以自养也。恶得贤!”

孟子曰:“许子必种粟而后食乎?”

曰:“然。”

“许子必织布而后衣乎?”

曰:“否,许子衣褐。”

“许子冠乎?”

曰:“冠。”

曰:“奚冠?”

曰:“冠素。”

曰:“自织之与?”

曰:“否,以粟易之。”

曰:“许子奚为不自织?”

曰:“害于耕。”

曰:“许子以釜甑爨,以铁耕乎?”

曰:“然。”

“自为之与?”

曰:“否,以粟易之。”

“以粟易械器者,不为厉陶冶;陶冶亦以其械器易粟者,岂为厉农夫哉?且许子何不为陶冶,舍皆取诸其宫中而用之?何为纷纷然与百工交易?何许子之不惮烦?”

曰:“百工之事,固不可耕且为也。”

“然则治天下独可耕且为与？有大人之事，有小人之事。且一人之身，而百工之所为备，如必自为而后用之，是率天下而路也。故曰，或劳心，或劳力；劳心者治人，劳力者治于人；治于人者食人，治人者食于人，天下之通义也。

“当尧之时，天下犹未平；洪水横流，泛滥于天下，草木畅茂，禽兽繁殖，五谷不登，禽兽逼人，兽蹄鸟迹之道交于中国。尧独忧之，举舜而敷治焉。舜使益掌火，益烈山泽而焚之，禽兽逃匿。禹疏九河，瀹济、漯而注诸海，决汝、汉，排淮、泗而注之江。然后中国可得而食也。当是时也，禹八年于外，三过其门而不入，虽欲耕，得乎？

“后稷教民稼穑，树艺五谷。五谷熟而民人育。人之有道也，饱食、煖衣、逸居而无教，则近于禽兽。圣人有忧之，使契为司徒，教以人伦：父子有亲，君臣有义，夫妇有别，长幼有序，朋友有信。放勋曰：‘劳之来之，匡之直之，辅之翼之，使自得之，又从而振德之。’圣人之忧民如此，而暇耕乎？

“尧以不得舜为己忧，舜以不得禹、皋陶为己忧。夫以百亩之不易为己忧者，农夫也。分人以财谓之惠，教人以善谓之忠，为天下得人者谓之仁。是故以天下与人易，为天下得人难。孔子曰：‘大哉尧之为君，惟天为大，惟尧则之，荡荡乎民无能名焉。君哉舜也，巍巍乎有天下而不与焉。’尧舜之治天下，岂无所用其心哉？亦不用于耕耳。

“吾闻用夏变夷者，未闻变于夷者也。陈良，楚产也，悦周公、仲尼之道，北学于中国。北方之学者，未能或之先也。彼所谓豪杰之士也。子之兄弟，事之数十年，师死而遂倍之。昔者孔子没，三年之外，门人治任将归，入揖于子贡，相向而哭，皆失声，然后归。子贡反，筑室于场，独居三年，然后归。他日，子夏、子张、子游，以有若似圣人，欲以所事孔子事之，强曾子。曾子曰：‘不可。江汉以濯之，秋阳以暴之，皓皓乎不可

尚已！’今也南蛮鴃舌之人，非先王之道，子倍子之师而学之，亦异于曾子矣。吾闻出于幽谷迁于乔木者，未闻下乔木而入于幽谷者。《鲁颂》曰：‘戎狄是膺，荆舒是惩。’周公方且膺之，子是之学，亦为不善变矣。”

“从许子之道，则市贾不贰，国中无伪。虽使五尺之童适市，莫之或欺。布帛长短同，则贾相若；麻缕丝絮轻重同，则贾相若；五谷多寡同，则贾相若；屦大小同，则贾相若。”

曰：“夫物之不齐，物之情也。或相倍蓰，或相什(伯)[百]，或相千万。子比而同之，是乱天下也。巨屦小屦同贾，人岂为之哉？从许子之道，相率而为伪者也，恶能治国家？”(5.4)

4. 墨者夷之，因徐辟而求见孟子。孟子曰：“吾固愿见，今吾尚病。病愈，我且往见，夷子不来。”

他日，又求见孟子。孟子曰：“吾今则可以见矣。不直，则道不见；我且直之。吾闻夷子墨者，墨之治丧也，以薄为其道也。夷子思以易天下，岂以为非是而不贵也？然而夷子葬其亲厚，则是以所贱事亲也。”

徐子以告夷子。

夷子曰：“儒者之道，‘古之人若保赤子’，此言何谓也？之则以为爱无差等，施由亲始。”

徐子以告孟子。

孟子曰：“夫夷子信以为人之亲其兄之子为若亲其邻之赤子乎？彼有取尔也：赤子匍匐将入井，非赤子之罪也。且天之生物也，使之一本，而夷子二本故也。盖上世尝有不葬其亲者，其亲死，则举而委之于壑。他日过之，狐狸食之，蝇蚋姑嘬之。其颡有泚，睨而不视。夫泚也，非为人泚，中心达于面目。盖归反蘽梩而掩之。掩之诚是也。则孝子仁人之掩其亲，亦必有道矣。”

徐子以告夷子。夷子怃然为间，曰：“命之矣！”(5.5)

5. 陈代曰:“不见诸侯,宜若小然。今一见之,大则以王,小则以霸。且《志》曰:‘枉尺而直寻’,宜若可为也。”

孟子曰:“昔齐景公田,招虞人以旌,不至,将杀之。‘志士不忘在沟壑,勇士不忘丧其元。’孔子奚取焉?取非其招不往也。如不待其招而往,何哉?且夫枉尺而直寻者,以利言也。如以利,则枉寻直尺而利,亦可为与?昔者赵简子使王良与嬖奚乘,终日而不获一禽。嬖奚反命曰:‘天下之贱工也。’或以告王良。良曰:‘请复之。’强而后可,一朝而获十禽。嬖奚反命曰:‘天下之良工也。’简子曰:‘我使掌与女乘。’谓王良,良不可,曰:‘吾为之范我驰驱,终日不获一;为之诡遇,一朝而获十。《诗》云:“不失其驰,舍矢如破。”我不贯与小人乘,请辞。’御者且羞与射者比,比而得禽兽,虽若丘陵,弗为也。如枉道而从彼,何也?且子过矣!枉己者,未有能直人者也。”(6.1)

6. 景春曰:“公孙衍、张仪,岂不诚大丈夫哉!一怒而诸侯惧,安居而天下熄。”

孟子曰:“是焉得为大丈夫乎?子未学礼乎?丈夫之冠也,父命之;女子之嫁也,母命之,往送之门,戒之曰:‘往之女家,必敬必戒,无违夫子。’以顺为正者,妾妇之道也。居天下之广居,立天下之正位,行天下之大道。得志,与民由之;不得志,独行其道。富贵不能淫,贫贱不能移,威武不能屈,此之谓大丈夫。”(6.2)

7. 周霄问曰:“古之君子仕乎?”

孟子曰:“仕。《传》曰:‘孔子三月无君,则皇皇如也,出疆必载质。’公明仪曰:‘古之人三月无君,则吊。’”

“三月无君则吊,不以急乎?”

曰:“士之失位也,犹诸侯之失国家也。《礼》曰:‘诸侯耕助,以供粢盛;夫人蚕缫,以为衣服。牺牲不成,粢盛不洁,衣服不备,不敢以祭。惟

士无田，则亦不祭。’牲杀、器皿、衣服不备，不敢以祭，则不敢以宴，亦不足吊乎？”

“出疆必载质，何也？”

曰：“士之仕也，犹农夫之耕也；农夫岂为出疆舍其耒耜哉！”

曰：“晋国亦仕国也，未尝闻仕如此其急。仕如此其急也，君子之难仕，何也？”

曰：“丈夫生而愿为之有室，女子生而愿为之有家。父母之心，人皆有之。不待父母之命、媒妁之言，钻穴隙相窥，逾墙相从，则父母国人皆贱之。古之人未尝不欲仕也，又恶不由其道。不由其道而往者，与钻穴隙之类也。”（6.3）

8. 公都子曰：“外人皆称夫子好辩，敢问何也？”

孟子曰：“予岂好辩哉？予不得已也。天下之生久矣，一治一乱。当尧之时，水逆行，泛滥于中国，蛇龙居之，民无所定，下者为巢，上者为营窟。《书》曰：‘洚水警余。’洚水者，洪水也。使禹治之。禹掘地而注之海，驱蛇龙而放之菹，水由地中行，江、淮、河、汉是也。险阻既远，鸟兽之害人者消，然后人得平土而居之。

“尧舜既没，圣人之道衰，暴君代作。坏宫室以为污池，民无所安息；弃田以为园囿，使民不得衣食。邪说暴行又作，园囿、污池、沛泽多而禽兽至。及纣之身，天下又大乱。周公相武王诛纣，伐奄三年讨其君，驱飞廉于海隅而戮之，灭国者五十，驱虎、豹、犀、象而远之，天下大悦。《书》曰：‘丕显哉，文王谟！丕承哉，武王烈！佑启我后人，咸以正无缺。’

“世衰道微，邪说暴行有作，臣弑其君者有之，子弑其父者有之。孔子惧，作《春秋》。《春秋》，天子之事也。是故孔子曰：‘知我者其惟《春秋》乎！罪我者其惟《春秋》乎！’

“圣王不作，诸侯放恣，处士横议，杨朱、墨翟之言盈天下。天下之言，不归杨则归墨。杨氏为我，是无君也；墨氏兼爱，是无父也。无父无君，是禽兽也。公明仪曰：‘庖有肥肉，厩有肥马；民有饥色，野有饿莩，此率(禽)兽而食人也。’杨墨之道不息，孔子之道不著，是邪说诬民，充塞仁义也。仁义充塞，则率兽食人，人将相食。吾为此惧，闲先圣之道，距杨墨，放淫辞，邪说者不得作。作于其心，害于其事；作于其事，害于其政。圣人复起，不易吾言矣。

“昔者禹抑洪水而天下平，周公兼夷狄、驱猛兽而百姓宁，孔子成《春秋》而乱臣贼子惧。《诗》云：‘戎狄是膺，荆舒是惩，则莫我敢承。’无父无君，是周公所膺也。我亦欲正人心，息邪说，距诐行，放淫辞，以承三圣者。岂好辩哉？予不得已也。能言距杨墨者，圣人之徒也。”(6.9)

孟子卷(第)〔之〕四

离娄章句 凡四十章

1. 孟子曰：“爱人不亲，反其仁；治人不治，反其智；礼人不答，反其敬。行有不得者，皆反求诸己。其身正，而天下归之。《诗》云：‘永言配命，自求多福。’”(7.4)

2. 孟子曰：“自暴者不可与有言也，自弃者不可与有为也。言非礼义，谓之自暴也；吾身不能居仁由义，谓之自弃也。仁，人之安宅也；义，人之正路也。旷安宅而弗居，舍正路而不由，哀哉！”(7.10)

3. 孟子曰：“道在尔而求诸远，事在易而求(之)[诸]难。人人亲其亲，长其长，而天下平。”(7.11)

4. 孟子曰：“居下位而不获于上，民不可得而治也。获于上有道，不信于友，弗获于上矣。信于友有道，事亲弗悦，弗信于友矣。悦亲有道，反身不诚，不悦于亲矣。诚身有道，不明乎善，不诚其身矣。是故诚者，

天之道也；思诚者，人之道也。至诚而不动者，未之有也；不诚，未有能动者也。"(7.12)

5. 孟子曰："存乎人者，莫良于眸子。眸子不能掩其恶。胸中正，则眸子瞭焉；胸中不正，则眸(焉)〔子〕眊焉。听其言也，观其眸子，人焉廋哉！"(7.15)

6. 淳于髡曰："男女授受不亲，礼与？"

孟子曰："礼也。"

曰："嫂溺，则援之以手乎？"

曰："嫂溺不援，是豺狼也。男女授受不亲，礼也；嫂溺援之以手者，权也。"

曰："今天下溺矣，夫子之不援，何也？"

曰："天下溺，援之以道；嫂溺，援之以手。子欲手援天下乎？"(7.17)

7. 公孙丑曰："君子之不教子，何也？"

孟子曰："势不行也。教者必以正。以正不行，继之以怒。继之以怒，则反夷矣。'夫子教我以正，夫子未出于正也。'则是父子相夷也；父子相夷，则恶矣。古者易子而教之，父子之间不责善。责善则离，离则不祥莫大焉。"(7.18)

8. 孟子曰："事孰为大？事亲为大。守孰为大？守身为大。不失其身而能事其亲者，吾闻之矣。失其身而能事其亲者，吾未之闻也。孰不为事？事亲，事之本也，孰不为守？守身，守之本也。曾子养曾皙，必有酒肉；将彻，必请所与；问：'有余？'必曰：'有。'曾皙死，曾元养曾子，必有酒肉，将彻，不请所与；问：'有余？'曰：'亡矣。'将以复进也。此所谓养口体者也。若曾子，则可谓养志也。事亲若曾子者，可也。"(7.19)

9. 孟子曰："有不虞之誉，有求全之毁。"(7.21)

10. 孟子曰："人之易其言也，无责耳矣。"(7.22)

11. 孟子曰："人之患，在好为人师。"(7.23)

12. 乐正子从于子敖之齐。

乐正子见孟子。孟子曰："子亦来见我乎？"

曰："先生何为出此言也？"

曰："子来几日矣？"

曰："昔者。"

曰："昔者，则我出此言也，不亦宜乎？"

曰："舍馆未定。"

曰："子闻之也，舍馆定，然后求见长者乎？"

曰："克有罪。"(7.24)

13. 孟子谓乐正子曰："子之从于子敖来，徒餔啜也。我不意子学古之道，而以餔啜也。"(7.25)

14. 孟子曰："不孝有三，无后为大。舜不告而娶，为无后也。君子以为犹告也。"(7.26)

15. 孟子曰："仁之实，事亲是也；义之实，从兄是也；智之实，知斯二者弗去是也；礼之实，节文斯二者是也；乐之实，乐斯二者，乐则生矣；生则恶可已也，恶可已，则不知足之蹈之，手之舞之。"(7.27)

16. 孟子曰："天下大悦而将归己，视天下悦而归己犹草芥也，惟舜为然。不得乎亲，不可以为人；不顺乎亲，不可以为子。舜尽事亲之道，而瞽瞍(底)〔厎〕豫，瞽瞍(底)〔厎〕豫而天下化。瞽瞍(底)〔厎〕豫而天下之为父子者定，此之谓大孝。"(7.28)

17. 孟子曰："舜生于诸冯，迁于负夏，卒于鸣条，东夷之人也。文王生于岐周，卒于毕郢，西夷之人也。地之相去也，千有余里；世之相后也，千有余岁。得志行乎中国，若合符节。先圣后圣，其揆一

也。”(8.1)

18. 子产听郑国之政，以其乘舆济人于溱、洧。孟子曰：“惠而不知为政。岁十一月徒杠成，十二月舆梁成，民未病涉也。君子平其政，行辟人可也，焉得人人而济之？故为政者，每人而悦之，日亦不足矣。”(8.2)

19. 孟子曰：“非礼之礼，非义之义，大人弗为。”(8.6)

20. 孟子曰：“中也养不中，才也养不才，故人乐有贤父兄也。如中也弃不中，才也弃不才，则贤不肖之相去，其间不能以寸。”(8.7)

21. 孟子曰：“人有不为也，而后可以有为。”(8.8)

22. 孟子曰：“仲尼不为已甚者。”(8.10)

23. 孟子曰：“大人者，言不必信，行不必果，惟义所在。”(8.11)

24. 孟子曰：“大人者，不失其赤子之心〔者〕也。”(8.12)

25. 孟子曰：“养生者不足以当大事，惟送死可以当大事。”(8.13)

26. 孟子曰：“君子深造之以道，欲其自得之也。自得之，则居之安；居之安，则资之深；资之深，则取之左右逢其原，故君子欲其自得之也。”(8.14)

27. 孟子曰：“博学而详说之，将以反说约也。”(8.15)

28. 孟子曰：“以善服人者，未有能服人者也。以善养人，然后能服天下。天下不心服而王者，未之有也。”(8.16)

29. 徐子曰：“仲尼亟称于水，曰：‘水哉水哉！’何取于水也？”

孟子曰：“原泉混混，不舍昼夜，盈科而后进，放乎四海。有本者如是，是之取尔。苟为无本，七八月之间雨集，沟浍皆盈；其涸也，可立而待也。故声闻过情，君子耻之。”(8.18)

30. 孟子曰：“人之所以异于禽兽者几希，庶民去之，君子存之。舜明于庶物，察于人伦，由仁义行，非行仁义也。”(8.19)

31. 孟子曰:“禹恶旨酒而好善言。汤执中,立贤无方。文王视民如伤,望道而未之见。武王不泄迩,不忘远。周公思兼三王,以施四事;其有不合者,仰而思之,夜以继日;幸而得之,坐以待旦。”(8.20)

32. 孟子曰:“王者之迹熄而《诗》亡,《诗》亡然后《春秋》作。晋之《乘》,楚之《梼杌》,鲁之《春秋》,一也。其事则齐桓、晋文,其文则史。孔子曰:‘其义则丘窃取之矣。’”(8.21)

33. 孟子曰:“可以取,可以无取,取伤廉;可以与,可以无与,与伤惠;可以死,可以无死,死伤勇。”(8.23)

34. 孟子曰:“西子蒙不洁,则人皆掩鼻而过之。虽有恶人,斋戒沐浴,则可以祀上帝。”(8.25)

35. 孟子曰:“天下之言性也,则故而已矣。故者以利为本。所恶于智者,为其凿也。如智者若禹之行水也,则无恶于智矣。禹之行水也,行其所无事也。如智者亦行其所无事,则智亦大矣。天之高也,星辰之远也,苟求其故,千岁之日至,可坐而致也。”(8.26)

36. 公行子有子之丧,右师往吊。入门,有进而与右师言者,有就右师之位而与右师言者。孟子不与右师言。右师不悦,曰:“诸君子皆与驩言,孟子独不与驩言,是简驩也。”

孟子闻之,曰:“礼,朝廷不历位而相与言,不逾阶而相揖也。我欲行礼,子敖以我为简,不亦异乎!”(8.27)

37. 孟子曰:“君子所以异于人者,以其存心也。君子以仁存心,以礼存心。仁者爱人,有礼者敬人。爱人者,人恒爱之;敬人者,人恒敬之。有人于此,其待我以横逆,则君子必自反也:我必不仁也,必无礼也,此物奚宜至哉?其自反而仁矣,自反而有礼矣,其横逆由是也,君子必自反也:我必不忠。自反而忠矣,其横逆由是也,君子曰:‘此亦妄人也已矣。如此,则与禽兽奚择哉!于禽兽又何难焉?’是故君子有终身之忧,无一

朝之患也。乃若所忧则有之:舜,人也;我,亦人也。舜为法于天下,可传于后世,我由未免为乡人也,是则可忧也。忧之如何?如舜而已矣。若夫君子所患则亡矣。非仁无为也,非礼无行也。如有一朝之患,则君子不患矣。"(8.28)

38. 禹、稷当平世,三过其门而不入,孔子贤之。颜子当乱世,居于陋巷,一箪食,一瓢饮;人不堪其忧,颜子不改其乐,孔子贤之。孟子曰:"禹、稷、颜回同道。禹思天下有溺者,由己溺之〔也〕;稷思天下有饥者,由己饥之也,是以如是其急也。禹、稷、颜子,易地则皆然。今有同室之人斗者,救之,虽被发缨冠而救之,可也;乡邻有斗者,被发缨冠而往救之,则惑也,虽闭户可也。"(8.29)

39. 公都子曰:"匡章,通国皆称不孝焉。夫子与之游,又从而礼貌之,敢问何也?"

孟子曰:"世俗所谓不孝者五:惰其四支,不顾父母之养,一不孝也;博弈好饮酒,不顾父母之养,二不孝也;好货财,私妻子,不顾父母之养,三不孝也;从耳目之欲,以为父母戮,四不孝也;好勇斗(狠)〔很〕,以危父母,五不孝也。章子有一于是乎?夫章子,子父责善而不相遇也。责善,朋友之道也;父子责善,贼恩之大者。夫章子,岂不欲有夫妻子母之属哉?为得罪于父,不得近,出妻屏子,终身不养焉。其设心以为不若是,是则罪之大者,是则章子[而]已矣。"(8.30)

40. 曾子居武城,有越寇。或曰:"寇至,盍去诸?"曰:"无寓人于我室,毁伤其薪木。"寇退,则曰:"修我墙屋,我将反。"寇退,曾子反。左右曰:"待先生如此其忠且敬也,寇至则先去以为民望,寇退则反,殆于不可。"沈犹行曰:"是非汝所知也。昔沈犹有负刍之祸,从先生者七十人,未有与焉。"

子思居于卫，有齐寇。或曰："寇至，盍去诸？"子思曰："如伋去，君谁与守？"

孟子曰："曾子、子思同道。曾子，师也，父兄也；子思，臣也，微也。曾子、子思，易地则皆然。"（8.31）

孟子卷之五

万章章句　凡（七）〔八〕章

1. 万章问曰："舜往于田，号泣于旻天，何为其号泣也？"

孟子曰："怨慕也。"

万章曰："父母爱之，喜而不忘；父母恶之，劳而不怨。然则舜怨乎？"

曰："长息问于公明高曰：'舜往于田，则吾既得闻命矣。号泣于旻天，于父母，则吾不知也。'公明高曰：'是非尔所知也。'夫公明高以孝子之心为不若是恝，我竭力耕田，共为子职而已矣，父母之不我爱，于我何哉？帝使其子九男二女，百官牛羊仓廪备，以事舜于畎亩之中。天下之士多就之者，帝将胥天下而迁之焉。为不顺于父母，如穷人无所归。天下之士悦之，人之所欲也，而不足以解忧；好色，人之所欲，妻帝之二女，而不足以解忧；富，人之所欲，富有天下，而不足以解忧；贵，人之所欲，贵为天子，而不足以解忧。人悦之、好色、富、贵，无足以解忧者，惟顺于父母，可以解忧。人少则慕父母，知好色则慕少艾，有妻子则慕妻子，仕则慕君，不得于君则热中。大孝终身慕父母。五十而慕者，予于大舜见之矣。"（9.1）

2. 咸丘蒙问曰："语云：'盛德之士，君不得而臣，父不得而子。'舜南面而立，尧帅诸侯北面而朝之，瞽瞍亦北面而朝之。舜见瞽瞍，

其容有蹙。孔子曰:'于斯时也,天下殆哉,岌岌乎!'不识此语诚然乎哉?"

孟子曰:"否。此非君子之言,齐东野人之语也。尧老而舜摄也。《尧典》曰:'二十有八载,放勋乃徂落,百姓如丧考妣。三年,四海遏密八音。'孔子曰:'天无二日,民无二王。'舜既为天子矣,又帅天下诸侯以为尧三年丧,是二天子矣。"

咸丘蒙曰:"舜之不臣尧,则吾既得闻命矣。《诗》云:'普天之下,莫非王土;率土之滨,莫非王臣。'而舜既为天子矣,敢问瞽瞍之非臣如何?"

曰:"是诗也,非是之谓也。劳于王事,而不得养父母也。曰:'此莫非王事,我独贤劳也。'故说诗者,不以文害辞,不以辞害志。以意逆志,是为得之。如以辞而已矣,《云汉》之诗曰:'周余黎民,靡有孑遗。'信斯言也,是周无遗民也。孝子之至,莫大乎尊亲;尊亲之至,莫大乎以天下养。为天子父,尊之至也;以天下养,养之至也。《诗》曰:'永言孝思,孝思维则。'此之谓也。《书》曰:'祇载见瞽瞍,夔夔齐栗,瞽瞍亦允若。'是为父不得而子也?"(9.4)

3.万章问曰:"人有言:'伊尹以割烹要汤'。有诸?"

孟子曰:"否,不然。伊尹耕于有莘之野,而乐尧舜之道焉。非其义也,非其道也,禄之以天下,弗顾也;系马千驷,弗视也。非其义也,非其道也,一介不以与人,一介不以取诸人。汤使人以币聘之,嚣嚣然曰:'我何以汤之聘币为哉?我岂若处畎亩之中,由是以乐尧舜之道哉?'汤三使往聘之,既而幡然改曰:'与我处畎亩之中,由是以乐尧舜之道,吾岂若使是君为尧舜之君哉?吾岂若使是民为尧舜之民哉?吾岂若于吾身亲见之哉?天之生此民也,使先知觉后知,使先觉觉后觉也。予,天民之先觉者也,予将以斯道觉斯民也,非予觉之而谁也?'思天下之民,匹夫匹妇有不被尧舜之泽者，若己推而内之沟中。其自任以天下之重如此，故就汤而说之以伐夏救民。吾未闻枉己而正人者也，况辱己以正天下者乎？圣人之行不同也，或远或近，或去或不去，归洁其身而已矣。吾闻其以尧舜之道要汤，未闻以割烹也。《伊训》曰：‘天诛造攻自牧宫，朕载自亳。’”(9.7)

4. 万章问曰：“或谓孔子于卫主痈疽，于齐主侍人瘠环，有诸乎？”

孟子曰：“否，不然也，好事者为之也。于卫主颜雠由。弥子之妻与子路之妻，兄弟也。弥子谓子路曰：‘孔子主我，卫卿可得也。’子路以告。孔子曰：‘有命。’孔子进以礼，退以义，得之不得曰‘有命’。而主痈疽与侍人瘠环，是无义无命也。孔子不悦于鲁、卫，遭宋桓司马将要而杀之，微服而过宋。是时孔子当厄，主司城贞子，为陈侯周臣。吾闻观近臣，以其所为主；观远臣，以其所主。若孔子主痈疽与侍人瘠环，何以为孔子？”(9.8)

5. 万章问曰：“或曰：‘百里奚自鬻于秦〔养〕牲者五羊之皮食牛以要秦穆公。’信乎？”

孟子曰：“否，不然，好事者为之也。百里奚，虞人也。晋人以垂棘之璧与屈产之乘，假道于虞以伐虢。宫之奇谏，百里奚不谏，知虞公之不可谏而去。之秦，年已七十矣，曾不知以食牛干秦穆公之为污也，可谓智乎？不可谏而不谏，可谓不智乎？知虞公之将亡而先去之，不可谓不智也。时举于秦，知缪公之可与有行也而相之，可谓不智乎？相秦而显其君于天下，可传于后世，不贤而能之乎？自鬻以成其君，乡党自好者不为，而谓贤者为之乎？”(9.9)

6. 北宫锜问曰：“周室班爵禄也，如之何？”

孟子曰：“其详不可得闻也。诸侯恶其害己也，而皆去其籍。然而轲也尝闻其略也。天子一位，公一位，侯一位，伯一位，子、男同一

位，凡五等也。君一位，卿一位，大夫一位，上士一位，中士一位，下士一位，凡六等。天子之制，地方千里，公、侯皆方百里，伯七十里，子、男五十里，凡四等。不能五十里，不达于天子，附于诸侯，曰附庸。天子之卿受地视侯，大夫受地视伯，元士受地视子、男。大国地方百里，君十卿禄，卿禄四大夫，大夫倍上士，上士倍中士，中士倍下士，下士与庶人在官者同禄，禄足以代其耕也。次国地方七十里，君十卿禄，卿禄三大夫，大夫倍上士，上士倍中士，中士倍下士，下士与庶人在官者同禄，禄足以代其耕也。小国地方五十里，君十卿禄，卿禄二大夫，大夫倍上士，上士倍中士，中士倍下士，下士与庶人在官者同禄，禄足以代其耕也。耕者之所获，一夫百亩；百亩之粪，上农夫食九人，上次食八人，中食七人，中次食六人，下食五人。庶人在官者，其禄以是为差。”(10.2)

7. 孟子曰：“仕非为贫也，而有时乎为贫；娶妻非为养也，而有时乎为养。为贫者，辞尊居卑，辞富居贫。辞尊居卑，辞富居贫，恶乎宜乎？抱关击柝。孔子尝为委吏矣，曰：‘会计当而已矣。’尝为乘田矣，曰：‘牛羊茁(茌)〔壮〕长而已矣。’位卑而言高，罪也。立乎人之本朝而道不行，耻也。”(10.5)

8. 孟子谓万章曰：“一乡之善士，斯友一乡之善士；一国之善士，斯友一国之善士；天下之善士，斯友天下之善士。以友天下之善士为未足，又尚论古之人。颂其诗，读其书，不知其人可乎？是以论其世也。是尚友也。”(10.8)

（录者注：本卷标为七章，实为八章）

孟子卷之六

告子章句 凡三十一章

1. 告子曰:“性犹杞柳也,义犹桮棬也;以人性为仁义,犹以杞柳为桮棬。”

孟子曰:“子能顺杞柳之性而以为桮棬乎?将戕贼杞柳而后以为桮棬也?如将戕贼杞柳而以为桮棬,则亦将戕贼人以为仁义与?率天下之人而祸仁义者,必子之言夫!”(11.1)

2. 告子曰:“性犹湍水也,决诸东方则东流,决诸西方则西流。人性之无分于善不善也,犹水之无分于东西也。”

孟子曰:“水信无分于东西,无分于上下乎?人性之善也,犹水之就下也。人无有不善,水无有不下。今夫水,搏而跃之,可使过颡;激而行之,可使在山。是岂水之性哉?其势则然也。人之可使为不善,其性亦犹是也。”(11.2)

3. 告子曰:“生之谓性。”

孟子曰:“生之谓性也,犹白之谓白与?”

曰:“然。”

“白羽之白也,犹白雪之白;白雪之白犹白玉之白与?”

曰:“然。”

“然则犬之性犹牛之性,牛之性犹人之性与?”(11.3)

4. 告子曰:“食色,性也。仁,内也,非外也;义,外也,非内也。”

孟子曰:“何以谓仁内义外也?”

曰:“彼长而我长之,非有长于我也;犹彼白而我白之,从其白于外也,故谓之外也。”

曰:“异于白马之白也,无以异于白人之白也;不识长马之长也,无

以异于长人之长与？且谓长者义乎？长之者义乎？”

曰：“吾弟则爱之，秦人之弟则不爱也，是以我为悦者也，故谓之内。长楚人之长，亦长吾之长，是以长为悦者也，故谓之外也。”

曰：“耆秦人之炙，无以异于耆吾炙，夫物则亦有然者也，然则耆炙亦有外与？”(11.4)

5. 孟季子问公都子曰：“何以谓义内也？”

曰：“行吾敬，故谓之内也。”

“乡人长于伯兄一岁，则谁敬？”

曰：“敬兄。”

“酌则谁先？”

曰：“先酌乡人。”

“所敬在此，所长在彼，果在外，非由内也。”

公都子不能答，以告孟子。孟子曰：“敬叔父乎？敬弟乎？彼将曰：‘敬叔父。’曰：‘弟为尸，则谁敬？’彼将曰：‘敬弟。’子曰：‘恶在其敬叔父也？’彼将曰：‘在位故也。’

子亦曰：‘在位故也。庸敬在兄，斯须之敬在乡人。’”

季子闻之，曰：“敬叔父则敬，敬弟则敬，果在外，非由内也。”

公都子曰：“冬日则饮汤，夏日则饮水，然则饮食亦在外也？”(11.5)

6. 公都子曰：“告子曰：‘性无善无不善也。’或曰：‘性可以为善，可以为不善；是故文武兴，则民好善；幽厉兴，则民好暴。’或曰：‘有性善，有性不善；是故以尧为君而有象；以瞽瞍为父而有舜；以纣为兄之子且以为君，而有微子启、王子比干。’今曰：‘性善’，然则彼皆非与？”

孟子曰：“乃若其情，则可以为善矣，乃所谓善也。若夫为不善，非才之罪也。恻隐之心，人皆有之；羞恶之心，人皆有之；恭敬之心，人皆有之；是非之心，人皆有之。恻隐之心，仁也；羞恶之心，义也；恭敬之心，礼也；是非之心，智也。仁义礼智，非由外铄我也，我固有之也，弗思耳矣。故曰，‘求则得之，舍则失之。’或相倍蓰而无算者，不能尽其才者也。《诗》曰：‘天生蒸民，有物有则。民之秉（夷）〔彝〕，好是懿德。’孔子曰：‘为此诗者，其知道乎！故有物必有则；民之秉（夷）〔彝〕也，故好是懿德。’”（11.6）

7. 孟子曰：“富岁，子弟多赖；凶岁，子弟多暴。非天之降才尔殊也，其所以陷溺其心者然也。今夫麰麦，播种而耰之，其地同，树之时又同，浡然而生，至于日至之时，皆熟矣。虽有不同，则地有肥硗，雨露之养、人事之不齐也。故凡同类者，举相似也，何独至于人而疑之？圣人，与我同类者。

故龙子曰：‘不知足而为屦，我知其不为（篑）［蒉］也。’屦之相似，天下之足同也。口之于味，有同耆也；易牙先得我口之所耆者也。如使口之于味也，其性与人殊，若犬马之与我不同类也，则天下何耆皆从易牙之于味也？至于味，天下期于易牙，是天下之口相似也。惟耳亦然。至于声，天下期于师旷，是天下之耳相似也。惟目亦然。至于子都，天下莫不知其姣也。不知子都之姣者，无目者也。故曰：口之于味也，有同耆焉；耳之于声也，有同听焉；目之于色也，有同美焉。至于心，独无所同然乎？心之所同然者何也？谓理也，义也。圣人先得我心之所同然耳。故理义之悦我心，犹刍豢之悦我口。”（11.7）

8. 孟子曰：“牛山之木尝美矣，以其郊于大国也，斧斤伐之，可以为美乎？是其日夜之所息，雨露之所润，非无萌蘖之生焉，牛羊又从而牧之，是以若彼濯濯也。人见其濯濯也，以为未尝有材焉，此岂山之性也哉？虽存乎人者，岂无仁义之心哉？其所以放其良心者，亦犹斧斤之于木也，旦旦而伐之，可以为美乎？其日夜之所息，平旦之气，其好恶与人相近也者几希，则其旦昼之所为，有梏亡之矣。梏之反覆，则其夜气不足

以存;夜气不足以存,则其违禽兽不远矣。人见其禽兽也,而以为未尝有才焉者,是岂人之情也哉?故苟得其养,无物不长;苟失其养,无物不消。孔子曰:'操则存,舍则亡;出入无时,莫知其乡。'惟心之谓与?"(11.8)

9. 孟子曰:"鱼,我所欲也,熊掌亦我所欲也;二者不可得兼,舍鱼而取熊掌者也。生亦我所欲也,义亦我所欲也;二者不可得兼,舍生而取义者也。生亦我所欲,所欲有甚于生者,故不为苟得也;死亦我所恶,所恶有甚于死者,故患有所不辟也。如使人之〔所〕欲莫甚于生,则凡可以得生者,何不用也?使人之所恶莫甚于死者,则凡可以辟患者,何不为也?由是则生而有不用也,由是则可以辟患而有不为也,是故所欲有甚于生者,所恶有甚于死者。非独贤者有是心也,人皆有之,贤者能勿丧耳。一箪食,一豆羹,得之则生,弗得则死,嘑尔而与之,行道之人弗受;蹴尔而与之,乞人不屑也。万钟则不辩礼义而受之,万钟于我何加焉?为宫室之美、妻妾之奉、所识穷乏者得我与?乡为身死而不受,今为宫室之美为之;乡为身死而不受,今为〔妻妾之奉为之;乡为身死而不受,今为所识穷乏〕者得我而为之,是亦不可以已乎?此之谓失其本心。"(11.10)

10. 孟子曰:"仁,人心也;义,人路也。舍其路而弗由,放其心而不知求,哀哉!人有鸡犬放,则知求之;有放心而不知求。学问之道无他,求其放心而已矣。"(11.11)

11. 孟子曰:"今有无名之指,屈而不信,非疾痛害事也,如有能信之者,则不远(齐)〔秦〕楚之路,为指之不若人也。指不若人,则知恶之;心不若人,则不知恶,此之谓不知类也。"(11.12)

12. 孟子曰："拱把之桐梓，人苟欲生之，皆知所以养之者。至于身，而不知所以养之者，岂爱身不若桐梓哉？弗思甚也。"（11.13）

13. 孟子曰："人之于身也，兼所爱。兼所爱，则兼所养也。无尺寸之肤不爱焉，则无尺寸之肤不养也。所以考其善不善者，岂有他哉？于己取之而已矣。体有贵贱，有小大。无以小害大，无以贱害贵。养其小者为小人，养其大者为大人。今有场师，舍其梧槚，养其樲棘，则为贱场师焉。养其一指而失其肩背，而不知也，则为狼疾人也。饮食之人，则人贱之矣，为其养小以失大也。饮食之人无有失也，则口腹岂适为尺寸之肤哉？"（11.14）

14. 公都子问曰："钧是人也，或为大人，或为小人，何也？"

孟子曰："从其大体为大人，从其小体为小人。"

曰："钧是人也，或从其大体，或从其小体，何也？"

曰："耳目之官不思，而蔽于物。物交物，则引之而已矣。心之官则思，思则得之，不思则不得也。此天之所与我者。先立乎其大者，则其小者(弗)〔不〕能夺也。此为大人而已矣。"（11.15）

15. 孟子曰："有天爵者，有人爵者。仁义忠信，乐善不倦，此天爵也；公卿大夫，此人爵也。古之人修其天爵，而人爵从之。今之人修其天爵，以要人爵；既得人爵，而弃其天爵，则惑之甚者也，终亦必亡而已矣。"（11.16）

16. 孟子曰："欲贵者，人之同心也。人人有贵于己者，弗思耳[矣]。人之所贵者，非良贵也。赵孟之所贵，赵孟能贱之。《诗》云：'既醉以酒，既饱以德。'言饱乎仁义也，所以不愿人之膏粱之味也；令闻广誉施于身，所以不愿人之文绣也。"（11.17）

17. 孟子曰:“仁之胜不仁也,犹水胜火。今之为仁者,犹以一杯水救一车薪之火也;不熄,则谓之水不胜火,此又与于不仁之甚者也,亦终必亡而已矣。”(11.18)

18. 孟子曰:“五谷者,种之美者也;苟为不熟,不如荑稗。夫仁,亦在乎熟之而已矣。”(11.19)

19. 孟子曰:“羿之教人射,必志于彀。学者亦必志于彀。大匠诲人,〔必〕以规矩;学者亦必以规矩。”(11.20)

20. 任人有问屋庐子曰:“礼与食孰重?”

曰:“礼重。”

“色与礼孰重?”

曰:“礼重。”

曰:“以礼食,则饥而死;不以礼食,则得食,必以礼乎?亲迎,则不得妻;不亲迎,则得妻,必亲迎乎?”

屋庐子不能对,明日之邹,以告孟子。

孟子曰:“于答是也,何有?不揣其本,而齐其末,方寸之木可使高于岑楼。金重于羽者,岂谓一钩金与一舆羽之谓哉?取食之重者与礼之轻者而比之,奚翅食重?取色之重者与礼之轻者而比之,奚翅色重?往应之曰:‘纱兄之臂而夺之食,则得食;不纱,则不得食,则将纱之乎?逾东家墙而搂其处子,则得妻;不搂,则不得妻,则将搂之乎?’”(12.1)

21. 曹交问曰:“人皆可以为尧舜,有诸?”

孟子曰:“然。”

“交闻文王十尺,汤九尺,今交九尺四寸以长,食粟而已,如何则可?”

曰:“奚有于是?亦为之而已矣。有人于此,力不能胜一匹雏,则为无力人矣;今曰举百钧,则为有力人矣,然则举乌获之任,是亦为乌获而已矣。夫人岂以不胜为患哉？弗为耳。徐行后长者谓之弟，疾行先长者谓之不弟。夫徐行者，岂人所不能哉？所不为也。尧舜之道，孝弟而已矣。子服尧之服，诵尧之言，行尧之行，是尧而已矣。子服桀之服，诵桀之言，行桀之行，是桀而已矣。"

曰："交得见于邹君，可以假馆，愿留而受业于门。"

曰："夫道，若大路然，岂难知哉？人病不求耳。子归而求之，有余师。"(12.2)

22. 公孙丑问曰："高子曰：《小弁》，小人之诗也。"

孟子曰："何以言之？"

曰："怨。"

曰："固哉，高叟之为诗也！有人于此，越人关弓而射之，则己谈笑而道之；无他，疏之也。其兄关弓而射之，则己垂涕泣而道之；无他，戚之也。《小弁》之怨，亲亲也。亲亲，仁也。固矣夫，高叟之为诗也！"

曰："《凯风》何以不怨？"

曰："《凯风》，亲之过小者也；《小弁》，亲之过大者也。亲之过大而不怨，是愈疏也；亲之过小而怨，是不可矶也。愈疏，不孝也；不可矶，亦不孝也。孔子曰：'舜其至孝矣，五十而慕。'"(12.3)

23. 孟子居邹，季任为任处守，以币交，受之而不报。处于平陆，储子为相，以币交，受之而不报。他日，由邹之任，见季子；由平陆之齐，不见储子。屋庐子喜曰："连得间矣。"问曰："夫子之任，见季子；之齐，不见储子，为其为相与？"

曰："非也。《书》曰：'享多仪，仪不及物曰不享，惟不役志于享。'为其不成享也。"

屋庐子悦。或问之，屋庐子曰："季子不得之邹，储子得之平陆。"

(12.5)

24. 淳于髡曰:“先名实者,为人也;后名实者,自为也。夫子在三卿之中,名实未加于上下而去之,仁者固如此乎?”

孟子曰:“居下位,不以贤事不肖者,伯夷也;五就汤,五就桀者,伊尹也;不恶汙君,不辞小官者,柳下惠也。三子者不同道,其趋一也。一者何也?曰,仁也。君子亦仁而已矣,何必同?”

曰:“鲁缪公之时,公仪子为政,子柳、子思为臣,鲁之削也滋甚。若是乎,贤者之无益于国也!”

曰:“虞不用百里奚而亡,秦穆公用之而霸。不用贤则亡,削何可得与?”

曰:“昔者王豹处于淇,而河西善讴;绵驹处于高唐,而齐右善歌;华周、杞梁之妻善哭其夫而变国俗。有诸内,必形诸外。为其事而无其功者,髡未尝睹之也。是故无贤者也;有则髡必识之。”

曰:“孔子为鲁司寇,不用,从而祭,燔肉不至,不税冕而行。不知者以为为肉也,其知者以为为无礼也。乃孔子则欲以微罪行,不欲为苟去。君子之所为,众人固不识也。”(12.6)

25. 孟子曰:“五霸者,三王之罪人也;今之诸侯,五霸之罪人也;今之大夫,今之诸侯之罪人也。天子适诸侯曰巡狩,诸侯朝于天子曰述职。春省耕而补不足,秋省敛而助不给。入其疆,土地辟,田野治,养老(遵)〔尊〕贤,俊杰在位,则有庆,庆以地。入其疆,土地荒芜,遗老失贤,掊克在位,则有让。一不朝,则贬其爵;再不朝,则削其地;三不朝,则六师移之。是故天子讨而不伐,诸侯伐而不讨。五霸者,搂诸侯以伐诸侯者也,故曰,五霸者,三王之罪人也。五霸,桓公为盛。葵丘之会,诸侯束牲载书而不歃血。初命曰,诛不孝,无易树子,无以妾为妻。再命曰,尊贤育才,以彰有德。三命曰,敬老慈幼,无忘宾旅。四命曰,士无世官,官事无摄，取士必得，无专杀大夫。五命曰，无曲防，无遏籴，无有封而不告。曰，凡我同盟之人，既盟之后，言归于好。今之诸侯皆犯此五禁，故曰，今之诸侯，五霸之罪人也。长君之恶其罪小，逢君之恶其罪大。今之大夫皆逢君之恶，故曰，今之大夫，今之诸侯之罪人也。”（12.7）

26. 白圭曰：“吾欲二十而取一，何如？”

孟子曰：“子之道，貉道也。万室之国，一人陶，则可乎？”

曰：“不可，器不足用也。”

曰：“夫貉，五谷不生，惟黍生之；无城郭、宫室、宗庙、祭祀之礼，无诸侯币帛饔飧，无百官有司，故二十取一而足也。今居中国，去人伦，无君子，如之何其可也？陶以寡，且不可以为国，况无君子乎？欲轻之于尧舜之道者，大貉小貉也；欲重之于尧舜之道者，大桀小桀也。”（12.10）

27. 白圭曰：“丹之治水也愈于禹。”

孟子曰：“子过矣。禹之治水，水之道也，是故禹以四海为壑。今吾子以邻国为壑。水逆行谓之洚水，洚水者，洪水也，仁人之所恶也。吾子过矣。”（12.11）

28. 孟子曰：“君子不亮，恶乎执？”（12.12）

29. 鲁欲使乐正子为政。孟子曰：“吾闻之，喜而不寐。”

公孙丑曰：“乐正子强乎？”

曰：“否。”

“有知虑乎？”

曰：“否。”

“多闻识乎？”

曰：“否。”

“然则奚为喜而不寐？”

曰：“其为人也好善。”

"好善足乎?"

曰:"好善优于天下,而况鲁国乎?夫苟好善,则四海之内,皆将轻千里而来告之以善;夫苟不好善,则人将曰:'訑訑,予既已知之矣。'訑訑之声音颜色,距人于千里之外。士止于千里之外,则谗谄面谀之人至矣。与谗谄面谀之人居,国欲治,可得乎?"(12.13)

30. 孟子曰:"舜发于畎亩之中,傅说举于版筑之间,胶鬲举于鱼盐之中,管夷吾举于士,孙叔敖举于海,百里奚举于市。故天将降大任于是人也,必先苦其心志,劳其筋骨,饿其体肤,空乏其身,行拂乱其所为,所以动心忍性,曾益其所不能。人恒过,然后能改;困于心,衡于虑,而后作;征于色,发于声,而后喻。入则无法家拂士,出则无敌国外患者,国恒亡。然后知生于忧患而死于安乐也。"(12.15)

31. 孟子曰:"教亦多术矣,予不屑之教诲也者,是亦教诲之而已矣。"(12.16)

孟子卷(第)〔之〕七

尽心章句 凡六十七章

1. 孟子曰:"尽其心者,知其性也。知其性,则知天矣。存其心,养其性,所以事天也。夭寿不贰,修身以俟之,所以立命也。"(13.1)

2. 孟子曰:"莫非命也,顺受其正,是故知命〔者不立乎岩墙之下。尽其道而死者,正命也;桎梏死者,非正命也。"〕(13.2)

3. 孟子曰:"求则得之,舍则失之,是求有益于得也,求在我者也。求之有道,得之有命,是求无益于得也,求在外者也。"(13.3)

4.〔孟子曰:"万物皆备于我矣。反身而诚,乐莫大焉。强恕而行,求仁莫近焉。"〕(13.4)

5.〔孟子曰:"行之而不著焉,习矣而不察焉,终身由之而不知其道

者,众也。”〕(13.5)

6.〔孟子曰:“人不可以无耻。无耻之耻,无耻矣。”〕(13.6)

7.〔孟子曰:“耻之于人大矣。为机变之巧者,无所用耻焉。不耻不若人,何〕若人有?”(13.7)

8.孟子谓宋勾践曰:“子好游乎?吾语子游。人知之,亦嚣嚣;人不知,亦嚣嚣。”

曰:“何如斯可以嚣嚣矣?”

曰:“尊德乐义,则可以嚣嚣矣。故士穷不失义,达不离道。穷不失义,故士得(巳)〔己〕焉;达不离道,故民不失望焉。古之人,得志,泽加于民;不得志,修身见于世。穷则独善其身,达则兼善天下。”(13.9)

9.孟子曰:“待文王而后兴者,凡民也。若夫豪杰之士,虽无文王犹兴。”(13.10)

10.孟子曰:“附之以韩魏之家,如其自视欿然,则过人远矣。”(13.11)

11.孟子曰:“以佚道使民,虽劳不怨。以生道杀民,虽死不怨杀者。”(13.12)

12.孟子曰:“霸者之民,驩虞如也;王者之民,皞皞如也。杀之而不怨,利之而不庸,民日迁善而不知为之者。夫君子所过者化,所存者神,上下与天地同流,岂曰小补之哉?”(13.13)

13.孟子曰:“仁言不如仁声之入人深也,善政不如善教之得民也。善政,民畏之;善教,民爱之。善政得民财,善教得民心。”(13.14)

14.孟子曰:“人之所不学而能者,其良能也;所不虑而知者,其良知也。孩提之童无不知爱其亲者,及其长也,无不知敬其兄也。亲亲,仁也;敬长,义也;无他,达之天下也。”(13.15)

15.孟子曰:“舜之居深山之中,与木石居,与鹿豕游,其所以异于深

山之野人者几希；及其闻一善言，见一善行，若决江河，沛然莫之能御也。”(13.16)

16. 孟子曰：“无为其所不为，无欲其所不欲，如此而已矣。”(13.17)

17. 孟子曰：“人之有德、慧、术、知者，恒存乎疢疾。独孤臣孽子，其操心也危，其虑患也深，故达。”(13.18)

18. 孟子曰：“有事君人者，事是君则为容悦者也；有安社稷臣者，以安社稷为悦者也；有天民者，达可行于天下而后行之者也；有大人者，正己而物正者也。”(13.19)

19. 孟子曰：“君子有三乐，而王天下不与存焉。父母俱存，兄弟无故，一乐也；仰不愧于天，俯不怍于人，二乐也；得天下英才而教育之，三乐也。君子有三乐，而王天下不与存焉。”(13.20)

20. 孟子曰：“广土众民，君子欲之，所乐不存焉；中天下而立，定四海之民，君子乐之，所性不存焉。君子所性，虽大行不加焉，虽穷居不损焉，分定故也。君子所性，仁、义、礼、智根于心，其生色也，(睟)〔睟〕然见于面，盎于背施于四体，四体不言而喻。”(13.21)

21. 孟子曰：“伯夷辟纣，居北海之滨，闻文王作，兴曰：‘盍归乎来，吾闻西伯善养老者。’太公辟纣，居东海之滨，闻文王作，兴曰：‘盍归乎来，吾闻西伯善养老者。’天下有善养老，则仁人以为己归矣。五亩之宅，树墙下以桑，匹妇蚕之，则老者足以衣帛矣。五母鸡，二母彘，无失其时，老者足以无失肉矣。百亩之田，匹夫耕之，八口之家足以无饥矣。所谓西伯善养老者，制其田里，教之树畜，导其妻子使养其老。五十非帛不暖，七十非肉不饱。不暖不饱，谓之冻馁。文王之民无冻馁之老者，此之谓也。”(13.22)

22. 孟子曰：“易其田畴，薄其税敛，民可使富也。食之以时，用之以礼，财不可胜用也。民非水火不生活，昏暮叩人之门户求水火，无弗与

者，至足矣。圣人治天下，使有菽粟如水火。菽粟如水火，而民焉有不仁者乎？”（13.23）

23. 孟子曰：“孔子登东山而小鲁，登泰山而小天下，故观于海者难为水，游于圣人之门者难为言。观水有术，必观其澜。日月有明，容光必照焉。流水之为物也，不盈科不行；君子之志于道也，不成章不达。”（13.24）

24. 孟子曰：“鸡鸣而起，孳孳为善者，舜之徒也；鸡鸣而起，孳孳为利者，跖之徒也。欲知舜与跖之分，无他，利与善之间也。”（13.25）

25. 孟子曰：“杨子取为我，拔一毛而利天下，不为也。墨子兼爱，摩顶放踵利天下，为之。子莫执中。执中为近之。执中无权，犹执一也。所恶执一者，为其贼道也，举一而废百也。”（13.26）

26. 孟子曰：“饥者甘食，渴者甘饮，是未得饮食之正也，饥渴害之也。岂惟口腹有饥渴之害？人心亦皆有害。人能无以饥渴之害为心害，则不及人不为忧矣。”（13.27）

27. 孟子曰：“柳下惠不以三公易其介。”（13.28）

28. 孟子曰：“有为者辟若掘井，掘井九轫而不及泉，犹为弃井也。”（13.29）

29. 孟子曰：“尧舜，性之也；汤武，身之也；五霸，假之也。久假而不归，恶知其非有也。”（13.30）

30. 公孙丑曰：“《诗》曰：‘不素餐兮。’君子之不耕而食，何也？”

孟子曰：“君子居是国也，其君用之，则安富尊荣；其子弟从之，则孝悌忠信。‘不素餐兮’，孰大于是？”（13.32）

31. 王子垫问曰：“士何事？”

孟子曰：“尚志。”

曰：“何谓尚志？”

曰："仁义而已矣。杀一无罪非仁也，非其有而取之非义也。居恶在？仁是也；路恶在？义是也。居仁由义，大人之事备矣。"(13.33)

32. 孟子曰："仲子，不义与之齐国而弗受，人皆信之，是舍箪食豆羹之义也。人莫大焉亡亲戚君臣上下。以其小者信其大者，奚可哉？"(13.34)

33. 孟子自范之齐，望见齐王之子，喟然叹曰："居移气，养移体，大哉居乎！夫非尽人之子与？"

孟子曰："王子宫室、车马、衣服多与人同，而王子若彼者，其居使之然也；况居天下之广居者乎？鲁君之宋，呼于垤泽之门。守者曰：'此非吾君也，何其声之似我君也？'此无他，居相似也。"(13.36)

34. 孟子曰："食而弗爱，豕交之也；爱而不敬，兽畜之也。恭敬者，币之未将者也。恭敬而无实，君子不可虚拘。"(13.37)

35. 孟子曰："形色，天性也；惟圣人然后可以践形。"(13.38)

36. 齐宣王欲短丧。公孙丑曰："为期之丧，犹愈于(己)〔已〕乎？"

孟子曰："是犹或紾其兄之臂，子谓之姑徐徐云尔，亦教之孝悌而已矣。"

王子有其母死者，其傅为之请数月之丧。公孙丑曰："若此者何如也？"

曰："是欲终之而不可得也。虽加一日愈于(己)〔已〕，谓夫莫之禁而弗为者也。"(13.39)

37. 孟子曰："君子之所以教者五：有如时雨化之者，有成德者，有达财者，有答问者，有私淑艾者。此五者，君子之所以教也。"(13.40)

38. 公孙丑曰："道则高矣，美矣，宜若登天然，似不可及也。何不使彼为可几及而日孳孳也？"

孟子曰："大匠不为拙工改废绳墨，羿不为拙射变其彀率。君子引

而不发，跃如也。中道而立，能者从之。”(13.41)

39. 孟子曰：“天下有道，以道殉身；天下无道，以身殉道；未闻以道殉乎人者也。”(13.42)

40. 孟子曰：“于不可已而已者，无所不已。于所厚者薄，无所不薄也。其进锐者，其退速。”(13.44)

41. 孟子曰：“君子之于物也，爱之而弗仁；于民也，仁之而弗亲。亲亲而仁民，仁民而爱物。”(13.45)

42. 孟子曰：“知者无不知也，当务之为急；仁者无不爱也，急亲贤之为务。尧舜之知而不遍物，急先务也；尧舜之仁不遍爱人，急亲贤也。不能三年之丧，而缌、小功之察；放饭流歠，而问无齿决，是之谓不知务。”(13.46)

43. 孟子曰：“春秋无义战。彼善于此，则有之矣。征者，上伐下也。敌国不相征也。”(14.2)

44. 孟子曰：“尽信《书》，则不如无《书》。吾于《武成》，取二三策而已矣。仁人无敌于天下，以至仁伐至不仁，而何其血之流杵也？”(14.3)

45. 孟子曰：“梓匠轮舆能与人规矩，不能使人巧。”(14.5)

46. 孟子曰：“舜之饭糗茹草也，若将终身焉；及其为天子也，被袗衣，鼓琴，二女果，若固有之。”(14.6)

47. 孟子曰：“身不行道，不行于妻子；使人不以道，不能行于妻子。”(14.9)

48. 孟子曰：“周于利者，凶年不能杀；周于德者，邪世不能乱。”(14.10)

49. 孟子曰：“圣人，百世之师也，伯夷、柳下惠是也。故闻伯夷之风者，顽夫廉，懦夫有立志；闻柳下惠之风者，薄夫敦，鄙夫宽。奋乎百世之上，百世之下，闻者莫不兴起也。非圣人而能若是乎？而况于亲炙之者

乎?”(14.15)

50. 孟子曰:“仁也者,人也。合而言之,道也。”(14.16)

51. 孟子曰:“孔子之去鲁,曰,‘迟迟吾行也,去父母国之道也。’去齐,接淅而行,去他国之道也。”(14.17)

52. 孟子曰:“君子之厄于陈、蔡之间,无上下之交也。”(14.18)

53. 貉稽曰:“稽大不理于口。”

孟子曰:“无伤也。士憎兹多口。《诗》云:‘忧心悄悄,愠于群小。’孔子也。‘肆不殄厥愠,亦不殒厥问。’文王也。”(14.19)

54. 孟子谓高子曰:“山径之蹊,间介然用之而成路;为间不用,则茅塞之矣。今茅塞子之心矣。”(14.21)

55. 高子曰:“禹之声尚文王之声。”

孟子曰:“何以言之?”

曰:“以追蠡。”

曰:“是奚足哉? 城门之轨,两马之力与?”(14.22)

56. 齐饥。陈臻曰:“国人皆以夫子将复为发棠,殆不可复。”

孟子曰:“是为冯妇也。晋人有冯妇者,善搏虎,卒为善士。则之野,有众逐虎。虎负嵎,莫之敢撄。望见冯妇,趋而迎之。冯妇攘臂下车。众皆悦之,其为士者笑之。”(14.23)

57. 孟子曰:“口之于味也,目之于色也,耳之于声也,鼻之于臭也,四肢之于安佚也,性也,有命焉,君子不谓性也。仁之于父子也,义之于君臣也,礼之于宾主也,知之于贤者也,圣人之于天道也,命也,有性焉,君子不谓命也。”(14.24)

58. 浩生不害问曰:“乐正子何人也?”

孟子曰:“善人也,信人也。”

“何谓善? 何谓信?”

曰："可欲之谓善，有诸己之谓信，充实之谓美，充实而有光辉之谓大，大而化之之谓圣，圣而不可知之之谓神。乐正子，二之中，四之下也。"(14.25)

59. 孟子曰："逃墨必归于杨，逃杨必归于儒。归，斯受之而已矣。今之与杨、墨辩者，如追放豚，既入其笠，又从而招之。"(14.26)

60. 盆成括仕于齐，孟子曰："死矣盆成括！"

盆成括见杀，门人问曰："夫子何以知其将见杀？"

曰："其为人也小有才，未闻君子之大道也，则足以杀其躯而已矣。"(14.29)

61. 孟子曰："人皆有所不忍，达之于其所忍，仁也；人皆有所不为，达之于其所为，义也。人能充无欲害人之心，而仁不可胜用也；人能充无穿逾之心，而义不可胜用也；人能充无受尔汝之实，无所往而不为义也。士未可以言而言，是以言餂之也；可以言而不言，是以不言餂之也，是皆穿逾之类也。"(14.31)

62. 孟子曰："言近而指远者，善言也；守约而施博者，善道也。君子之言也，不下带而道存焉；君子之守，修其身而天下平。人病舍其田而芸人之田：所求于人者重，而所以自任者轻。"(14.32)

63. 孟子曰："尧舜，性者也；汤武，反之也。动容周旋中礼者，盛德之至也。哭死而哀，非为生者也。经德不回，非以干禄也。言语必信，非以正行也。君子行法，以俟命而已矣。"(14.33)

64. 孟子曰："养心莫善于寡欲。其为人也寡欲，虽有不存焉者，寡矣；其为人(者)〔也〕多欲，虽有存焉者，寡矣。"(14.35)

65. 曾晳嗜羊枣，而曾子不忍食羊枣。公孙丑问曰："脍炙与羊枣孰美？"

孟子曰："脍炙哉！"

公孙丑曰："然则曾子何为食脍炙而不食羊枣？"

曰："脍炙所同也，羊枣所独也。讳名不讳姓，姓所同也，名所独也。"(14.36)

66.万章问曰："孔子在陈曰：'盍归乎来！吾党之(士)〔小子〕狂简，进取，不忘其初。'孔子在陈，何思鲁之狂士？"

孟子曰："孔子'不得中道而与之，必也狂狷乎！狂者进取，狷者有所不为也。'孔子岂不欲中道哉？不可必得，故思其次也。"

"敢问何如斯可谓狂矣？"

曰："如琴张、曾晳、牧皮者，孔子之所谓狂矣。"

"何以谓之狂也？"

曰："其志嘐嘐然，曰：'古之人，古之人。'夷考其行，而不掩焉者也。狂者又不可得，欲得不屑不洁之士而与之，是狷也，是又其次也。孔子曰：'过我门而不入我室，我不憾焉者，其惟乡原乎！乡原，德之贼也。'"

曰："何如斯可谓之乡原矣？"

曰："何以是嘐嘐也？言不顾行，行不顾言，则曰：'古之人，古之人。行何为踽踽凉凉？生斯世也，为斯世也，善斯可矣。'阉然媚于世(者也)［也者］，是乡原也。"

万章曰："一乡皆称原人焉，无所往而不为原人，孔子以为德之贼，何哉？"

曰："非之无举也，(刺)〔刺〕之无(刺)〔刺〕也，同乎流俗，合乎污世，居之似忠信，行之似廉洁，众皆悦之，自以为是，而不可与入尧舜之道，故曰'德之贼'也。孔子曰，恶似而非者：恶莠，恐其乱苗也；恶佞，恐其乱义也；恶利口，恐其乱信也；恶郑声，恐其乱乐也；恶紫，恐其乱朱也；恶乡原，恐其乱德也。君子反经而已矣。经正，则庶民兴；庶民兴，斯无邪慝矣。"(14.37)

67. 孟子曰："由尧舜至于汤，五百有余岁；若禹、皋陶，则见而知之；若汤，则闻而知之。由汤至于文王，五百有余岁，若伊尹、莱朱，则见而知之；若文王，则闻而知之。由文王至于孔子，五百有余岁，若太公望、散宜生，则见而知之；若孔子，则闻而知之。由孔子而来至于今，百有余岁，去圣人之世若此其未远也，近圣人之居若此其甚也，然而无有乎尔，则亦无有乎尔。"（14.38）

录者注：①本文录自明洪武二十七年（1394 年）刻本，国家图书馆藏。每章前的序号为录者所加。②文中刊刻的错字，以（ ）示之；错字纠正后的正字，以及漏刊、漏页补上的字，均以〔 〕示之；印刷不清晰的字，以□示之，均据朱熹《孟子集注》并参阅今人杨伯峻《孟子译注》。③每章末所标的序号，据今人杨伯峻《孟子译注》中所编。附录三《明太祖朱元璋命刘三吾删去的〈孟子〉88 章》，亦同。《附录二》与《附录三》合在一起，即为《孟子》全文。

附三：

明太祖朱元璋命刘三吾删去的《孟子》88章

梁惠王章句上

1. 孟子见梁惠王。王曰："叟！不远千里而来，亦将有以利吾国乎？"孟子对曰："王！何必曰利？亦有仁义而已矣。王曰：'何以利吾国？'大夫曰：'何以利吾家？'士庶人曰：'何以利吾身？'上下交征利而国危矣。万乘之国，弑其君者，必千乘之家；千乘之国，弑其君者，必百乘之家。万取千焉，千取百焉，不为不多矣。苟为后义而先利，不夺不餍。未有仁而遗其亲者也，未有义而后其君者也。王亦曰仁义而已矣，何必曰利？"(1.1)

2. 孟子见梁惠王。王立于沼上，顾鸿雁麋鹿，曰："贤者亦乐此乎？"孟子对曰："贤者而后乐此，不贤者虽有此，不乐也。诗云：'经始灵台，经之营之，庶民攻之，不日成之。经始勿亟，庶民子来。王在灵囿，麀鹿攸伏，麀鹿濯濯，白鸟鹤鹤。王在灵沼，於牣鱼跃。'文王以民力为台为沼，而民欢乐之，谓其台曰灵台，谓其沼曰灵沼，乐其有麋鹿鱼鳖。古之人与民偕乐，故能乐也。《汤誓》曰：'时日害丧，予及女偕亡。'民欲与之偕亡，虽有台池鸟兽，岂能独乐哉？"(1.2)

3. 梁惠王曰:"寡人愿安承教。"孟子对曰:"杀人以梃与刃,有以异乎?"曰:"无以异也。""以刃与政,有以异乎?"曰:"无以异也。"曰:"庖有肥肉,厩有肥马,民有饥色,野有饿莩,此率兽而食人也。兽相食,且人恶之;为民父母,行政,不免于率兽而食人,恶在其为民父母也?仲尼曰:'始作俑者,其无后乎!'为其象人而用之也。如之何其使斯民饥而死也?"(1.4)

4. 梁惠王曰:"晋国,天下莫强焉,叟之所知也。及寡人之身,东败于齐,长子死焉;西丧地于秦七百里;南辱于楚。寡人耻之,愿比死者一洒之,如之何则可?"孟子对曰:"地方百里而可以王。王如施仁政于民,省刑罚,薄税敛,深耕易耨;壮者以暇日修其孝悌忠信,入以事其父兄,出以事其长上,可使制梃以挞秦楚之坚甲利兵矣。彼夺其民时,使不得耕耨以养其父母。父母冻饿,兄弟妻子离散。彼陷溺其民,王往而征之,夫谁与王敌?故曰:仁者无敌。王请勿疑!"(1.5)

5. 孟子见梁襄王。出,语人曰:"望之不似人君,就之而不见所畏焉。卒然问曰:'天下恶乎定?'吾对曰:'定于一。''孰能一之?'对曰:'不嗜杀人者能一之。''孰能与之?'对曰:'天下莫不与也。王知夫苗乎?七八月之间旱,则苗槁矣。天油然作云,沛然下雨,则苗浡然兴之矣。其如是,孰能御之?今夫天下之人牧,未有不嗜杀人者也。如有不嗜杀人者,则天下之民皆引领而望之矣。诚如是也,民归之,由水之就下,沛然谁能御之'"(1.6)

6. 齐宣王问曰:"齐桓、晋文之事,可得闻乎?"孟子对曰:"仲尼之徒,无道桓文之事者,是以后世无传焉,臣未之闻也。无以,则王乎?"曰:"德何如则可以王矣?"曰:"保民而王,莫之能御也。"曰:"若寡人者,可以保民乎哉?"曰:"可。"曰:"何由知吾可也?"曰:"臣闻之胡龁曰,王坐于堂上,有牵牛而过堂下者,王见之,曰:'牛何之?'对曰:'将以衅

钟。'王曰：'舍之！吾不忍其觳觫，若无罪而就死地。'对曰：'然则废衅钟与？'曰：'何可废也？以羊易之！'不识有诸？"曰："有之。"曰："是心足以王矣。百姓皆以王为爱也，臣固知王之不忍也。"王曰："然；诚有百姓者。齐国虽褊小，吾何爱一牛？即不忍其觳觫，若无罪而就死地，故以羊易之也。"曰："王无异于百姓之以王为爱也。以小易大，彼恶知之？王若隐其无罪而就死地，则牛羊何择焉？"王笑曰："是诚何心哉？我非爱其财而易之以羊也。宜乎百姓之谓我爱也。"曰："无伤也，是乃仁术也，见牛未见羊也。君子之于禽兽也，见其生，不忍见其死；闻其声，不忍食其肉。是以君子远庖厨也。"王说曰："《诗》云：'他人有心，予忖度之。'夫子之谓也。夫我乃行之，反而求之，不得吾心。夫子言之，于我心有戚戚焉。此心之所以合于王者，何也？"曰："有复于王者曰：'吾力足以举百钧，而不足以举一羽；明足以察秋毫之末，而不见舆薪，'则王许之乎？"曰："否。""今恩足以及禽兽，而功不至于百姓者，独何与？然则一羽之不举，为不用力焉；舆薪之不见，为不用明焉；百姓之不见保，为不用恩焉。故王之不王，不为也，非不能也。"曰："不为者与不能者之形何以异？"曰："挟泰山以超北海，语人曰：'我不能。'是诚不能也。为长者折枝，语人曰，'我不能。'是不为也，非不能也。故王之不王，非挟泰山以超北海之类也；王之不王，是折枝之类也。老吾老，以及人之老；幼吾幼，以及人之幼。天下可运于掌。《诗》云：'刑于寡妻，至于兄弟，以御于家邦。'言举斯心，加诸彼而已。故推恩足以保四海，不推恩无以保妻子。古之人所以大过人者，无他焉，善推其所为而已矣。今恩足以及禽兽，而功不至于百姓者，独何与？权，然后知轻重；度，然后知长短。物皆然，心为甚。王请度之！抑王兴甲兵，危士臣，构怨于诸侯，然后快于心与？"王曰："否。吾何快于是？将以求吾所大欲也。"曰："王之所大欲，可得闻与？"王笑而不言。曰："为肥甘不足于口与？轻暖不足于体与？抑为采色不足视于目与？声音不足听于耳与？便嬖不足使令于前与？王之诸臣皆足以供之，而王岂为是哉？”曰：“否。吾不为是也。”曰：“然则王之所大欲可知已：欲辟土地，朝秦、楚，莅中国而抚四夷也。以若所为，求若所欲，犹缘木而求鱼也。”王曰：“若是其甚与？”曰：“殆有甚焉。缘木求鱼，虽不得鱼，无后灾。以若所为，求若所欲，尽心力而为之，后必有灾。”曰：“可得闻与？”曰：“邹人与楚人战，则王以为孰胜？”曰：“楚人胜。”曰：“然则小固不可以敌大，寡固不可以敌众，弱固不可以敌强。海内之地方千里者九，齐集有其一。以一服八，何以异于邹敌楚哉？盖亦反其本矣。今王发政施仁，使天下仕者皆欲立于王之朝，耕者皆欲耕于王之野，商贾皆欲藏于王之市，行旅皆欲出于王之涂，天下之欲疾其君者皆欲赴愬于王，其若是，孰能御之？”王曰：“吾惛，不能进于是矣。愿夫子辅吾志，明以教我。我虽不敏，请尝试之。”曰：“无恒产而有恒心者，惟士为能。若民，则无恒产，因无恒心。苟无恒心，放辟邪侈，无不为已。及陷于罪，然后从而刑之，是罔民也。焉有仁人在位罔民而可为也？是故明君制民之产，必使仰足以事父母，俯足以畜妻子，乐岁终身饱，凶年免于死亡；然后驱而之善，故民之从之也轻。今也制民之产，仰不足以事父母，俯不足以畜妻子；乐岁终身苦，凶年不免于死亡。此惟救死而恐不赡，奚暇治礼义哉？王欲行之，则盍反其本矣：五亩之宅，树之以桑，五十者可以衣帛矣。鸡豚狗彘之畜，无失其时，七十者可以食肉矣。百亩之田，勿夺其时，八口之家可以无饥矣。谨庠序之教，申之以孝悌之义，颁白者不负戴于道路矣。老者衣帛食肉，黎民不饥不寒，然而不王者，未之有也。”(1.7)

梁惠王章句下

7. 庄暴见孟子，曰：“暴见于王，王语暴以好乐，暴未有以对也。”曰：

"好乐何如?"孟子曰:"王之好乐甚,则齐国其庶几乎!"他日,见于王曰:"王尝语庄子以好乐,有诸?"王变乎色,曰:"寡人非能好先王之乐也,直好世俗之乐耳。"曰:"王之好乐甚,则齐其庶几乎!今之乐,由古之乐也。"曰:"可得闻与?"曰:"独乐乐,与人乐乐,孰乐?"曰:"不若与人。"曰:"与少乐乐,与众乐乐,孰乐?"曰:"不若与众。""臣请为王言乐。今王鼓乐于此,百姓闻王钟鼓之声,管籥之音,举疾首蹙频而相告曰:'吾王之好鼓乐,夫何使我至于此极也?父子不相见,兄弟妻子离散。'今王田猎于此,百姓闻王车马之音,见羽旄之美,举疾首蹙频而相告曰:'吾王之好田猎,夫何使我至于此极也?父子不相见,兄弟妻子离散。'此无他,不与民同乐也。今王鼓乐于此,百姓闻王钟鼓之声,管籥之音,举欣欣然有喜色而相告曰:'吾王庶几无疾病与!何以能鼓乐也?'今王田猎于此,百姓闻王车马之音,见羽旄之美,举欣欣然有喜色而相告曰:'吾王庶几无疾病与!何以能田猎也?'此无他,与民同乐也。今王与百姓同乐,则王矣。"(2.1)

8. 齐宣王问曰:"文王之囿,方七十里,有诸?"孟子对曰:"于传有之。"曰:"若是其大乎?"曰:"民犹以为小也。"曰:"寡人之囿方四十里,民犹以为大,何也?"曰:"文王之囿方七十里,刍荛者往焉,雉兔者往焉,与民同之。民以为小,不亦宜乎?臣始至于境,问国之大禁,然后敢入。臣闻郊关之内,有囿方四十里,杀其麋鹿者,如杀人之罪,则是方四十里为阱于国中。民以为大,不亦宜乎?"(2.2)

9. 齐宣王见孟子于雪宫。王曰:"贤者亦有此乐乎?"孟子对曰:"有。人不得,则非其上矣。不得而非其上者,非也;为民上而不与民同乐者,亦非也。乐民之乐者,民亦乐其乐;忧民之忧者,民亦忧其忧。乐以天下,忧以天下,然而不王者,未之有也。昔者齐景公问于晏子曰:'吾欲观于转附朝儛,遵海而南,放于琅邪,吾何修而可以比于先王观也?'晏子对曰:'善哉问也！天子适诸侯曰巡狩。巡狩者,巡所守也。诸侯朝于天子曰述职。述职者,述所职也。无非事者。春省耕而补不足,秋省敛而助不给。'夏谚曰:'吾王不游,吾何以休?吾王不豫,吾何以助?一游一豫,为诸侯度。今也不然,师行而粮食,饥者弗食,劳者弗息。睊睊胥谗,民乃作慝。方命虐民,饮食若流。流连荒亡,为诸侯忧。从流下而忘反,谓之流;从流上而忘反,谓之连;从兽无厌谓之荒;乐酒无厌谓之亡。先王无流连之乐,荒亡之行。惟君所行也。'景公悦,大戒于国,出舍于郊。于是始兴发,补不足。召大师曰:'为我作君臣相说之乐。'盖《徵招》《角招》是也。其诗曰,'畜君何尤?'畜君者,好君也。"(2.4)

10. 齐宣王问曰:"人皆谓我毁明堂,毁诸?已乎?"孟子对曰:"夫明堂者,王者之堂也。王欲行王政,则勿毁之矣。"王曰:"王政可得闻与?"对曰:"昔者文王之治岐也,耕者九一,仕者世禄,关市讥而不征,泽梁无禁,罪人不孥。老而无妻曰鳏,老而无夫曰寡,老而无子曰独,幼而无父曰孤。此四者,天下之穷民而无告者。文王发政施仁,必先斯四者。《诗》云:'哿矣富人,哀此茕独。'"王曰:"善哉言乎!"曰:"王如善之,则何为不行?"王曰:"寡人有疾,寡人好货。"对曰:"昔者公刘好货。《诗》云:'乃积乃仓,乃裹餱粮,于橐于囊,思戢用光。弓矢斯张,干戈戚扬,爰方启行。'故居者有积仓,行者有裹囊也,然后可以爰方启行。王如好货,与百姓同之,于王何有?"王曰:"寡人有疾,寡人好色。"对曰:"昔者太王好色,爱厥妃。《诗》云:'古公亶父,来朝走马,率西水浒,至于岐下,爰及姜女,聿来胥宇。'当是时也,内无怨女,外无旷夫。王如好色,与百姓同之,于王何有?"(2.5)

11. 孟子谓齐宣王曰:"王之臣有托其妻子于其友,而之楚游者,比其反也,则冻馁其妻子,则如之何?"王曰:"弃之。"曰:"士师不能治士,

则如之何？”王曰：“已之。”曰：“四境之内不治，则如之何？”王顾左右而言他。（2.6）

12. 孟子见齐宣王，曰：“所谓故国者，非谓有乔木之谓也，有世臣之谓也。王无亲臣矣，昔者所进，今日不知其亡也。”王曰：“吾何以识其不才而舍之？”曰：“国君进贤，如不得已，将使卑逾尊，疏逾戚，可不慎与？左右皆曰贤，未可也；诸大夫皆曰贤，未可也；国人皆曰贤，然后察之；见贤焉，然后用之。左右皆曰不可，勿听；诸大夫皆曰不可，勿听；国人皆曰不可，然后察之；见不可焉，然后去之。左右皆曰可杀，勿听；诸大夫皆曰可杀，勿听；国人皆曰可杀，然后察之；见可杀焉，然后杀之。故曰，国人杀之也。如此，然后可以为民父母。”（2.7）

13. 齐宣王问曰：“汤放桀，武王伐纣，有诸？”孟子对曰：“于传有之。”曰：“臣弑其君，可乎？”曰：“贼仁者谓之‘贼’，贼义者谓之‘残’。残贼之人，谓之‘一夫’。闻诛一夫纣矣，未闻弑君也。”（2.8）

14. 齐人伐燕，胜之。宣王问曰：“或谓寡人勿取，或谓寡人取之。以万乘之国伐万乘之国，五旬而举之，人力不至于此。不取，必有天殃。取之，何如？”孟子对曰：“取之而燕民悦，则取之。古之人有行之者，武王是也。取之而燕民不悦，则勿取。古之人有行之者，文王是也。以万乘之国伐万乘之国，箪食壶浆，以迎王师，岂有他哉？避水火也。如水益深，如火益热，亦运而已矣。”（2.10）

15. 齐人伐燕，取之。诸侯将谋救燕。宣王曰：“诸侯多谋伐寡人者，何以待之？”孟子对曰：“臣闻七十里为政于天下者，汤是也。未闻以千里畏人者也。《书》曰：‘汤一征，自葛始。’天下信之，东面而征，西夷怨；南面而征，北狄怨，曰：‘奚为后我？’民望之，若大旱之望云霓也。归市者不止，耕者不变，诛其君而吊其民，若时雨降。民大悦。《书》曰：‘徯我后，后来其苏。’今燕虐其民，王往而征之，民以为将拯己于水火之中也，箪食壶浆以迎王师。若杀其父兄，系累其子弟，毁其宗庙，迁其重器，如之何其可也？天下固畏齐之强也，今又倍地而不行仁政，是动天下之兵也。王速出令，反其旄倪，止其重器，谋于燕众，置君而后去之，则犹可及止也。”(2.11)

16. 邹与鲁閧。穆公问曰：“吾有司死者三十三人，而民莫之死也。诛之，则不可胜诛；不诛，则疾视其长上之死而不救。如之何则可也？”孟子对曰：“凶年饥岁，君之民，老弱转乎沟壑，壮者散而之四方者，几千人矣；而君之仓廪实，府库充，有司莫以告，是上慢而残下也。曾子曰：‘戒之！戒之！出乎尔者，反乎尔者也。’夫民今而后得反之也。君无尤焉！君行仁政，斯民亲其上，死其长矣。”(2.12)

17. 鲁平公将出，嬖人臧仓者请曰：“他日君出，则必命有司所之。今乘舆已驾矣，有司未知所之，敢请。”公曰：“将见孟子。”曰：“何哉？君所为轻身以先于匹夫者，以为贤乎？礼义由贤者出，而孟子之后丧逾前丧。君无见焉!”公曰：“诺。”乐正子入见，曰：“君奚为不见孟轲也？”曰：“或告寡人曰：‘孟子之后丧逾前丧’，是以不往见也。”曰：“何哉？君所谓逾者，前以士，后以大夫；前以三鼎，而后以五鼎与？”曰：“否；谓棺椁衣衾之美也。”曰：“非所谓逾也，贫富不同也。”乐正子见孟子，曰：“克告于君，君为来见也。嬖人有臧仓者沮君，君是以不果来也。”曰：“行，或使之；止，或尼之。行止，非人所能也。吾之不遇鲁侯，天也。臧氏之子，焉能使予不遇哉!”(2.16)

公孙丑章句上

18. 公孙丑问曰：“夫子当路于齐，管仲、晏子之功，可复许乎？”孟子曰：“子诚齐人也，知管仲、晏子而已矣。或问乎曾西曰：‘吾子与子路孰贤？’曾西蹵然曰：‘吾先子之所畏也。’曰：‘然则吾子与管仲孰贤？’曾西

艴然不悦,曰:‘尔何曾比予于管仲?管仲得君,如彼其专也;行乎国政,如彼其久也;功烈,如彼其卑也。尔何曾比予于是?’”曰:“管仲,曾西之所不为也,而子为我愿之乎?”曰:“管仲以其君霸,晏子以其君显。管仲、晏子犹不足为与?”曰:“以齐王,由反手也。”曰:“若是,则弟子之惑滋甚。且以文王之德,百年而后崩,犹未洽于天下;武王、周公继之,然后大行。今言王若易然,则文王不足法与?”曰:“文王何可当也?由汤至于武丁,贤圣之君六七作,天下归殷久矣,久则难变也。武丁朝诸侯,有天下,犹运之掌也。纣之去武丁未久也,其故家遗俗,流风善政,犹有存者;又有微子、微仲、王子比干、箕子、胶鬲,皆贤人也,相与辅相之,故久而后失之也。尺地,莫非其有也;一民,莫非其臣也;然而文王犹方百里起,是以难也。齐人有言曰:‘虽有智慧,不如乘势;虽有镃基,不如待时。’今时则易然也:夏后、殷、周之盛,地未有过千里者也,而齐有其地矣;鸡鸣狗吠相闻,而达乎四境,而齐有其民矣。地不改辟矣,民不改聚矣,行仁政而王,莫之能御也。且王者之不作,未有疏于此时者也;民之憔悴于虐政,未有甚于此时者也。饥者易为食,渴者易为饮。孔子曰:‘德之流行,速于置邮而传命。’当今之时,万乘之国行仁政,民之悦之,犹解倒悬也。故事半古之人,功必倍之,惟此时为然。”(3.1)

19.公孙丑问曰:“夫子加齐之卿相,得行道焉,虽由此霸王,不异矣。如此,则动心否乎?”孟子曰:“否。我四十不动心。”曰:“若是,则夫子过孟贲远矣。”曰:“是不难,告子先我不动心。”曰:“不动心有道乎?”曰:“有。北宫黝之养勇也:不肤桡,不目逃,思以一豪挫于人,若挞之于市朝;不受于褐宽博,亦不受于万乘之君;视刺万乘之君,若刺褐夫;无严诸侯,恶声至,必反之。孟施舍之所养勇也,曰:‘视不胜犹胜也;量敌而后进,虑胜而后会,是畏三军者也。舍岂能为必胜哉?能无惧而已矣。’孟施舍似曾子,北宫黝似子夏。夫二子之勇,未知其孰贤,然而孟施舍守约也。昔者曾子谓子襄曰：‘子好勇乎？吾尝闻大勇于夫子矣：自反而不缩，虽褐宽博，吾不惴焉；自反而缩，虽千万人，吾往矣。’孟施舍之守气，又不如曾子之守约也。”曰：“敢问夫子之不动心，与告子之不动心，可得闻与？”“告子曰：‘不得于言，勿求于心；不得于心，勿求于气。’不得于心，勿求于气，可；不得于言，勿求于心，不可。夫志，气之帅也；气，体之充也。夫志至焉，气次焉，故曰：‘持其志，无暴其气。’”“既曰，‘志至焉，气次焉。’又曰，‘持其志，无暴其气’者，何也？”曰：“志壹则动气，气壹则动志也。今夫蹶者趋者，是气也，而反动其心。”“敢问夫子恶乎长？”曰：“我知言，我善养吾浩然之气。”“敢问何谓浩然之气？”曰：“难言也。其为气也，至大至刚，以直养而无害，则塞于天地之间。其为气也，配义与道；无是，馁也。是集义所生者，非义袭而取之也。行有不慊于心，则馁矣。我故曰，告子未尝知义，以其外之也。必有事焉，而勿正，心勿忘，勿助长也，无若宋人然。宋人有闵其苗之不长而揠之者，芒芒然归，谓其人曰：‘今日病矣！予助苗长矣！’其子趋而往视之，苗则槁矣。天下之不助苗长者寡矣。以为无益而舍之者，不耘苗者也；助之长者，揠苗者也。非徒无益，而又害之。”“何谓知言？”曰：“诐辞知其所蔽，淫辞知其所陷，邪辞知其所离，遁辞知其所穷。生于其心，害于其政；发于其政，害于其事。圣人复起，必从吾言矣。”“宰我、子贡善为说辞；冉牛、闵子、颜渊善言德行。孔子兼之，曰：‘我于辞命，则不能也。’然则夫子既圣矣乎？”曰：“恶，是何言也！昔者子贡问于孔子曰：‘夫子圣矣乎？’孔子曰：‘圣则吾不能，我学不厌而教不倦也。’子贡曰：‘学不厌，智也；教不倦，仁也。仁且智，夫子既圣矣。’夫圣，孔子不居。是何言也？”“昔者窃闻之：子夏、子游、子张皆有圣人之一体，冉牛、闵子、颜渊则具体而微，敢问所安。”曰：“姑舍是。”曰：“伯夷、伊尹何如？”曰：“不同道。非其君不事，非其民不使；治则进，乱则退，伯夷也。何事非君，何使非民；治亦

进,乱亦进,伊尹也。可以仕则仕,可以止则止,可以久则久,可以速则速,孔子也。皆古圣人也,吾未能有行焉;乃所愿,则学孔子也。”“伯夷、伊尹于孔子,若是班乎?”曰:“否!自有生民以来,未有孔子也。”曰:“然则有同与?”曰:“有。得百里之地而君之,皆能以朝诸侯,有天下;行一不义,杀一不辜,而得天下,皆不为也。是则同。”曰:“敢问其所以异。”曰:“宰我、子贡、有若,智足以知圣人,汙不至阿其所好。宰我曰:‘以予观于夫子,贤于尧舜远矣。’子贡曰:‘见其礼而知其政,闻其乐而知其德,由百世之后,等百世之王,莫之能违也。自生民以来,未有夫子也。’有若曰:‘岂惟民哉?麒麟之于走兽,凤凰之于飞鸟,太山之于丘垤,河海之于行潦,类也。圣人之于民,亦类也。出于其类,拔乎其萃,自生民以来,未有盛于孔子也。’”(3.2)

20. 孟子曰:“以力假仁者霸,霸必有大国;以德行仁者王,王不待大。汤以七十里,文王以百里。以力服人者,非心服也,力不赡也;以德服人者,中心悦而诚服也,如七十子之服孔子也。《诗》云:‘自西自东,自南自北,无思不服。’此之谓也。”(3.3)

21. 孟子曰:“仁则荣,不仁则辱。今恶辱而居不仁,是犹恶湿而居下也。如恶之,莫如贵德而尊士。贤者在位,能者在职,国家闲暇,及是时,明其政刑,虽大国,必畏之矣。《诗》云:‘迨天之未阴雨,彻彼桑土,绸缪牖户。今此下民,或敢侮予?’孔子曰:‘为此诗者,其知道乎!能治其国家,谁敢侮之?’今国家闲暇,及是时,般乐怠敖,是自求祸也。祸福无不自己求之者。《诗》云:‘永言配命,自求多福。’《太甲》曰:‘天作孽,犹可违;自作孽,不可活。’此之谓也。”(3.4)

22. 孟子曰:“伯夷,非其君,不事;非其友,不友。不立于恶人之朝,不与恶人言;立于恶人之朝,与恶人言,如以朝衣朝冠坐于涂炭。推恶恶人之心,思与乡人立,其冠不正,望望然去之,若将浼焉。是故诸侯虽有善其辞命而至者，不受也。不受也者，是亦不屑就已。柳下惠不羞汙君，不卑小官；进不隐贤，必以其道；遗佚而不怨，阨穷而不悯。故曰，'尔为尔，我为我，虽袒裼裸裎于我侧，尔焉能浼我哉？'故由由然与之偕而不自失焉，援而止之而止。援而止之而止者，是亦不屑去已。"孟子曰："伯夷隘，柳下惠不恭。隘与不恭，君子不由也。"(3.9)

公孙丑章句下

23. 孟子将朝王。王使人来曰："寡人如就见者也，有寒疾，不可以风。朝将视朝，不识可使寡人得见乎？"对曰："不幸而有疾，不能造朝。"明日，出吊于东郭氏。公孙丑曰："昔者辞以病，今日吊，或者不可乎？"曰："昔者疾，今日愈，如之何不吊？"王使人问疾，医来。孟仲子对曰："昔者有王命，有采薪之忧，不能造朝。今病小愈，趋造于朝，我不识能至否乎？"使数人要于路，曰："请必无归，而造于朝！"不得已而之景丑氏宿焉。景子曰："内则父子，外则君臣，人之大伦也。父子主恩，君臣主敬。丑见王之敬子也，未见所以敬王也。"曰："恶！是何言也！齐人无以仁义与王言者，岂以仁义为不美也？其心曰，'是何足与言仁义也'云尔，则不敬莫大乎是。我非尧舜之道，不敢以陈于王前，故齐人莫如我敬王也。"景子曰："否；非此之谓也。《礼》曰：'父召，无诺；君命召，不俟驾。'固将朝也，闻王命而遂不果，宜与夫礼若不相似然。"曰："岂谓是与？曾子曰：'晋楚之富，不可及也；彼以其富，我以吾仁；彼以其爵，我以吾义，吾何慊乎哉？'夫岂不义而曾子言之？是或一道也。天下有达尊三：爵一，齿一，德一。朝廷莫如爵，乡党莫如齿，辅世长民莫如德。恶得有其一以慢其二哉？故将大有为之君，必有所不召之臣；欲有谋焉，则就之。其尊德乐道，不如是，不足与有为也。故汤之于伊尹，学焉而后臣之，故不劳而王；桓公之于管仲，学焉而后臣之，故不劳而霸。今天下地

丑德齐，莫能相尚，无他，好臣其所教，而不好臣其所受教。汤之于伊尹，桓公之于管仲，则不敢召。管仲且犹不可召，而况不为管仲者乎？”(4.2)

24. 孟子谓蚳蛙曰：“子之辞灵丘而请士师，似也，为其可以言也。今既数月矣，未可以言与？”蚳蛙谏于王而不用，致为臣而去。齐人曰：“所以为蚳蛙则善矣；所以自为，则吾不知也。”公都子以告。曰：“吾闻之也：有官守者，不得其职则去；有言责者，不得其言则去。我无官守，我无言责也，则吾进退，岂不绰绰然有余裕哉？”(4.5)

25. 孟子为卿于齐，出吊于滕。王使盖大夫王驩为辅行。王驩朝暮见，反齐、滕之路，未尝与之言行事也。公孙丑曰：“齐卿之位，不为小矣；齐、滕之路，不为近矣，反之而未尝与言行事，何也？”曰：“夫既或治之，予何言哉？”(4.6)

26. 孟子去齐，宿于昼。有欲为王留行者，坐而言。不应，隐几而卧。客不悦曰：“弟子齐宿而后敢言，夫子卧而不听，请勿复敢见矣。”曰：“坐！我明语子。昔者鲁缪公无人乎子思之侧，则不能安子思；泄柳、申详无人乎缪公之侧，则不能安其身。子为长者虑，而不及子思；子绝长者乎？长者绝子乎？”(4.11)

27. 孟子去齐。尹士语人曰：“不识王之不可以为汤武，则是不明也；识其不可，然且至，则是干泽也。千里而见王，不遇故去，三宿而后出昼，是何濡滞也？士则兹不悦。”高子以告。曰：“夫尹士恶知予哉？千里而见王，是予所欲也；不遇故去，岂予所欲哉？予不得已也。予三宿而出昼，于予心犹以为速，王庶几改之！王如改诸，则必反予。夫出昼而王不予追也，予然后浩然有归志。予虽然，岂舍王哉！王由足用为善；王如用予，则岂徒齐民安，天下之民举安。王庶几改之，予日望之！予岂若是小丈夫然哉？谏于其君而不受，则怒，悻悻然见于其面，去则穷日之力而

后宿哉?”尹士闻之,曰:“士诚小人也。”(4.12)

28. 孟子去齐,充虞路问曰:“夫子若有不豫色然。前日虞闻诸夫子曰:‘君子不怨天,不尤人。’”曰:“彼一时,此一时也。五百年必有王者兴,其间必有名世者。由周而来,七百有余岁矣。以其数,则过矣;以其时考之,则可矣。夫天未欲平治天下也;如欲平治天下,当今之世,舍我其谁也?吾何为不豫哉?”(4.13)

滕文公章句上

29. 滕文公问为国。孟子曰:“民事不可缓也。《诗》云:‘昼尔于茅,宵尔索绹;亟其乘屋,其始播百谷。’民之为道也,有恒产者有恒心,无恒产者无恒心。苟无恒心,放辟邪侈,无不为已。及陷乎罪,然后从而刑之,是罔民也。焉有仁人在位,罔民而可为也?是故贤君必恭俭礼下,取于民有制。阳虎曰:‘为富不仁矣,为仁不富矣。’夏后氏五十而贡,殷人七十而助,周人百亩而彻,其实皆什一也。彻者,彻也;助者,藉也。龙子曰:‘治地莫善于助,莫不善于贡。’贡者,挍数岁之中以为常。乐岁,粒米狼戾,多取之而不为虐,则寡取之;凶年,粪其田而不足,则必取盈焉。为民父母,使民盻盻然,将终岁勤动,不得以养其父母,又称贷而益之,使老稚转乎沟壑,恶在其为民父母也?夫世禄,滕固行之矣。《诗》云:‘雨我公田,遂及我私。’惟助为有公田。由此观之,虽周亦助也。设为庠序学校以教之。庠者养也,校者教也,序者射也。夏曰校,殷曰序,周曰庠,学则三代共之,皆所以明人伦也。人伦明于上,小民亲于下。有王者起,必来取法,是为王者师也。《诗》云:‘周虽旧邦,其命惟新。’文王之谓也。子力行之,亦以新子之国!”使毕战问井地。孟子曰:“子之君将行仁政,选择而使子,子必勉之!夫仁政,必自经界始。经界不正,井地不钧,谷禄不平,是故暴君污吏必慢其经界。经界既正,分田制禄可坐而定

也。夫滕壤地褊小，将为君子焉，将为野人焉。无君子莫治野人；无野人莫养君子。请野九一而助，国中什一使自赋。卿以下必有圭田，圭田五十亩；余夫二十五亩。死徙无出乡，乡田同井，出入相友，守望相助，疾病相扶持，则百姓亲睦。方里而井，井九百亩，其中为公田。八家皆私百亩，同养公田；公事毕，然后敢治私事，所以别野人也。此其大略也。若夫润泽之，则在君与子矣。”(5.3)

滕文公章句下

30. 彭更问曰：“后车数十乘，从者数百人，以传食于诸侯，不以泰乎？”孟子曰：“非其道，则一箪食不可受于人；如其道，则舜受尧之天下，不以为泰。子以为泰乎？”曰：“否。士无事而食，不可也。”曰：“子不通功易事，以羡补不足，则农有余粟，女有余布；子如通之，则梓、匠、轮、舆皆得食于子。于此有人焉，入则孝，出则悌，守先王之道，以待后之学者，而不得食于子。子何尊梓、匠、轮、舆，而轻为仁义者哉？”曰：“梓、匠、轮、舆，其志将以求食也。君子之为道也，其志亦将以求食与？”曰：“子何以其志为哉？其有功于子，可食而食之矣。且子食志乎？食功乎？”曰：“食志。”曰：“有人于此，毁瓦画墁，其志将以求食也，则子食之乎？”曰：“否。”曰：“然则子非食志也，食功也。”(6.4)

31. 万章问曰：“宋，小国也，今将行王政，齐、楚恶而伐之，则如之何？”孟子曰：“汤居亳，与葛为邻，葛伯放而不祀。汤使人问之曰：‘何为不祀？’曰：‘无以供牺牲也。’汤使遗之牛羊。葛伯食之，又不以祀。汤又使人问之曰：‘何为不祀？’曰：‘无以供粢盛也。’汤使亳众，往为之耕，老弱馈食。葛伯率其民，要其有酒食黍稻者夺之，不授者杀之。有童子以黍肉饷，杀而夺之。《书》曰：‘葛伯仇饷。’此之谓也。为其杀是童子而征之，四海之内皆曰：‘非富天下也，为匹夫匹妇复仇也。’‘汤始征，自葛载，’十一征而无敌于天下。东面而征，西夷怨；南面而征，北狄怨，曰：‘奚为后我？’民之望之，若大旱之望雨也。归市者弗止，芸者不变。诛其君，吊其民，如时雨降。民大悦。《书》曰：‘徯我后，后来其无罚！’‘有攸不惟臣，东征，绥厥士女，匪厥玄黄，绍我周王见休，惟臣附于大邑周。’其君子实玄黄于匪，以迎其君子；其小人箪食壶浆，以迎其小人。救民于水火之中，取其残而已矣。《太誓》曰：‘我武惟扬，侵于之疆，则取于残，杀伐用张，于汤有光。’不行王政云尔；苟行王政，四海之内皆举首而望之，欲以为君；齐、楚虽大，何畏焉？”(6.5)

32. 孟子谓戴不胜曰：“子欲子之王之善与？我明告子。有楚大夫于此，欲其子之齐语也，则使齐人傅诸？使楚人傅诸？”曰：“使齐人傅之。”曰：“一齐人傅之，众楚人咻之，虽日挞而求其齐也，不可得矣。引而置之庄岳之间数年，虽日挞而求其楚，亦不可得矣。子谓薛居州，善士也，使之居于王所。在于王所者，长幼卑尊，皆薛居州也，王谁与为不善？在王所者，长幼卑尊，皆非薛居州也，王谁与为善？一薛居州，独如宋王何？”(6.6)

33. 公孙丑问曰：“不见诸侯何义？”孟子曰：“古者不为臣不见。段干木逾垣而辟之，泄柳闭门而不纳，是皆已甚。迫，斯可以见矣。阳货欲见孔子，而恶无礼。大夫有赐于士，不得受于其家，则往拜其门。阳货瞰孔子之亡也，而馈孔子蒸豚；孔子亦瞰其亡也，而往拜之。当是时，阳货先，岂得不见？曾子曰：‘胁肩谄笑，病于夏畦。’子路曰：‘未同而言，观其色赧赧然，非由之所知也。’由是观之，则君子之所养，可知已矣。”(6.7)

34. 戴盈之曰：“什一，去关市之征，今兹未能，请轻之，以待来年，然后已，何如？”孟子曰：“今有人日攘其邻之鸡者，或告之曰：‘是非君子之道。’曰：‘请损之，月攘一鸡，以待来年，然后已。’如知其非义，斯速已

矣，何待来年？”(6.8)

35. 匡章曰：“陈仲子岂不诚廉士哉？居於陵，三日不食，耳无闻，目无见也。井上有李，螬食实者过半矣，匍匐往，将食之；三咽，然后耳有闻，目有见。”孟子曰：“于齐国之士，吾必以仲子为巨擘焉。虽然，仲子恶能廉？充仲子之操，则蚓而后可者也。夫蚓，上食槁壤，下饮黄泉。仲子所居之室，伯夷之所筑与？抑亦盗跖之所筑与？所食之粟，伯夷之所树与？抑亦盗跖之所树与？是未可知也。”曰：“是何伤哉？彼身织屦，妻辟纑，以易之也。”曰：“仲子，齐之世家也；兄戴，盖禄万钟。以兄之禄为不义之禄而不食也，以兄之室为不义之室而不居也，辟兄离母，处于於陵。他日归，则有馈其兄生鹅者，己频顣曰：‘恶用是鶃鶃者为哉？’他日，其母杀是鹅也，与之食之。其兄自外至，曰：‘是鶃鶃之肉也。’出而哇之。以母则不食，以妻则食之；以兄之室则弗居，以於陵则居之，是尚为能充其类也乎？若仲子者，蚓而后充其操者也。”(6.10)

离娄章句上

36. 孟子曰：“离娄之明，公输子之巧，不以规矩，不能成方圆；师旷之聪，不以六律，不能正五音；尧舜之道，不以仁政，不能平治天下。今有仁心仁闻，而民不被其泽，不可法于后世者，不行先王之道也。故曰：徒善不足以为政，徒法不能以自行。《诗》云：‘不愆不忘，率由旧章。’遵先王之法而过者，未之有也。圣人既竭目力焉，继之以规矩准绳，以为方圆平直，不可胜用也；既竭耳力焉，继之以六律正五音，不可胜用也；既竭心思焉，继之以不忍人之政，而仁覆天下矣。故曰：为高必因丘陵，为下必因川泽。为政不因先王之道，可谓智乎？是以惟仁者宜在高位。不仁而在高位，是播其恶于众也。上无道揆也，下无法守也，朝不信道，工不信度，君子犯义，小人犯刑，国之所存者幸也。故曰：城郭不完，兵甲不多，非国之灾也;田野不辟,货财不聚,非国之害也。上无礼,下无学,贼民兴,丧无日矣。《诗》曰:‘天之方蹶,无然泄泄。’泄泄,犹沓沓也。事君无义,进退无礼,言则非先王之道者,犹沓沓也。故曰:责难于君谓之恭,陈善闭邪谓之敬,吾君不能谓之贼。”(7.1)

37. 孟子曰:“规矩,方圆之至也;圣人,人伦之至也。欲为君,尽君道;欲为臣,尽臣道。二者皆法尧、舜而已矣。不以舜之所以事尧事君,不敬其君者也;不以尧之所以治民治民,贼其民者也。孔子曰:‘道二,仁与不仁而已矣。’暴其民甚,则身弑国亡;不甚,则身危国削,名之曰‘幽’、‘厉’,虽孝子慈孙,百世不能改也。《诗》云:‘殷鉴不远,在夏后之世。’此之谓也。”(7.2)

38. 孟子曰:“三代之得天下也以仁,其失天下也以不仁。国之所以废兴存亡者亦然。天子不仁,不保四海;诸侯不仁,不保社稷;卿大夫不仁,不保宗庙;士庶人不仁,不保四体。今恶死亡而乐不仁,是犹恶醉而强酒。”(7.3)

39. 孟子曰:“人有恒言,皆曰,‘天下国家。’天下之本在国,国之本在家,家之本在身。”(7.5)

40. 孟子曰:“为政不难,不得罪于巨室。巨室之所慕,一国慕之;一国之所慕,天下慕之。故沛然德教溢乎四海。”(7.6)

41. 孟子曰:“天下有道,小德役大德,小贤役大贤;天下无道,小役大,弱役强。斯二者,天也。顺天者存,逆天者亡。齐景公曰:‘既不能令,又不受命,是绝物也。’涕出而女于吴。今也小国师大国而耻受命焉,是犹弟子而耻受命于先师也。如耻之,莫若师文王。师文王,大国五年,小国七年,必为政于天下矣。《诗》云:‘商之孙子,其丽不亿。上帝既命,侯于周服。侯服于周,天命靡常。殷士肤敏,祼将于京。’孔子曰:‘仁不可为众也。夫国君好仁,天下无敌。’今也,欲无敌于天下而不以

仁,是犹执热而不以濯也。《诗》云:‘谁能执热,逝不以濯?’”(7.7)

42. 孟子曰:“不仁者可与言哉?安其危而利其菑,乐其所以亡者。不仁而可与言,则何亡国败家之有?有孺子歌曰:‘沧浪之水清兮,可以濯我缨;沧浪之水浊兮,可以濯我足。’孔子曰:‘小子听之!清斯濯缨,浊斯濯足矣,自取之也。’夫人必自侮,然后人侮之;家必自毁,而后人毁之;国必自伐,而后人伐之。《太甲》曰:‘天作孽,犹可违;自作孽,不可活!’此之谓也。”(7.8)

43. 孟子曰:“桀、纣之失天下也,失其民也;失其民者,失其心也。得天下有道:得其民,斯得天下矣。得其民有道:得其心,斯得民矣;得其心有道:所欲与之聚之,所恶勿施尔也。民之归仁也,犹水之就下、兽之走圹也。故为渊驱鱼者,獭也;为丛驱爵者,鹯也;为汤、武驱民者,桀与纣也。今天下之君有好仁者,则诸侯皆为之驱矣。虽欲无王,不可得已。今之欲王者,犹七年之病求三年之艾也。苟为不畜,终身不得。苟不志于仁,终身忧辱,以陷于死亡。《诗》云:‘其何能淑,载胥及溺。’此之谓也。”(7.9)

44. 孟子曰:“伯夷辟纣,居北海之滨,闻文王作,兴曰:‘盍归乎来!吾闻西伯善养老者。’太公辟纣,居东海之滨,闻文王作,兴曰:‘盍归乎来!吾闻西伯善养老者。’二老者,天下之大老也,而归之,是天下之父归之也。天下之父归之,其子焉往?诸侯有行文王之政者,七年之内,必为政于天下矣。”(7.13)

45. 孟子曰:“求也为季氏宰,无能改于其德,而赋粟倍他日。孔子曰:‘求,非我徒也,小子鸣鼓而攻之,可也。’由此观之,君不行仁政而富之,皆弃于孔子者也,况于为之强战?争地以战,杀人盈野;争城以战,杀人盈城。此所谓率土地而食人肉,罪不容于死。故善战者服上刑,连诸侯者次之,辟草莱、任土地者次之。”(7.14)

46. 孟子曰："恭者不侮人，俭者不夺人。侮夺人之君，惟恐不顺焉，恶得为恭俭？恭俭岂可以声音笑貌为哉？"(7.16)

47. 孟子曰："人不足与适也，政不足间也；惟大人为能格君心之非。君仁，莫不仁；君义，莫不义；君正，莫不正。一正君而国定矣。"(7.20)

离娄章句下

48. 孟子告齐宣王曰："君之视臣如手足，则臣视君如腹心；君之视臣如犬马，则臣视君如国人；君之视臣如土芥，则臣视君如寇仇。"王曰："礼，为旧君有服。何如，斯可为服矣？"曰："谏行言听，膏泽下于民；有故而去，则君使人导之出疆，又先于其所往；去三年不反，然后收其田里。此之谓三有礼焉。如此，则为之服矣。今也为臣，谏则不行，言则不听，膏泽不下于民；有故而去，则君搏执之，又极之于其所往；去之日，遂收其田里。此之谓寇仇。寇仇，何服之有？"(8.3)

49. 孟子曰："无罪而杀士，则大夫可以去；无罪而戮民，则士可以徙。"(8.4)

50. 孟子曰："君仁，莫不仁；君义，莫不义。"(8.5)

51. 孟子曰："言人之不善，当如后患何？"(8.9)

52. 孟子曰："言无实不祥。不祥之实，蔽贤者当之。"(8.17)

53. 孟子曰："君子之泽，五世而斩；小人之泽，五世而斩。予未得为孔子徒也，予私淑诸人也。"(8.22)

54. 逢蒙学射于羿，尽羿之道，思天下惟羿为愈己，于是杀羿。孟子曰："是亦羿有罪焉。"公明仪曰："宜若无罪焉。"曰："薄乎云尔，恶得无罪？郑人使子濯孺子侵卫。卫使庾公之斯追之。子濯孺子曰：'今日我疾作，不可以执弓，吾死矣夫！'问其仆曰：'追我者谁也？'其仆曰：'庾公之斯也。'曰：'吾生矣。'其仆曰：'庾公之斯，卫之善射者也；夫子曰吾

生，何谓也？’曰：‘庾公之斯，学射于尹公之他，尹公之他学射于我。夫尹公之他，端人也，其取友必端矣。’庾公之斯至，曰：‘夫子何为不执弓？’曰：‘今日我疾作，不可以执弓。’曰：‘小人学射于尹公之他，尹公之他学射于夫子。我不忍以夫子之道，反害夫子。虽然，今日之事，君事也，我不敢废。’抽矢，扣轮，去其金，发乘矢，而后反。”(8.24)

55. 储子曰：“王使人瞷夫子，果有以异于人乎？”孟子曰：“何以异于人哉？尧舜与人同耳。”(8.32)

56. 齐人有一妻一妾而处室者，其良人出，则必餍酒肉而后反。其妻问所与饮食者，则尽富贵也。其妻告其妾曰：“良人出，则必餍酒肉而后反。问其与饮食者，尽富贵也，而未尝有显者来。吾将瞷良人之所之也。”蚤起，施从良人之所之，遍国中无与立谈者。卒之东郭墦间，之祭者乞其余；不足，又顾而之他。此其为餍足之道也。其妻归，告其妾曰：“良人者，所仰望而终身也，今若此！”与其妾讪其良人，而相泣于中庭。而良人未之知也，施施从外来，骄其妻妾。由君子观之，则人之所以求富贵利达者，其妻妾不羞也，而不相泣者，几希矣。”(8.33)

万章章句上

57. 万章问曰：“《诗》云，‘娶妻如之何？必告父母。’信斯言也，宜莫如舜。舜之不告而娶，何也？”孟子曰：“告则不得娶。男女居室，人之大伦也。如告，则废人之大伦，以怼父母，是以不告也。”万章曰：“舜之不告而娶，则吾既得闻命矣。帝之妻舜而不告，何也？”曰：“帝亦知告焉则不得妻也。”万章曰：“父母使舜完廪，捐阶，瞽瞍焚廪。使浚井，出，从而掩之。象曰：‘谟盖都君咸我绩，牛羊父母，仓廪父母，干戈朕，琴朕，弤朕，二嫂使治朕栖。’象往入舜宫，舜在床琴。象曰：‘郁陶思君尔。’忸怩。舜曰：‘惟兹臣庶，汝其于予治。’不识舜不知象之将杀己与？”曰：

“奚而不知也？象忧亦忧，象喜亦喜。”曰：“然则舜伪喜者与？”曰：“否。昔者有馈生鱼于郑子产，子产使校人畜之池。校人烹之，反命曰：‘始舍之，圉圉焉，少则洋洋焉，攸然而逝。’子产曰：‘得其所哉！得其所哉！’校人出，曰：‘孰谓子产智？予既烹而食之，曰，得其所哉！得其所哉！’故君子可欺以其方，难罔以非其道。彼以爱兄之道来，故诚信而喜之，奚伪焉？”(9.2)

58. 万章问曰：“象日以杀舜为事，立为天子，则放之，何也？”孟子曰：“封之也；或曰，放焉。”万章曰：“舜流共工于幽州，放驩兜于崇山，杀三苗于三危，殛鲧于羽山，四罪而天下咸服，诛不仁也。象至不仁，封之有庳。有庳之人奚罪焉？仁人固如是乎？在他人则诛之，在弟则封之。”曰：“仁人之于弟也，不藏怒焉，不宿怨焉，亲爱之而已矣。亲之欲其贵也，爱之欲其富也。封之有庳，富贵之也。身为天子，弟为匹夫，可谓亲爱之乎？”“敢问或曰放者，何谓也？”曰：“象不得有为于其国，天子使吏治其国，而纳其贡税焉，故谓之放。岂得暴彼民哉？虽然，欲常常而见之，故源源而来，‘不及贡，以政接于有庳。’此之谓也。”(9.3)

59. 万章曰：“尧以天下与舜，有诸？”孟子曰：“否。天子不能以天下与人。”“然则舜有天下也，孰与之？”曰：“天与之。”“天与之者，谆谆然命之乎？”曰：“否。天不言，以行与事示之而已矣。”曰：“以行与事示之者，如之何？”曰：“天子能荐人于天，不能使天与之天下；诸侯能荐人于天子，不能使天子与之诸侯；大夫能荐人于诸侯，不能使诸侯与之大夫。昔者尧荐舜于天，而天受之；暴之于民，而民受之。故曰，天不言，以行与事示之而已矣。”曰：“敢问荐之于天而天受之，暴之于民而民受之，如何？”曰：“使之主祭而百神享之，是天受之；使之主事而事治，百姓安之，是民受之也。天与之，人与之，故曰，天子不能以天下与人。舜相尧，二十有八载，非人之所能为也，天也。尧崩，三年之丧毕，舜避尧之子于南河之

南，天下诸侯朝觐者，不之尧之子而之舜；讼狱者，不之尧之子而之舜；讴歌者，不讴歌尧之子而讴歌舜，故曰，天也。夫然后之中国，践天子位焉。而居尧之宫，逼尧之子，是篡也，非天与也。《太誓》曰：‘天视自我民视，天听自我民听。’此之谓也。”(9.5)

60. 万章问曰：“人有言，‘至于禹而德衰，不传于贤而传于子。’有诸?”孟子曰：“否，不然也。天与贤则与贤，天与子则与子。昔者舜荐禹于天，十有七年，舜崩，三年之丧毕，禹避舜之子于阳城，天下之民从之，若尧崩之后，不从尧之子而从舜也。禹荐益于天，七年，禹崩，三年之丧毕，益避禹之子于箕山之阴。朝觐讼狱者，不之益而之启，曰：‘吾君之子也。’讴歌者，不讴歌益而讴歌启，曰，‘吾君之子也。’丹朱之不肖，舜之子亦不肖。舜之相尧，禹之相舜也，历年多，施泽于民久。启贤，能敬承继禹之道。益之相禹也，历年少，施泽于民未久。舜、禹、益相去久远，其子之贤不肖，皆天也，非人之所能为也。莫之为而为者，天也；莫之致而至者，命也。匹夫而有天下者，德必若舜、禹，而又有天子荐之者，故仲尼不有天下。继世以有天下，天之所废，必若桀、纣者也，故益、伊尹、周公不有天下。伊尹相汤以王于天下，汤崩，太丁未立，外丙二年，仲壬四年，太甲颠覆汤之典刑，伊尹放之于桐。三年，太甲悔过，自怨自艾，于桐处仁迁义，三年，以听伊尹之训己也，复归于亳。周公之不有天下，犹益之于夏、伊尹之于殷也。孔子曰，‘唐、虞禅，夏后、殷、周继，其义一也。”(9.6)

万章章句下

61. 孟子曰：“伯夷，目不视恶色，耳不听恶声。非其君不事，非其民不使。治则进，乱则退。横政之所出，横民之所止，不忍居也。思与乡人处，如以朝衣朝冠坐于涂炭也。当纣之时，居北海之滨，以待天下之清也。故闻伯夷之风者，顽夫廉，懦夫有立志。伊尹曰：‘何事非君？何使非民？’治亦进，乱亦进。曰：‘天之生斯民也，使先知觉后知，使先觉觉后觉。予，天民之先觉者也，予将以此道觉此民也。’思天下之民，匹夫匹妇有不与被尧舜之泽者，若己推而内之沟中。其自任以天下之重也。柳下惠，不羞污君，不辞小官。进不隐贤，必以其道。遗佚而不怨，阨穷而不悯。与乡人处，由由然不忍去也。‘尔为尔，我为我，虽袒裼裸裎于我侧，尔焉能浼我哉？’故闻柳下惠之风者，鄙夫宽，薄夫敦。孔子之去齐，接淅而行；去鲁，曰：‘迟迟吾行也，去父母国之道也。’可以速而速，可以久而久，可以处而处，可以仕而仕。孔子也。”孟子曰：“伯夷，圣之清者也；伊尹，圣之任者也；柳下惠，圣之和者也；孔子，圣之时者也。孔子之谓集大成。集大成也者，金声而玉振之也。金声也者，始条理也；玉振之也者，终条理也。始条理者，智之事也；终条理者，圣之事也。智，譬则巧也；圣，譬则力也。由射于百步之外也，其至，尔力也；其中，非尔力也。”(10.1)

62. 万章问曰：“敢问友。”孟子曰：“不挟长，不挟贵，不挟兄弟而友。友也者，友其德也，不可以有挟也。孟献子，百乘之家也，有友五人焉：乐正裘、牧仲，其三人，则予忘之矣。献子之与此五人者友也，无献子之家者也。此五人者，亦有献子之家，则不与之友矣。非惟百乘之家为然也，虽小国之君亦有之。费惠公曰，‘吾于子思，则师之矣；吾于颜般，则友之矣；王顺、长息，则事我者也。’非惟小国之君为然也，虽大国之君亦有之。晋平公之于亥唐也，入云则入，坐云则坐，食云则食，虽蔬食菜羹，未尝不饱，盖不敢不饱也。然终于此而已矣。弗与共天位也，弗与治天职也，弗与食天禄也。士之尊贤者也，非王公之尊贤也。舜尚见帝，帝馆甥于贰室，亦飨舜，迭为宾主。是天子而友匹夫也。用下敬上，谓之贵贵；用上敬下，谓之尊贤。贵贵、尊贤，其义一也。”(10.3)

63. 万章问曰:“敢问交际何心也?”孟子曰:“恭也。”曰:“却之却之为不恭,何哉?”曰:“尊者赐之,曰:‘其所取之者,义乎?不义乎?’而后受之,以是为不恭。故弗却也。”曰:“请无以辞却之,以心却之,曰:‘其取诸民之不义也。’而以他辞无受,不可乎?”曰:“其交也以道,其接也以礼,斯孔子受之矣。”万章曰:“今有御人于国门之外者,其交也以道,其馈也以礼,斯可受御与?”曰:“不可。《康诰》曰:‘杀越人于货,闵不畏死,凡民罔不譈。’是不待教而诛者也。殷受夏,周受殷,所不辞也,于今为烈,如之何其受之?”曰:“今之诸侯取之于民也,犹御也。苟善其礼际矣,斯君子受之,敢问何说也?”曰:“子以为有王者作,将比今之诸侯而诛之乎?其教之不改而后诛之乎?夫谓非其有而取之者盗也,充类至义之尽也。孔子之仕于鲁也,鲁人猎较,孔子亦猎较。猎较犹可,而况受其赐乎?”曰:“然则孔子之仕也,非事道与?”曰:“事道也。”“事道奚猎较也?”曰:“孔子先簿正祭器,不以四方之食供簿正。”曰:“奚不去也?”曰:“为之兆也。兆足以行矣,而不行,而后去,是以未尝有所终三年淹也。孔子有见行可之仕,有际可之仕,有公养之仕。于季桓子,见行可之仕也;于卫灵公,际可之仕也;于卫孝公,公养之仕也。”(10.4)

64. 万章曰:“士之不托诸侯,何也?”孟子曰:“不敢也。诸侯失国,而后托于诸侯,礼也。士之托于诸侯,非礼也。”万章曰:“君馈之粟,则受之乎?”曰:“受之。”“受之何义也?”曰:“君之于氓也,固周之。”曰:“周之则受,赐之则不受,何也?”曰:“不敢也。”曰:“敢问其不敢何也?”曰:“抱关击柝者,皆有常职以食于上。无常职而赐于上者,以为不恭也。”曰:“君馈之,则受之,不识可常继乎?”曰:“缪公之于子思也,亟问,亟馈鼎肉。子思不悦。于卒也,摽使者出诸大门之外,北面稽首再拜而不受,曰:‘今而后知君之犬马畜伋。’盖自是台无馈也。悦贤不能举,又不能养也,可谓悦贤乎?”曰:“敢问国君欲养君子,如何斯可谓养矣?”

曰："以君命将之，再拜稽首而受。其后廪人继粟，庖人继肉，不以君命将之。子思以为鼎肉使己仆仆尔亟拜也，非养君子之道也。尧之于舜也，使其子九男事之，二女女焉，百官牛羊仓廪备，以养舜于畎亩之中，后举而加诸上位，故曰王公之尊贤者也。"(10.6)

65. 万章曰："敢问不见诸侯，何义也？"孟子曰："在国曰市井之臣，在野曰草莽之臣，皆谓庶人。庶人不传质为臣，不敢见于诸侯，礼也。"万章曰："庶人，召之役，则往役；君欲见之，召之，则不往见之，何也？"曰："往役，义也；往见，不义也。且君之欲见之也，何为也哉？"曰："为其多闻也，为其贤也。"曰："为其多闻也，则天子不召师，而况诸侯乎？为其贤也，则吾未闻欲见贤而召之也。缪公亟见于子思，曰：'古千乘之国以友士，何如？'子思不悦，曰：'古之人有言曰，事之云乎，岂曰友之云乎？'子思之不悦也，岂不曰：'以位，则子，君也；我，臣也，何敢与君友也？以德，则子事我者也，奚可以与我友？'千乘之君，求与之友，而不可得也，而况可召与？齐景公田，招虞人以旌，不至，将杀之。志士不忘在沟壑，勇士不忘丧其元。孔子奚取焉？取非其招不往也。"曰："敢问招虞人何以？"曰："以皮冠。庶人以旃，士以旂，大夫以旌。以大夫之招招虞人，虞人死不敢往；以士之招招庶人，庶人岂敢往哉？况乎以不贤人之招招贤人乎？欲见贤人而不以其道，犹欲其入而闭之门也。夫义，路也；礼，门也。惟君子能由是路，出入是门也。《诗》云：'周道如底，其直如矢；君子所履，小人所视。'"万章曰："孔子，君命召，不俟驾而行；然则孔子非与？"曰："孔子当仕有官职，而以其官召之也。"(10.7)

66. 齐宣王问卿。孟子曰："王何卿之问也？"王曰："卿不同乎？"曰："不同。有贵戚之卿，有异姓之卿。"王曰："请问贵戚之卿。"曰："君有大过则谏，反复之而不听，则易位。"王勃然变乎色。曰："王勿异也。王问臣，臣不敢不以正对。"王色定，然后请问异姓之卿。曰："君有过则谏，

反复之而不听,则去。”(10.9)

告子章句上

67. 孟子曰:“无或乎王之不智也。虽有天下易生之物也,一日暴之,十日寒之,未有能生者也。吾见亦罕矣,吾退而寒之者至矣,吾如有萌焉何哉?今夫弈之为数,小数也;不专心致志,则不得也。弈秋,通国之善弈者也。使弈秋诲二人弈,其一人专心致志,惟弈秋之为听。一人虽听之,一心以为有鸿鹄将至,思援弓缴而射之,虽与之俱学,弗若之矣。为是其智弗若与?曰:非然也。”(11.9)

告子章句下

68. 宋牼将之楚,孟子遇于石丘,曰:“先生将何之?”曰:“吾闻秦楚构兵,我将见楚王说而罢之。楚王不悦,我将见秦王说而罢之。二王我将有所遇焉。”曰:“轲也请无问其详,愿闻其指。说之将何如?”曰:“我将言其不利也。”曰:“先生之志则大矣,先生之号则不可。先生以利说秦楚之王,秦楚之王悦于利,以罢三军之师,是三军之士乐罢而悦于利也。为人臣者怀利以事其君,为人子者怀利以事其父,为人弟者怀利以事其兄,是君臣、父子、兄弟终去仁义,怀利以相接,然而不亡者,未之有也。先生以仁义说秦楚之王,秦楚之王悦于仁义,而罢三军之师,是三军之士乐罢而悦于仁义也。为人臣者怀仁义以事其君,为人子者怀仁义以事其父,为人弟者怀仁义以事其兄,是君臣、父子、兄弟去利,怀仁义以相接也,然而不王者,未之有也。何必曰利?”(12.4)

69. 鲁欲使慎子为将军。孟子曰:“不教民而用之,谓之殃民。殃民者,不容于尧舜之世。一战胜齐,遂有南阳,然且不可。”慎子勃然不悦曰:“此则滑厘所不识也。”曰:“吾明告子。天子之地方千里;不千里,不足以待诸侯。诸侯之地方百里;不百里,不足以守宗庙之典籍。周公之封于鲁,为方百里也;地非不足,而俭于百里。太公之封于齐也,亦为方百里也;地非不足也,而俭于百里。今鲁方百里者五,子以为有王者作,则鲁在所损乎?在所益乎?徒取诸彼以与此,然且仁者不为,况于杀人以求之乎?君子之事君也,务引其君以当道,志于仁而已。”(12.8)

70. 孟子曰:“今之事君者皆曰,‘我能为君辟土地,充府库。’今之所谓良臣,古之所谓民贼也。君不乡道,不志于仁,而求富之,是富桀也。‘我能为君约与国,战必克。’今之所谓良臣,古之所谓民贼也。君不乡道,不志于仁,而求为之强战,是辅桀也。由今之道,无变今之俗,虽与之天下,不能一朝居也。”(12.9)

71. 陈子曰:“古之君子何如则仕?”孟子曰:“所就三,所去三。迎之致敬以有礼;言将行其言也,则就之。礼貌未衰,言弗行也,则去之。其次,虽未行其言也,迎之致敬以有礼,则就之。礼貌衰,则去之。其下,朝不食,夕不食,饥饿不能出门户,君闻之,曰,‘吾大者不能行其道,又不能从其言也,使饥饿于我土地,吾耻之。’周之,亦可受也,免死而已矣。”(12.14)

尽心章句上

72. 孟子曰:“古之贤王,好善而忘势;古之贤士,何独不然?乐其道而忘人之势,故王公不致敬尽礼,则不得亟见之。见且由不得亟,而况得而臣之乎?”(13.8)

73. 公孙丑曰:“伊尹曰:‘予不狎于不顺,放太甲于桐,民大悦。太甲贤,又反之,民大悦。’贤者之为人臣也,其君不贤,则固可放与?”孟子曰:“有伊尹之志,则可;无伊尹之志,则篡也。”(13.31)

74. 桃应问曰:“舜为天子,皋陶为士,瞽瞍杀人,则如之何?”孟子

曰:“执之而已矣。”“然则舜不禁与?”曰:“夫舜恶得而禁之?夫有所受之也。”“然则舜如之何?”曰:“舜视弃天下犹弃敝蹝也。窃负而逃,遵海滨而处,终身䜣然,乐而忘天下。”(13.35)

75.公都子曰:“滕更之在门也,若在所礼,而不答,何也?”孟子曰:“挟贵而问,挟贤而问,挟长而问,挟有勋劳而问,挟故而问,皆所不答也。滕更有二焉。”(13.43)

尽心章句下

76.孟子曰:“不仁哉!梁惠王也。仁者以其所爱,及其所不爱;不仁者以其所不爱,及其所爱。”公孙丑问曰:“何谓也?”“梁惠王以土地之故,糜烂其民而战之,大败,将复之,恐不能胜,故驱其所爱子弟以殉之。是之谓以其所不爱,及其所爱也。”(14.1)

77.孟子曰:“有人曰,‘我善为陈,我善为战。’大罪也。国君好仁,天下无敌焉。南面而征,北狄怨;东面而征,西夷怨,曰:‘奚为后我?’武王之伐殷也,革车三百两,虎贲三千人。王曰:‘无畏!宁尔也,非敌百姓也。’若崩厥角稽首。征之为言正也,各欲正己也,焉用战?”(14.4)

78.孟子曰:“吾今而后知杀人亲之重也:杀人之父,人亦杀其父;杀人之兄,人亦杀其兄。然则非自杀之也,一间耳。”(14.7)

79.孟子曰:“古之为关也,将以御暴;今之为关也,将以为暴。”(14.8)

80.孟子曰:“好名之人,能让千乘之国;苟非其人,箪食豆羹见于色。”(14.11)

81.孟子曰:“不信仁贤,则国空虚;无礼义,则上下乱;无政事,则财用不足。”(14.12)

82.孟子曰:“不仁而得国者,有之矣;不仁而得天下者,未之有也。”

(14.13)

83. 孟子曰："民为贵，社稷次之，君为轻。是故得乎丘民而为天子，得乎天子为诸侯，得乎诸侯为大夫。诸侯危社稷，则变置。牺牲既成，粢盛既洁，祭祀以时，然而旱干水溢，则变置社稷。"(14.14)

84. 孟子曰："贤者以其昭昭，使人昭昭；今以其昏昏，使人昭昭。"(14.20)

85. 孟子曰："有布缕之征，粟米之征，力役之征。君子用其一，缓其二。用其二而民有殍，用其三而父子离。"(14.27)

86. 孟子曰："诸侯之宝三：土地，人民，政事。宝珠玉者，殃必及身。"(14.28)

87. 孟子之滕，馆于上宫。有业屦于牖上，馆人求之弗得。或问之曰："若是乎从者之廋也？"曰："子以是为窃屦来与？"曰："殆非也。夫子之设科也，往者不追，来者不拒。苟以是心至，斯受之而已矣。"(14.30)

88. 孟子曰："说大人，则藐之，勿视其巍巍然。堂高数仞，榱题数尺，我得志，弗为也；食前方丈，侍妾数百人，我得志，弗为也；般乐饮酒，驱骋田猎，后车千乘，我得志，弗为也；在彼者，皆我所不为也；在我者，皆古之制也。吾何畏彼哉！"(14.34)

编者注：本附录据朱熹《孟子集注》并参阅杨伯峻《孟子译注》对照《孟子节文》而辑。每章前序号为编者所加。每章末序号为杨伯峻《孟子译注》中的序号。本附录与《孟子节文》合在一起，即为《孟子》全文。

第三篇　思想学说

性善说，是孟子思想学说的基石，贯穿于孟子整个思想体系之中。人可以为善，是孟子对人性所作的重要论断。尧、舜，是孟子推崇的古代圣贤。然而，他说尧、舜与人同，人皆可以为尧、舜，从而揭示了人人有贵于己者的内在超越价值。以不忍人之心，行不忍人之政，是孟子性善说在政治领域中的运用。他力主施行仁政、王道，坚决反对暴政、霸道。他认为，民为贵，社稷次之，君为轻。暴君可以推翻。黎民不饥不寒，养生丧死无憾，是王道的开始。孟子创立了心性学说，存心，养心，扩而充之，是孟子提出的心性修养方法，而养浩然之气，则是其最高境界。尽心，知性，知天，万物皆备于我，上下与天地同流，是孟子对人的精神境界及天人关系的深刻体察。孟子以学孔子为己愿。他不仅继承了孔子的思想学说，而且丰富和发展了孔子的思想学说。为了捍卫孔子之道，他不惜被人称之为“好辩”，与不同学派的代表人物进行了激烈的论争。

第一章　道性善

“孟子道性善，言必称尧、舜。”(《滕文公上》)性善说，由孟子首先提出，并反复论证。孟子认为，人人有贵于己者，人皆可以为尧舜。告子是一位与孟子同时或略早的学者，孟子与其就人性问题曾有过激烈的论争。通过辩论，使性善说更加成熟、完善。

第一节　乃若其情　则可以为善

关于人性的说法，在孟子之世，约有三种：一是“性无善，无不善”；二是“性可以为善，可以为不善，是故文武兴，则民好善，幽厉兴则民好暴”；三是“有性善，有性不善，是故以尧为君而有象，以瞽瞍为父而有舜，以纣为兄之子，且以为君，而有微子启、王子比干”。(《告子上》)孟子对人性的说法是什么呢？是“性善”。其含义是：

“乃若其情，则可以为善矣，乃所谓善也。若夫为不善，非才之罪也。”(《告子上》)孟子认为，人的本性，可以通过表露出来的“情”来判断。即人的本性是“可以为善”。至于有的人为不善，不是人自身材质的罪过。这就是孟子所主张的性善。

孟子具体阐述道：

“恻隐之心，人皆有之；羞恶之心，人皆有之；恭敬之心，人皆有之；

是非之心，人皆有之。恻隐之心，仁也；羞恶之心，义也；恭敬之心，礼也；是非之心，智也。仁义礼智，非由外铄我也，我固有之也，弗思耳矣。故曰，‘求则得之，舍则失之。’或相倍蓰而无算者，不能尽其才者也。”（《告子上》）

孟子又进一步阐述道：

“人皆有不忍人之心。……所以谓人皆有不忍人之心者，今人乍见孺子将入于井，皆有怵惕恻隐之心，非所以内交于孺子之父母也，非所以要誉于乡党朋友也，非恶其声而然也。由是观之，无恻隐之心，非人也；无羞恶之心，非人也；无辞让之心，非人也；无是非之心，非人也。恻隐之心，仁之端也；羞恶之心，义之端也；辞让之心，礼之端也；是非之心，智之端也。人之有是四端也，犹其有四体也。有是四端而自谓不能者，自贼者也；谓其君不能者，贼其君者也。凡有四端于我者，知皆扩而充之矣，若火之始然，泉之始达。苟能充之，足以保四海；苟不充之，不足以事父母。”（《公孙丑上》）

孟子发现了人性善的最基本表现——“人皆有不忍人之心”。至于“善”的含义，孟子在回答浩生不害的提问中解释道：

“可欲之谓善。”（《尽心下》）“可欲”，即乐于接受，或值得喜欢，能使人的心理得到满足。

关于什么是“性”，孟子也曾与“命”相比较而阐释：

“口之于味也，目之于色也，耳之于声也，鼻之于臭也，四肢之于安佚也，性也，有，命焉，君子不谓性也。”

“仁之于父子也，义之于君臣也，礼之于宾主也，知之于贤者也，圣人之于天道也，命也，有性焉，君子不谓命也。”（《尽心下》）

口对于佳肴，目对于美色，耳对于雅乐，鼻对于香味，四肢对于安逸，人人都有共同的爱好，无不喜欢，这是人的本性所决定的。但是能否享有，要看天命是否给与，不是人自身所能主宰的。所以君子对此不称作“性”。

父子对于仁，君臣对于义，宾主对于礼，贤者对于知，圣人对于天道，都有共同的追求，无不向往。这是天命赋予的。但能否存有，要看本性是否扩充，是人自身所能主宰的。所以君子对此不称作“命”。

由此可见，孟子所称的“性”，是人自身固有的并能自我主宰的成分，其特征为“求则得之，舍则失之”。虽然人身固有，但自身却不能主宰的成分，“求之有道，得之有命”，尽管人们也都称作“性”，孟子只把它称作“命”，而不称作“性”。

孟子所说的性善，是人“可以为善”，即有为善的潜能。这种人独有的特性，并不是已然的，而仅仅是“端”，是萌芽，是有待于扩充的。

第二节　若夫为不善　非才之罪

人为什么会“为不善”，孟子认为“非才之罪也”。即非人之材质的罪过。他以齐国国都临淄城南的牛山之木为例，详加说明：

“牛山之木尝美矣，以其郊于大国也，斧斤伐之，可以为美乎？是其日夜之所息，雨露之所润，非无萌蘖之生焉，牛羊又从而牧之，是以若彼濯濯也。人见其濯濯也，以为未尝有材焉，此岂山之性也哉？虽存乎人者，岂无仁义之心哉？其所以放其良心者，亦犹斧斤之于木也，旦旦而伐之，可以为美乎？其日夜之所息，平旦之气，其好恶与人相近也者几希，则其旦昼之所为，有梏亡之矣。梏之反覆，则其夜气不足以存。夜气不足以存，则其违禽兽不远矣。人见其禽兽也，而以为未尝有才焉者，是岂人之情也哉？故苟得其养，无物不长；苟失其养，无物不消。”（《告子上》）

牛山之木本来很美，斧斤伐之，牛羊牧之，便光秃秃的了。人们只见其光秃秃的样子，便误认为它不曾有生长树木的材质，难道这是山的本性吗？人本来可以为善，但放失其为善的本能，就像以斧子对于牛山之木一样，每天都去砍伐它，还能够为善吗？为不善的人，与禽兽相差无几。人们只看到它简直是禽兽，因而认为他不曾有为善的材质，这难道是人的本性吗？所以，有的人为不善，并不是人的材质的罪过，并不能否认人具有为善的本能。为不善，是放失其良心所造成的。

孟子认为，环境对人能否为善也有影响：

"富岁，子弟多赖；凶岁，子弟多暴，非天之降才尔殊也，其所以陷溺其心者然也。"(《告子上》)

丰收之年，子弟多懒惰；灾荒之年，子弟多强暴，并不是因为他们天生的材质不同，而是因为环境"陷溺"了他们的良心。

孟子还以种植大麦作比喻，播了种，锄了草，如果土地一样，种植的节气又一样，便会蓬勃地生长，到了夏至，都会成熟。如果收获不同，则是因为土地的肥瘠，雨露的多少，管理的功夫不同的缘故。

第三节　人之性善　犹水之就下

关于人性问题，告子曰："性犹湍水也，决诸东方则东流，决诸西方则西流。人性之无分于善不善也，犹水之无分于东西也。"孟子曰："水信无分于东西，无分于上下乎？人性之善也，犹水之就下也。人无有不善，水无有不下。今夫水，搏而跃之，可使过颡；激而行之，可使在山。是岂水之性哉？其势则然也。人之可使为不善，其性亦犹是也。"(《告子上》)

针对告子人性无分善与不善，如水流无分东西一样的观点，孟子针锋相对地提出了“人之性善，犹水之就下”的论断。人没有不可以为善的，水没有不向下流的。人之可使为不善，不是人的本性，而是像水被“搏”、“激”而向上一样，是“势”造成的。

告子说：“生之谓性。”孟子问道：“生之谓性也，犹白之谓白与？”告子给予肯定。孟子又追问，白羽毛的白犹如白雪的白，白雪的白犹如白玉的白吗？告子没有否定。孟子又问，那么狗性犹如牛性，牛性犹如人性吗？告子无可辩驳。（《告子上》）由此，孟子将自己所讲的性——人所独有的性，与告子所讲的性——人与动物所共有的性，区别了开来。

第四节　人皆可以为尧舜

孟子由人皆有不忍人之心，人皆有善端，进而提出了人皆可以为尧舜的观点。

“尧、舜，性者也。”（《尽心下》）孟子认为，尧舜不仅是古代的圣王，而且是人的本性扩充得最完美的人。

孟子所称的尧、舜是什么形象呢？他首先肯定尧、舜是人。他曾引用颜渊的话说：

“舜何？人也。予何？人也。有为者亦若是。”（《滕文公上》）

孟子自己也说过：

“是故君子有终身之忧，无一朝之患也。乃若所忧则有之：舜，人也；我，亦人也。舜为法于天下，可传于后世，我由未免为乡人也，是则可忧也。忧之如何？如舜而已矣。若夫君子所患则亡矣。非仁无为也，非礼无行也。如有一朝之患，则君子不患矣。”（《离娄下》）

君子有长期的忧虑，而没有一时的祸患。这样的忧患是应当有的：舜，是人；我，也是人。舜，为天下人的典范，值得世世代代效法；我，仍然

不免是一个普通人。为此而忧,应当怎么办呢?向舜学习罢了。孟子不仅认为舜是人,而且认为是可以效法的人。

当齐国的储子问孟子,齐王派人暗中观察您,您真有跟别人不同的地方吗?孟子回答说:

“何以异于人哉?尧、舜与人同耳。”(《离娄下》)

孟子认为,尧、舜与一般人没有什么不同之处。

在孟子的学说中,尧是富有仁德的君主的化身,突出表现为忧以天下,尊贤任能;舜则以义礼见长,突出表现为孝顺父母,友慕兄弟,忠于长上。他们的共同特点,就是都好为善。

孟子言必称尧、舜,其良苦用心,是让人们效法尧、舜:

“规矩,方员之至也;圣人,人伦之至也。欲为君,尽君道;欲为臣,尽臣道。二者皆法尧、舜而已矣。不以舜之所以事尧事君,不敬其君者也;不以尧之所以治民治民,贼其民者也。”(《离娄上》)

孟子不仅让人们效法尧、舜,而且认为人都可以成为尧、舜:

曹交问曰:“人皆可以为尧、舜,有诸?”

孟子曰:“然。”(《告子下》)

怎样才能为尧、舜?孟子强调“为”,“亦为之而已矣”。并说“子服尧之服,诵尧之言,行尧之行,是尧而已矣。”(《告子下》)

第二章 尽心 知性 知天

怎样才能为善，怎样才能为尧、舜，孟子提出了一系列“为”的方法。心之官则思，是孟子对“心”的重要认识。存心、养心、扩而充之，是孟子提出的最基本的道德修养方法；而养浩然之气、舍生而取义，则是道德修养的最高境界。尽心、知性、知天，万物皆备于我，上下与天地同流，是孟子对人的精神境界的深刻体察，也是对天人关系哲理的精辟阐释。

第一节 心之官则思

孟子称：“人之所以异于禽兽者几希，庶民去之，君子存之。”（《离娄下》）他在其心性学说中对“几希”作了进一步的阐述。孟子说：

“君子所以异于人者，以其存心也。君子以仁存心，以礼存心。仁者爱人，有礼者敬人。爱人者，人恒爱之；敬人者，人恒敬之。”（《离娄下》）

孟子举例说，假定这里有一个人，他对我蛮横无理，那君子一定反躬自问，我一定不仁，一定无理，不然，他为什么会这样待我呢？反躬自问以后，我仁，我有礼，那人的蛮横无理却仍然不改，君子一定又反躬自问，我一定不忠。反躬自问后，我实在无可自责，那种蛮横无理仍然照旧，君子就会说：“此亦妄人也已矣。如此，则与禽兽奚择哉？于禽兽又何难

焉?"(同上)

"存心","以仁存心,以礼存心",是君子所以异于人者。"妄人"无异于禽兽。由此可见,人之所以异于禽兽的"几希",与能否"存心",能否"以仁存心,以礼存心"有着密切的联系。

何谓"心"?孟子说:"心之官则思。思则得之,不思则不得也。此天之所与我者。"(《告子上》)

孟子又引孔子的话进一步说:"孔子曰:'操则存,舍则亡;出入无时,莫知其乡。'惟心之谓与?"(《告子上》)

心的功能是"思"。"思"、"操",它就显现;"不思"、"舍",它就消失。所显现与消失者,既指心的功能,也指心的趋向——性善。

孟子以牛山的树木为例,说在某些人身上难道没有仁义之心吗?他之所以丧失他的善良之心,也正像斧子之对于树木一般,每天每天地去砍伐它,能够茂盛吗?他在日里夜里发出来的善心,在天刚亮时所接触的清明之气,这些在他心里所激发出来的好恶,跟一般人相近的也有一点点。可是一到第二天白昼,所行所为又把它消灭了。

"梏之反复,则其夜气不足以存;夜气不足以存,则其违禽兽不远矣。人见其禽兽也,而以为未尝有才焉者,是岂人之情也哉?故苟得其养,无物不长;苟失其养,无物不消。"(《告子上》)

"仁,人心也;义,人路也。舍其路而弗由,放其心而不知求,哀哉!人有鸡犬放,则知求之;有放心而不知求。学问之道无他,求其放心而已矣。"(《告子上》)

人丢失了鸡狗,知道把它找回来。而丧失了本心,却不知道找回来。所以学问之道没有别的,把丧失的本心找回来罢了。

关于存心、养心、求其放心的方法,孟子认为:

"大人者,不失其赤子之心者也。"(《离娄下》)

"养心莫善于寡欲。其为人也寡欲,虽有不存焉者,寡矣;其为人也多欲,虽有存焉者,寡矣。"(《尽心下》)

孟子还以山坡上的小道为例,说经常去走它,便成了一条路;只要有一段时间不去走它,就会被茅草堵塞了。人心也是这样,如果不"思"不"扩充",也会被"茅草"堵塞。

怎样"思"?怎样扩而充之?孟子说:

"人皆有所不忍,达之于其所忍,仁也;人皆有所不为,达之于其所为,义也。人能充无欲害人之心,而仁不可胜用也;人能充无穿逾之心,而义不可胜用也;人能充无受尔汝之实,无所往而不为义也。"(《尽心下》)

人能够把不想害人的心扩而充之,仁便用不尽了;人能够把不"挖洞跳墙"的心扩而充之,义便用不尽了;人能够把不受轻贱的言行扩而充之,那无论到哪里都会合于义了。"无为其所不为,无欲其所不欲,如此而已矣。"(《尽心上》)

第二节　不动心与养浩然之气

孟子在与弟子公孙丑的答问中,说:"我四十不动心",并说"告子先我不动心"。(《公孙丑上》)由此而讲述了不动心之道,以及与告子不动心的区别。

孟子以北宫黝、孟施舍培养勇气的办法为例,来说明怎样才能不动心。北宫黝的养勇,受到侮辱,一定回击,不分对方是谁,也不论场合与轻重。孟施舍则是视不胜犹胜,不问敌方强弱,无所畏惧,勇往直前。孟子认为孟施舍似曾子,北宫黝似子夏,然而孟施舍较有章法。孟子又引曾子的话,转述孔子所称的大勇:

“自反而不缩，虽褐宽博，吾不惴焉；自反而缩，虽千万人，吾往矣。”(《公孙丑上》)反躬自问，正义不在我，对方虽是卑贱的人，我不去恐吓他；反躬自问，正义确在我，对方虽千万人，我也勇往直前。孟子推崇曾子受于孔子的养勇方法，即养勇以理之曲直为基础。

告子认为，“勇”，或“不动心”，于言辞中得不到，就不要再要求从“心”中得到；从心中得不到，就不要再要求从“气”中得到。孟子不否定后者，而否定前者。原因是，由心而生的志，是气的统帅，气是由人的身心扩充而来的。志在先，为主；气在后，为次。所以说，要坚守志，不要滥动气。同时，志与气也相互作用：志专一，气则随之而聚，随之而来；气聚之于一，志也会随之而产生波动。比如，人跌倒了，昏厥了，一时失去了知觉，但身上还有气，还有力，气与力的凝聚，又使“心”复苏，使“心”波动，又发挥作用。孟子称“反动其心”而不称“反动其志”，因“志”由“心”生，这里的“心”，是指人的思维、思想或精神。

公孙丑问孟子，老师您最擅长于什么？孟子答：“我知言，我善养吾浩然之气。”什么是浩然之气，孟子虽然说“难言也”，但还是描述出了它的大体形态：

“其为气也，至大至刚，以直养而无害，则塞于天地之间。其为气也，配义与道；无是，馁也。是集义所生者，非义袭而取之也。行有不慊于心，则馁矣。我故曰，告子未尝知义，以其外之也。必有事焉，而勿正，心勿忘，勿助长也。”(《公孙丑上》)

这种气，最广大，最刚强，只要好好地培养而不加伤害，它就会充塞于天地之间。这种气由义与道配合而成。若没有这二者，就会枯萎。它是聚集义而产生的，而不是偶然的义行所能袭取的。只要做一件于心有愧的事，它就会枯萎下来。应当坚持不懈地培养，而不加伤害。自觉地培养它，而不要有其他特定的目的。心中要念念不忘，但也不能违背规律地帮助它生长。孟子还以拔苗助长为喻，拔苗不仅不能助长，反而伤害了它，来通俗地解释“勿忘”、“勿助”的含义。

孟子之所以认为，告子“不得于言，勿求于心”，不可，就是因为告子颠倒了“言”与“心”的关系。说“告子未尝知义，以其外之也”。言为心声，义由心集。而告子割裂了言、义与心的关系。孟子认为，心正，则言正。心正，方可由知对方之言病，进而识其心病。最终达到“正人心，息邪说，讵诐行，以承三圣者”之目的。（《滕文公下》）

孟子所善养的浩然之气，是内心的一种精神力量。它一经践行，便会将人铸成“富贵不能淫，贫贱不能移，威武不能屈”的大丈夫。（《滕文公下》）或称作：“虽大行不加焉，虽穷居不损焉”的君子。（《尽心上》）不能淫、不能移、不能屈、不加、不损的是志向。这个志向，就是“居天下之广居，立天下之正位，行天下之大道；得志，与民由之；不得志，独行其道”（《滕文公下》），或曰“穷则独善其身，达则兼善天下”（《尽心上》）。践履如一，就能形成浩然之气。其核心是“义”与“道”，其根基在“心”，在心中充分存养扩充了的善端。

浩然之气，是人崇高的精神境界。当人对其的追求面临与载体——人的生命不可得兼时，孟子主张“舍生而取义”。他说：

“鱼，我所欲也；熊掌，亦我所欲也；二者不可得兼，舍鱼而取熊掌者也。生亦我所欲也，义亦我所欲也；二者不可得兼，舍生而取义者也。生亦我所欲，所欲有甚于生者，故不为苟得也；死亦我所恶，所恶有甚于死者，故患有所不辟也。如使人之所欲莫甚于生，则凡可以得生者，何不用也？使人之所恶莫甚于死者，则凡可以辟患者，何不为也？由是则生而有不用也，由是则可以辟患而有不为也，是故所欲有甚于生者，所恶有甚于死者。非独贤者有是心也，人皆有之，贤者能勿丧耳。”（《告子上》）

第三节 上下与天地同流

孟子思想学说中的天，有多种含义，有自然之天，有客观规律之天，有假托的意志之天，还有道德义理之天等。天，是孟子哲学思想中的最高范畴；天人合一思想，是孟子哲学思想中的精髓。

“天油然作云，沛然下雨，则苗浡然兴之矣。”（《梁惠王上》）

“天之高也，星辰之远也，苟求其故，千岁之日至，可坐而致也。”（《离娄下》）

这里的天，是指自然之天。

“昔者，尧荐舜于天，而天受之；暴之于民，而民受之；故曰，天不言，以行与事示之而已矣。……使之主祭，而百神享之，是天受之；使之主事，而事治，百姓安之，是民受之也。天与之，人与之，故曰，天子不能以天下与人。……《太誓》曰：‘天视自我民视，天听自我民听。’此之谓也。”（《万章上》）

此处孟子所指的天，实际是“民意”、“人心”，是假托的意志之天。

“莫之为而为者，天也。”（《万章上》）

“行，或使之；止，或尼之。行止，非人所能也。吾之不遇鲁侯，天也。”（《梁惠王下》）

“君子创业垂统，为可继也。若夫成功，则天也。”（《梁惠王下》）

“夫天未欲平治天下也；如欲平治天下，当今之世，舍我其谁也？”（《公孙丑下》）

“故天将降大任于是人也，必先苦其心志，劳其筋骨，饿其体肤，空乏其身，行拂乱其所为，所以动心忍性，曾益其所不能。”（《告子下》）

“天下有道，小德役大德，小贤役大贤；天下无道，小役大，弱役强。

斯二者，天也。”(《离娄上》)

上述天，均在人的主观意志之外，有的是可知的规律，有的是不可知的主宰，有的则与“命”相关。它们不依人们的主观意志为转移。

对于客观规律之天，孟子认为：

“顺天者存，逆天者亡。”(《离娄上》)

“以大事小者，乐天者也；以小事大者，畏天者也。乐天者保天下，畏天者保其国。”(《梁惠王下》)

孟子强调不可违背客观规律之天，同时又强调人的主观能动性的重要作用：

“祸福无不自己求之者。《诗》云：‘永言配命，自求多福。’《太甲》曰：‘天作孽，犹可违；自作孽，不可活。’此之谓也。”(《公孙丑上》)

面对不可抗拒的命运之天，孟子主张：

“君子不怨天，不尤人。”(《公孙丑下》)

在孟子的学说中，还有一种与人密不可分的道德义理之天：

“夫仁，天之尊爵也，人之安宅也。”(《公孙丑上》)

“有天爵者，有人爵者。仁义忠信，乐善不倦，此天爵也；公卿大夫，此人爵也。古之人修其天爵，而人爵从之。今之人修其天爵，以要人爵；既得人爵，而弃其天爵，则惑之甚者也，终亦必亡而已矣。”(《告子上》)

“仰不愧于天，俯不怍于人。”(《尽心上》)

这里的天，是道德的最高境界，是义理的总体称谓。“天爵”，是天所赋予人，而又经过人去“为”、去“养”形成的自然尊贵，是天人相通的，天人合一的。天爵，是人所共有的。“人人有贵于己者，弗思耳矣。”(《告子上》)但能否取得，则靠自我追求，“求则得之，舍则失之，是求有益于得也，求在我者也”(《尽心上》)。而“人爵”则不然，“求之有道，得之有命，是求无益于得也，求在外者也”(《尽心上》)。天爵，可自求自

得，一经享用，谁也不可剥夺；人爵，人有追求的路子，但能否得到，最终取决于主宰的予否。所以，自求的尊贵，才是真正值得尊贵的；别人所给予的尊贵，别人同样可以剥夺，并不值得尊贵。（《告子上》）

孟子又说："尽其心者，知其性也。知其性，则知天矣。存其心，养其性，所以事天也。夭寿不贰，修身以俟之，所以立命也。"（《尽心上》）

在此，孟子阐述了"心"、"性"、"天"、"命"之间的关系。充分扩充自己的本心，就知道人性是可以为善的；知道了人的本性，也就懂得了天，即性善是天所赋予所有人的。保存本心，存养本性，这就是对待天的方法。短命也好，长寿也好，我都不三心二意，只是以修养身心来等待它，这就是安身立命的方法。

进而，孟子又提出：

"是故诚者，天之道也；思诚者，人之道也。"（《离娄上》）

"万物皆备于我矣。反身而诚，乐莫大焉。强恕而行，求仁莫近焉。"（《尽心上》）

诚——真实而不虚假，是天的法则，即自然的规律；追求诚，是做人的法则，是做人必须遵循的规律。

天赋予了我达到生命最高境界的一切条件，能否达到，全在我掌握。反躬自问，自己是真诚的，没有任何虚假，便是最大的快乐。坚持不懈地按推己及人的恕道去做，求得天之尊爵——仁的道路，没有比这再近的了。

孟子还说："夫君子所过者化，所存者神，上下与天地同流，岂曰小补之哉？"（《尽心上》）

品德高尚的人，天爵至尊，所经过的地方，无不受到教化，人无不随之为善。所存养于心的，则神妙不可测度。上下与天地融为一体，共同运行，这难道说是小小的补益吗？

第三章 仁政 王道

孟子由人皆有不忍人之心,或叫做恻隐之心,即仁之端,阐释出性善说。推演到政治领域,就是由不忍人之心,行不忍人之政。按孟子的说法为“发政施仁”,或曰“仁政”,或曰“王道”,或曰“王政”。仁政、王政、王道内容相通,都是孟子的政治理想模式。这一模式以贵民、保民、任贤、轻君、尊王贱霸为主要特色。

第一节 以不忍人之心 行不忍人之政

孟子认为,施行仁政之所以可能,在于:“人皆有不忍人之心。先王有不忍人之心,斯有不忍人之政矣。以不忍人之心,行不忍人之政,治天下可运之掌上。”(《公孙丑上》)

对于不施行仁政者,孟子认为是“不为也”,“非不能也”。他举例说,用胳膊夹着泰山跳过北海,告诉人说,这我不能,这是真不能;为老人折取一根树枝,告诉人说,我不能,这是不为,而不是不能。施行仁政与为老人折技同类,是可为的。称不能者,其实质是不为。

“老吾老,以及人之老;幼吾幼,以及人之幼。天下可运于掌。《诗》云:‘刑于寡妻,至于兄弟,以御于家邦。’言举斯心加诸彼而已。故推恩足以保四海,不推恩无以保妻子。古之人所以大过人者,无他焉,善推其

所为而已矣。”(《梁惠王上》)

孟子认为,夏、商、周三代得天下,是由于行仁政;而失天下,是由于不行仁政。国家的废兴存亡都是这个道理,天子不仁,不能保天下;诸侯不仁,不能保社稷;士人和老百姓不仁,连自己的身体也难保全。害怕国废身亡,却乐于不仁,就好比害怕醉,偏要多喝酒一样。

孟子还以梁惠王为例,批评不为仁政者:

“不仁哉,梁惠王也!仁者以其所爱及其所不爱,不仁者以其所不爱及其所爱。……梁惠王以土地之故,糜烂其民而战之,大败,将复之,恐不能胜,故驱其所爱子弟以殉之,是之谓以其所不爱及其所爱也。”(《尽心下》)

仁者把他对待所喜爱者的恩德,推及到他所不爱的人;不仁者却把他加给所不喜爱者的祸害,推及到他所喜爱的人。梁惠王为了争夺土地,祸害他不喜爱的百姓,大败,又驱使他所喜爱的子弟去死战,以至“东败于齐,长子死焉”。这正是把他加给所不爱者的祸害,推而及于他所喜爱的人。梁惠王真可谓不仁者。不仁者,只能行不仁之政。最终祸必及国,殃必及身。

第二节　养生丧死无憾　王道之始

孟子认为,为政仅有善——仁心,是不够的,还要有仁政。尧、舜之道,不以仁政,不能平治天下。“徒善不足以为政,徒法不能以自行”,“既竭心思焉,继之以不忍人之政,而仁覆天下矣”。(《离娄上》)

孟子所主张的仁政、王政、王道,具体内容是什么呢?黎民不饥不寒,养生丧死无憾,这是王道的开始。要解决衣食问题,必须从土地入手,制民之产。孟子说:

"夫仁政,必自经界始。经界不正,井地不钧,谷禄不平。是故暴君污吏必慢其经界。经界既正,分田制禄可坐而定也。"(《滕文公上》)

经界,指划分整理田界。暴君污吏,为了侵吞百姓财产,故意打乱经界。只有正经界,才能重新合理分配给百姓田地,合理制定官吏的俸禄。

孟子认为,有关老百姓的事,一刻也不能放松。对于老百姓来说,有一定的产业收入,才有一定的道德观念和行为准则。假若没有一定的道德观念和行为准则,就会什么事都干得出来,等到他们犯了罪,然后再处罚,这等于陷害。"是故贤君必恭俭礼下,取于民有制。"(《滕文公上》)"是故明君制民之产,必使仰足以事父母,俯足以畜妻子,乐岁终身饱,凶年免于死亡;然后驱而之善,故民之从之也轻。"(《梁惠王上》)孟子设想了制民之产的模式:

"五亩之宅,树之以桑,五十者可以衣帛矣。鸡豚狗彘之畜,无失其时,七十者可以食肉矣。百亩之田,勿夺其时,八口之家可以无饥矣。谨庠序之教,申之以孝悌之义,颁白者不负戴于道路矣。老者衣帛食肉,黎民不饥不寒,然而不王者,未之有也。"(《梁惠王上》)

孟子还说:"不违农时,谷不可胜食也;数罟不入洿池,鱼鳖不可胜食也;斧斤以时入山林,材木不可胜用也。谷与鱼鳖不可胜食,材木不可胜用,是使民养生丧死无憾也。"(《梁惠王上》)

孟子主张,如施仁政于民,就要"省刑罚,薄税敛,深耕易耨;壮者以暇日修其孝悌忠信,入以事其父兄,出以事其长上。"(《梁惠王上》)

孟子讲了一个道理:"易其田畴,薄其税敛,民可使富也。食之以时,用之以礼,财不可胜用也。民非水火不生活,昏暮叩人之门户求水火,无弗与者,至足矣。圣人治天下,使有菽粟如水火。菽粟如水火,而民焉有不仁者乎?"(《尽心上》)

孟子强调,仁政要从富民开始。黎民不饥不寒,养生丧死无憾,财不

可胜用，这是仁政的基础。他又同时强调，民皆行仁，才是完美的仁政。其措施，在使粮食好比水火那样多以后，还要“驱而之善”，即“谨庠序之教，申之以孝悌之义”，或“以暇日修其孝悌忠信”，也就是办好教育，使人们都具有高尚的道德品质，自觉为善。

孟子还以先王为例，介绍了周文王施行仁政的情况：“昔者文王之治岐也，耕者九一，仕者世禄，关市讥而不征，泽梁无禁，罪人不孥。老而无妻曰鳏，老而无夫曰寡，老而无子曰独，幼而无父曰孤。此四者，天下之穷民而无告者，文王发政施仁，必先斯四者。”（《梁惠王下》）

对农民实行九分抽一的税率；对官吏给以世袭的俸禄；在关口和市场上，只稽查，不征税；不禁止渔猎；犯罪的人，刑罚只及于他本人，不牵连到他妻室儿女；对穷苦无靠的人，优先照顾，这就是周文王施行的仁政。

孟子还强调，君主施行仁政要与百姓同忧同乐：

“乐民之乐者，民亦乐其乐；忧民之忧者，民亦忧其忧。乐以天下，忧以天下，然而不王者，未之有也。”（《梁惠王下》）

第三节　民为贵　社稷次之　君为轻

关于民在国家中的地位，君民之间的关系，孟子在其政治学说中提出了这样的著名论断：“民为贵，社稷次之，君为轻。”（《尽心下》）

只有得到百姓的拥护，才能做国君。社稷、国君都可以改立，而民不可更换。君主得失天下，都是得失民心的结果。民心的向背，决定着君主的存亡。孟子以桀纣、汤武失得天下为例：

“桀纣之失天下也，失其民也；失其民者，失其心也。得天下有道：得其民，斯得天下矣；得其民有道：得其心，斯得民矣；得其心有道：所欲与之聚之,所恶勿施尔也。民之归仁也,犹水之就下,兽之走圹也。故为渊驱鱼者,獭也;为丛驱爵者,鹯也;为汤武驱民者,桀与纣也。今天下之君有好仁者,则诸侯皆为之驱也。虽欲无王,不可得已。”(《离娄上》)

仁,仁政,是民之所望,民之所归。不行仁政,民将背弃;行仁政,民将向往。民背弃者,失天下;民向往者,得天下。桀、纣不仁,客观上起到了将民驱与汤、武的作用。

孟子主张:“是以惟仁者宜在高位。不仁而在高位,是播其恶于众也。”(《离娄上》)在上的没有道德规范,在下的就没有法制观念,朝廷不凭据道义,工匠不凭据尺度,君子犯义,小人犯刑,国家还能存在的,那太侥幸了。“暴其民甚,则身弑国亡;不甚,则身危国削,名之曰‘幽’、‘厉’,虽孝子慈孙,百世不能改也。”(《离娄上》)

对不仁而在上位者,孟子通过与齐宣王的对话阐述了自己的主张。

齐宣王问曰:“汤放桀,武王伐纣,有诸?”

孟子对曰:“于传有之。”

曰:“臣弑其君,可乎?”

曰:“贼仁者谓之‘贼’,贼义者谓之‘残’,残贼之人谓之‘一夫’,闻诛一夫纣矣,未闻弑君也。”(《梁惠王下》)

破坏仁义的,是残贼,是一夫,而不配称作君主。诛杀残贼者,是诛杀一夫,而不是弑君。孟子肯定了汤武革命的正义性。

对于四境之内不治的君主,孟子以失职者为论,认为应当“弃之”、“已之”。(《梁惠王下》)

贵戚之卿则有这样的权力,“君有大过则谏;反复之而不听,则易位”。(《万章下》)

当公孙丑以伊尹放逐太甲为例,问孟子,贤者作为臣属,其君不贤,就可以放逐吗?孟子回答说:“有伊尹之志,则可;无伊尹之志,则篡

也。”(《尽心上》)

“弃之”、“已之”、“易位”、“放”,都是对不仁而在高位者的处置办法。孟子也肯定了撤换不仁之君的合理性,最终目的,保证“惟仁者宜在高位”,进而保障仁政的实施。

孟子认为,施行仁政,还必须“尊贤使能,俊杰在位”(《公孙丑上》)。国君如想免遭屈辱,“莫如贵德而尊士,贤者在位,能者在职”(《公孙丑上》)。孟子还比喻说,治理国家,如不任用贤能,让贤能“姑舍女所学而从我”,就像一个占有玉石而不懂雕琢玉石的人,硬让玉匠按照自己的办法雕琢玉石一样愚蠢可笑。(《梁惠王下》)孟子强调,凡想大有作为的君主,必须敢于任用德才超过自己的“不召之臣”,并先虚心向他学习,然后以他为臣,这叫做“学焉而后臣之”。这样,则可“不劳而王”。(《公孙丑下》)孟子还把纠正君主的不正确思想,作为臣的职责。“唯大人为能格君心之非。君仁,莫不仁;君义,莫不义;君正,莫不正。一正君而国定矣。”(《离娄上》)

如何使“贤”、“能”、“俊杰”在位?孟子说:

“国君进贤,如不得已,将使卑逾尊,疏逾戚,可不慎与?左右皆曰贤,未可也;诸大夫皆曰贤,未可也;国人皆曰贤,然后察之;见贤焉,然后用之。左右皆曰不可,勿听;诸大夫皆曰不可,勿听;国人皆曰不可,然后察之;见不可焉,然后去之。左右皆曰可杀,勿听;诸大夫皆曰可杀,勿听;国人皆曰可杀,然后察之;见可杀焉,然后杀之。故曰,国人杀之也。如此,然后可以为民父母。”(《梁惠王下》)

左右、诸大夫的意见均不足为凭,以国人的意见决定可否,然后察之,贤者岂能不在上位?

至于君臣之间的关系,孟子认为是相对平等的:

“君之视臣如手足,则臣视君如腹心;君之视臣如犬马,则臣视君如

国人;君之视臣如土芥,则臣视君如寇仇。”(《离娄下》)

君对臣的态度,直接影响并决定了臣对君的态度。

第四节 不嗜杀人者能一之

孟子所处的战国中期,七雄争霸,“争地以战,杀人盈野;争城以战,杀人盈城”(《离娄上》),“狗彘食人食而不知检,途有饿殍而不知发”,“父母冻饿,兄弟妻子离散”。(《梁惠王上》)面对惨痛的社会状况,孟子最关心的是如何早日结束这种民不聊生的局面。

当梁襄王问孟子,天下怎样才得安定?孟子回答说,天下统一,就会安定。梁襄王又问,谁能统一天下呢?孟子说:“不嗜杀人者能一之。”(《梁惠王上》)安定的希望,在于天下统一;只有不杀人成性者,即以德行仁政、王道者,才能统一天下。

孟子坚决反对霸道,坚决反对不义之战。并对施行霸道者予以猛烈抨击:

“此所谓率土地而食人肉,罪不容于死。故善战者服上刑,连诸侯者次之,辟草莱、任土地者次之。”(《离娄上》)

孟子还说:“春秋无义战。”(《尽心下》)

“五霸者,三王之罪人也;今之诸侯,五霸之罪人也;今之大夫,今之诸侯之罪人也。”(《告子下》)

“有人曰:‘我善为陈,我善为战。’大罪也。”(《尽心下》)

孟子认为,强大的诸侯国征伐弱小的诸侯国,或一个诸侯国挟持一部分诸侯国来征伐另一部分诸侯国,都是不仁义的战争。各诸侯国君主,可能有比较好一点的,但征伐只能是天子对诸侯,同等级诸侯国是不能互相征伐的。依恃武力,打着仁义的旗号,发动战争,叫做“霸”,这种

做法又叫做“霸道”。它与“王道”是水火不相容的。所以孟子认为，不仅春秋无义战，而且战国更无义战，故善战者，死刑都不足以赎出他们的罪过。为善战者邀结盟国，积聚钱财者，是助纣为虐，都是罪人，都应受到惩罚。

公孙丑问孟子，您如果在齐国当政，管仲、晏子的功业可以再度兴起吗？孟子认为“以齐王，由反手也”（《公孙丑上》）。管仲辅佐齐桓公称霸，晏子辅佐齐景公使其名扬诸侯，孟子认为都不值得效法。如果他有管、晏的地位和权利，以齐统一天下，易如反掌。

孟子反对不义之战，并不反对王者之师：

“《书》曰：‘汤一征，自葛始。’天下信之，东面而征，西夷怨；南面而征，北狄怨，曰：‘奚为后我？’民望之，若大旱之望云霓也。归市者不止，耕者不变。诛其君而吊其民，若时雨降。民大悦。《书》曰：‘徯我后，后来其苏。’”（《梁惠王下》）

“武王之伐殷也，革车三百两，虎贲三千人。王曰：‘无畏！宁尔也，非敌百姓也。’若崩厥角稽首。”（《尽心下》）

商汤、周武王的征伐，孟子之所以赞同，是因为“民大悦”，“诛其君而吊其民”，“非敌百姓也”。民之所望，如久旱盼望下雨一样。

诸侯国之间的战争，只要合于民意，孟子亦不反对。如，齐国和燕国发生战争，孟子在回答齐宣王有关战争的询问时说：“取之而燕民悦，则取之”，“取之而燕民不悦，则勿取”，“今燕虐其民，王往而征之，民以为将拯己于水火之中也，箪食壶浆以迎王师。若杀其父兄，系累其子弟，毁其宗庙，迁其重器，如之何其可也”？（《梁惠王下》）

孟子认为，人心的背向，决定战争的胜负：

“天时不如地利，地利不如人和。……得道者多助，失道者寡助。寡助之至，亲戚畔之；多助之至，天下顺之。以天下之所顺，攻亲戚之所

畔，故君子有不战，战必胜矣。”（《公孙丑下》）

“人和”、“得道”、“天下顺之”，这都是孟子仁政、王道主张的重要内容。孟子断言：“仁者无敌。”（《梁惠王上》）

第四章　得天下英才而教育之

孟子将“得天下英才而教育之”作为君子三乐之一，与“父母俱存，兄弟无故”；“仰不愧于天，俯不怍于人”并列，而“王天下”则不能与之相提并论。（《尽心上》）他曾“后车数十乘，从者数百人，以传食于诸侯”（《滕文公下》）。年老后则专事授徒讲学。在长期的教学实践中，孟子积累了丰富的教育经验，形成了独到的教育思想。他认为，人无教则近于禽兽，教育的目的首先在于明人伦，教育是理想社会不可缺少的组成部分。“性善说”是其教育思想的基础，同时强调客观环境对人的影响。教者必以正，应“以其昭昭，使人昭昭”（《尽心下》）。教育的方法应因人而异，同时坚持高标准、严要求。受教育者应有明确的学习目的，尊师重道。学习专心致志，循序渐进，持之以恒。

第一节　无教则近于禽兽

从政治的观点来看，孟子认为：“仁言不如仁声之入人深也，善政不如善教之得民也。善政，民畏之；善教，民爱之。善政得民财，善教得民心。”（《尽心上》）孟子还说：“不教民而用之，谓之殃民。”（《告子下》）“城郭不完，兵甲不多，非国之灾也；田野不辟，货财不聚，非国之害也。上无礼，下无学，贼民兴，丧无日矣。”（《离娄上》）

孟子将教育亦列入富国强兵的主要措施之一。他曾对梁惠王说："王如施仁政于民，省刑罚，薄税敛，深耕易耨；壮者以暇日修其孝悌忠信，入以事其父兄，出以事其长上，可使制梃以挞秦楚之坚甲利兵矣。"(《梁惠王上》)"修其孝悌忠信"，就是进行伦理道德教育。

在孟子的理想社会中，在解决好衣食问题的同时，还应当："谨庠序之教，申之以孝悌之义。"(《梁惠王上》)即好好办学校，反复用孝顺父母、敬爱兄长的道理来教育人们。

孟子说："设为庠序学校以教之。庠者，养也；校者，教也；序者，射也。夏曰校，殷曰序，周曰庠；学则三代共之，皆所以明人伦也。"(《滕文公上》)"庠"是培养，"校"是教导，"序"是陈列，即陈列实物，实施实物教育。进行这种教育的地方，夏代叫"校"，商代叫"序"，周代叫"庠"；至于学习的内容，三代都是一样的，即教导人们懂得人与人之间的各种必然关系以及相关的各种行为准则。

由上述可知，孟子所说的教育的目的，在于"教以人伦"，或"明人伦"。人伦，具体内容就是：父子有亲，君臣有义，夫妇有别，长幼有叙，朋友有信。简言之，就是孝、悌、忠、信，其核心是孝、悌。

孟子还强调家庭教育的意义。他说："中也养不中，才也养不才，故人乐有贤父兄也。如中也弃不中，才也弃不才，则贤不肖之相去，其间不能以寸。"(《离娄下》)以道德品质好的人，来教育熏陶那些道德品质不好的人；以有才能的人，来教育熏陶那些没有才能的人，所以，每个人都喜欢有个好父兄。反之，他们之间的距离无法用分寸来计量。

第二节　求其放心

孟子教育思想的基础是"性善说"。他认为，就人的本性来说，人人

都是可以为善的。如果为不善,不是人的材质的罪过。人皆有恻隐、羞恶、辞让、是非之心,而这“四心”正是仁、义、礼、智的发端,或者就是仁、义、礼、智。仁义礼智,不是外因强加于人的,而是人自身固有的。人有仁义礼智“四德”,好像人有手足“四体”一样。不同的是,“四体”为可见的血肉之躯,而“四德”“求则得之,舍则失之”。(《告子上》)如果知道将仁义礼智的发端扩大充实,就像火刚刚点燃,泉水开始涌流。人与人之间相差一倍、五倍甚至无数倍,就是不能充分发挥他们人性的本质的缘故。如果能够扩大充实,便足以安定天下;否则,连父母也不能奉养。教育的目的,就是使受教育者知道自觉地扩充“四端”,具备“四德”。

孟子认为,假若得到滋养,没有东西不生长;失掉滋养,没有东西不消亡。孟子将人性中的善端得不到滋养,称作“放其心”。他为放失其本心者叹息:“哀哉!人有鸡犬放,则知求之;有放心而不知求。学问之道无他,求其放心而已矣。”(《告子上》)一个人有鸡和狗走失了,便知道去寻找;有善良之心丧失了,却不知道去寻求。学问之道没有别的,就是把那丧失的善良之心找回来罢了。

一方面扩充善端,一方面求其放心,孟子从一个问题的两个方面阐释了教育的基本道理。

孟子同时强调客观环境对人的影响。丰收年成,少年子弟多半懒惰;灾荒年成,少年子弟多半强暴,不是天生的材质这样不同,而是由于环境改变了他们的性情。

孟子从范邑到齐都,远远地望见了齐王的儿子,长叹道:“居移气,养移体,大哉居乎!夫非尽人之子与?”(《尽心上》)环境改变气度,奉养改变体质,环境真是重要啊!他难道不也是人的儿子吗?为什么就显得特别不同了呢?

孟子充分肯定人的主观努力对成才的决定作用，在此基础上，又注重客观环境对人的影响，使其教育思想趋于合理完善。

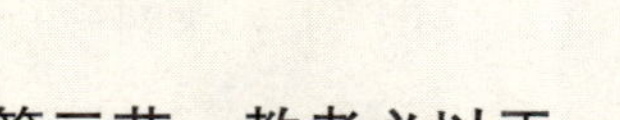

第三节　教者必以正

孟子以具体事例阐述教与学的原则。他说，羿教人射箭，一定追求拉满弓；学习的人也一定要追求拉满弓。有名的木工教导人，一定依循规矩；学习的人也一定要依循规矩。

从教育者的角度来说，孟子主张“教者必以正”（《离娄上》）。这一主张对教育者来说具有普遍指导意义。孟子认为，君子之所以不亲自教育儿子，是由于情势行不通。教育一定要用正理正道，如果无效，跟着来的就是愤怒。一愤怒，那反倒伤了感情。儿子会说，您拿正理正道教我，您的所作所为却不出于正理正道。孟子说：“枉己者，未有能直人者也。”（《滕文公下》）自己不正直的人，从来没有能够使别人正直的。“身不行道，不行于妻子；使人不以道，不能行于妻子。”（《尽心下》）自己不依道而行，道在妻子身上都行不通，更不用说对别人了。孟子认为，榜样的影响是深远的。他说：“圣人，百世之师也，伯夷、柳下惠是也。故闻伯夷之风者，顽夫廉，懦夫有立志；闻柳下惠之风者，薄夫敦，鄙夫宽。奋乎百世之上，百世之下，闻者莫不兴起也。”（《尽心下》）

孟子主张的“教者必以正”，其“正”字，既指自身正，首先做好榜样，又指以正理、正道、正确的内容与方法来施行教育。他说：“贤者以其昭昭使人昭昭。”（《尽心下》）贤者教导别人，必先使自己彻底明白，然后才去使别人明白。如果自己还模模糊糊，怎么能使别人明白呢？他还说：“博学而详说之，将以反说约也。”（《离娄下》）广博地学习，详细地解

说，在融会贯通以后，才能简略地述说大意。孟子主张教育者先受教育，反对不懂装懂，认为“人之患在好为人师”（《离娄上》）。孟子还反对把书本知识作为教条，他说：“尽信《书》，则不如无《书》。”（《尽心下》）对书本知识应作分析，有所取舍，如果完全相信，将有害无益。

关于教育的方式，孟子提到有五种：有像及时雨那样滋润万物的，有成全品德的，有培养才能的，有解答疑问的，还有以流风余韵为后人所私自学习的。这五种便是君子的教育方法。孟子说：“教亦多术矣，予不屑之教诲也者，是亦教诲之而已矣。”（《告子下》）教育的方式很多，我不屑于去教诲他，这也是一种教诲。

孟子主张：“羿之教人射，必志于彀；学者亦必志于彀。大匠诲人必以规矩，学者亦必以规矩。”（《告子上》）这种高标准、严要求，使一些学者望而却步。公孙丑曾问孟子：道是很高很好，几乎像登天一般，似乎高不可攀，为什么不使它变成可以有希望攀求的，因而叫人每天去努力呢？孟子回答说：“大匠不为拙工改废绳墨，羿不为拙射变其彀率。君子引而不发，跃如也。中道而立，能者从之。”（《尽心上》）高明的工匠不因为笨拙的工人改变或者废弃规矩，羿也不因为笨拙的射手变更拉开弓的标准。君子教导别人正如射手张满了弓，却不发箭，作出跃跃欲试的样子。他在正确道路之中站住，有能力的便跟随上来。

尽管人称孟子设科授徒“往者不追，来者不拒”（《尽心下》），实际孟子对求学者并非一概不拒。曹交，据赵岐注是曹国国君之弟，他曾向孟子请求：我准备去谒见邹国的国君，向他借个住的地方，情愿留在您门下学习。孟子婉言拒绝说：道就像大路一样，难道难于了解吗？只怕人不去寻求罢了。你回去自己寻求吧！老师多得很呢。公都子问孟子，滕更在您门下的时候，似乎该在以礼相待之列，可是您却不回答他，为什么呢？孟子说：倚仗着自己的势力而来发问，倚仗着自己贤能而来发问，倚仗着自己年纪大而来发问,倚仗着自己有功劳而来发问,倚仗着自己是老交情而来发问,都是我所不回答的。五条里面,滕更占了两条。据赵岐注,滕更是滕国国君的弟弟,来求学于孟子者。

第四节　君子欲其自得之

对于学习者来说,孟子强调自求自得。他说:"梓匠轮舆能与人规矩,不能使人巧。"(《尽心下》)木工以及专做车轮或车厢的人能够把制作的规矩准则传授给别人,却不能够使别人一定具有高明的技巧。这和俗语"师傅领进门,修行在个人"同理。老师仅能将知识传授给学生,能否掌握并发扬光大,则靠学生自身的努力。

孟子还说:"君子深造之以道,欲其自得之也。自得之,则居之安;居之安,则资之深;资之深,则取之左右逢其原,故君子欲其自得之也。"(《离娄下》)君子依循正确的方法来得到高深的造诣,就是要求他自觉地有所得。自觉地有所得,就能牢固地掌握它而不动摇;牢固地掌握它而不动摇,就能积蓄很深;积蓄很深,便能取之不尽,左右逢源。

孟子主张,学贵专心致志。譬如下棋,这只是小技艺,如果不一心一意,那就学不好。弈秋是全国的下棋圣手,他教授两个学生,一个一心一意,只听弈秋的话;另一个虽然坐在那里听,而心里却以为有只天鹅快要飞来,想着拿起弓箭去射它。这样,即使两人一道学习,后者的成绩一定很差。是因为他的聪明不如人家吗?自然不是。原因是:"不专心致志,则不得也。"(《告子上》)

孟子认为,学习应循序渐进,持之以恒。他说:"流水之为物也,不盈科不行;君子之志于道也,不成章不达。"(《尽心上》)流水这种自然现象,不把坑坑洼洼灌满,就不会向前奔流;君子立志于道,不取得一个一

个的阶段性成就，就不能够通达。

孟子要求学生要尊师重道。当他的得意弟子乐正克跟随着王子敖到了齐国，没有当天去拜见他，他批评乐正子说："子亦来见我乎？""子闻之也，舍馆定，然后求见长者乎？"（《离娄上》）直到乐正子认了错，才停止了指责。

陈良的门徒陈相和他的弟弟陈辛，背弃了老师，投奔于许行门下，孟子批评他们："吾闻出于幽谷迁于乔木者，未闻下乔木而入于幽谷者。"（《滕文公上》）意思是，我只听说过，飞出深暗山沟迁往高大树木的，没听说过离开高大树木飞进深暗山沟的。孟子以孔子的弟子们对待孔子的尊敬态度来教育陈相、陈辛兄弟。

第五章 仁义 孝悌

人伦，是人与人之间的各种特定关系及其行为准则。具体表现为父子有亲，君臣有义，夫妇有别，长幼有叙，朋友有信。这种伦理道德，又称作仁义礼智，或称作孝悌忠信。仁是一种爱心，义是仁的行为准则，礼是仁义的表现形式，智是对仁义的了解与自觉。孟子将仁义并称，使其成为伦理道德的集中体现，并与一己之私利相对立。主张先义后利，或不必言利，只讲仁义。孝悌忠信，既与仁义礼智相互阐明，又是仁义礼智的具体化。仁义与孝悌是孟子伦理思想的核心。

第一节 明人伦

何谓人伦？孟子主要有以下阐释：

“人之所以异于禽兽者几希，庶民去之，君子存之。舜明于庶物，察于人伦，由仁义行，非行仁义也。”（《离娄下》）

“人之有道也，饱食、暖衣、逸居而无教，则近于禽兽。圣人有忧之，使契为司徒，教以人伦，——父子有亲，君臣有义，夫妇有别，长幼有叙，朋友有信。”（《滕文公上》）

“规矩，方员之至也；圣人，人伦之至也。”（《离娄上》）

“男女居室，人之大伦也。”（《万章上》）

人伦明于上，小民亲于下。有王者起，必来取法，是为王者师也。”（《滕文公上》）

“夫貉，五谷不生，惟黍生之；无城郭、宫室、宗庙、祭祀之礼，无诸侯币帛饔飧，无百官有司，故二十取一而足也。今居中国，去人伦，无君子，如之何其可也？”（《告子下》）

人伦，是人类社会脱离野蛮蒙昧走向文明的象征，在文明社会，没有人伦是不可能的。对人施行教化，其主要内容为明人伦，使人人懂得什么是人，人之所以区别于禽兽的“几希”是什么，应当如何做人，以及人与人之间应当如何相处等。

第二节　仁义礼智

孟子认为，人皆有不忍人之心。具体表现为，人突然看到一个小孩要跌到井里去，不论是谁都会有惊恐哀痛的心情。这种心情的产生，不是为着要来和这小孩的爹娘攀结交情，不是为着要在乡里朋友中间博取名誉，也不是厌恶那小孩的哭声才如此的。由此孟子揭示了仁义礼智的发端：

“由是观之，无恻隐之心，非人也；无羞恶之心，非人也；无辞让之心，非人也；无是非之心，非人也。恻隐之心，仁之端也；羞恶之心，义之端也；辞让之心，礼之端也；是非之心，智之端也。人之有是四端也，犹其有四体也。”（《公孙丑上》）

孟子还说：“恻隐之心，人皆有之；羞恶之心，人皆有之；恭敬之心，人皆有之；是非之心，人皆有之。恻隐之心，仁也；羞恶之心，义也；恭敬之心，礼也；是非之心，智也。仁义礼智，非由外铄我也，我固有之也，弗思耳矣。”（《告子上》）

孟子引《诗经》上的话说：“天生蒸民，有物有则。民之秉彝，好是懿德。”还引孔子的话，这篇诗的作者真懂得道呀！有事物，便有它的规律；百姓把握了这些不变的规律，所以喜爱优良的品德。

孟子认为，人不待学习便能做到的，这是“良能”；不待思考便会知道的，这是“良知”。两三岁的小孩没有不爱他父母的，等到他长大，没有不知道尊敬兄长的。所以：

“亲亲，仁也；敬长，义也。无他，达之天下也。”（《尽心上》）

亲爱父母是仁，尊敬兄长是义，没有其他原因，因为这两种品德可以通行于天下。

孟子认为，仁主要体现在父子之间，义主要体现在君臣之间，礼主要体现在宾主之间，智主要体现于贤者。他还认为：

“仁之实，事亲是也；义之实，从兄是也；智之实，知斯二者弗去是也；礼之实，节文斯二者是也……”（《离娄上》）

仁的主要内容是侍奉父母；义的主要内容是顺从兄长；智的主要内容是明白这两者的道理而坚持下去；礼的主要内容是对这两者既能合宜地加以调节，又能适当地加以修饰。

仁义礼智是相互联系而又相互区别的。它们都是人“心”，都产生于人与人之间，是人所独有的思想意识和行为规范，是人道德观念和精神文明的体现。仁，是四德之首，又是四德的基础，它发端于恻隐之心，不忍人之心，表现为亲亲、爱人，集中体现于父子之间，再由此而推及到他人，它将人与人之间紧密地联系在一起。仁，是深层次的意识形态，是行为的指导思想，又是宽泛的行为规范。人具备了仁，就好像居住在平安的住宅里一样。义，发端于羞恶之心，它虽然也是“心”，但与仁相比较，它与行为更贴近，由为与不为来体现，表现为应该怎样做和不应该怎样做，顺从兄长是它的集中体现，再由此而推及到君臣、上下级之间等。义将人与人之间的关系区别开来，它是达到道德理想境界的必由之路。

礼，更具有可操作性，它发端于恭敬之心，这种恭敬之心是仁、义的扩展和显现，是仁与义的节制和修饰，是仁义的实施细则，其可见度更强，故称之为“门”。智，发端于是非之心，是对仁义的了解与自觉，是知道仁义不可丢掉，是智能，是深层次的思维辨别能力。仁、义、礼，其实又是智的表现。孟子将仁义礼智相提并论，使其成为具有高度概括性的道德观念与行为规范。

在仁义礼智中，孟子常以仁义并称；孟子将仁义与利对立起来，认为，由仁义行者，不应言利。这种利，是一己之利，“利吾国”、“利吾家”、“利吾身”之利。“上下交争利而国危矣。”“苟为后义而先利，不夺不餍。未有仁而遗其亲者也，未有义而后其君者也。”在孟子看来，仁义与一己之私利水火不相容，而仁义之中已经包含着与“公利”融为一体的“私利”，故应先义后利，或“何必曰利，亦有仁义而已矣！”（《梁惠王上》）

第三节　孝悌忠信

孟子在论述仁义礼智的同时，又往往以孝悌忠信并举。他认为，仁义者“入则孝，出则悌，守先王之道，以待后之学者……”（《滕文公下》）“尧、舜之道，孝悌而已矣。”（《告子下》）他劝说梁惠王行仁义、施仁政时，主张“谨庠序之教，申之以孝悌之义”，“壮者以暇日修其孝悌忠信”。（《梁惠王上》）孝悌忠信，既与仁义礼智相互阐明，又是仁义礼智的具体化。

何谓孝？孟子说：

“不得乎亲，不可以为人；不顺乎亲，不可以为子。舜尽事亲之道而瞽瞍厎豫，瞽瞍厎豫而天下化，瞽瞍厎豫而天下之为父子者定，此之谓大孝。”（《离娄上》）

“大孝终身慕父母。”（《万章上》）

"孝子之至，莫大乎尊亲；尊亲之至，莫大乎以天下养。"（《万章上》）

由上述可知，孝，是产生在父母与子女之间的特定道德，是子女对父母的"顺"、"尊"、"慕"。大孝者，应一切顺从父母的旨意，不仅使其身体得到奉养，而且使其心理得到满足，要终生依恋父母。

孟子还说，侍奉父母最重要。守护自己最重要。自己的品质节操无所丧失，又能够侍奉父母的，我听说过；自己的品质节操已经陷于不义了，却能够侍奉父母的，我没有听说过。侍奉的事很多，但是，侍奉父母是根本。该守护的事也很多，但是，守护自己的品质节操是根本。

孟子又说：

"养生者不足以当大事，惟送死可以当大事。"（《离娄下》）

"亲丧，固所自尽也。曾子曰：'生，事之以礼；死，葬之以礼，祭之以礼，可谓孝矣。'"（《滕文公上》）

至于不孝，孟子说："不孝有三，无后为大。舜不告而娶，为无后也，君子以为犹告也。"（《离娄上》）据赵岐注说：于礼有不孝者三者，谓阿意曲从，陷亲不义，一不孝也；家贫亲老，不为禄仕，二不孝也；不娶无子，绝先祖祀，三不孝也。

何谓悌？孟子没有做过多的解释，他曾向曹交说过悌的一种具体表现：

"徐行后长者，谓之弟；疾行先长者，谓之不弟。夫徐行者，岂人所不能哉？所不为也。"（《告子下》）

这里所说的"弟"同"悌"。其主要含义是对长者的尊敬。在家庭中，悌产生于兄弟之间。走出家庭，悌产生于长幼之间，或上下之间。故孟子称"壮者以暇日修其孝悌忠信，入以事其父兄，出以事其长上"（《梁惠王上》）。悌，不仅含有对长上的恭敬之意，而且含有对长上的顺从、

侍奉之意。

孟子还说:“仁人之于弟也,不藏怒焉,不宿怨焉,亲爱之而已矣。”(《万章上》)对于弟应当宽厚亲爱,这是兄长应具备的品德。

何谓忠?孟子说:

“分人以财谓之惠,教人以善谓之忠,为天下得人者谓之仁。”(《滕文公上》)

在孟子看来,“忠”产生于没有特定关系的人与人之间,是自己对待别人的一种心态。这里的“人”,具有极大的广泛性。孟子对于“忠”谈得较少,除“孝悌忠信”、“仁义忠信”涉及“忠”之外,还有“忠信”,“待先生如此其忠且敬也”(《离娄下》),“君子必自反也,我必不忠,自反而忠矣……”(《离娄下》)等。孟子所说的“忠”,是一个人为人处事的一种公正、无私、善良的品德。它和后世的忠君思想的“忠”,具有不同的含义。

何谓信?孟子常将信与忠连在一起说,称作忠信。孟子说:

“有诸己之谓信。”(《尽心下》)信往往与自己的语言行为关系密切,说到做到,有就是有,没有就是没有,实实在在,没有虚伪,自己所说的一切,都存在于自身之中,这便叫做“信”。信主要发生在个人与朋友之间,称作“朋友有信”。(《滕文公上》)孟子曾引孔子的话说:“恶利口,恐其乱信也。”(《尽心下》)意思是厌恶夸夸其谈,因为怕它把“信”搞乱了。

孟子认为,信与义有密切的内在联系,信应当服从于义。他说:“大人者,言不必信,行不必果,惟义所在。”(《离娄下》)

如何在信的原则下与朋友交往,孟子认为,交际的时候应该存心恭敬。不倚仗自己年纪大,不倚仗自己地位高,不倚仗自己兄弟的富贵。交朋友,因为朋友的品德而去结交他,因此心目中不能存在任何有所倚仗的观念。一个正派的人，他所选择的朋友也一定会正派。“一乡之善士斯友一乡之善士，一国之善士斯友一国之善士，天下之善士斯友天下之善士。以友天下之善士为未足，又尚论古之人。”(《万章下》)

孟子还论述了“信于友”与“获于上”、“悦于亲”及“诚其身”的关系：

“居下位而不获于上，民不可得而治也。获于上有道，不信于友，弗获于上矣。信于友有道，事亲弗悦，弗信于友矣。悦亲有道，反身不诚，不悦于亲矣。诚身有道，不明乎善，不诚其身矣。”(《离娄上》)

只有懂得什么是善，才能使自己诚心诚意；只有诚心诚意，才能得到父母的欢心；只有得到父母的欢心，才能得到朋友的信任；只有得到朋友的信任，才能获得上级的信任。

第六章　知　言

孟子所处的时代,不仅"圣王不作,诸侯放恣",而且"处士横议,杨朱、墨翟之言盈天下。天下之言不归杨,则归墨"(《滕文公下》)。孟子认为,杨墨的学说不息灭,孔子的学说就无法弘扬。荒谬的学说欺骗了百姓,阻塞了仁义的道路,就等于驱赶禽兽来吃人,人与人也将互相残杀。孟子为此而忧惧,故挺身而出,捍卫古代圣人的学说,反对杨墨的学说,驳斥一切荒谬的言论。当时百家争鸣,各抒己见。孟子曾与之辩论的有杨朱、墨翟、许行、告子、宋牼等为代表的学派。

第一节　距杨墨

杨朱和墨翟,是晚于孔子而早于孟子的两个学派的代表。他们的学说不同,但都与孔子所首创的儒学相对立,并大有取代儒学之势。其主要观点,《孟子》中介绍的主要有:

"杨子取为我,拔一毛而利天下,不为也。墨子兼爱,摩顶放踵利天下,为之。"(《尽心上》)

"杨氏为我,是无君也;墨氏兼爱,是无父也。无父无君,是禽兽也。"(《滕文公下》)

"逃墨必归于杨,逃杨必归于儒。归,斯受之而已矣。今之与杨墨

辩者,如追放豚,既入其苙,又从而招之。"(《尽心下》)

杨朱主张为我,拔一根汗毛而利天下,都不肯做。墨子主张兼爱,爱无差等,摩秃头顶,走破脚跟,只要对天下有利,一切都干。

孟子认为,"为我",是心中没有君主;"兼爱",是爱无差等,最终连自己的父亲也不能爱。既然无君臣之义,父子之亲,即丧失了人之所以异于禽兽的"几希",故斥其"无父无君,是禽兽也"。

关于杨、墨、儒三家的关系与影响,孟子认为,离开墨子一派的,一定会归入杨朱这一派来;离开杨朱一派的,一定会回到儒家这一派来。

当时,一位墨家的信徒夷之,通过孟子弟子徐辟求见孟子。孟子就夷之提出的问题,阐述了儒墨之别。

孟子先指责夷之,作为墨家之徒,是主张薄葬的,并以此推行天下。但夷之埋葬自己的父亲母亲却相当丰厚,这不是拿自己所轻贱所否定的办法来对待自己的父母吗?

夷之说,儒家的学说认为,古代的人爱护别人好像爱护婴儿一般,这是什么意思呢?我以为,人对人的爱,并没有亲疏厚薄的区别,只是施行起来从父母开始罢了。

孟子说,婴儿在地上爬行,快要跌到井里去了,这不是婴儿的罪过。这时,不论是谁的孩子,无论谁看见了,都会去救,夷之以为这就是爱无差等。其实,这是人的恻隐之心。况且,天生万物,只有一个根源,就人来说,只有父母。所以儒家主张,尊敬我家里的长辈,从而推广到尊敬别人家里的长辈。夷之却说有两个根源,因此认为我的父亲与别人的父亲没有分别,主张爱无差等,问题就在这里。孟子还推测了人们埋葬其亲的委原,驳斥墨家的薄葬:

"盖上世尝有不葬其亲者,其亲死,则举而委之于壑。他日过之,狐狸食之,蝇蚋姑嘬之。其颡有泚,睨而不视。夫泚也,非为人泚。中心达

于面目,盖归反蘽梩而掩之。掩之诚是也,则孝子仁人之掩其亲,亦必有道矣。”(《滕文公上》)

夷之以“命之矣。”表示对孟子说法的理解。

在杨、墨两学派之间,还有子莫学派。孟子说:

“子莫执中。执中为近之。执中无权,犹执一也。所恶执一者,为其贼道也,举一而废百也。”(《尽心上》)

孟子认为,子莫的主张,是介于杨墨之间的中道。主张中道便差不多了。但主张中道如果不懂变通的办法,仍然是偏执一面。为什么厌恶偏执一面呢?因为它有损害于仁义之道,只顾其一,而废弃了其余的缘故。杨朱的“为我”,墨翟的“兼爱”,其实都是偏执了一个方面,而废弃了其他方面。故“能言距杨墨者,圣人之徒也”(《滕文公下》)。

第二节　驳许行

许行,是一位倡导神农学说的人,后来称为农家学派的代表,与孟子同时代人。他从楚国到了滕国,受到滕文公的礼遇。他的门徒几十个,都穿着粗麻织成的衣服,以打草鞋织席子为生。儒者陈良的门徒陈相和他弟弟陈辛,听说滕文公行仁政,也从宋国到了滕国。陈相见了许行,非常高兴,完全抛弃以前所学的学说而向许行学习。陈相见孟子,转述了许行的话:

“滕君则诚贤君也;虽然,未闻道也。贤者与民并耕而食,饔飧而治。今也滕有仓廪府库,则是厉民而以自养也,恶得贤!”(《滕文公上》)

许行的主张是:贤明的君主应当和人民一道耕种,然后才能得其食;自己动手做饭,而且治理政事。就连有储谷米的仓廪,存财物的府库,也是损害别人而奉养自己，也不能称之为贤。

孟子针对许行的说法，提出了一连串反问：许子一定自己种庄稼才吃饭吗？自己织布才穿衣吗？戴的白绸帽子是自己织的吗？也用锅甑做饭吗？用铁器耕田吗？陈相除承认许子只自己种庄稼才吃饭外，其余都作了否定的回答，认为都需用谷米交换。

孟子说，农夫用谷米换取锅甑和农具，不能说是损害了窑匠和铁匠。那么，窑匠、铁匠用锅甑和农具来换取谷米，难道说是损害了农夫吗？为什么许子要这样那样一件件地和各种工匠做交易，为什么许子这样不怕麻烦？

陈相答道，各种工匠的工作，本来不是一方面耕种一方面能同时干得了的。接着，孟子阐述了他著名的社会分工理论：

“然则治天下独可耕且为与？有大人之事，有小人之事。且一人之身，而百工之所为备，如必自为而后用之，是率天下而路也。故曰，或劳心，或劳力；劳心者治人，劳力者治于人；治于人者食人，治人者食于人，天下之通义也。”(《滕文公上》)

孟子列举尧、舜、禹、后稷为例，说明贤者与民不可能并耕而治。为治洪水，“禹八年于外，三过其门而不入，虽欲耕，得乎？”“圣人之忧民如此，而暇耕乎？”“尧、舜之治天下，岂无所用其心哉？亦不用于耕耳。”(《滕文公上》)

陈相还转述了许行关于商品物价的观点，布匹丝绸的长短一样，价钱便一样；麻线丝绵的轻重一样，价钱便一样；谷米多少一样，价钱也一样；鞋的大小一样，价钱也一样。这样就会做到市场上的物价一致，人人没有欺假。

孟子反驳说：“夫物之不齐，物之情也；或相倍蓰，或相什百，或相千万。子比而同之，是乱天下也。巨屦小屦同贾，人岂为之哉？从许子之

道，相率而为伪者也，恶能治国家？”（《滕文公上》）

孟子认为，各种物品品种质量不一，这是物品的自然状况。有的相差一倍五倍，有的相差十倍百倍，有的相差千倍万倍，你要使它完全一致，只是扰乱天下罢了。好鞋和孬鞋一样价钱，人们难道愿意这样做吗？听从许子的学说，是率领大家走向虚伪，哪能够治理国家呢？

第三节　劝宋牼

宋牼，与孟子同时代的一位知名学者。孟子称之为先生。宋牼到楚国去，孟子在石丘碰到了他，问：先生准备到哪里去？宋牼说，我听说秦楚两国交兵，我打算去谒见楚王，向他进言，劝他罢兵。如果楚王不听，我打算再去谒见秦王，向他进言，劝他罢兵。在两王之中，我总会有所遇合。孟子说，我不想问得太详细，只想知道你的大意，你将怎样去进言呢？宋牼说：

“我将言其不利也。”

孟子劝阻说：

“先生之志则大矣，先生之号则不可。先生以利说秦楚之王，秦楚之王悦于利，以罢三军之师，是三军之士乐罢而悦于利也。为人臣者怀利以事其君，为人子者怀利以事其父，为人弟者怀利以事其兄，是君臣、父子、兄弟终去仁义，怀利以相接，然而不亡者，未之有也。先生以仁义说秦楚之王，秦楚之王悦于仁义，而罢三军之师，是三军之士乐罢而悦于仁义也。为人臣者怀仁义以事其君，为人子者怀仁义以事其父，为人弟者怀仁义以事其兄，是君臣、父子、兄弟去利，怀仁义以相接也，然而不王者，未之有也。何必曰利？”（《告子下》）

孟子认为，宋牼的志向很好，但提法却是不行的。以利相劝，则会使其悦于利,君臣、父子、兄弟之间以利相接,就会失掉仁义,国家就会灭亡。若以仁义相劝,则会使其悦于仁义。君臣、父子、兄弟之间以仁义相接,去掉利的观念,如此而不以德政统一天下,也是没有的。故不可对秦楚二王以利相劝。

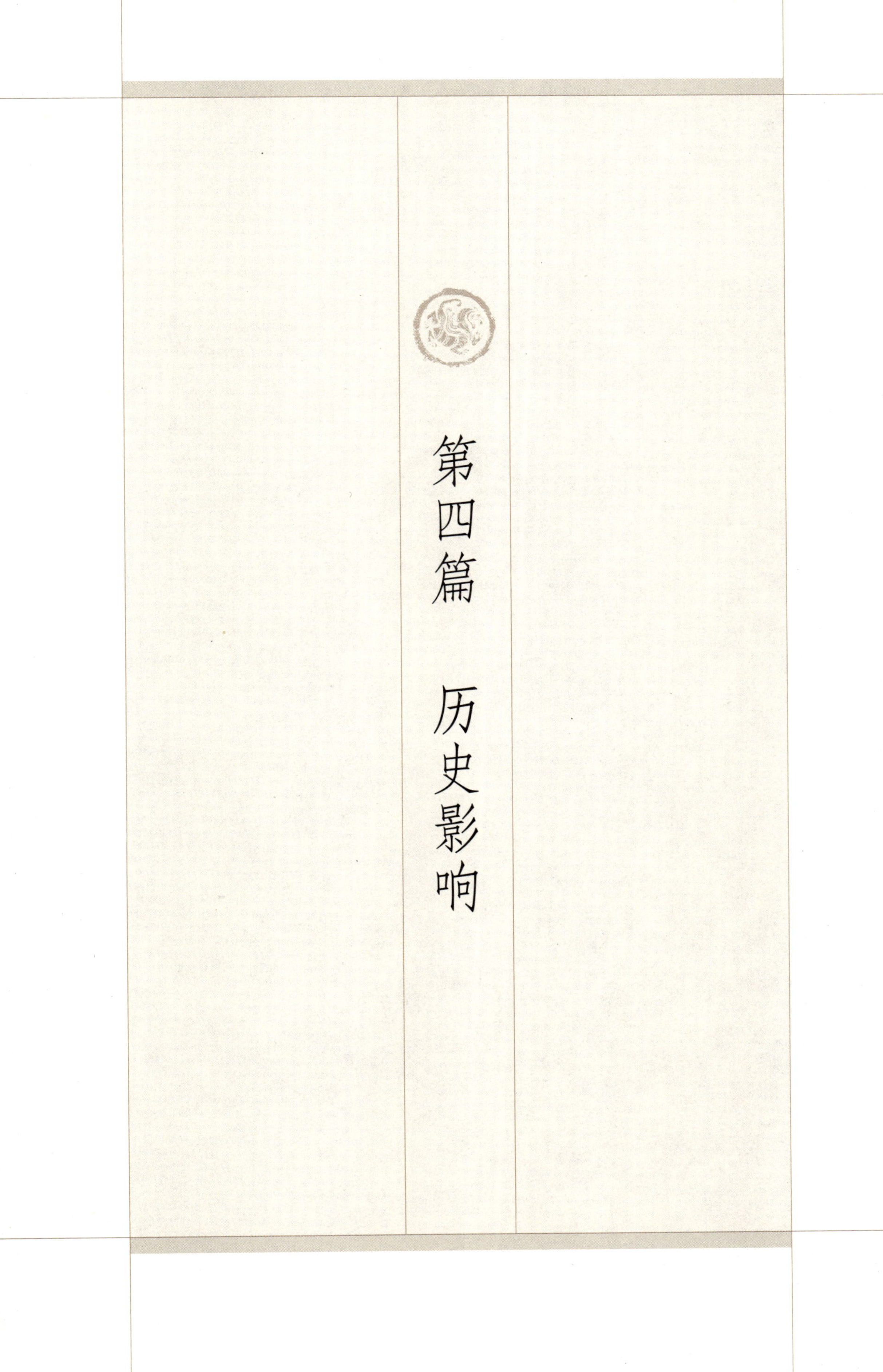

第四篇　历史影响

第一章 国内影响

孟子在国内的历史影响,总起来可分为思想影响和政治影响两个方面。此处所记,为各个时代孟子本人及《孟子》一书在人民群众及历代王朝中地位的提高,包括诸儒提倡、历代王朝的褒崇、追封,以及《孟子》一书在科举考试中的重要性等。

第一节 秦汉至隋唐

自从《孟子》问世以来,经历了各代知识分子推崇,在民间普及,再到封建王朝提倡的过程,其影响也一天天广泛和深刻。汉代经学兴盛,但《孟子》列入子书,未得到普遍重视。魏晋南北朝时期盛行玄学,儒学一度沉寂。但历代知识分子推崇孟子的论述不绝如缕,至唐代终于把孟子提到接续孔子道统的地位。具体记述如下:

赵岐在《孟子题辞》中说:“逮至亡秦……其书号为诸子,故篇籍得不泯。汉兴,除秦虐禁,开延道德。孝文皇帝欲广游学之路,《论语》、《孝经》、《孟子》、《尔雅》皆置博士。后罢传记博士,独立五经而已。”

据《东观汉记》记载,汉章帝时黄香指东观,章帝赐给他《孟子》、《淮南》各一通。

《汉书·河间献王传》中记载:“或有先祖旧书,多奉以奏献王者,故

得书多与汉朝等……皆故秦旧书,《周官》、《尚书》、《礼》、《礼记》、《孟子》、《老子》之属。"

《淮南子·氾论训》中说:"全性保真,不以物累形,扬子之所立也,而孟子非之。"高诱在注中解释这段文字时说:"全性保真谓不拔骭毛以利天下弗为,不以为累己身形也。孟子受业于子思之门,成唐虞三代之德,叙《诗》、《书》、孔子之意,塞杨墨淫辞,故非之也。"

赵岐《孟子注·孟子题辞》中对孟子予以高度赞扬。他说:"著书七篇……包罗天地,揆叙万类,仁义道德、性命祸福、粲然靡所不载。帝王公侯遵之,则可以致隆平、颂清庙;卿大夫士蹈之,则可以尊君父、立忠信;守士厉操者仪之,则可以崇高节、抗浮云。有风人之托物,二雅之正言,可谓直而不倨,曲而不屈,命世亚圣之大才者也。"这是尊称孟子为"亚圣"一词最早见之于文字的记载。

扬雄在《法言·吾子》篇中说:"古者杨墨塞路,孟子辞而辟之廓如也。后之塞路者有矣,窃自比于孟子。"

《汉书·楚元王传赞》中也提到孟子。他说:"自孔子没缀文之士众矣,唯孟轲、孙况、董仲舒、司马迁、刘向、扬雄此数公者,皆博物洽闻,通达古今,其言有补于世。传曰:'圣人不出,其间必有命世者焉',岂近是乎?"

以上记述,说明在汉代《孟子》书已经广泛流传。

三国、魏晋以降,玄学昌盛,儒学衰落,但仍有不少人提及孟子,并予推崇。如三国徐干在《中论·智行第九》中说:"仲尼曰:'可与立,未可与权。'孟轲曰:'子莫执中,执中无权,犹执一也。'仲尼、孟轲,可谓达于权智之实者也。"

西晋傅玄《傅子》后人辑本附录第四十六条说:"昔仲尼既没,仲尼之徒追夫子之言,谓之《论语》。其后邹之君子孟子舆,拟其体著七篇,谓之《孟子》。”

南朝齐·刘昼《刘子新论》说：“晏婴、子思、孟轲、荀卿之类，顺阴阳之性，明教化之本，游心于六艺，留情于五常，祖述尧舜，宪章文武，师仲尼以尊敬其道。”

南朝梁·刘勰《文心雕龙》四次提到孟子。其《诸子第十七》说“孟轲膺儒以磬折。”《奏启第二十三》说“孟轲讥墨，比诸禽兽”。《夸饰第三十七》说：“孟轲所云：‘说诗者不以文害辞，不以辞害志也”，《时序第四十五》说：“孟困宾馆。”其熔铸《孟子》书中词语，如《原道第一》中：“镕钧六经，必金声玉振”，《养气第四十二》中：“神志外伤，同乎牛山之木”，《序志第五十》中：“岂好辞哉，不得已也。”有类于此者，在全书中约可20余处，不具录。

文人的推崇，不能不影响到朝廷。晋成帝咸康三年(337年)，国子祭酒袁环与太常寺卿冯怀共同上《请兴国学疏》，疏中“孔孟”并称：“孔子恂恂，道化洙泗；孟轲皇皇，诲诱无倦。是以仁义之声于今犹存，礼让之风千载未泯。”(疏载《晋书》本传)他们的这一提法，得到了认可，但未能实行。

至唐代，孟子的影响更加广泛，且多由文人倡导，韩愈是其代表。他在《原道》一文中倡“道统”说：“尧以是传之舜，舜以是传之禹，禹以是传之汤，汤以是传之文武周公，文武周公传之孔子，孔子传之孟轲。轲之死，不得其传焉。”其在《读荀》一文中说：“始吾读孟轲书，然后知孔子之道尊，圣人之道易行，王易王，霸易霸也。以为孔子之徒没，尊圣人者，孟氏而已，晚得扬雄书，益尊信孟氏。……其存而醇者，孟轲氏而止耳……孟氏醇乎醇者也。荀与扬，大醇而小疵。”其在《与孟尚书书》中说：“孟子虽贤圣，不得位，空言无施，虽切何补；然赖其言，而今学者尚知宗孔氏、崇仁义，贵王贱霸而已……然向无孟氏，则皆服左衽而言侏俩矣。故

愈尝推尊孟氏，以为其功不在禹下者，为此也。”又说：“孔子之道，大而能博。众弟子不能遍观而尽识也，故学焉而皆得其性之所近。其后离散分处诸侯之国，又各以其所能授弟子，源远而末益分。孟轲师子思，而子思之学出于曾子。自孔子殁，独孟氏之传得其宗。故求观圣人之道者，必自孟子始。”

由于《孟子》在知识分子中流传，影响日益广泛，许多士大夫纷纷向皇帝上疏，要求将《孟子》列为大学里的一个学科。《新唐书·选举志》记载，唐代宗宝应二年（763 年）礼部侍郎杨绾上疏，请取消科举取士的明经、进士两科，恢复古代举孝廉的旧制。同时提议《论语》、《孝经》、《孟子》兼为一经。疏上以后，诏给事中、尚书左丞、御史大夫等官议。议论结果认为，杨绾所请实为正论，但翰林院以为举进士已久，不可废，遂定议明经、进士与孝廉并行。而考试内容及考试办法不曾议及。《孟子》未能列为学科。

唐末，皮日休又上疏请立孟子为学科。皮氏请求“去庄列之书，以孟子为主。有能精通其者，其科选视明经。苟若是也，不谢汉之博士矣。既遂之，如儒道不行，圣化无补，则可刑于言者。”疏上之后没有反应。故终唐之世，《孟子》书仍未得列入学科。

立庙祭祀也在唐代开其端。唐玄宗天宝七年（748 年）诏历代忠臣、义士、孝妇、烈女史籍所载德行弥高者，并令郡县长官随其所在立为祠宇，岁时致祭。孝妇七人，邹孟子母居第五。当时所立之祠，已无踪迹可寻。唐宪宗时，处州刺史邺侯李繁作孔子庙，在墙上画孟子、公羊高、左丘明、荀况等图像奉祀。这是孟子从祀孔子的滥觞。事载韩愈《处州孔子庙碑记》。

第二节 宋代 金代 元代

宋代大力推崇孟子的首推王安石。《王文公文集·杂著》中的《杨墨》、《性情》、《原性》、《性说》、《夫子贤于尧舜》、《非礼之礼》、《王霸》、《勇惠》、《大人论》等篇，都是对孟子学说的阐发。其诗集中有《孟子》一首，说："沉魂浮魄不可招，遗编一读想风标。何妨举世嫌迂阔，故有斯人慰寂寥。"又《奉酬欧阳永叔见赠》云："欲传道义心虽壮，强作文章力已穷。他日若能窥孟子，终身何敢望韩公……"以孟子作为千古知己和自己人生的榜样。由于他的尊孟，还引起了当时的政治保守派非孟及以后儒者尊孟的争论。正是在这些争论中，使孟子学说越辩越明。

诸儒的倡导，引起了宋王朝对孟子的重视。宋真宗大中祥符年间，皇帝曾命孙奭、邢昺、杜镐等人校定诸经。孙奭为此撰《孟子音义》二卷。据《玉海》记载，大中祥符七年(1014 年)正月，国子监上新印《孟子音义》，皇帝命赐给辅臣各一部。据《麟台故事》记，宋仁宗景祐元年(1034 年)，皇帝又命翰林学士张观等刊定《前汉书》和《孟子》，下国子监颁行。宋高宗建炎二年(1128 年)，皇帝对宰臣说：熟读《论语》、《孟子》，感觉"真有可喜"。又将《孟子》论治道的文字写在绢制的屏风上。四天后，从宫中出皇帝亲书的绢屏十扇，其中七扇是《孟子》上的话，并命内侍宣示给宰臣们。宋代皇家本身也开始注重读《孟子》，史书中多次记载皇帝、太子听儒臣讲解《孟子》。宋哲宗元祐年间(1086—1098 年)司马康迩英阁进讲，说《孟子》于书最醇正，陈述王道非常明白，可以读一下。皇帝遂命讲官撰《孟子节解》进上。又元祐间吕原明侍讲，天下了大雪，讲官仍不罢讲解。《东宫备览》记载宋宣和元年皇太子奏称："昨奉旨令耿南仲讲孟子，今已讲毕。"宋高宗绍兴八年(1138 年)五月，

命崇政殿说书尹焞解《孟子》。后成《孟子解》十四卷,实为经筵讲章。其最后一卷有不完备处,盖因甫及终篇而尹焞亡故。是年八月,命侍讲吴表臣讲《孟子》,至十六年三月辛卯方才终篇。宋孝宗乾道元年(1165年)立太子,命汪大猷为谕德,每两天一次向太子讲《孟子》。宋光宗绍熙五年(1194年),皇帝命继续对太子讲《孟子》,至宁宗嘉泰元年(1201年)方才讲完。

宋代终于将《孟子》列为学科,作为科举考试的内容。宋神宗时从王安石议,"于是改法,罢诗赋、贴经、墨义。士各占治《易》、《诗》、《书》、《周礼》、《礼记》一经,兼《论语》、《孟子》。每试四场,初大经,次兼经大义凡十道。(后改《论语》、《孟子》义各三道),次论一首,次策三道。"这是最早把《孟子》由子书升格为"兼经"。宋哲宗元祐时期,司马光当政,尽更王安石变法之政,惟对神宗朝用经义、论策取士,仍认为是"百王不易之法"。在元祐四年(1089年)规定经义、诗赋两科进士考试,仍然都要考试《孟子》义一道。从此,凡应科举考试的儒生,都把《孟子》作为必读的内容。南宋朱熹把《论语》、《孟子》与《大学》、《中庸》合称"四书"。他所作的《四书章句集注》为以后历代王朝钦定的必读经典,科举考试便以他的解释作为立论的根据。南宋光宗绍熙年间,将《孟子》列入经部,其注疏本合刻入《十三经注疏》。《孟子》书在中国典籍中的地位从此确定。

对孟子追封爵位、立专祠祭祀也自宋代始。先是在宋仁宗朝孔道辅守兖州时,在孔庙旁创五贤祠,祀孟子、扬雄、荀况、王通、韩愈,有孔道辅自作的记文。仁宗景祐五年(1038年)在四基山孟子墓前建孟子庙,这是孟子有专祠奉祀的开始。

宋神宗元丰六年(1083年)十月,从朝散大夫试吏部尚书曾孝宽所请,封孟子为邹国公。次年晋州州学教授陆长愈请春秋丁祭孔时,以孟子与颜子并配，礼官也上言，请以邹国公配食文宣王，设位在兖国公之次。自国子监到各府县庙学，都按此制塑邹国公像。皇帝诏从礼官议。这是孟子配享孔子的开始。宋哲宗元祐元年(1086 年)，皇帝下诏规定，孟子塑像冠服为冕九旒，衣九章。宋徽宗政和五年(1115 年)，追封孟子弟子乐正克为利国侯配享孟子庙庭，同年追封孟子弟子公孙丑等十七人为伯爵，分别从祀孟子庙两庑。

金代继续实行尊崇儒学的政策，保留宋代对孟子追封的爵位及一切尊崇的办法。金世宗大定六年(1166 年)，开始设立太学，随后又逐渐设立各府州学。以《孟子》与《易》、《书》等并为经。规定《孟子》用东汉赵岐注、宋代孙奭疏。命国子监雕版印刷，颁下各级学校习之。大定十四年(1174 年)，将孔庙中的孟子塑像由后堂移至正殿，位于孔子塑像之右。二十三年(1183 年)，设立女真学，命译经所把诸经及《孟子》文字翻译成女真文字，使女真子弟学习。据《金史・选举志》记载:“初，天会八年时，太宗以东平童子刘天骥，七岁能诵《诗》、《书》、《易》、《礼》、《春秋左氏传》及《论语》、《孟子》，上命教养之，然未有选举之制也。”至章宗明昌六年(1195 年)始设立经童科。凡士庶子弟，年龄在十三岁以下，能诵诸经及《论语》、《孟子》者为中选。章宗明昌元年(1190 年)规定，府试地远者，特添三处考试地点，也是在六经、十七史及《孝经》、《论语》、《孟子》等书中出题考试。金章宗时(1190—1208 年)，有司奏律科举人只知读律，不知教化之源，必使通治《论语》、《孟子》，以涵养其气度。逢府试、会试的时候，委派经义试官，于以上二书内出题别试，与本科通定去留。章宗采纳了有司的建言。

金代不仅科举内容以儒学为主，连武职杂官的诠选，也以考试包括《孟子》在内的儒家经典，作为录用标准，如内侍御直，额 64 人。据《金史・选举制》记载，大定六年(1166 年)，“定收补内侍格，能诵一大经及

《论语》、《孟子》内能诵一书者,始月给俸八贯石”。

元代尊崇儒学超过前朝,《孟子》在科举制度中作为考试内容的地位不变。对孟子的封爵由孟子本人上及孟子父母,并多次遣官致祭。

元世祖至元五年(1268 年)十月,命从臣秃忽思等抄录《毛诗》、《孟子》、《论语》诸书。十九年(1282 年),命各路官吏有缺额,委派本路长官参佐及儒学教授考试习行文移书算及《诗》、《书》、《论语》、《孟子》内通一经者补充。至元二十四年(1287 年)开始制定国子监学制,设博士、助教等官。凡生员读书必先读《孝经》“小学”,《论语》、《孟子》,然后才开始读诸经。元仁宗皇庆二年(1313 年)开始制定贡举制度:蒙古人、色目人第一场经问五条,从《大学》、《论语》、《孟子》、《中庸》中设问,用朱氏《章句集注》。第二场策一道。汉人、南人第一场明经,经疑二问,从《大学》、《论语》、《孟子》、《中庸》内出题,并用朱氏《章句集注》,然后发抒己意作结。经义一道,各治一经。第二场古赋、诏诰、章表内科一道。第三场策一道。不论蒙古人、色目人或汉人、南人,都在第一场中必考《孟子》。

对孟子的祭祀,除按定例以外,历代大臣凡执行公务经过邹县的都谒孟庙致示或遣官代祭。仅流传下来祭文的就有六次。

第三节　明代　清代

明王朝建立后,沿袭前代崇儒尊孟的风尚,所以《孟子》书作为“经”的地位没有改变。据孟氏各种《三迁志》记载:“明洪武元年(1368 年)夏四月,太祖至白虎殿,见有《孟子》,顾问许存仁曰:‘孟子何说为要?’对曰:‘劝国君行王道,施仁政,省刑薄赋,乃其要也。’太祖曰:‘孟子专言仁义,使当时有一贤君能用其言,天下岂不定于一乎?’”

据《明史》卷七十《选举》所载，明初，定科目考试制度，“沿唐宋之旧而稍变其试士之法，专取四子书及《易》、《诗》、《书》、《春秋》、《礼记》五经命题试士”。明洪武三年（1370年），按此规定开科取士，首场各试本经一道，四书义一道。后四书义又增至三道。俱以朱熹《章句集注》本为主，并且把朱熹的注本颁之各地学宫讲习。洪武五年（1372年），《孟子》经历了一次危机。据《明史·钱唐传》记载：“皇帝览《孟子》至‘草芥’、‘寇仇’语，谓非臣子所宜言，议罢其配享。诏有请者以大不敬论。唐抗疏入请曰：‘臣为孟轲死，死有余荣。’时廷臣无不为唐危。帝鉴其诚恳，不之罪。孟子配享亦旋复。然卒命儒臣修《孟子节文》云。”与此段记载相呼应的是《明史》卷五十《礼志》，有一节记载：“（洪武）五年，罢孟子配享，逾年，帝曰：‘孟子辨异端，辟邪说，发明孔子之道。’配享如故。”

明成祖永乐十二年（1417年），命胡广、杨荣等人编纂《四书大会》四十卷。书成后，皇帝亲为作序，颁行全国，作为取士标准，从此取士制度中，四书比重超过了五经的分量。诚如《四库全书总目提要》所言：“所研究者惟四书，所辨订者亦惟四书。”包括《孟子》在内的四书成为封建时代科举考试者的必读书，直至科举制被废除为止。

关于孟子的封爵，明朝前半期仍沿用前元封爵。至明世宗嘉靖九年（1530年），从大学士张璁上言，去掉孔子及“四配”等的封爵。孟子单称“亚圣”，不再称“邹国亚圣公”。

有明一代，关于孟庙祭礼的记载，并且保存下祭文来的有32次。其中除当地地方官7次致祭外，其余25次祭祀，有皇帝遣使祭祀，有诸王遣官代祭，有各级官员经过邹县时谒庙致祭。

明熹宗天启三年（1623年）五月初十日，因孟子60代裔孙、博士孟承光一门死难，皇帝特遣太常少卿魏应嘉致祭，“用慰我夫子之灵”。除

魏应嘉的祭文以外，皇帝还有御制的祭文，说："是用遣官，敬陈笾豆，式念羹墙……"都是先祭孟子，兼及孟承光。

明思宗崇祯元年(1628 年)，吕兆祥重修《三迁志》稿成，"割产召工，聿完锓锲，一念希贤，破家不悔"，"远到沂泗，送刻神宫"，"敬告夫子，鉴观斯意"。

在朝廷授予孟氏 56 代后裔孟希文翰林院五经博士世职以后，朝廷还颁降过春秋二祭祝文，作为孟氏奉祀的格式。祭文说："维年月日，56 代嫡孙翰林院世袭五经博士孟希文，敢昭告于先祖邹国亚圣公曰：'言必仁义，道惟尧舜，扶植纪纲，千载攸赖。'今兹仲春(或仲秋)，谨备牲帛醴齐粢盛庶品，用伸虔祭，以利国侯乐正子配，谨告。"

清朝大力褒奖孟子。科举考试仍承明制，用八股文，取包括《孟子》在内的四书及五经命题，谓之制义。顺治二年(1645 年)颁科场条例："仍旧例首场四书三题，五经各四题，士子各占一经。四书主《朱子集注》……"(《清史稿》108 卷《选举三》)康熙十六年(1677 年)，皇帝亲撰《日讲四书解义》二十六卷，其中的《孟子》一书，始于义利之辨，终于道统继承，被视为官方的解释。乾隆元年(1736 年)颁行《十三经》至各省府州县。又颁布《钦定四书》于官学，俾生员学习。以上表明包括《孟子》书在内的四子书，在科举考试中的地位继续上升。

在清朝，朝廷对孟子的尊崇有逾前代。康熙二十五年(1686 年)，康熙帝御制《至圣先师孔子赞》及颜、曾、思、孟四圣赞文。其《孟子赞》说："哲人即萎、杨墨昌炽。子舆辟之，曰仁曰义。性善独阐，知言养气。道称尧舜，学屏功利。煌煌七篇，并垂六艺。孔学攸传，禹功作配。"次年，颁《御制孟庙碑记》，称颂孟子辟杨墨之功，使"斯道之有传，至于今赖之"。还说："不有孟子，使杨墨滥觞于前，释老推波于后，后之人虽欲千载之下探尼山之遗绪，其孰从而求之?"其文后赞道："……唯子舆氏，距诐放淫，以承三圣，以正人心。述舜称尧，私淑孔子。正学修明，百世以俟……我读其书，曰仁曰义，遗泽未湮，闻风可企。岳岳亚圣，岩岩泰山，功迈禹稷，德参孔颜……”康熙三十三年（1694 年），康熙帝亲自为开封游梁祠题写了“昌明仁义”的匾额。

雍正三年（1725 年）八月，皇帝御制孟子庙匾额“守先待后”和孟府匾额“七篇贻矩”。

乾隆三年（1738 年），皇帝降旨在孟母封号上再加“端范”二字，称“邾国端范宣献夫人”。并且咨山东抚臣，敬备祭品，委官致祭。其御制告祭之文，由翰林院移送。内称：“惟大贤之教施无穷，皆慈母之恩勤有素。特沛殊荣，式加显号。更申祭告用遣专官……”

乾隆十三年（1748 年），皇帝御制《四圣赞》，其《亚圣赞》说：“战国春秋，又异其世。陷溺人心，岂惟功利。时君争雄，处士横议。为我兼爱，簧鼓树帜。鲁连高风，陈仲廉士。所谓英贤，不过如是。于此有人，入孝出弟。一发千均，道脉永系。能不动心，惓惓馀意。欲入孔门，非孟何自？孟丁其难，颜丁其易。语默故殊，道无二致。卓哉亚圣，功在天地。”二十二年（1757 年），皇帝为孟庙亚圣殿御制“道阐尼山”的匾额，和“尊王言必称尧舜，忧世心同切孔颜”的对联。

终乾隆帝一世，遣官致祭孟庙五次，亲诣孟庙拈香行礼二次：

乾隆二十二年（1757 年），皇帝南巡，夏四月回銮过邹县，谒孟庙，拈香行一跪三叩礼。

乾隆二十七年（1762 年），皇帝南巡，夏四月回銮过邹县，第二次亲谒孟庙，拈香行礼如前，把封建帝王对孟子的尊崇推到极致。

从明成化十三年（1477 年）至清光绪三十三年（1907 年）430 多年间，明、清两代由地方行政主管官员主持、教育主管官员总纂的官修《邹县志》达11种，现存7种。这些书中大量记载了封建帝王，中央及地方

官吏、历代名人、文士等颂扬孟子的诏书、祭文、碑记、记文,记录诗词达300多首。

第四节　近代　现代

鸦片战争前后,社会动荡,封建士大夫阶层中产生了一批能放眼世界,主张"师夷之长技以制夷"的开明人士,这部分人也十分推崇孟子。魏源以为,"学孟子为易简直捷而适于用"(《孔孟赞》),赞扬孟子"宜乎泰山岩岩之象,江汉浩浩之流。配神禹,称鲁邹,而存世无休"(《孟子补赞》);曾国藩以孔孟道统的继承人自命,在其《日记·向学》中说:"愿终身私淑孟子,虽造次颠沛,皆有孟夫子在前,须臾不离";洋务派代表人物张之洞在其《劝学篇·同心》中,赞扬"孔子诛乱贼,孟子明仁义,弟子布满天下"。

太平天国起义前期,虽有视孔孟诸子百家为邪说,拆孔庙、焚儒书的行动,但多数太平天国领导人受过儒家思想的熏陶。太平天国革命后期,其官方文书中也往往称引孔孟儒家经典,作为立论的依据。洪秀全《钦定士阶条例序》称:"孔孟之书不必废,其中有合于天情道理者亦多。既蒙真圣主御笔钦定,皆属开卷有益者。士果备而习焉,则焕乎有文,斐然成章。"①洪仁玕在《钦定英杰归真》中说:"学尧舜之孝悌忠信,遵孔孟之仁义道德。"②又把包括《孟子》在内的儒家学说作为建立和维护新的社会秩序的工具。

资产阶级改良派代表人物康有为,极力推崇孟子。在其《孟子微·自序一》中,称孟子为"传平世大同之仁道,得孔子之本者也"。又说:"欲知孔子者,莫若假途于孟子……通乎孟子,其于孔子之道得门而入,可次第升堂而入室矣。"在该书的《自序二》中还说:"举

①②王其俊:《亚圣智慧——孟子新论》。

中国之百亿万群书，莫如《孟子》矣。”

孙中山先生深受儒家思想影响，他自述：“我辈之三民主义，首渊源于孟子。孟子实为我等民主主义鼻祖。”（《孙中山全集》九卷）他用孟子“王霸之辨”来解释国家、民族的起源：“用中国的政治历史来证明，中国人说王道是顺乎自然，换一句话说，自然力便是王道。用王道造成的团体，便是民族；武力便是霸道。用霸道造成的团体，便是国家。”（《孙中山全集》九卷，186 页）

新民主主义革命以来，中国共产党对传统儒学实行批判继承的方针。毛泽东经常引用“天将降大任于斯人也”一章，勉励、鞭策自己，锻炼体魄，砥砺品行和斗志。他在著作中引用过“引而不发，跃如也”，“为渊驱鱼，为丛驱雀”、“春秋无义战”，“不为而后可以有为”，“无敌于天下”，“心之官则思”，“以其昏昏，使人昭昭”等孟子名言，来阐述马克思主义的基本原理和中国革命的路线与方针。刘少奇在《论共产党员的修养》一书中说：“另一个封建思想家孟子也说过，在历史上担当‘大任’，起过作用的人物，都经过一个艰苦的锻炼过程，这就是‘必先苦其心志，劳其筋骨，饿其体肤，空乏其身，行拂乱其所为，所以动心忍性，曾（增）益其所不能。’共产党员是要担负历史上空前未有的改造世界的‘大任’的。所以更必须注意在革命斗争中的锻炼和修养。”他在阐述共产党员在革命实践中不断提高自己的革命品质，成为马克思列宁式的政治家的可能性时又说：“《孟子》上有这样一句话：‘人皆可以为尧舜’，我看这句话说得不错。每个共产党员，都应该脚踏实地，实事求是，努力锻炼，认真修养，尽可能地逐步地提高自己的思想和品质。”他要求每一个共产党员要树立艰苦奋斗和勇于克服困难的精神，危难之时挺身而出，保持“富贵不能淫，贫贱不能移，威武不能屈”的精神。他还说：“‘杀身成仁’，‘舍生取义’，在必要的时候，对于多数共产党员来说，是被视为

当然的事情。”

第五节 当 代

在当代，尤其是进入21世纪以来，随着“国学热”的兴起，孟子的人格精神及形象再度进入人们的视野。独生子女的教育问题引起了人们普遍的关注，孟母“三迁择邻”及“断机教子”故事所反映的家庭教育理念和方法，日益受到人们的重视。现将历年来祭祀孟子、孟母活动简述如下：

1997年元月，邹城市孟子学术研究会与韩国孟子学会共同举办纪念孟子逝世2285年活动，在孟子墓前以传统方式祭祀孟子。

2002年5月13日，台北市孟氏宗亲会、台北市中华文经学会、台北市山东同乡会在孟庙举行祭祀活动。

2002年8月14日，韩国孟子学会一行50余人在孟庙举行传统祭孟活动。

2003年6月23日，浙江义乌孟氏后裔祭孟团来孟庙祭祖。

2004年9月26日，韩国孟子学会会长赵骏河先生率团来邹城市，到孟子林、孟庙举行祭祀活动。

2004年9月孔子文化节期间，孟氏宗亲联谊会在邹城市成立。成立大会通过了《孟氏宗亲联谊会章程》，确立了宗亲会的宗旨和任务为：研究孟子思想，追念先祖，协和宗族，促进各地区经济、文化的交流与合作。大会选举现在台湾的亚圣奉祀官孟祥协先生为名誉理事长，孟子75代后裔孟祥居为理事长。参加大会的孟氏后裔在孟子林庙举行祭祀孟子活动后，赴曲阜参加了孔孟颜曾圣裔恳亲联谊会成立大会和孔子文化节开幕式。

2004 年 10 月，日本《论语》普及会友好访华团到孟庙祭拜并访问三迁祠小学。

2005 至 2006 年，孔子文化节期间，先后举行孟氏宗亲祭祖恳亲联谊活动，编辑出版《孟子与孟氏宗族》一书。其后，孟氏宗亲联谊会大连、沈阳、徐州、海南等分会相继成立，并开展了文化、经贸、捐资助学等多种活动。

2005 年 1 月、4 月，河南省内黄县路村、郑州市大孟砦村、杞县孟氏宗亲分别回故里祭祀先祖，续修族谱，并在亚圣孟子庙举行祭祀活动。

2005 年 4 月，韩国孟子学会会长赵骏河先生向孟子学术研究会捐款 20 万元人民币，用于修建孟林牌坊。9 月，赵骏河先生参加孔子文化节活动并率韩国孟子学会代表和韩国孟氏后裔代表到孟子林、孟庙祭拜孟子。赵骏河先生参加了孟林牌坊落成剪彩揭幕仪式。

2006 年 4 月，韩国孟子学会会长赵骏河先生参加在邹城市举行的“儒学全球论坛(2006)孟子思想的当代价值”国际学术研讨会，并到孟子林、孟庙祭拜。

2006 年—2008 年邹城中华母亲文化节活动。为继承家教传统，早在 1992 年 11 月，山东省妇联在邹城市成立了孟母教子研究会，先后举办了多次“孟母教子学术研讨会”。

2006 年 12 月 13 日，邹城市召开“中华母亲节促进会成立大会暨第一次全体会议”，建议将孟子诞辰日定为“中华母亲节”，并决定由邹城市举办首届“2007 孟子故里中华母亲文化节”。

2007 年 4 月 27 日—30 日，邹城市举办了中华母亲文化节系列活动，“2007 孟子故里(邹城)中华母亲文化节”开幕式，孟子故里寻找“当代孟母”评选及颁奖活动，与中央电视台《激情广场大家唱》栏目组联合举办“母亲颂”大型文艺演出，举行中华母亲苑奠基仪式，以“母亲颂”为

主题的中华母亲文化展，举行“中国人民大学国学院教学科研（邹城）基地”揭牌仪式、儒商高层论坛、孙云晓家庭教育报告会。另外，还安排了“万名母亲重走三迁路”、中国十大杰出母亲事迹报告会等活动。4月28日上午，参加母亲节活动的全体嘉宾在孟庙举行了隆重的纪念孟母孟子大典。邹城市政协主席聂凤银主持纪念仪式，邹城市市长朱庆安宣读祭孟母孟子文。全国妇联书记处书记张世平，全国政协委员、中华母亲节促进会会长李汉秋，山东省文化厅厅长杜昌文参加了这次活动，全国妇联名誉主席陈慕华、文化部副部长高占祥发来贺电。

2008年5月6日—7日，第二届孟子故里（邹城）中华母亲文化节举行。6日晚，举行了“中国十大杰出母亲孟子故里行”暨2008中华母亲文化节开幕式和以“2008感恩母亲”为主题的大型文艺演出。7日，与会各界代表在孟庙举行了隆重的纪念孟母孟子大典公祭仪式。全国妇联副主席、书记处书记莫文秀以及中国妇女发展基金会、中国文化报社领导、“中国十大杰出母亲”代表、山东省、济宁市、邹城市的领导及邹城市各界代表，孟氏宗亲和社会各界人士千余人参加纪念大典。在钟、鼓、长号和古典音乐的齐鸣声中，全体人员肃立，拜祭孟母、孟子。

第二章 国外影响

儒学的影响遍及全世界。本章用具体事例说明孟子学说在国外的传播。

第一节 东 亚

孟子学说东传入朝鲜半岛，一般认为在高丽末期的12—13世纪。在此以前有两件事，其一为三国时期，新罗有禅师圆光倡导《世俗五戒》，其中，人"杀生有择"一项，论者以为佛教一般禁止杀生，不包含"有择"的观念。"杀生有择"与《孟子》"数罟不入洿池"和"鸡豚狗彘之畜，无失其时"的提法有关。另一事例为高丽成宗九年(990年)十二月，高丽王关于开置修书院的敕文中说："使秦韩之旧俗，知邹鲁之遗风。"其中的"邹鲁遗风"，隐含指代孟子。

到了12世纪，说明《孟子》传入朝鲜的事例渐多。《高丽史》卷十六《仁宗世家二》载："九年(1131年)，六月制曰：传曰：国之将兴也，视民如子；将亡也，视民如草芥。故先王以不忍人之心，行不忍人之政……"语出《孟子》。又《高丽史》105卷《郑可臣列传》、110卷《李齐贤列传》都有读《孟子》的记述。

元至元二十六年(1289年)，安珦从高丽忠烈王在大都得到新刊印

的《朱子全书》,携带回国。忠肃王时,采纳权溥的建议,命秘书省书籍所刊行《孟子集注》。这是朱熹《孟子集注》东传并在高丽刊刻流传的明确记载。

高丽恭愍王十六年(1367 年),成均馆改修时,置四书五经斋,即开始讲授《孟子》,与此同时,开始以颜、曾、思、孟"四配"来配享孔子。此后,成均馆及地方乡校的文庙,一直享祀"五圣"。

朝鲜李氏王朝建立初期,科举考试以四书三经(《诗》、《书》、《易》)取士。时当中国明朝永乐年间,明成祖曾颁赐《四书五经大全》给朝鲜。

此后,在文字中称引《孟子》的也多了起来。如世宗六年(1424 年)集贤殿提学尹准在疏文中说:"昔者孟轲氏拒诐淫邪遁之说,而犹自谓承三圣之统。后世论其功曰:当不在禹下。"

《成宗实录》卷十载辛卯二年(1471 年)七月壬申,成宗御经筵,讲《孟子》"有放心而不知求"。七月己亥,经筵讲《孟子》"有大人者正己而物正者也"。一月之内两讲《孟子》。

到了 16 世纪,出现了李滉(退溪)、李珥(栗谷)两派性理学说。朱子学,间接得之《孟子》。他们反复论证的"气发理乘"之说,发展了孟子的人性论,其他如思想方法、治学方法以及行为方式等各方面,也深受孟子影响。李滉的心学上承朱熹"居敬穷理"。其在"居敬"上的工夫,如"主理帅气"、"敬义夹持","勿忘勿助"、"求其放心",这些话都源于《孟子》。李滉一生仕途曾七进七退,其事君之道,与孟子说孔子"可以仕则仕,可以止则止,可以久则久,可以速则速"意合。其晚年所作的《玉成堂》诗说:"昆珍虽是禀精英,不琢而磨器不成,更把邹书苦心训,乾乾终日服西铭。"

至现代,成均馆已发展成韩国的综合性大学。成均馆大东问题研究院 1975 年设中国部,翻译出版包括《孟子》在内的儒家经典。有一全国性的儒道会，也设在成均馆内，各市县设分会；还有全国性的学术团体“孟子学会”。1994年春，韩国成均馆及女子大学等处学者4人，来中国参加邹城市孟子学术研究会举办的国际孟子学术研讨会，并发表了论文。1995年冬，该会又组织学者及居住在韩国的孟子后裔近30人，来邹城市为纪念孟子诞辰2284周年举行祭祀活动，并举办中韩孟子学术研究会。

该国历代所出孟子注释研究方面的著作，据不完全统计，有百种之多。

日本国的孟子学，是在镰仓幕府时期，随着朱子学传入的。元代禅僧宁一山，于元成宗大德三年（1299年）东渡日本，讲经之余兼授儒书。1359年，一山的再传弟子义堂，住持镰仓圆觉寺，倡说佛儒一致的观点，极力劝说将军义满阅读宋儒新注的“四书”。义堂的弟子歧阳云秀，为东福寺僧。东福寺以兼攻儒典见长。歧阳为《四书集注》加“和训”，即日本式的标点，被称做“歧阳点”。从此一般平民也能读懂，有助于四书的普及。季弘大叔（1421—1478）专攻孟子。清原宣贤（1475—1550）讲解全部四书五经，他讲孟子“性善”及“尽心知性”时，也表现了禅儒融合的色彩。

至江户时代，儒学支分派析，各派都有着孟子学说的影响。

朱子学派的先驱者藤原惺窝（1561—1619），在中国得到僧桂庵加读点的“四书”新注本回到日本。他曾经说：“象山由孟子‘先立其大者’一语发明，阳明由孟子‘良知’、‘良能’语发明。朱子尊七篇，作《集注》、《或问》，并学、庸、论、孟为‘四书’，为百世万年圣学之标的，呜呼大哉？”（《罗山随笔》）惺窝的弟子林忠（1583—1657），号罗山，20岁即开门授徒，讲授朱子《四书集注》。惺窝的另一弟子松永尺五（1592—1657），著《四书事文实录》。山崎暗斋（1518—1682），门规严峻，他的弟子只许读

《四书集注》及《近思录》。罗山的第三子鹅峄(1618—1680),曾校勘家藏本"十三经"。

南学派野中兼三(1615—1663),于从政之暇,招诸生讲小学、四书、五经。

古学派的山鹿素行(1622—1685),著《四书句读大全》。他的武士道论中,包含崇尚孟子所倡导的伦理道德的内容。古义派大儒伊藤仁斋(1628—1705),著《孟子古义》七卷、《孟语字义》二卷和《性善论》;其论学,以《论语》、《孟子》为本经,《诗》、《书》、《易》、《春秋》为正经,"三礼"、"三传"为杂经。他曾经说过:"若论孟书,实包括天下古今道理尽矣。"(《仁斋日记》)"孟子书为万世启孔门之关钥"。"《论语》专言教,道在其中矣;《孟子》专言道,教在其中矣。""孟子之说,即孔子之学,皆尧舜文武治天下之道也。此外岂有所谓学问哉!"(《童子问》)"吾无家法,就《论语》、《孟子》正文理会,是吾家法耳。""《论》《孟》二书,犹如一幅布有表里,并无精粗。"

荻生徂徕(1666—1728),属古学派的古文辞学派。他的弟子山井鼎(字昆仑)著《七经孟子考文》。该书反传回中国,为《四库全书》所收。他的另一弟子太宰春台(1680—1747),著《孟子论》上下篇,对孟子多所批评。安藤昌益(1703—1762),著《四书评》,其中《孟子评》批评孟子社会分工论违反"自然道"。他的《孟子失道论》也对孟子持批评态度。

日本阳明学事功派的代表熊泽蕃山(1619—1691),著《集义和书》、《集义外书》,提出"民贵君轻"思想。主张"人君之务,是为人民父母之仁心,行仁政"。大版学派的五井持轩(?—1721)曾说:"人能通四书,即识宇宙第一真理。"他讲学循环讲《大学》、《中庸》、《论语》、《孟子》,不讲其他书。其他阳明派学者佐藤一斋(1772—1859),著《孟子栏外书》,大盐中斋(1793—1837),在《传习录》的跋文中说:"阳明王子之学,要在致良知。而良知二字出《孟子》,孟子之良知,出《易》之乾……"吉田松阴(1830—1859),著《论孟札记》。

江户幕府时代的宽永九年(1632年),亲藩德川义直在首都江户的上野忍岗建先圣殿,奉祀孔子,以颜、曾、思、孟配享。这是日本享祀孟子之始,后于元禄三年(1690年)移至汤岛,仍供奉孔子及"四配"木刻像。科举考试也是以"四书"作命题范围。

近代至现代以来,孟子学仍在日本有广泛影响。其尊王贱霸思想曾成为日本明治维新的治国理论根据之一。近几十年日本孟子学研究十分活跃。有全国性的汉学会"斯文会",其讲说会每星期开讲一次,《孟子》为所讲书目之一。1964年、1966年,日本学者井上顺理先后两次获文部省拨款20万日元,从事"关于《孟子》传入日本及日本接受过程的研究"和"日本接受《孟子》的历史研究"。美国学者赖肖尔在其所著《日本人》中说:"在某种意义上说,几乎一亿日本人都是'孔孟之徒'。"这句话也从侧面反映了儒家(包括孟子)在日本的影响之深。

第二节　东南亚　南亚

孟子在越南的影响一直广泛存在,见于记载的有以下事情。

据越史记载,李朝太宗通瑞五年(1038年),为了筑坛祀神农,太宗欲亲行躬耕礼,曾对臣下说:"朕不躬耕,则无以供粢盛。"李仁宗会祥大庆八年(1117年)"自是省耕省敛,岁以为常。"上述"粢盛"、"省耕"、"省敛"等语皆出《孟子》。

陈朝兴起,时当宋朝末年,陈太宗立国学院,开始诏学者讲《论语》、《孟子》、《大学》、《中庸》等书。十四世越南道学家张汉超,撰北江关严

寺碑文，文中说："为士大夫者，非尧舜之道不陈前，非孔孟之道不著述。"反映的也是孟子思想。

黎王朝圣宗洪德六年（1475年），"三月，会试天下举人。是科试法，第一场四书，论三题，孟四题，中庸一题，总八题"（《大越史记》）黎玄宗景治元年（1663年）七月，申明的"教化十七条"、"为臣尽忠，为子止孝，兄弟相和睦，夫妻相爱敬"反映的伦理思想，主要出于孔子，但其中有义务权利对等的思想，应是出于《孟子》。

据《大南实录》卷三十六，阮福映统一越南建立阮朝后，于嘉隆七年（1808年）修成文庙，奉安先师孔子神位，并祀"四配"和"十哲"。这是越南奉祀孟子的史料记载。又阮世祖诏书中有"朕每以不忍人之心，行不忍人之政"。该书《陈大律传》中说："密疏言，佛老之害，甚于杨墨。"多处称引《孟子》书中言语，说明孟子及其著作在越南的普遍影响。

新加坡于1982年2月，开始把儒家伦理作为学生道德教育的科目，1984年1月，《儒家伦理》教材正式出版。"儒家伦理"教育在各校全面展开。伦理教育自然离不开孟子的"五伦"思想。

在马来西亚，随着华裔经济地位的增强，近现代以来有"儒学复兴运动"兴起，如：陈泽清氏的《儒家文化的现代意义》文中，建议在独立华文源流中学的课程中教《孟子》。

第三节　欧　美

1594年（明万历二十二年），意大利传教士利玛窦出版了"四书"的拉丁文译本，是儒家经典最早译成西方文字的著作。比利时传教士卫方济把"四书"和《三字经》、《孝经》译为法文，命名为《中国六大经典》。1914年，在青岛的德国传教士卫礼贤将《孟子》译为德文。英国传教士理雅各留华30余年,1873年回国,被牛津大学聘为英国第一位汉学教授,主持汉学讲座。他英译儒家经典多种,其中包括《孟子》。牛津大学硕士休中诚(汉文名字)曾两次来华,长期在中国居留,在其所著《中国古代哲学》中,介绍了孟子思想,称孟子为“政治哲学家和心理学家”,还在书中列专章评述《孟子》一书。牛津大学把《孟子》中的一些篇章列为公共必修科目。伦敦大学把《孟子》列为古文教材。法国巴黎大学谢和耐教授,于1972年著《中国世界》一书,对孟子仁政思想、反战思想、井田及税收思想、性善学说都有介绍。他对“性善”的理解是“仁义礼知这些‘善原’可以由教育发挥,但也会被环境所窒息”。

美国加利福尼亚大学政治学教授詹姆士·格莱格在其所著《儒学与孙中山的政治思想》中认为:孙中山民生主义与孟子关于民有恒产才有恒心的思想一脉相承。

俄国汉学家比丘林著《中国的国情与习俗》,对孟子有中肯评价。

由于孟子思想的传播,加深了各国学者对孟子的了解,并且给孟子以高度评价。法国《拉鲁斯大百科全书》称:“孟子给人性以比孔子更为明确的阐述。”美英合编的《新大不列颠百科全书》中称:“孟希亚斯”是“仅次于孔子的重要导师”,《孟子》“比《论语》更富于文学色彩”,“为孟子赢得‘中国第二圣人’之称号”。指出,孟子的政治思想是“坚持站在公开拥护人民为本和人民有权享受仁政,否则就应进行革命这样一种立场上”。

第五篇　林墓 祠庙 府第

在孟子的故里邹城，至今仍保存着孟庙、孟林、孟母林、三迁祠、断机堂、孟府等历史遗迹、遗址。这些遗迹大多是在北宋以后，随着孟子思想的广泛传播，孟子地位的逐步提高相继被创建或重新发现、修建的。北宋至民国时期的八九百年间，历代地方吏民出于对先圣先师的尊崇，封建皇帝出于巩固统治的需要，不断维修、扩建孟子林墓、祠庙。新中国成立以后，国家十分重视文物古迹的保护工作，历年对孟庙、孟府、孟林及有关古迹累计投资保护维修经费 1200 余万元，公布孟庙、孟府、孟林为全国重点文物保护单位，其他公布为省、市、县级文物保护单位。

第一章 孟子林墓

孟子墓位于邹城市东北 30 里四基山麓。孟子逝世后一千多年间,孟子墓湮没无闻。北宋景祐年间,孔子后裔孔道辅访得孟子墓。金、元、明、清历代对孟子墓庐多次维修、重建。孟氏后裔也不断葬入孟子墓周围,并广植柏桧,至明、清时期,这里形成一处广阔的文物山林。1949 年新中国成立后,国家多次拨款维修孟子墓,2006 年,孟林被国务院公布为全国重点文物保护单位。

第一节 孔道辅与孟子墓

孟子殁后千余年间,其庙、墓一直不闻于世,亦不见载诸史籍。北宋景祐四年(1037 年),孔子 45 代孙孔道辅知兖州,始访墓建庙。从此,孟子墓得以确认和保护,孟子始有祠庙,并有专人主持祭祀。

据《宋史》记载:孔道辅,孔子 45 代孙,字原鲁。父亲孔勖,进士及第,以尚书工部侍郎致仕。祖父孔仁玉,袭封文宣公,被孔氏家族尊为"中兴祖"。孔道辅 20 余岁即举进士第,一生为官,忠正耿介,胆识超群。在做宁州军事推官时,孔道辅即因以笏击蛇而声名远扬。曾奉使契丹,身临敌国而不失大节。屡迁为右司谏,龙图阁待制、右谏议大夫、权御史中丞。

孟子墓

景祐四年(1037 年),孔道辅知兖州。他以继承道统、恢张儒学为己任,经常对人说:"诸儒之有大功于圣门者,无先于孟子。孟子力平二竖之祸而不得血食于后,兹其阙也甚矣。《祭法》曰:'能御大灾则祀之,能捍大患则祀之。'孟子可谓能御大灾能捍大患者也。且邹昔为孟子之里,今为所治之属邑,吾当访其墓而表之,新其祠而祀之,以旌其烈。"他派人多方查访,在邹县东北 30 里四基山之阳,找到了孟子的坟墓。于是铲除墓茔榛莽,并在墓旁创建孟子庙。第二年春天,新庙落成。孔道辅请著名学者孙复为记,是为《新建孟子庙记》。

后来,孔道辅又在邹县城北 20 里凫村,找到孟子 45 代后裔孟宁,并推荐于朝,授迪功朗,主邹县簿,主孟子庙祀事。从此,孟子墓得以确认和保护,并有专人奉守林庙,主持祭祀。

第二节 历代维护

北宋景祐四年(1037年),孔道辅在墓旁建庙,以利守护洒扫。北宋元丰年间,孟庙曾迁至县城东郭;宣和三年(1121年),又迁至邹县城南道左(今址),墓旁之庙依然存在。孙傅在《先师邹国公孟子庙记》中说,城南孟庙建成后,“与山中之庙轮奂相辉矣”。金代赵伯成在《重修邹国公庙记》中也说:“距邹仅一舍,在四基亦有孟茔之旧祠宇严立。”

北宋政和四年(1114年),部使者闻知“旁冢为庙,岁久弗治”(《先师邹国公孟子庙记》),遂赐钱三百万修葺一新,列一品戟于门,又赐田百亩以助守护。

元代至元十四(1277年)年,山东提刑霍天祥立碑于孟子墓前,题:“先师邹国公墓。”

元贞元年(1295年),东阳司居敬为邹县尹,重修孟庙、恢复孟子故宅、重建子思书院、子思祠,“既而葺孟子墓、斋庐,琢石为危坐像,冠章甫衣逢掖,俾观者有考乎古”(孟林刻石张颔《孟子墓碑》)。

泰定五年(1328年),依大司农司都事郭奉议奏请,朝廷拨祭田三十顷,给瞻孟子林庙。

至正二年春(1342年),孟子52代孙族长孟惟让,出庙帑千余缗,重修亚圣墓前祭堂。龙山郑质为此撰写《思本堂记》,文中说:“四基山右麓,邹国亚圣公墓前祭堂,岁久摧毁。”新修的祭堂:“基坚柱矮……不事华饰,务阅攸久。其制四楹,不壁中室;置巨石鼎,以陈俎豆。春秋展省,虽值风雨亦不妨祀事。”郑质名其堂曰“思本”。

明洪武元年(1368年),朱元璋诏孔孟氏子孙,皆免差发,令其守护林庙。

宣德九年(1434 年),鲁惠王府以营建陵寝余材,命工重加创造。工部主事施渊,恰以使事莅邹,遂主持重修,晨昏殚谋竭虑,筹划其事,不旬日告竣。复将墓茔砌之以石,使昔之鞠为茂草荒榛者焕然一新。(《三迁志》)

景泰六年(1455 年),朝廷赐墓田七顷三十一亩四分,坐落四基山、马鞍山。(《钦赐祭田记并载会典》)

嘉靖四十一年(1562 年),亚圣孟子墓前享堂仅存遗迹。青阳章时鸾任邹县令,先后修葺子思书院、断机堂、儒学等处。又协同僚王光裕、陈举及孟氏后裔孟公枚等,分力协赞,在墓旁创建正殿五楹、左右厢房各三楹、二门三楹。使奠置有案,出入有阶,启闭有户,週卫有垣,视前制益为广阔。又捐俸置祭田五十亩,岁入其租以为祭祀、修理之具。复植柏桧三千余株。朱观熤为撰《重修亚圣林享堂记》。

万历八年(1580 年),泾阳许守恩为邹县令。制文躬祭于孟子墓,目击其弊,恻然不宁。遂捐俸为修葺之资,重修后,庙貌为之焕然一新。贾三近为此次重修撰写《重修亚圣享堂记》。

万历三十六年(1608 年),邹县令胡继先拜谒孟子墓,闻知岁祀乏资,前令章时鸾所置祭田,岁久湮没。遂叹曰:“吾夫子辟杨墨,闲圣道,提几希以觉人,著七篇而醒世,岁祀时享即与四基山并垂悠久可也!何缺不补为?”(孟林刻石胡继先《增置四基山孟夫子墓陵祭田记》)遂捐俸二十余金,托其族之贤者孟闻钲等,谋置祭田三十五亩,又搜得其先章令所置共五十亩,酌为三祭。除春秋庙祭外,祭以五月之五日,七月之望日,九月之九日。

万历四十六年(1618 年),邹县知县李凤翔,捐俸银二十两,置买孟弘田土地三十亩,仍令其佃种收租,每岁之十月初一日,备办猪羊祭品香帛等物,永祀于孟夫子墓前。其地止许佃种供祭,不许欺隐盗卖。

天启三年(1623年),邹县令毛芬捐俸置祭田。

清康熙三十六年(1697年),通政吴涵奉命祭于阙里,后拜谒孟夫子墓,见享殿倾圮,遂捐金重修。享殿由是焕然一新。

康熙五十年(1711年),县令娄一均捐俸增置墓田六大亩。

雍正十年(1723年),孟子墓前享殿仅存败瓦颓垣。博士孟衍泰与族众共谋,将孟林中朽木估计变卖,重加修葺。所余之资,置林田以养林户。

嘉庆二年(1797),享堂又不蔽风雨,孟子68代孙孟传梿遂与族众共谋修葺。历时五月而工竣,仅成享殿及门垣,余不及之。

道光十四年(1834年),孟子70代孙广均以孟林内枯柏两株,估价变卖,重立"亚圣孟子墓"碑。又修补享殿,将北宋《新建孟子庙记》碑移入享殿西夹室内保存。

宣统二年(1910年),山东巡抚孙宝琦委侯补府车保成等维修孟庙,见孟子墓享殿倾圮,遂续款兴修。

民国24年(1935年),孟子74代主鬯孙、亚圣奉祀官孟繁骥又主持重修,时有孟氏族人孟庆存、孟宪森等拜谒林墓,见享殿风雨侵凌、虹梁倾坏、鸳瓦脱落,遂捐金五百元,以资重修。孟繁骥即令族长毓宸等董理此事,不足一月工竣。为此,孟繁骥撰《重修亚圣享殿碑记》,勒石置孟林中。

新中国成立后,政府十分重视孟林的保护工作,先后多次拨款维修。

1953年,山东省人民政府拨款人民币壹亿元(旧币),用于维修孟庙、孟府、孟林古建筑。其中孟林维修了享堂。根据1953年6月29日,邹县工会·木业委员会修补孟子林预算说明书,这次维修共用料洋9171600元,木工资洋4270000元,总计工资料洋13441600元。

1977年12月,政府又拨款维修享堂。将享堂大小门楼顶破者全修,墙垣倒坍残缺者补葺,享堂后檐全部维修。

1977 年 12 月，山东省人民政府公布四基山古墓群（含孟林）为山东省重点文物保护单位。

1992 年 6 月，山东省人民政府公布孟林为山东省重点文物保护单位。

1992 年 3 月，山东省文物事业管理局下发《关于邹县“三孟”维修工作的意见》的文件，拨付孟林维修工程款 25 万元，增设孟林围墙、维修享殿及大门。1993 年 5 月，邹城市文物部门翻修了享殿及门楼；同年，邹城市文物管理局设置孟林管理所，并新建管理所用房 8 间。

2000 年春，新建孟林神道西侧围墙及神道迂回路。

台胞和海外友好人士也捐资维修孟林。1994 年春节，邹城市大束镇西山头村台胞孟昭春先生回乡探亲，捐资 2500 美元重立“亚圣林”碑。1994 年 8 月，韩国孟子学会会长赵骏河先生捐款人民币 1 万元，重建孟子墓前石供案，并加固砌垒孟子墓。2005 年 9 月，赵骏河先生捐款人民币 20 万元，在孟林神道南新建“亚圣林”石坊。

2006 年，重新整修铺砌了孟林神道南段石阶路。

2006 年 5 月，国务院将孟林与孟庙、孟府合为一处，公布为全国重点文物保护单位。

2007 年，孟林管理所增建管理用房屋四间。

第三节　石刻与林木

自北宋孔道辅访墓建庙以来，孟子林墓历经近千年的风风雨雨、朝代变迁，不断得到历代地方官吏、孟氏族人的重修扩建，留下了历代碑刻十余方，多数保存在孟子墓前、享殿内及享殿院内。其中创建碑一方、重修碑九方、墓碑一方、增置祭田碑记一方。另有部分孟氏后裔的墓碑散见孟林中。

孟林碑刻数量不多，却弥足珍贵。就在享殿西夹室内，保存着北宋景祐五年（1038 年）著名学者孙复撰写的《新建孟子庙记》碑。在碑文之首，孙复阐述了孟子对于儒学的贡献：“孔子既没，千古之下，驾邪怪之说，肆奇险之行，侵轶我圣人之道者众矣，而杨墨为之魁，故其罪剧。孔子既没，千古之下，攘邪怪之说，夷奇险之行，夹辅我圣人之道者多矣，而孟子为之首，故其功巨。”随后，孙复详细叙述了孔道辅访查孟子墓，新建孟子庙的功绩。此碑刻距今已有 900 多年，是研究孟林、孟庙历史变迁的珍贵资料。

孟庙启圣殿院部分碑刻

元代重修碑两方，俱保存在享殿内。据《重纂三迁志》载：元至元十四年（1277 年），山东提刑霍天祥曾立碑孟子墓前，题“先师邹国公墓”，惜今已不存。元贞元年（1295 年），东阳司居敬为邹县令，修葺孟子墓庐，孔、颜、孟三氏子孙教授张颁为撰《孟子墓碑》，今存享殿内西夹室。至正二年春（1342 年），孟子 52 代孙孟惟让修葺孟子墓前祭堂，龙山郑质为记，即《思本堂记》。此碑现存享殿西夹室内。

明代碑刻今存 4 方。万历三十七年（1609 年），邹县令胡继先为孟林置买祭田，并亲撰《增置四基山孟夫子墓陵祭田记》，此碑现存享殿内。嘉靖四十一年（1562 年），青阳章时鸾为邹县令，协同僚及孟氏后裔创建正

殿、厢房、二门等共计 14 楹。并捐俸置祭田 50 亩，捐银植柏桧树 3000 余株。这是继孔道辅访墓建庙之后，规模最完备的一次重修。朱观烶为撰《重修亚圣林享堂记》，此碑现存享殿内。

清代碑刻现存 5 方，多记维修事。

四基山右麓，环绕孟子墓，是孟氏后裔的家族墓地，其墓冢相连，柏桧参差，形成孟子林。林内古木参天，浓荫蔽日，肃穆幽深。

亚圣孟子林

据调查，林内现有古树 7000 余株，多为宋以后所植。据孟林刻石朱观烶《重修亚圣林享堂记》载，章时鸾在嘉靖四十一年(1562 年)任邹县令，重修了孟子墓享殿，为置祭田，还督理孟氏族人每春领俸银二两，种植柏桧 3000 余株于孟子墓周围，“望之蔚然深秀，殆非昔比”。

第二章　孟　庙

北宋景祐四年(1037年),孔道辅在孟子墓旁创建孟庙,之后历经两次迁徙,宣和三年(1121年),定址城南现址。孟庙创建后,宋、金、元、明、清历代多次维修、重建、扩建达40余次,至明、清时期,已形成以主体建筑亚圣殿为中心、五进院落的古建筑群。孟氏后裔在这里举行祭祀活动。墙壁上、甬路旁镶嵌、排列着270余块碑刻,记载着孟庙经历的风风雨雨。新中国成立后,政府十分重视孟庙的保护维修工作,历年来累计拨款400余万元。1988年1月,国务院公布孟庙为第三批全国重点文物保护单位。

第一节　沿革与历代维修

北宋景祐四年(1037年),孔子45代孙孔道辅以龙图阁直学士知兖州,始访查孟子墓、兴建孟子庙。近千年来,虽历经三次迁建,数度朝代更迭,战乱破坏,风雨侵凌,孟庙仍屹立在邹城南郊。

仅在北宋,孟庙就三迁其址。孟庙最早创建在四基山孟子墓旁;后因距城较远,祭祀不便,便迁建于县城东郭;东郭孟庙地势较低,易遭水患,宣和三年(1121年),迁建县城南门外道左,定址至今。据统计,在三次迁建孟庙时,还分别对墓旁之庙、东郭之庙进行了约七次维修。

金朝统治时间较短，孟庙也曾得到一次较全面的维修，使孟庙保持了宋时的规模。金末元初，孟庙毁于兵火。

元初，孟氏后裔孟德昌上书请修孟庙。至元末，共维修、扩建孟庙六次，亚圣殿易址南移，并拓宽了庙址，形成四进院落。

据孟庙刻石和孟氏《三迁志》载，明代对孟庙的维修次数最多，达 20 余次，院落形成五进，孟庙的建筑格局基本形成定制。

清代，见于孟氏志书和孟庙刻石的维修、增建约 14 次，孟庙基本保持了明末的建筑规模，建筑规制更加完备。

亚圣庙石坊

新中国成立后，政府数十次拨款维修孟庙，拨款总数 400 万余元，使今日的孟庙基本保持了明清时期的建筑风貌。

元丰六年（1083 年），吏部尚书曾孝宽奏请朝廷，请加孟子封爵，遂封孟子为邹国公。（孟庙刻石孙傅《尚书省牒》）

元丰七年（1084 年），朝奉郎、权发遣兖州军州事兼提取济单州兵马巡检公事李椺奏请朝廷维修孟庙。九月，朝廷颁《修庙敕》，准于修文宣王庙剩钱内那三百贯文修孟子庙。（孟庙刻石《太常寺牒》，《修庙敕·

京东路转运司牒》)

政和四年(1114年),部使者赐钱三百万,营修孟庙,列一品戟于门,又赐田百亩以给守者。(孟庙刻石孙傅《先师邹国公孟子庙记》)

政和五年(1115年),诏乐正子配享孟庙,公孙丑以下从祀,皆拟定其封爵。

宣和三年(1121年),邹县令朱缶叹孟庙土圮木摧,欲捐己俸重修。邑士徐绂闻知此事,便请于朱缶道:"庙濒水亟坏,不四十年凡五经更修矣。若许改卜爽垲,则诸生愿任其事,不以累公私也。"(《先师邹国公孟子庙记》碑)得到允许,徐绂遂用私钱二百万,徙孟庙于南门之外道左(今址),乡人又资之钱者数十万,而后庙成。"总四十二楹,中为殿,安神栖,绘群弟子像于两序;又为孟氏家庙于其东;以扬雄、韩愈尝推尊孟子,又设为祠于其西。重门夹庑,壮丽宏伟,与山中之庙轮奂相辉矣。"(引文同上)。

由上述可知,宋代孟子庙经过三次迁建,最终定址于城南(现址),而孟子被封以公爵,其时,孟庙规制初定。

金泰和八年(1208年),王瑀为邹县令。敬谒孟庙,见上栋下宇久则斯弊,议重新兴修。第二年,"吏民洽和,皆服其教,不待劝率而富者相与出其资,巧者相与献其技,辩者以言,壮者以力,咸乐经营,作新孟庙。由是正殿奕奕,廊庑延接,四回而周,外达通衢,重门以辟,增其宏丽"。又在东北另建新室,尊奉孟子父母。(孟庙刻石赵伯成《重修邹国公庙记》)

这次重修后,贞祐二年(1214年),孟庙毁于兵事,仅存门垣。

元代至元九年(1272年),缘孟子庙久圮,孟德昌请翰林院诸儒上呈奏疏,请修孟庙;又得前邹县儒学教谕邵景同孟氏族人惟允捐募四方,乃得资材,动工兴修,数年之后,方建成正殿,命肖孟子及乐正子而妥之。

祀孟子父母于故室，余皆不及。

元贞元年（1295年），进义副尉、达鲁花赤木忽难、主簿兼尉赵国祥、邹县尹司居敬，以建学余资崇两庑与堂称凡14间，新其阶庭级道。祀公孙丑等19人。（孟庙刻石张颈《驺孟子庙碑铭》）

大德年间（1297—1307），县尹宋彰建神门。

泰定丙寅岁（1326年），监县帖哥出赡庙之资于民，不期年而收子钞七千余贯，撤郏国公故室而新之。（孟庙刻石曹元用《郏国公祠堂记》）

泰定五年（1328年）正月，大司农司都事郭奉议奏请朝廷，请拨孟庙祭田。遂拨孟庙祭田叁拾顷。以供孟庙春秋朔望祭祀，修理庙宇销用。

至顺二年（1331年）春，孟子52代孙孟惟恭以为庙貌虽崇，斋宿之室、宾尸之堂缺而未建，非所以严思诚而尊神㞒也，公论韪之。乡先生李俨、马亨乃告于邑大夫，谋之乡之善士，为燕堂三间，庙西南向，以尊神㞒；为斋室五间，堂西东向，以严思诚。工竣，名其堂曰："致严。"（孟庙刻石陈绎曾《致严堂记》）

至元二年（1336年），县尹曲阜张铨谋诸僚属，发庙帑羡资以补弊起废。将两庑、神门、斋室等二十余楹修饰一新，共费钱三千三百余缗，历时8个月而工毕。复观棂星门风吹雨打将要腐朽，又重起宇庇之，其壮丽深严益可观仰。又于通衢立石以表祠。（郑质《邹国亚圣公庙兴造记》）

至正二十六年（公元1366年），依亚圣54代孙孟思谅之禀，中书省左丞相均批，拨庙户五户，免差税，专事孟庙守护洒扫。

元末，由于战事频仍，孟庙毁颓荒芜，仅存遗基。纵观元代，对孟庙重修、扩建凡七次，孟庙规模宏伟，规制完备。对孟子及其父母的封赠也达到极点。

明洪武元年（1368年），首任邹县知县江西广信桂孟，远涉千里来到邹县，见庙宇荒芜，陋隘弗称，慨然有兴建之志。遂与主宰王公、典史韩公协力重修，惜建修未完，离任而去。

洪武四年(1371 年)，佥事郑本拜谒孟庙，见上无盖瓦，风雨震凌，栋宇将要腐朽，遂捐己俸 15 石，以助工竣。

洪武六年(1373 年)，主簿宜阳拜谒亚圣庙，目睹殿宇尚未完工，乃谋诸同寅，命工协力，以成前人之功，逾月落成。

洪武七年(1374 年)，御史台牒下按察分司，令出牒禁谕：军民人等不许入庙歇宿，斫伐树株。如有违犯，宗子可陈告到官，依律究治。(《三迁志》卷八)

洪武十年(1377 年)，邑丞胡景升，主簿侯成，典史刘敬，见孟庙致严堂几成瓦砾，遂兴复经营，建构一新。(孟庙刻石郄幼学《重修致严堂记》)

洪武十一年(1378 年)，知县苏州昆山王璧重修承圣门。

洪武二十二年(1389 年)，邑宰安邑马骢见霖雨频降，孟庙垣墙什颓八九，坊门亦已摧敝，遂告知上司判宰赵恭礼："亚圣公之学，统绍宣尼，道与天地相始终，吾辈读圣贤书，幸复获莅圣贤之邦，视庙垣倾颓，不亟缮修，不惟为阙典，亦且获戾于幽冥。"于是二人相协，命工就役，将倾敝者补换一新。(孟庙刻石黄琮《重修庙垣记》)

洪武二十七年(1394 年)，县令赵允升重修孟庙，教谕赖景衡记之。同年，山东佥事王亨，参议康民远，监察御史苗秀展拜孟庙，见孟母殿岁久颓敝，各捐己俸，修建一新。(王亨《捐俸重修宣献夫人庙记》)

永乐元年(1403 年)，邑令朱珏谒亚圣庙，目睹两庑风吹雨凌，遂复率僚属既就校庠生，各捐己资，重修两庑、寝殿及倒坍的墙垣，数月而成。(乐恽《重修两庑之记》)

洪熙元年(1425 年)，滑台房岊为邹县尹，率僚属高能、童常、冯温

等，捐俸重修正殿、两庑，历时两月而工毕。孔、颜、孟三氏子孙教授张敏为之撰《重建两庑致严堂记》。

正统七年(1442年)，知县房暠及同寅捐俸募工，饰旧增新，凡群贤从祀两庑、仪门，悉为宏建。

正统九年(1444年)，知县房暠重修孟子父母祠堂。

正统十年(1445年)，邹邑二尹官政，惟以致严堂卑陋，协同僚捐资募工，兴建一新。

景泰三年(1452年)，朝廷授孟氏宗子孟希文世袭翰林院五经博士之职，令吏部给符，还守祀事。同年，拨赐孟庙祭田六顷。

景泰六年(1455年)，从都察院右佥都御史徐有贞请，复以元时赐田30顷赐孟氏，又增赐祭田20顷，佃户10户。同年，诏设孟庙礼生56名，依时陈设掌礼；门子4名，以备看守。

天顺元年(1457年)，邹邑大尹刘巍、二尹宋融率诸僚属拜谒祠下，见孟庙滋蔽丛生，各捐己俸，命工就役，仆者植之，倾者正之，撤坏去腐，易之以新。周以垣墉，既坚既好。又于通衢立牌坊一座，题"亚圣坊"。(李达《孟庙重修记》)

成化四年(1468年)，巡按山东监察御史吴远恭谒祠下，睹两庑仪门萧然，遂携诸僚属，重修两庑、垣墉、仪门。(周载药《重修两庑仪门落成记》)

成化六年(1470年)，拨给孟庙洒扫户7户，以备看守。

成化十八年(1482年)，赐孟庙25户，以备洒扫。

弘治九年(1496年)，孟子57代孙、博士孟元奏请修庙，诏下有司命修之。都察院右佥都御史熊翀巡抚山东，与兖州知府龚弘、同知余浚协谋其事，自弘治九年二月至次年三月，历时一年有余。"庙址拓于旧，其广三十弓有奇，纵百五十弓。中为殿寝，东西庑，殿祀孟子……凡为楹六

十有四，俱仍旧规易以新之，而轮奂壮丽有加焉。”（刘健《重修邹县孟子庙记》）

嘉靖四十一年（1562年），青阳章时鸾为县邹令。拜谒孟庙，见殿庑倾欹，即有厘修之举，于堂阶檐牙、垣墉户牖等处曲为整饰，不越岁，焕然改观，视昔有加。（任瀛《邹县重修亚圣庙记》）

万历八年（1580年），许守恩任邹县令。见孟庙时久圮坏，叹曰：“圣贤重地，胡可坏弗修？缺弗备？”即出俸金修葺，其不足者，由孟氏族中补入。此次维修，历时三年，孟庙为之焕然一新。（王湘《增修孟夫子庙记》）

万历二十三年（1595年），侍御史姚思仁按部至邹，使邑令王一桢度厥经费，用图鼎新。肇始于是年十月，明年四月落成。（于慎行《邹县重修孟庙碑记》）

万历三十六年（1608年），邹县令胡继先见圣庙不蔽风雨，遂与少司马黄克缵相协，量工轨物，鸠役察材，子来如云，不数月而功竟。（戴章甫《邹县重修孟庙碑记》）

天启二年（1622年），邹县、滕县等地为白莲教、闻香教等教军占领，一切殿庑垣墉，无不残毁。山东巡抚赵彦上书重修，未果。因谋之藩臬大夫捐输己俸，兖州守孙朝肃率诸邑吏，及士民好义者，莫不慕义乐捐，得三千金，由新任邹县令毛芬董理其事，阅三月而告竣。重修大殿七楹、寝殿五楹、邾国公前后殿各五楹、东西庑各七楹、斋房四楹、家庙三楹、祭器库、省牲房各三楹，亚圣坊、继往圣坊、开来学坊各一，承圣门、钟灵门、毓秀门各一，垣墉颓坏者，亦加修葺。门庭坊表，翼翼严严，焕然旧观。（赵彦《重修孟夫子庙成碑记》）

崇祯六年（1633年），巡按山东御史王道纯，过邹拜谒孟庙，见殿庑荒毁，遂捐俸三十金；兖东道赵建极亦捐俸十金，使孟庙得到一次小规模的整修。

据统计，仅明代，就对孟庙重修、扩建20余次，多为历任地方官倾力修葺。至此，孟庙建筑基本形成定制。

清顺治四年（1647年），增设礼生8名，赞相礼仪，以助祀事。

康熙七年六月（1668年），因发生强烈地震，孟庙建筑几成丘墟。山东巡抚、右副都御史刘芳躅按部至邹，观亚圣庙衰敝，慨然有重修之志。遂捐百金，学使杨毓兰亦捐百金。又置募簿，分传六郡，获现银240金。随给付县，估计重修。会同宗子孟贞仁，族生孟尚锦督其事。康熙十二年正月肇始，四月告竣。正殿两庑岿焉，与阙里之堂遥相辉映。（刘芳躅《重修亚圣庙碑》）

康熙二十三年（1684年），诏发帑金，遣官修葺孟庙。山东巡抚张鹏翮督工重修，肇始于康熙二十四年，二十五年工毕。丹楹碧瓦，益见宏丽。

康熙二十六年四月（1687年），内务府广储司员外郎皂保，工部督水司员外郎卞永式等，奉旨建造康熙帝亲书《御制孟子庙碑》，并增修孟庙。

康熙五十四年（1715年），邹县令娄一均，见孟庙垣墙颓败，渐次倾圮，于乙未岁将邹国公殿、宣献夫人殿及曝书台先后修葺。戊戌冬，特以修庙之事，请于太守金一凤，金公慨然应诺，捐俸百金，立命兴工，又告诸僚友，共相资助。将摧折者易之，毁坏者更之，颓败者整之。庙中殿庑为之重新。

雍正三年（1725年）十一月，赐孟庙御书匾额“守先待后”，博士孟衍泰摩悬在亚圣殿内；赐孟府御书匾额“七篇贻矩”，摩悬孟府大堂。

乾隆元年（1736年），乾隆皇帝诏山东巡抚确估报部，兴修孟庙。是年十一月动工，至乾隆四年三月工竣，历时两年零四个月。先后维修了亚圣殿、东西庑、承圣门、大门、棂星门、亚圣坊、继往圣坊、开来学坊、寝殿、知言门、养气门、邾国公祠、宣献夫人寝殿、家庙、致严堂、缭垣甬道、

致敬门、启贤门、康熙御碑亭十九处建筑。维修之后，庙貌巍峨，丹碧辉煌。（孟衍泰《重修亚圣孟子庙感恩碑记》）

乾隆十三年（1748 年），乾隆皇帝御笔亲书《亚圣孟子赞》。是年勒石立于孟庙。

乾隆十五年（1750 年），诏颁亚圣庙祭器。

乾隆二十二年（1757 年），乾隆帝南巡过邹瞻拜孟庙，为孟庙亚圣殿亲书匾额："道阐尼山"；楹联："尊王言必称尧舜，忧世心同切禹颜。"博士孟毓瀚摩悬亚圣殿中。

乾隆二十六年（1761 年），邹县令庞元澄闻乾隆帝即将南巡过邹，即与孟氏族众共谋修庙事。遂撤旧易新，并增建乾隆御碑亭。

乾隆四十八年（1783 年），兖州知府王禄朋请得修庙之资，属邹县令张彬董其事，由是门庭墙仞，整饬一新。

嘉庆十年（1805 年），山东巡抚铁保捐募银 7000 余两，孟子 68 代孙、博士孟传梿自筹银 2800 两，重修孟庙。

道光十六年（1836 年），兖、沂、曹、济道陈叙斋、运河道敬廉阶，捐募廉银近 3000 两，先后整修了启圣殿、寝殿、两庑等多处建筑。

道光二十二年（1842 年），东河总督栗毓美捐廉银，重修孟庙。

同治二年（1863 年）秋，湖北镇军黄□过邹，见亚圣庙毁颓芜敝，即捐金 500，以资修葺。

同治九年（1870 年），道宪长笏臣，捐募资材，助修亚圣殿东北上棚。

同治十一年（1872 年），山东巡抚、提督军务丁宝桢筹修孟庙，委托道员陈锦、邹县令耿天九等估量督修。殿、堂、廊、庑多所维修，又加置天震井、古柏石栏，立焚帛池于殿之西北。自同治十二年二月至十月，凡八月而告竣。

宣统二年（1910 年），山东巡抚孙宝琦筹拨公款，复又劝募捐助，得

修庙之资,檄饬候补道黄华、侯补府车保成董理修庙事。始于宣统二年十月,毕功于次年六月。

清代对孟庙重修增建十余次,增建了御碑亭、焚帛池等建筑。

新中国成立后,人民政府十分重视对孟庙古建筑群的保护和维修工作。

早在1949年,就设立文物管理机构驻孟府内,为孟庙、孟林、孟府的保护、管理、维修做了大量工作。1996年秋,文物管理局迁往原孟府后花园。

1949年,政府开始了对孟庙的维修工作。据当时所留的一张契约:民国38年(1949年),立包工程约人马元升,包修孟庙后墙两丈五尺多,西华门北墙皮子及内宅西屋(孟府);介绍人:刘凤瑞;负责人:张学斌;计叁万元人民币。

1953年,山东省人民政府拨专款1亿元人民币(旧币),对孟庙、孟府、孟林进行全面维修。是年8月,文物管理委员会和邹县工会·木业委员会共同协议,先后维修了孟庙承圣门、康熙御碑楼、乾隆御碑楼等处建筑,将承圣门上顶前后两面全清瓦拢,两边墙根刷浆,共用石灰300斤(每斤800元)、毛稔6斤(每斤1500元)、大砖150块、松烟3斤、泥工若干;康熙御碑楼上顶全清拢,顶上小树草全砍去,拘抹刷黑巩,共用石灰200斤、毛稔8斤、黑巩3斤、泥工大工23个(每个工资1300元)、小工23个(每个工资900元)。

同时,还对孟庙古建筑的木构件进行了重修。共计用去木材2283立方米,计洋14839500元;水胶,计洋95000元;圆杉木6条,计洋756000元;又用去洋钉、圆木、方木等各若干,刷色油漆木工952000元;总计料洋19711522元,工资料洋13441600元。

1956年3月,油漆彩绘了康熙、乾隆碑亭及部分门坊。

1956年7月，山东省人民委员会(56)鲁文化丁字第1880号文公布孟庙为山东省重点文物保护单位。

1962年，国家文物局局长王冶秋率工程师罗哲文亲临孟庙考察，拨款人民币1万元，用于修缮亚圣殿东南角、东北角上层檐。

1964年8月，邹县文管所与邹县木业社、邹县建筑社签订合同，维修孟庙亚圣殿，约计工料款9000余元。

1964年7月，文物专家蒋英炬专程赴邹县，调查孟庙古建筑情况，以便拨付1965年古建筑维修款。

1965年，山东省文化厅、财政厅，联合发出“关于分配1965年古建筑修缮经费联合通知”，其中指定拨付4000元专款，用以维修孟庙。用此专款，文管所维修了孟庙亚圣殿西头上层、致严堂、致敬门、孟庙东墙、西墙等处建筑。

1966年3月，山东省文化厅、财政厅再度发出通知，分配给邹县孟庙维修专款10000元，用以维修亚圣殿东部、北部台阶等处。

1971年9月，山东省革命委员会政治部文化组批准将孟林枯树用作维修孟庙用料。

同年，山东省革命委员会财政金融局、政治部文化组发出《关于增拨古建筑维修费支出指标的通知》，拨付邹县孟庙1.5万元，维修亚圣殿下层建筑。

1973年4月，山东省文化厅拨款6000元维修孟庙亚圣殿，并对上层进行贴金彩绘。

1975年6月，济宁地区革命委员会、财税局、政治部文化组，发出《关于分配1975年古建筑预算指标及木材的通知》，分配邹县孟庙大殿维修经费1万元，木材7立方。

1977年12月，山东省革命委员会重新公布山东省第一批重点文物

保护单位,邹县孟庙列其中。

1978 年 2 月,山东省文化局拨款 6 万元,为维修棂星门、继往坊、开来坊、亚圣坊、泰山气象门款项。

1979 年 6 月,山东省革命委员会文化局(79)鲁计字第 36 号文件,转拨国家文物局通知,拨孟庙维修款 2 万元,修继往坊、棂星门。

1983 年,山东省文物局拨款 14 万元,由曲阜县建委古建队负责施工,维修了孟庙亚圣殿、启圣殿、孟母殿。

1984 年 9 月,山东省文物局拨款 1.2 万元,聘请山东省艺术学院雕塑系专家,重新恢复孟庙内塑像,其中亚圣殿内有孟子塑像、乐正子塑像,启圣殿内孟子父亲塑像。

1985 年 3 月开始,国家计委、财政部根据国家文物局关于维修邹县孟庙的报告,逐年向山东省文物局拨款 180 万元,用于孟庙、孟府、孟林的维修。这是新中国成立以来对"三孟"维修数目最大的一次拨款。同时,拨付黄金 200 克,木材 500 立方米,钢材 10 吨,用于"三孟"古建筑维修。自 1986 年至 1992 年,国家文物局通过山东省文物局,陆续拨付古建筑维修经费 180 万元,全面维修了孟庙、孟府、孟林。

1986 年,拨付维修专款 55 万元。其中孟庙维修了东庑,将西庑落架大修,乾隆碑亭揭瓦维修。并复原亚圣殿、启圣殿内塑像。

1987 年,拨付维修专款 5 万元。将孟庙亚圣殿上层重新彩画、启贤门翻修、寝殿修落架。孟庙内、外墙进行了保养维修。

1988 年 1 月,国务院公布孟庙、孟府为全国重点文物保护单位。

1988 年,拨付维修专款25 万元,曲阜市文管会转拨钢材 10 吨,新建孟庙东墙外古树铁栏杆保护墙,维修了省牲所。

1989 年,拨付维修费 35 万元。其中孟庙维修了祭器库、康熙碑亭;新建了孟庙消防工程,将知言门、养气门进行了保养维修。

1990 年,拨付维修专款 15 万元。其中孟庙保养维修了致严堂、亚圣木坊。

1991 年,拨付维修经费 15 万元。孟庙维修了焚帛地,翻修了祧主祠及其门楼,新建了后院仿古墙。

1992 年,拨付维修专款 30 万元。孟庙新建了仓库、值班室及铁钟保护栏杆,保养维修了致敬门、棂星门及地面。

1993 至 1994 年,用维修经费余额恢复了部分碑座及道路,保养维修了棂星门广场,重修了孟庙冲水厕所。

1995 年至 2000 年,国家文物局拨付维修专款共 135 万元(其中 1995 年 55 万元,1996 年 50 万元,1999 年 30 万元),山东省文物局拨款 30 万元(1995 年 10 万元,1997 年 10 万元,1999 年 10 万元),地方财政拨款 30 万元,单位自筹资金 79 万元,共计资金 284 万元,实施了孟庙第四、五进院落地面排水及路面整修工程,同时完成了孟府第二、五进院落及孟府西路建筑的维修工程。

2001 年,邹城市地方财政拨款 30 万元,在孟庙第二进院实施古树复壮工程,以改善孟庙古树不良的生长环境,延缓其衰老。

2005 年至 2007 年,地方财政先后拨款 180 万余元,进行了孟庙、孟府古建筑测绘,并编制了维修方案,对部分古建筑进行了抢救性维修。

2007 年,地方财政拨款加自筹资金共 300 万余元,用于古建筑维修保护工作。其中对孟庙、孟府进行了古建筑油饰彩绘,同时对庙、府的安防、消防工程进行了增补维护。

第二节 建 筑

孟庙是全国保存较完好的古建筑群之一。占地总面积 65.3 亩,共

有五进院落组成。前三进院为引导性庭院，第四进院开始有主体建筑。庙内共有各类建筑64楹，木、石坊共4座。分别建于宋、金、元、明、清时期。新中国成立后，国家多次拨款维修，使孟庙这一古老的建筑群仍保持了昔日风貌。

棂星门为孟庙第一座门坊，穿过亚圣庙石坊为第二进院，过泰山气象门为第三进院，东路过启贤门，为启圣殿院，院内有启圣殿、孟母殿；西路过致敬门为致严堂院，内有致严堂、斋戒门，院后有祧主祠院、焚帛池院；中路建筑在承圣门院内，院中亚圣殿为孟庙主体建筑，亚圣殿前两侧为东庑、西庑，殿后为寝殿。

棂星门也即正南门。“棂星，天田星也。欲祭天先祭棂星”（《后汉书》），宋代开始用于孔庙，元代用于孟庙。现存门坊为清代重修，新中国成立后又数次重修。门坊为4柱3洞，重檐斗拱雕梁画栋。坊额上书“棂星门”楷书贴金大字，棂星门院内东、西各有一坊，东名“继往圣”，西为“开来学”，取意孟子对儒家学说有“继往开来”的贡献。

亚圣庙石坊是第二进院的门坊。由3间4柱组成，柱为八棱，顶端饰以古瓶、云朵，坊额正中镌刻“亚圣庙”三个大字。始建于明代嘉靖年间。

启圣殿

泰山气象门为第三进院大门。三楹，门额上悬“泰山气象”竖匾一块。源自北宋理学家程颢之说：“仲尼天地也，颜子和风庆

云也，孟子岩岩泰山之气象也。”始建于元代。院内东壁上，建有“知言门”，西壁建有“养气门”，原名“钟灵门”、“毓秀门”。两门南侧又分别建有祭器库、省牲房各三楹，以便在祭祀时存放祭器和祭品。

承圣门为孟庙第四座大门。此门取意于孟子思想承继儒家先圣尧、舜、禹、汤、文、武、周公、孔子之道统。孟庙建筑从此院始分东、中、西三路，作对称排列。承圣门院为中路建筑，院内有孟庙主体建筑亚圣殿、东西两庑、乾隆碑亭、天震井。亚圣殿后为寝殿。

亚圣殿：孟庙正殿，殿内正中设置孟子像龛，在此进行祭祀活动。始建于北宋宣和三年（1121 年），历代维修 30 余次。新中国成立后国家历次拨款维修，主体尚保持原貌。殿高 17 米，进深 20.48 米，横宽 27.7 米，共 7 楹，筑以重檐歇山，顶覆绿色琉璃瓦，为典型的宫殿式建筑。殿之四周，有 26 根巨型八棱石柱，用于擎檐。柱下为石鼓形柱础，础下以石刻覆莲作承托。殿前的八根石柱上，雕刻着翼龙与宝相花。殿檐之下梁坊斗拱均施以彩画，20 世纪 80 年代维修时曾重新画过，至今色彩明丽。重檐正中，悬以竖匾，题“亚圣殿”三个贴金大字。亚圣殿正中门楣上，悬挂“道阐尼山”横匾；殿内迎门承托木柱上，悬挂巨型抱柱楹联：“尊王言必称尧舜，忧世心同切禹颜。”匾、联系乾隆二十二年（1757 年），乾隆皇帝南巡谒孟子庙时钦赐，孟子 67 代嫡裔、五经博士孟毓瀚摩悬殿中。殿内正中供奉孟子像龛，服九旒衣九章。孟子弟子乐正克西向侍。像龛上方、承尘藻井之下，悬挂“守先待后”匾额，系雍正三年（1725 年），雍正帝钦赐，博士孟衍泰摩悬亚圣殿。殿内塑像在“文化大革命”期间被毁，1986 年重塑修复。

寝殿：祭祀孟子夫人的殿堂。元代称邾国公祠堂，供奉孟子父母。（孟庙刻石《邾国公祠堂记》）明代别建新室供奉孟父孟母，此殿专祀孟子夫人。（孟庙刻石《重修邹县孟子庙记》）

东庑、西庑:供奉先贤先儒的地方,合称"两庑"。先贤四位,即孟子弟子公孙丑、万章、公都子、高子;先儒为孟子其他弟子及后世对孟子学说有贡献的人,共16位。北宋宣和三年与孟庙同建。历代多次维修,1987年西庑落架大修。两庑建筑各7楹,高7.8米,深8.35米,横宽25.5米。

启圣殿:供奉孟子父亲的殿堂。殿前正中门楣高悬启圣殿竖匾,含有启毓圣贤之意。明弘治十年建(孟庙刻石《重修邹县孟子庙记》)。殿为3楹,歇山式建筑,高9.97米,进深10.6米,东西横宽12.4米。殿内像龛"文化大革命"期间被毁,1986年恢复塑像,1996年恢复神龛。

孟母殿:供奉孟子母亲的殿堂。始建于北宋宣和三年,历代多次维修。殿3楹,悬山式建筑,高7.8米,深9.53米,横宽10.89米。殿内无塑像,只有木制牌位。

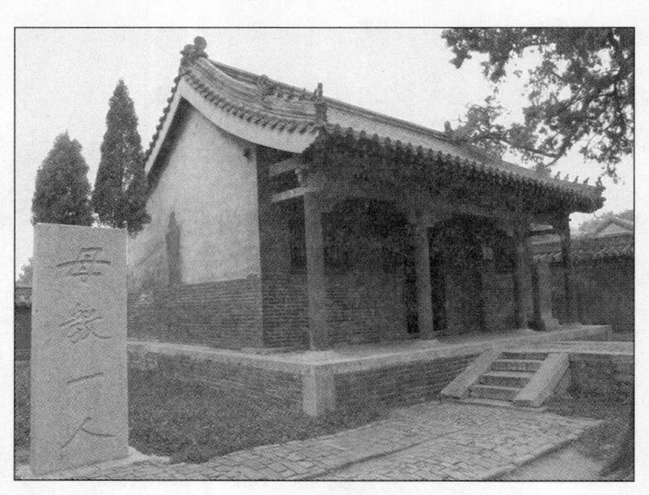

孟母殿

致严堂:始建于元代,取意"祭则致其严"为宾尸之用,以尊神嘏。堂3楹,硬山式建筑,高6.5米,深7.45米,宽10.27米。

祧主祠:孟氏嫡裔家庙。孟氏大宗五代以上木主牌位,均置于此地供奉祭祀,五代以内木主在孟府五代祠祭祀供奉。现存祧主祠为1992年翻修。祠3楹,正中门楣上悬"孟氏大宗祧主祠"竖匾。高7.45米,深8米,宽10.06米。

焚帛池:在祧主祠院后。孟氏后裔祭祀礼毕,焚烧祝帛的地方。院内有门与东侧寝殿院相通。

康熙碑亭:位于承圣门前东侧,内置清圣祖康熙皇帝御笔亲书《亚圣孟子庙碑》。康熙二十六年(1687 年)立碑,碑亭为乾隆元年(1736 年)所修。此碑龟趺螭首,碑额雕刻云龙纹。碑身高 3.14 米,宽 1.42 米,是孟庙中最大、雕刻最精美的一幢碑。碑亭覆以绿色琉璃瓦,为重檐歇山式方形建筑,高 11.3 米,宽 7.41 米。新中国成立后曾多次维修,1984 年翻修。

乾隆碑亭:位于亚圣殿院东庑南首,内置乾隆十三年(1748 年)乾隆皇帝御书《亚圣孟子赞》碑。碑亭建于乾隆二十六年(1761 年)。(《重纂三迁志》卷四)单檐歇山式顶,覆以黄色琉璃瓦,高 6.5 米,宽 3.87 米。

康熙碑亭

天震井:位于亚圣殿前露台下。康熙十二年(1673 年)重修孟庙时所建。围井石栏为清道光年间所建。

亚圣坊:位于孟庙西墙外亚圣庙街上。始建于明代天顺元年(1457 年)。(孟庙刻石李达《孟庙重修记》)坊为四柱三间,彩画鲜明。坊心正中楷书“亚圣”两个大字。新中国成立后多次维修。

第三节　祭　祀

对孟子的祭祀,最早可追溯到唐代。据《三迁志》、《重纂三迁志》记

载，韩愈在《处州孔子庙碑》中说：唐宪宗时(806—820)，处州刺史邺侯李繁作孔子庙图，绘孟子、左氏、公羊氏等于庙壁祀之。

孟子之有庙奉祀，始于北宋。景祐四年(1037年)，孔道辅在四基山孟子墓旁创建了孟子庙，并以万章、公孙丑等孟子弟子陪祀。后来，又在城北20里凫村找到孟子45代后裔孟宁，专门主持孟子庙祀事。以后历代嫡长孙都把奉守林庙作为一生的主要事业。

孔道辅后来又在孔庙齐国公殿前创建"五贤堂"，专门奉祀孟子及荀况、扬雄、王通、韩愈五位儒学大师。这也是孟子最早配食阙里孔庙。(《重纂三迁志》)

但这时孟子未有封爵，对孟子的祭祀没有一定的制度，规模也较小。

宋元丰六年(1083年)，加封孟子为邹国公。次年五月，诏以孟子配享孔子，天下庙学皆塑邹国公冠服像祀之。宋徽宗政和三年(1113年)正月元日释菜，二月八日释奠，以兖国公颜子、邹国公孟子配享殿上。度宗咸淳三年(1267年)，封子思为沂国公，曾子为郕国公，位设颜、孟之间，配享孔庙，是为"四配"，孟子为"四配"之一。

至此，孟子不仅得到封赠，并得以配食孔庙，最终成为"四配"之一，在天下庙学享受祭祀。

金代，大定十四年(1174年)，诏迁孟子像于宣圣右，与颜子相对。

元代，仁宗延祐三年(1316年)六月，诏春、秋释奠于先圣，以颜子、曾子、子思子、孟子配。同年，追封孟子父母为邾国公、邾国宣献夫人。文宗至顺元年(1330年)，加赠孟子为邹国亚圣公。

明代，太祖洪武元年(1368年)，制春秋释奠礼，配享诸儒悉如旧制。五年(1372年)罢孟子配享，六年诏从祀如故。嘉靖九年(1530年)，罢配享诸儒爵号，称亚圣孟子；又以孟子父亲配享启圣公祠。

清代，顺治十四年(1657年)，部议定文庙尊称曰"至圣先师孔子"，

配享称“亚圣孟子”如旧制。乾隆三年（1738 年），追封孟母邾国宣献夫人为端范宣献夫人；同年，部咨山东抚臣，敬备祭品，委官致祭，其祭告之文由翰林院移送。（《重纂三迁志》）

宋以后，金、元、明、清历代，基本沿袭宋代旧制，唯后来撤去封爵，其配享如故。

随着历代对孟子的追封，及配享孔庙，在专门奉祀孟子的庙宇——孟庙（亚圣庙）中，对孟子的祭祀也形成一套完整的制度。

孟庙祭祀有多种形式，祭期也不尽相同。最主要的祭礼为丁祭，在每年仲春、仲秋（农历二、八月）上旬逢丁的日子举行。其次祭以冬至日孟子忌辰，以示纪念。

每月的朔、望日，孟子嫡裔、世袭翰林院五经博士，及县尹、县丞等拜于亚圣庙，行二跪六叩礼。

清代乾隆时，又不定期地遣官致祭。乾隆皇帝多次南巡、东巡，每次巡阙里祭祀孔子，都要委派官员分祭孟庙；有时亲至孟庙行礼。据《重纂三迁志》载，乾隆十三年（1748 年），南巡阙里，遣光禄寺卿吴应枚分祭于邹县孟庙；乾隆二十二年（1757 年），南巡回銮过邹县，亲赴孟庙，拈香，行一跪三叩礼。

乾隆十四年（1749 年）正月，诏颁亚圣庙祭器，十五年五月收到祭器为：正位，献爵三；铏一，簠二；簋二；笾八；豆八；篚一。配位：献爵一、簋一、簠一、笾四、豆四、篚一。东庑三龛：每龛献爵一、簋一、簠一、笾四、豆四、篚一。西庑同。（《重纂三迁志》）

在祭祀时，要配以音乐。据《三迁志》、《重纂三迁志》载：宋徽宗大观三年（1109 年）释奠邹国公，酌献奏《成安之曲》：辞曰：“蹶蹶周道，狂澜倒溷；躬承辞辟，高侔禹功；世兴隆文，盛典惟宗；清醑嘉栗，式陈仪容。”金世宗大定十四年（1174 年），释奠邹国公，酌献，奏《泰宁之曲》，

金章宗明昌六年(1195 年),释奠邹国公,酌献,奏《德宁之曲》。元成宗大德十年(1306 年),撰拟释奠邹国公,酌献,奏《诚明之曲》,其词曰:“洙泗之传,学穷性命;力距杨墨,以承三圣;遭时之季,孰识其正;高风仰止,莫不肃敬。”明洪武六年(1373 年),定祀先师乐章,二十六年(1393 年),颁《大成乐》于天下。清代,春秋丁祭,乐用中和韶乐,曲名昭平、宣平、秩平、叙平、懿平、德平,共奏六次,亚圣配位酌献与亚圣庙堂并无专奏之乐。

除配享孔庙,以及亚圣庙祭祀之外,每年的清明前一日、十月朔前一夕及腊日,嫡裔宗子都在四基山孟子墓前举行祭祀活动。此外,对孟子父母亦有祭祀,如断机堂祭于每岁仲春、仲秋上丁日;马鞍山孟子父母墓祭于清明日、十月朔日;孟子故里祠祭于每年正月朔日、二月二日,十一月望日、腊日。

第四节 石 刻

孟庙中保存历代碑碣 270 余方,多为对孟庙维修、拜谒、祭祀、封赐等内容。透过这些碑碣,可以看到孟庙的历史变迁。风格多样、书体俱全的碑版书法,雕刻精美的碑首、龟座、边框装饰,又可以说是书法和石刻艺术的宝库。现将重要碑刻介绍如下:

宋代孙傅《先师邹国公孟子庙记》碑:北宋宣和四年(1122 年)立。记载了孟子庙处县城东郭迁往城南、并创建新庙的经过。是城南孟庙(现址)最早的历史档案。今存孟庙亚圣殿内西侧。碑高 2.33 米,宽 0.84 米,厚 0.24 米。

宋·《尚书省牒》碑:记载了元丰六年(1083 年),封赠孟子为“邹国公”圣旨。这是历代封赠孟子之始。现存孟庙致敬门院内甬道西侧。高 0.70 米,宽 1.65 米。

元·《加封孟子为邹国亚圣公圣旨》碑：又称八思巴文碑。此碑上、下两部分别以蒙古文字和汉文字书写这道圣旨。这块碑刻保存了最早的蒙古文文献，是研究民族文化融合的艺术瑰宝。孟子被加封为邹国亚圣公后，对他的封赐达到极点。此碑高4.14 米，宽 1.1 米，厚0.35 米，碑额透雕二龙戏珠，正中篆额“皇元圣制”。是孟庙中最为珍贵的碑刻之一。今存启圣殿院。

孟子石刻像

明·《孟氏宗传祖图》碑：明代洪武初年立。北面刻孟子圣迹图，南面刻孟氏家传祖图始末之记，及墓、庙诸图。记载了孟子一生的主要事迹和母教、师承、历代封谥等。是我国历史上较早的一副石刻连环画。碑高2.13 米，宽0.84 米，厚0.25 米。现存孟庙启圣殿廊下。

明·董其昌《题孟庙古桧一首》：诗为董其昌拜谒亚圣庙时所作。诗曰：“爱此孟祠树，森然见典型；沃根洙水润，含气峄山灵……”借树喻人，含孟子思想渊源于孔子之意。其书法雅劲圆远，堪称诗书俱佳的珍品。碑高0.32 米，宽0.59 米。原镶嵌在致严堂院南墙外壁，后移入孟府保存。

清·《御制孟子庙碑》：康熙二十六年夏（1687 年），康熙帝亲撰碑

文,勒石赐孟庙。文中,康熙帝赞扬孟子"上承先圣,讵辟放淫以正人心"的功绩。碑首深浮雕四条盘龙缠绕,碑身四周边缘亦有精美纹饰,高3.16米,宽1.42米,置于一巨形赑屃之上。

清·阮元《谒孟庙》:阮元谒孟庙时作。诗云:"霸王代谢百年间,夫子风尘又辙环;若使灵台开晋国,岂能秦石上邹山……"对孟子学说不能实施感慨不已。诗刻于一太湖石上,石通高1.75米,宽0.40—0.70米不等。今存孟府。

莱子侯刻石:又名莱子侯封田戒石,莱子侯赡族戒石,王莽天凤三年(16年)刻。石原在邹县西曹社卧虎山前,清嘉庆年间移入孟庙。现存邹城市博物馆。刻石7行,每行5字,右侧刻有题记。1983年定为国家一级文物。

孟庙碑刻

秦峄山刻石:秦始皇东巡登峄山时所刻,原石已毁,现存刻石系元代至元年间仿刻。碑体为四棱柱形,高1.90米,宽、厚均为0.40米,三面刻始皇诏,一面刻题记。世传碑文小篆由李斯所书,虽经多次摹刻,但"古厚气自存",实为书苑珍宝。原存孟庙,现存邹城市博物馆。

除碑刻外，孟庙中还保存了汉画像石150余块，多为新中国成立后文物部门在邹城境内收集所得。其雕刻技法多变，内容丰富多彩，有历史故事、神话传说，又有弈棋、杂技、宴饮等生活场景，是研究汉代现实社会生活的珍贵资料。

第五节　古树名木

孟庙内古树名木繁多，多种桧柏、侧柏，又有银杏、古槐、紫藤等点缀其间。自北宋创建孟庙以来，代代培植，现有古树名木338株。

据孟氏《三迁志》、《重纂三迁志》记载："庙中古桧有三，二在寝殿前，一在殿后，皆宋宣和三年（1121年）县令朱缶改建庙时所植。"这三株桧树虽历经800多年风雨侵凌，仍然枝干挺拔，苍翠茂盛。

孟林神道古树

孟庙致严堂院中，有一株盘曲遒劲的紫藤，缠绕在一株银杏树上，直插云霄。每年春末夏初，一串串芬芳的紫色小花自孟庙红色的垣墙内探

出，吸引过往行人驻足观赏。

孟庙东墙外，种植柏树45棵。最南端的一株非常奇特，在古柏树干中长出一株古槐，现两树已长为一体，枝叶交错，俗称"柏抱槐"。据考证，这株柏树植于元代，距今已数百年。

在孟庙寝殿西侧焚帛池院西墙上，斜倚一株古槐，树干中空，形成圆洞，入夜，明月从洞中透出，称之为"洞槐望月"。

新中国成立后，随着政府对孟庙的保护、维修，古树名木也得到保护。20世纪80年代，国家文物局拨钢材10吨，用于修建孟庙东墙外古树铁栏杆保护墙，从而有效地杜绝对古树的刻画、攀缘等行为。

孟庙泰山气象门东侧石刻

1995年，邹城市文物管理部门对孟庙亚圣坊院、泰山气象门院内的古树名木筑以竹篱笆墙，并在亚圣坊院竖立了保护牌——"请爱护古树名木"。随后，又将孟庙、孟府内古树名木逐一编号，挂标志牌，采取了有效的保护措施。

第三章　孟母林墓

孟母教子的故事在西汉时就载诸史籍，并广为流传。在孟子故里邹城市，至今仍保留着孟母祠（即断机堂）、庙户营三迁祠、孟庙内孟母殿、凫村故里祠、马鞍山孟母墓（新中国成立后划归曲阜市）等有关孟母的史迹。孟母三迁择邻、断机教子的踪迹在这里尚依稀可寻。孟氏后裔在孟母遗迹所在祭祀孟母。历代维修孟庙、孟府时，有关孟母的遗迹也得到维护。

第一节　孟母林

孟母林，位于邹城北 25 里马鞍山麓，林内埋葬着孟子父母、孟氏后裔，形成一个傍山而建的家族墓地。

孟母逝世后，孟子“自齐葬于鲁”《公孙丑下》，并有鲁臣臧仓“后丧逾前丧”（《梁惠王下》）的指责，孟子弟子充虞“木若以美然”之问。

金贞祐元年（1213 年），孙弼在《邹公坟庙之碑》中写道：“公为齐卿时，丧母而归葬于鲁也，今在邹兴乡马鞍山之麓者是也。”这是有关孟母安葬地点的最早记载。

元代元贞元年（1295 年），邹县尹司居敬拜谒孟母墓，见林中墓旁只有“邹公坟庙之碑”，而于母德缺略。遂请孔、颜、孟三氏子孙教授张颎

撰《孟母墓碑》一文，勒石树丰碑于孟母墓前。文中写道：“其地在邹县北二十五里，马鞍之阳。马鬣其封，隆然冈阜，千六百余年。宜有丰碑记载，而蔑之或闻。岂历世既久遂堙没邪？……孔子再岁而孤，孟子夙丧其父，操心危，虑患深，以达于大圣大贤之域，繄母训是赖，因表诸孟母之墓，使天下之为人母者，知所取则焉。”

元仁宗延祐三年（1316年），追封孟子父为邾国公，母为邾国宣献夫人。

明万历十九年（1591年），孟子59代孙、博士孟彦璞，林庙举事孟承桂等于孟母墓前立大字石碑，题：邾国公邾国宣献夫人墓。

万历二十五年（1597年），邹县令王一桢拜谒孟母墓，见墙垣坍塌、林木被侵伐，乃捐俸置买祭田20亩，设林户5名，看守林墓。万历三十七年（1609年），知县胡继先为置神道地6亩。（清康熙《邹县志》）

清乾隆二年（1737年），追封孟母为“端范宣献夫人”。乾隆九年（1744年），孟子65代孙衍泰于孟母林创建享堂，堂后树巨碑题：启圣邾国公、端范宣献夫人神位。光绪二十九年（1903年），孟子73代孙、博士孟庆棠重修享殿。

新中国成立后，孟母林不断得到保护和维修。

1977年12月，孟母林被山东省革命委员会公布为第一批山东省重点文物保护单位。国家文物局和山东省文物部门多次拨款维修享殿、林门、围墙。1987年，曲阜市文物部门利用国家拨款砌垒了孟母林前围墙，使整个林墓的保护更加完善。20世纪90年代，地方文物部门利用国拨资金维修了孟子故宅。1991年，曲阜市文物管理委员会设置孟母林管理所，以加强保护。2004—2005年，维修了孟母林享殿。

同时，地方文物部门采取多种消防、安防措施，保障孟母林的文物安全。每年春、秋季节都组织工作人员，并协调消防、安防单位人员去孟母林进行防火工作。

据调查，林内现存柏、杨、楷、槐等古树名木一万余株。进入古木参天的林区，穿越新建的林门，沿神道前行不远即为享殿。享殿三楹，四周绕以红色垣墙。孟子父母墓在享堂西侧不远，墓前正中设置石鼎炉、石烛奴、石供案，以供祭祀，又有“邾国公、邾国宣献夫人神位”碑及元代“孟母墓碑”。墓前原有金代孙弼《邹公坟庙之碑》，惜今已不存。

第二节　孟母祠

孟母三迁择邻、断机教子的故事在西汉时就已广泛流传，西汉韩婴《韩诗外传》、刘向《列女传》中对此均有记载。在孟子故里孟母三迁曾经之地，皆有祠宇祭祀孟母；另外在马鞍山孟母林，亦设享堂、祀孟子父母；在孟庙中，又设孟母殿，专门祭祀孟母。

对孟母的祭祀，最早约在唐代。唐玄宗天宝七年(748 年)，“诏历代忠臣义士孝妇烈女，史籍所载，德行弥高者，并令郡县长官随其所在立为祠宇，岁时致祭，孝妇七人，邹孟子母居第五”(《重纂三迁志》)。随后，各地官吏建立了孟母祠。据《三迁志》载，各地多设有孟母祠，“孟母庙在阳谷县东北四十里，世传孟母祀蚕之所”，“明陈公琏曰：桂林属邑有孟母、

孟母墓

泰伯等庙”。

在孟子故里邹县,北宋时始设专祠祭祀孟子父母。宣和三年(1121年),创建城南孟庙时,出资兴建者邑士徐绂,即在正殿之东创建家庙,祀孟子父母。后来徐绂等奏请朝廷:“况传记所载,三迁之教,实系贤母。绂等已自备木材工力,迁建庙宇于宽平显明之地。比旧增修三倍,计屋四十二间,并已功毕。东为堂三间六架,见行塑邹国公父母。”(孟庙刻石《宣和四年八月□日 邹县榜》)从此,在孟庙中设专祠祀孟子父母。

元代元贞元年(1295年),邹县尹司居敬在县城东南隅恢复了孟子故宅,又称断机堂。传说孟母三迁,自墓而市、自市而学宫旁,定居于此,曾在此地教喻孟子,断机以励其学。司居敬后来又在此恢复了子思讲堂,寓孟子故宅与子思讲堂为一处。

至正四年(1344年),邹邑耆儒马亨、李俨、李元彬等,同亚圣52代孙孟惟让,请任城艺人黄国器塑孟母像,冠服拟一品命妇,祀于断机堂。为此,郑质撰《宣献夫人新像记》。在此次维修中,又将断机堂与子思书院、子思祠明确分开,成为一片紧密相连而又互相独立的建筑。

明弘治十年(1497年),孝宗诏修孟庙。此次重修中,在孟庙东侧设孟母殿,又称宣献夫人殿,这是孟庙中专设孟母殿,与孟子父亲分开祭祀的开始。

嘉靖戊申(1548年),孟氏60世举事孟承义等,在城北20里凫村,相传孟子出生地,重修亚圣祖妣祠堂,且绘塑诞圣之祖妣二像于其中,岁岁祭祀。后称之为故里祠。

万历三十七年(1609年),邹县令胡继先在重修子思祠、子思书院的同时,又为孟母断机堂添设东西配房各三楹,并令人看护大门,不称断机堂,称孟母祠。

清代，康熙癸巳（1713 年），孟氏后裔孟衍榛等，在邹县城西庙户营村创设亚圣祠。孟子 70 代孙孟广均在《庙户营添设祭田记》中载：“庙户营在城西六里，旧有圣母邹国端范宣献夫人神祠，谓是三迁曾经之地……”民国初年，又在此祠前树“孟母三迁祠”大字石碑。

乾隆九年（1744 年），孟子 65 代孙、世袭翰林院五经博士孟衍泰，在马鞍山孟母墓侧创建享堂，并树丰碑于堂后，题：启圣邾国公、端范宣献夫人神位。

孟母断机处碑

道光壬辰（1832 年），孟子 70 代孙、世袭翰林院五经博士孟广均，请任城张继周书“孟母断机处”，勒石树碑于邹县城南门外东侧，孟母祠西侧。

在孟母三迁曾经之地，均设有孟母祠，即凫村故里祠、庙户营三迁祠及断机堂；另外，在马鞍山孟母墓，又设享堂祀孟子父母，在孟庙内亦设孟母殿。以上五处祭祀孟母之处，孟氏后裔每年均行祭祀。

新中国成立后，政府十分重视对孟母祠的保护维修。1985 年，庙户营三迁祠被济宁市人民政府公布为济宁市文物保护单位。

2006 年 12 月，被公布为山东省文物保护单位。1994 至 1995 年，邹

城市文物局协调前庙村、后庙村，由村民自筹资金40万元，重新修建了庙户营三迁祠。其中正殿、东配房以及懿德堂、门楼等都在这次工程中得到重新维修或重建。

孟母断机处（又称三迁祠、孟母祠），1945年年底毁于战火，今仅存遗址，1995年被公布为县级文物保护单位。

附：

万章墓、公孙丑墓

万章墓在邹城市西南10里万村。墓地周围植古柏40余株，现存享殿3楹，殿前有神道，殿后为万章墓冢。

公孙丑墓原在邹城市西北10里，现已不存。

万章、公孙丑俱为孟子弟子，在《孟子》七篇中，二人与孟子疑难答问独多，各占据七篇之一。北宋以后，随着对孟子的追封，孟子弟子也得到封赠，并诏入孟庙从祀。宋徽宗政和五年（1115年），封万章博兴伯，公孙丑寿光伯；明代，去掉封爵，只称“先贤万子”、“先贤公孙子”。

据明万历本《孟志》卷四记载：“万章墓在邹县城西南十里地，曰万村；公孙丑墓在县城西北十里，地名南公孙。盖其地即以二贤得名也。”

成化十九年（1483年），邹县令肃宁张泰始立碑墓旁，每岁春秋致祭。

万历十年（1582年），邹县令许守恩复加封树，且自撰文，勒石置墓前。“其称万章曰：孟子诸弟子皆尝少之，固高叟否？彭更齐人，公孙丑至章则应答如响，故七篇之中与章论难殆参半焉，然则章其孟子之独重者与。其称公孙丑曰：天地无言也，圣贤有言矣，然言以见天地之心，乃有功于天地；圣贤无疑也，门弟子有疑矣，然疑以发圣贤之蕴，乃有功于圣贤。余于公孙丑见之矣。夫知言养气，孟子之蕴，统之秘也，然不有以启之，孰从而论之？孔子以门弟子疑问为助我，然则丑也，其助孟子者

欤?”(明万历《孟志》卷四)令人遗憾的是,许公所置万章、公孙丑墓前之碑俱已不存。

清代道光年间,孟子69代裔孙、博士孟继烺至万村瞻仰万章墓,顾念牺牢虽设,栋宇未修,欲加兴修。奈财力所限,无法独任其事,恰附近善士闻风捐输,又将墓旁枯柏两株估价变卖,遂创修享殿三楹。亚圣70代孙孟广均请鱼台马星翼作《新建万子墓前享堂记》,以志其事。

新中国成立后,济宁市政府于1985年公布万章墓为济宁市重点文物保护单位,并立有保护标志。

第四章 孟 府

第一节 建 筑

孟府，亦称“亚圣府”，是孟子嫡裔世袭翰林院五经博士的官衙和住宅。孟府呈长方形，南北纵长 226 米，东西横宽 99 米，共占地约 33.6 亩。前后共有 7 进院落，楼、堂、阁、室 148 间，以主体建筑大堂为界，前为官衙，后为内宅。

孟府大门三楹，门楣正中悬有“亚圣府”三个贴金大字的竖匾一方。二门又称“礼门”，三启门洞，正中门楣上横书“礼门义路”。二门之内为“仪门”，其两边不与垣墙连属，类似遮堂门，全系木质结构，仅有圆柱两根，下有石鼓夹抱，上面承托着彩绘大屋顶，前后缀着倒垂的 4 个木雕花蕾，故又名“垂花门”，在建筑工艺上颇有研究价值。此门平时紧闭，只有孟府举行喜庆大典，皇帝幸临，宣读圣旨和举行重大祭祀仪式时，鸣礼炮 13 响后才开启。在封建社会，只有列土封侯的“邦君”才有资格建造这种仪门，故又称“塞门”。

穿过仪门，便是五楹出厦正厅即孟府大堂。堂前檐下正中悬挂着清雍正皇帝手书“七篇贻矩”堂匾，门两侧廊柱上悬挂有“继往开来私淑千年承燕翼，居仁由义渊源百代仰先烈”隶书金字抱柱楹联。孟府大堂是

孟子嫡裔、世袭翰林院五经博士开读诏旨、举行重要仪式及办理公务的官衙。堂内正中置有木制暖阁，内设公案；暖阁两侧摆列“肃静”、“回避”、伞、扇、旗、锣等各种执事和“世袭翰林院”、“五经博士”等红底贴金的官衔牌。大堂前东西两厢房是管理祀田、庶务、礼生、司书、执事等办公机构。大堂左右还设有鼓乐楼。大堂东侧有一处独立的院落，名为“五代祠”，是孟氏宗族的家祠；西侧有一曲尺形独特建筑，名为“见山堂”，是孟氏后裔接待和宴请宾客之所。

孟府档案

大堂之后是孟府的内宅院，设有一道禁门将内宅与外界相隔，一般人等不得擅自入内。内宅门的外檐坊上镂空雕刻着“鲤鱼跳龙门”、“麒麟送子”、“鹿鹤同春”等各种图案。门两侧倒悬着雕花垂珠，工艺相当精美。内宅第一进院落名为“世恩堂”，是孟氏主鬯人居住的地方，系一座非常典型的中国四合院建筑。正厅明三暗五。院内雕梁画栋，彩绘华丽。院东南有一株古老高大的茶縻花，每当春夏之交，满树洁白，盛开的花朵散发着阵阵清香。另外还有冰糖石榴、核桃、月季、紫荆等花木，将小院点缀得格外幽静典雅。此院之后为“赐书楼”院。赐书楼是孟子后裔存放皇帝钦赐墨宝、书籍和家族档案之所。再后是“缘绿楼”等两处四合院，为孟氏近族的住处。最后是孟府的后花园。

第二节 府务管理

孟府内的管理，以亚圣孟子嫡裔、世袭翰博（奉祀官）为最高主持人，下设秘书处、总务股、会计股、交际股及祀田管理处（民国时期称谓）等。机构完备，制度健全，管理有序。孟子嫡裔、世袭翰林院五经博士的主要职责就是祭祀孟子。亚圣府的主要府务为督理林庙，举行祭祀活动，管理祀田，续修族谱等。

督理林庙：督促林户、庙户和门子看管好东、西孟林和孟庙，防火、防盗、防止人为毁坏，及时进行修缮，是亚圣府日常主要事务。因此，对于林庙的看护管理，亚圣府设有专门机构，林庙设有举事，派有庙役和看守人员，并有一套完善、严密的制度和规则。基本管理内容有两项：一是维护林庙礼制，保护林庙建筑物产。凡有盗窃庙产，损坏建筑，砍伐树木及违犯礼制现象发生，管理人员应立即制止，严重的孟府要追究责任，以确保林庙尊严和设施的完好无损；二是搞好维修、复建。对于局部损坏，小型的维修工程，孟府修葺；重大损坏，即向上级汇报，请求拨款监修。

祀田管理：孟府内设有专门机构和专职人员管理祀田。据民国32年（1943年）7月1日《孟府档案》中“亚圣奉祀官府职员登记表”记载，当时的祀田管理主任为孟子玉。孟府在蔡庄的祀田，由“福禄寿”三字堂经管；在野店，孟府则设有管理祀田和收租的处所。孟府对佃户并不进行直接管理，而是通过户头。户头的主要职责是：承担孟府祭田的分租，负责向佃户催交租粮、钱款等等。孟府有一套较为严格和完备的收租制度。交租时间是每年秋收以后。地分“上地、下地”（《三迁志》中分中地和下地），即肥沃地和贫瘠地。上地交麦子，下地交谷子。野店按下地，蔡庄按上地交租子。另外还分户地和租地。户地交粮，租地纳钱，

这两种地块由户头统一搭配分给佃户。由于祭田是祭祀孟子和孟氏族人主要衣食之源,以此应付日常庞杂的开支,所以孟府对佃租极为重视。《孟府档案》中保存很多的清代中叶至民国年间征收租粮钱款的花名册,而且手续极为完备。如民国31年(1942年)征收庙基园地租金的清单,为三联单式:亚圣奉祀官府通知单、收租存根和纳租收据。亩征租银之数额,随时代和年成不同,也略有变化。《三迁志·卷五》中载:"额设亚圣府例:中地每亩征银一分三厘七毫五丝七忽,米一合六勺一抄九撮八圭二粟八颗。下地每亩征银五厘四毫六忽,米八勺一抄九撮八圭二粟九颗;孟氏例:中地每亩征银二分二厘一毫五丝六忽五微,米一合六勺三抄九撮八圭五粟八颗;下地每亩征银一分一厘五丝六忽五微,米八勺一抄九撮八圭二粟九颗。"并注明"此例已久。至今康熙年间又经山东巡抚佛伦题定,永不易矣"。据野店村民介绍,清末,该处佃户每亩交租谷40市斤,折合当时的旧斗两升半;每亩交8个制钱。

每到交租季节,孟府要派人向户头送"信票"催要租粮。如光绪二十二年(1896年)八月十八日的一张"信票"上写道:"值秋禾登场,例应征收本年米粒。速备干净好谷,依限完纳……不得籍端滋扰。计催:张、刘、邵、党、田、马六户各五石六斗,差刘继福限日缴销。"各户头再催佃户,佃户则大车小辆满载粮食送往孟府。据民国三十三年(1944年)的一份收租存根统计,从7月3日到10月30日即收到小麦51500斤。孟府专门有人收验,不合格或退回,或赔补。粮食合格,即用斗量。孟府差人用刮子刮去尖粮(即高出斗的四边木框的部分)归己所有,这是佃户在应交的租粮中多交的部分。民国年间交租时,实行油印的三联单(催单、收据和存根),以备日后查询。纳钱的方式有两种:一是由户头向佃户敛齐后送交孟府,再是孟府派人催收。

尽管历代宗子不断清查祭田,甚至动员大批人员进行清丈,但孟府祭田查而复失，失而复查，其结果是有减无增，至元明交替，孟府在野店的祭田几乎侵隐殆尽。1945 年 9 月，野店佃户在户头的带领下去孟府交租，在县城南大沙河被中国人民解放军战士劝阻返回，未再交租。同年，该村百余佃户到孟庙参加减租减息群众大会，孟府对其祭田的管理权限也随之消失。

举行祭祀活动：孟子卒后到宋代始有祭祀。以后孟子历代宗子便以奉守林庙为终生事业，所以又称他们为“主鬯”。

第三节　家志族谱

一、家志

专载孟氏家族各种事物、事务的志孟之书为《三迁志》，书名取意为孟母三迁。它和孔氏《阙里志》、颜氏《陋巷志》同类，是一种特殊的志书形式。孟氏《三迁志》始修于明嘉靖，续修于清光绪，前后共编修 6 次，多以“三迁”命名。

明嘉靖《三迁志》：史鹗修，费子增纂，为《三迁志》之始，时在明嘉靖壬子（1552 年）九月，故称为嘉靖本。该本分为五卷。主修者史鹗，为沂州道佥事，苍溪人，尊儒博学。他在一次游历孟庙后，深为孟氏缺典而遗憾，遂立愿纂修孟氏志书，书成，并为之作序。序称：“我朝西涯李公始纂阙里，以志孔世，详矣而未精；侍御曹公再纂陋巷，以志颜世，专矣而未详；孟子亚于孔颜，其历世之迹尤杂于邹县志中，庸非孟门之缺典耶……予为之慨然，乃命教官费子增，遍考群籍，删繁存要，集为全帙，予又重加订正，补其缺，正其讹，使图像、爵田、记赞之故历历可考。”

明万历《孟志》：胡继先修，潘榛、周希孔纂。山东巡抚黄克缵（晋江人）和上述三人分别为之作序。时在明万历辛亥（1611 年）春，故称万历

本。胡继先为邹县知县，较有政绩，他是在主修四卷本《邹志》付梓的当年主修《孟志》的。潘榛，邹县人氏，曾任山西副使，晚年乡居时参修该志。周希孔为孝廉。该本共分五卷二十一目。黄克缵在序中写道："孟子有志也，仿阙里志而为之也，夫阙里盛矣，不可以复加矣。为孟志者何？继孔也。继孔必以志乎？曰：继之者于志可征也。始作者谁？兖东观察史君也。继之者谁？今邹令胡继先也。搜讨载籍以共成其书者，乡先生潘君、孝廉周生也。"

明崇祯《三迁志》：吕元善、吕兆祥、吕逢时修纂。吕元善，字季可，号冠洋，海盐人，天启年间官山东布政司都事。元善初纂，书未竟而身亡。其子兆祥、其孙逢时续修成书，并恢复原名《三迁志》。山东学政贺万祚（海盐人）、吕俊（巨源）、李日华、孔胤植、吴麟瑞、虞廷陛等分别为之作序。该本约始修于天启五年（1625 年），付梓于崇祯元年（1628 年），历时 4 年，共二十一类目。贺万祚在序中写道："《三迁志》，志孟氏也。志孟氏而曰三迁。以孟氏学，实基始于斯得蒙养之正，为万世规也，然上下千古由母训而为圣贤，唯孟氏母子耶……余谓苍溪史氏之志三迁，适创于嘉靖壬子，意图可默会也。乃后虽重修，改曰《孟志》，意便索然……爰为倾橐订镌厥志，仍复三迁之旧……则吕氏之于孟门更一功臣也。"

清雍正《三迁志》：该志为明崇祯本的增纂本，由王特选增纂，孔传商校订，仲蕴锦删阅，另由世袭翰博孟尚桂鉴定，孟衍泰重校等，邹县知县于斐为之序。成书沿用《三迁志》原名。该本于清康熙六十年（1721 年）始增修，至雍正元年（1723 年）编就付梓，称之为雍正本。该志分为十二卷，兹录卷目如下：

卷一：灵毓　像图

卷二：祖德　母教　师授

卷三:年表

卷四:佚文　赞注　崇习

卷五:爵享　弟子　礼仪　恩赍

卷六:宗系

卷七:闻达　列女附

卷八:庙记　奏疏附

卷九:墓记

卷十:祭谒　志铭传题附

卷十一:题咏

卷十二:古迹　杂志

清道光《重纂三迁志稿》:孟广均修,马星翼纂,时在清道光十五年(1835年),故称道光本。该本未付刻,卷情不详。

清光绪《重纂三迁志》:该本原纂为孟广均,由陈锦、孙葆田重纂,书成仍名为《重纂三迁志》。该本编定于光绪五年(1879年),付印于光绪十三年(1887年),由山东书局刊行,故称光绪重纂本。该志共分为十卷,兹录卷目如下:

卷首:御制文　圣像　诸图

卷一:世系　年表

卷二:事实

卷三:经义

卷四:祀典

卷五:从祀

卷六:艺文一

卷七:艺文二

卷八:艺文三

卷九:艺文四

卷十:杂志

为该本作序的,有张曜、陈锦、孙葆田。据考,光绪重纂本为最后一部三迁志,从某种意义上说,该本也是对历史上的各版本三迁志内容之综合。该本纂修者之一的陈锦除作序外,另写一按语。按语说:“三迁志五卷,创修于前明嘉靖时沂州道佥事苍溪史氏鹗,盖取《列女传》孟母三迁之义,原序以为孟子作圣之功,由于母氏蒙养之正者是也。万历中,邹县令汉川胡氏继先,以原志疏略,重加纂订,易名《孟志》。嗣是而有吕氏元善之书。元善,字季可,号冠洋,海盐人,天启中官山东布政司都事。国朝《四库提要》谓其因史鹗、胡继先旧本为之订补,未脱稿而殉流寇难,其子兆祥、孙逢时乃续成之。所载孟庙事迹,每卷之中各分三子卷,凡二十一类,每类为四言赞一首,纪载颇详。而体例标目俱未能雅驯,与所著《圣门志》六卷,均仅列史部存目。自此,《孟志》仍复‘三迁’之名。至康熙壬寅,孟子65代孙、博士衍泰,与滕县王特选、济宁仲蕴锦,以吕志漫漶,而国朝尊崇之典及子孙世系、林庙增修亦未登于卷,乃以次辑补为十二卷、二十一门,四库亦仅存其目。今兹重加编纂,则因孟子70代孙、博士孟广均重纂未定之稿而损益之,为卷者十,为目者十有二,不敢谓辞归雅驯,而事增于前,文省于旧,征信阙疑,力反沿讹之习,亦庶几有合乎史家正轨。”光绪重纂本于1887年由山东书局刊行。次年,孙葆田又将志稿带至北京摘编刊行,木刻本,六卷为一册,取名《孟志编略》。今邹城市有此藏书。

《三迁志》为难得的资料性著述,尤其光绪重纂本,对于孟子生平事迹,集清代之前的各类史书之说,多说并存,不枉决断;对于历代封赐、表彰、祭祀等记载尤详,各本也均以较大篇幅记载了诗文赞注。总之,作为孟氏家志的《三迁志》,是研究孟子生平事迹、孟氏家族以及与之相关的各项事物兴衰发展比较全面系统而又较为详细具体的综合性资料书，具有较高的学术和研究价值。

二、族谱

孟氏族众虽然散居全国各地，人数众多，但是从历代行辈，到归属何支、何派、何户，都有次有序，孟氏族众对此也大都比较清楚，究其原因，就在于有一个不断修纂且颇为严细的孟氏族谱。

孟氏编修族谱由来已久，但真正有详细可信的文字记载，是在孟宁之后。孟宁在宋元丰七年(1084)年主持纂修的族谱序言中写道："至四十四代公济，值皇宋景德初，契丹大举入寇，车驾北巡，山东骚乱，乃携妻子避匿东山，藏族谱于屋壁而去……"金大安三年(1211年)，孟子48代孙、邹县令孟润在其所续族谱序言中说："四十五代公宁……拆毁屋壁，乃得家谱……重加编次……"由此可知，宋代以前孟氏即有族谱。修谱的目的，旨在"详世系，辨亲疏，厚伦谊，严冒紊者"。孟子69代嫡孙、世袭翰林院五经博士孟继烺在其道光四年(1842年)主持续修的《孟子世家谱》序中写道："修谱者，皆……奠世系，辨昭穆。上溯祖宗功德之有自，下纪子孙之浸炽而浸昌，故谱者，普也。无论亲疏远近，咸登一谱"，"子姓蕃昌，分之为数十百家，甚至千万家，而由流以溯源，由支以寻本，合之，实不啻一家。"因此，修谱意在"详世代之绵厘，支派之分断"。

随着对孟子的尊崇，孟子嫡裔的加官晋爵，孟氏续修族谱之事，也从年限、序目等方面渐次有了章法。孟氏族谱原则上"六十年一大修，三十年一小修"。即甲子年大修，甲午年小修。元至元元年(1264年)，孟子51代孙孟祇祖续修孟氏族谱，岁在甲子。元泰定年间(1324年)，孟子52代孙孟惟恭将"孟氏宗支图"镌刻于石碑上，藏于孟庙。孟子57代孙孟元于明弘治年间(1488年)，详细考证了孟氏历代世系，又刻石立于

孟庙，亦岁在甲子。万历年间，孟子第60代孙孟承相曾续修族谱。天启壬戌二年（1622年），孟氏族众因避战乱，散寄四方，孟子第62代孙孟闻钲协同族众，共同捐资续修族谱，刊印分发各户，以便日后“认祖归宗”。清康熙五十九年（1720年），孟子第65代孙、世袭翰博孟衍泰广泛征集在战乱中尚存的孟氏族谱，“确征详考，编次成书，颇称完善，分送族众”。此次修谱，“仍循遗谱旧规，合派通叙”。道光四年（1824年），孟子第69代孙、世袭翰博孟继烺继承“先人未竟之志，选族众中通材硕彦，权其财资所入，开馆续编。爰自五十五代有传之支，分派以十一，别户以二十，厘正考订，分叙合辑，亦既精确详明矣”。同治四年（1865年），孟子第70代孙、世袭翰林院五经博士孟广均主持续修《孟子世家谱》。该谱所记孟子后裔，由宗到派，从派到户，都井然有序。由于《孟子世家谱》记载了两千多年间孟子后代繁衍变化情况以及一些重要的历史事件，因此很有参考研究价值。

孟氏族谱纲目及修谱事宜。由于孟氏族谱中规定，在续修新谱之时，要将旧谱缴收入谱馆，新谱告竣后将旧谱销焚，所以清代以前的孟氏族谱已不可见，现在传世的仅道光年间续修的《孟子世家谱》（简称道光谱）和同治年间续修的《孟子世家谱》（简称同治谱）这两种木版刊印本。道光谱由孟继烺作序，并收录了孟宁、孟润、孟衍泰在前几次修谱时所写的旧序。全谱共计六册、十四卷，“世谱分卷之法，特标卷首一册，自新序至嫡裔图等件，而以始祖（孟子）叙至四十四代（公济）为第一卷，自四十五代中兴祖（孟宁）叙至分派分户为第二卷，其次十一派分为十二卷”。其中以第一册内容较多，卷首即包括：新序、旧序、职名、凡例、目录（字数附）、修谱事宜、姓源、捐资数目、支销、领谱数目、世谱考、宗派总论、分派分户图、嫡裔考、嫡裔相承图以及自孟子叙至55代的卷之一和卷之二。第二册至第六册则全是分叙的十一派、二十户的世系。同治谱共计六册、八卷，由孟广均作序，收录了五篇旧序，在内容与编排上和道光谱大致相同。

孟氏每次修谱都有一套严密的组织机构。道光年间修谱时，设立了谱馆，进行了周密的准备。孟继烺向孟氏族众公布了关于修谱的告示，张挂于致严堂，要求族众恪遵祖训，严核假冒，并制定了有关条规，贴于谱馆。修谱职名设有：鉴定、监修、司编、校录、校阅、内收掌、外收掌、司库、供给、督梓、理事、稽察等，共有 41 人组成。鉴定为孟继烺。同治年间修谱时，以孟广均名义制订了若干条例，张榜通知孟氏族众。修谱职名设有鉴定、监修、司编、誊录、校阅、稽察等，共有 16 人组成。鉴定为孟广均。

孟氏族众入谱，要按规定的格式填写花名册。须写明系某户、某人，现年年龄，系孟子多少代孙，还有家乡居住、职业，以及高祖、曾祖、祖父、父亲的名、字、职业、健在或亡故，共有几子。15 岁以上者要列出名字，15 岁以下者，只记在其父名下几子，等等，项目极为严细。因为孟氏后裔在封建社会享有免除赋役等优待，因此为杜绝假冒，对于哪些人不得入谱，也有严格的规定：义子、赘婿及甥承舅嗣、侄奉姑嗣、既娶再醮妇所带之子不许入谱；僧道不许入谱；不孝不悌及曾经犯法并流入下贱厮役之人不许入谱等等。要求各户户头将所管户内之户丁，“汇造清册，开明劣迹，以凭复核”。徙居他乡者，须注明自何代、何人、徙居何地，以备稽查。户头、户举以及族众人等，倘徇私情，以致鱼目混投，宗族知情者应予告发，“治以逆祖之罪”。而且户头、户举还要立字具押，如查出有作弊现象甘受处罚等等。

族谱付梓刻制时，每刻制完一版，要随交内收掌收存。每次印刷均有定额，领谱者也记入谱中。道光谱共印 63 部，其中告庙、宗府存查、家庭族长交代和林庙举事交代谱各 1 部，20 户户头、户举交代谱各 1 部，

谱馆执事人员共领谱39部。领谱人须在其名下加盖戳记。同治谱共印45部。印刷完毕,由督梓监督将版销毁。另外,在修谱开馆之日,要陈牲醴于孟子塑像前,宗子穿礼服率宗族人等,面北而跪,由族长宣读修谱誓词;谱成之日,择吉日黎明前陈告庙谱于孟子塑像前案桌之上,行告祭礼后由族长按名单逐个授谱。还规定在春秋祭扫林墓时,由族长查验族谱,严禁私售和遗失。

建立行辈是续修族谱的一项重要内容。立行辈,是为"分尊卑,定表字,别长幼"。孟氏之行辈,始于明代。从56代孟希文始授翰林院五经博士算起,在此之前为"元、之、浣、思、克"五辈,孟希文立了10辈,为"希、言、公、彦、承、弘(宏)、闻、贞、尚、胤(衍)","弘"(宏)、"胤"(衍)两字,是因为避清高宗弘历讳,改弘为宏;为避清雍正帝胤祯讳,改胤为衍。61代孟弘略,未避讳;到65代孟衍泰,即已避讳。到明末,立了"兴、毓、传、继、广、昭、宪、庆、繁、祥"10个字的行辈。同治四年(1865年)修谱时,立了"令、德、维、垂、佑、钦、绍、念、显、扬"10个字的行辈。民国初年,立了"建、道、敦、安、定、懋、修、肇、懿、长、裕、文、焕、景、瑞、永、锡、世、绪、昌"20个字的行辈,每一字为一代。从孟子共续至第105代。

第四节　府藏档案

孟府是一座官衙兼私宅的府第,记载各项活动的档案材料比较全面、系统。但是,由于兵燹战火、自然灾害等各种历史原因,致使大量的文字资料被毁弃或流失。但从孟府现存的部分资料中,仍能反映出作为封建贵族府第孟府运转的轨迹及其活动之一斑。

现存孟府档案从时间上划分,为清朝后期与民国期间两个段落。最

早始于乾隆四年(1739年)九月,最晚止于民国36年(1947年)5月。清朝后期的档案约占孟府档案总数的10%至20%,嘉庆、道光、咸丰、同治、光绪各代均有所见,以咸丰、光绪年间居多。民国期间档案占80%以上,以民国31年至33年间的档案最为全面、丰富。

孟府档案项目繁多,主要包括官府政务、经济、祭祀活动等几个方面,其中公事行文、工作记录和各类收支账目等占绝大部分。这些档案大体可划分为以下六种:一是函件。包括孟府与各级、各地政府间的移文、复照咨会,孟府向上级官府及孟府所属机构、属员向孟府的呈请、禀状,孟府催交地租银粮筹办祭祀活动的谕单、信票、通知、布告和孟府翰博(奉祀官)的指令、训令、批令以及部分家信等。二是政务活动记录。如工作日志、收发文簿、颁发职员身份证章证书底簿、用印号簿及府务会议、族务会议、族长就职典礼等会议记录。三是地亩租项清册。主要有地亩清册,庙宅基园地底册,官庄佃户租金、籽粒清册,大宗各户粮银清册等;四是收支账目。包括官庄籽粒登场账、收存账、租银、籽粒呈送账及孟府开支流水账、日记账、零用开支账、亲族各院口粮账,还有节日、婚、丧、祭祀礼仪和各类府财清理账等;五是登记表格。如孟府职官表、差役一览表、亲族户籍表、差役户籍表及孟氏亲族二十户表等;六是其他。如孟庙修缮工作计划、包工合同、工程支出计算书以及孟府存藏的孔道会章程、邹县县署布告、邹县临时参议会第一次大会宣言和清朝咸丰、光绪年间的部分京报原本和手抄件等等。

孟府档案内容,主要包括对族人、职员、差役、祀田、林庙的管理和举行祭祀活动的记载。有些记载还相当详尽。

下列孟府部分档案目录,可见一斑。

清乾隆四年九月,移交滕县知县,就近差拿抗不供孟府差役田国顺。

嘉庆二十二年三月,蔡庄续制地亩清册,内载坡地共计一顷三十四

亩二分六厘七毫，宅园场十九亩九分六厘八毫八丝五忽。

道光十二年四月，福字号蔡庄地亩清册，内载蔡庄土地十二段，计一百三十亩七分六厘五毫八丝五忽（残缺）。

道光十二年四月，寿字号蔡庄地亩清册，地名、形状、边邻、积步、成亩详细记载，计宅场园地二顷十亩七分九毫九丝三忽。

咸丰五年十月二十五日，新泰县族人孟毓祥受邻人殴辱，禀呈宗宪大人公处。

咸丰十年六月初六日，移文曹州府单县知县，回复亚圣府拟将孟继庠派充林庙执事。

同治十三年元旦，本署文件用印号簿，自同治十三年正月初三日至十四年正月初四日，行文一百零一号，用印四百十五颗。

光绪二年六月，禀，山头村孟继彬不遵宗规，屡次犯林。帮役禀明家长，立即严惩。

光绪六年六月，办理二支世怡堂睦记表仪簿，计收直隶州、济宁、南阳、滕县、峄县等地亲朋礼仪单149封。

光绪六年九月，滕县租项清册，斗城、薄家岗、辛家、二十里铺等处共租地八顷七十一亩，租银五十七两六钱二分七厘一毫。

光绪八年八月，征收野店祀田官庄土地籽粒谷花名总册，开列张户、刘户、邵户、田户、马户、党户，计租粮三十六石六斗。

光绪二十二年八月十日，信票，差刘继福赴野店官庄催办祀田籽粒。

光绪二十八年十一月四日，会票，差武振清、党兴臣赴宽甸县投送公文，照会途中关卡验票放行。

民国二十二年一月，呈，清丈城南府第完竣，将地图一张及清册一本，送府存卷备查。

民国二十三年七月，秘书处日志，记载孟府七月至十月内务外事活动。

民国二十八年二月十四日，发文簿，内有二十八年二月十四日至三十九年九月三日孟府与族长、县公署、警备队、新民会等往来公文。

民国二十九年九月，包工合同，包括复修孟庙款项及开支、竣工时间等。

民国二十九年，呈文，奉祀官孟庆棠向山东省省长唐仰杜报告孟庙损坏情况。

民国三十一年五月，指令，奉祀官孟繁骥照准孟毓宸辞去族长职务，由孟传纲代理。

民国三十一年五月十九日，会议记录，孟府第一次府务会议，研究如何振刷精神、努力建设新的孟府。

民国三十一年三月，流水账，记录三月二十八日至九月十八日孟府消耗、购置、应酬、祭祀等项开支。

民国三十一年五月二十九日，邹县县署布告，保护亚圣庙先贤古迹及庙产祀田。

民国三十二年七月，亚圣奉祀官府职员考勤表，共七表，三十一天，每天两次考勤。出勤人加盖私章，缺勤者注明公出、请假等原因。

民国三十二年九月七日，孟氏小学开学典礼仪式：有学校管理主任报告，奉祀官训示，孟氏族长致词，林庙举事致词等。

民国三十三年，秘书处年度工作事项简要报告：分为保持文件、宣传圣学、整理府风等工作三项。

亚圣奉祀官训令：提升总务股员王东升充升总务主任。

孟庆棠手谕：亚圣73代奉祀官因年老体衰，弗克奔走庙庭，兹令长子繁骥担任奉祀官职务。

祭祀筹备会议记录：孟繁骥任奉祀官期间的一次仲秋上丁祭祀孟子的筹备会议。（以上三条未著年月）

第六篇　遗迹　遗存

《史记·孟子荀卿列传》称"孟轲,邹人也",却不详其里居;"受业子思之门人",也不详授受之地。千年之后,孔道辅在邹东四基山找到了孟子坟墓。此后,学术界对孟子生卒时地作了许多考证。随着孟子在人民心目中影响的日益深刻广泛,后人相应的在这些地方修起了许多有纪念意义的建筑。这些建筑一旦建成,随着时间的推移,或成或毁,也便成了遗迹。如王粲诗中说的:"先民遗迹,来世之矩。"据此,就三迁遗址、子思书院及游事诸侯居停之地三方面,作"遗迹、遗存"篇。

第一章　孟母三迁遗址

第一节　近墓之舍

西汉刘向《列女传·邹孟轲母》篇记载，孟母“其舍近墓”，后来迁移“舍市旁”，“复徙舍学宫之旁”。是知近墓之舍，是孟母故宅，亦即孟子诞生之地。

历代各种孟氏家志，都记载着：“孟子故宅在马鞍山之西，孟子所生地，今名傅村。”金代孙弼《谒祠记》说：“今鲁国邹兴乡邹儒里，即其地也。”又说：“公为齐卿时，将丧母而归葬于鲁也。今在邹兴乡马鞍山之麓者是也。”明嘉靖三十年（公元1551年）编纂的孟氏《三迁志》所载《马鞍山孟父母墓图》即定该处为“孟门”。其孟父母墓之西面山下有孟父母庙，不详其始建年代。

明嘉靖四十一年（1562年），孟氏第60代后裔，孟族举事承义等，于故宅重修孟子父母祠堂。曲阜李玉的记文说：“鄹之北二十里，嵚崟硉矹，厓義蜿蜒者，九龙山也。山之西北有村名邹兴乡者，初不详其名之所自。始考之旧志，是为吾亚圣夫子孕粹钟英之故址也。其鸡犬相闻，茅茨连桶。屈指不满百室，询之姓氏，则一孟之外无他族焉。盖自三迁之后，世溯本源，不忍仳离其桑梓。亦胡马北风越鸟南枝之真性云耳。”这

是目前所见把傅村(今常作“凫村”,一作“富村”)定为孟子诞生地的最早记载。

清康熙末,邹县知县娄一均《蠲免富村杂徭记》说:“余读四子书,至孟子历叙尧舜禹汤文武周公孔子之统,而终之以自任。言近圣人之居,若此其甚。因思孔子生鲁昌平乡。而孟子邹人,未解所生之地,逮余来宰邹邑,至邹之北境,见有居民稠密,山川环抱之区。为之停骖而采风焉。父老告余曰:此亚圣孟子诞生处也……”这是碑石上再次予以确认。既经确认,于是“爰令一切摊派杂项,概行豁除,以示优宠……后之莅斯土者,谅与余有同志也”。

此处现为曲阜市小雪镇辖区,历史上曾长期隶属邹县。这里有孟子故里坊、孟子故宅等遗迹。

孟母三迁祠

故里祠自1562年重建后,至清道光三年(1823年),阜阳孟毓松增置故里祠祭田。有69代翰博孟继烺记文;道光五年(1825年)林庙举事孟毓官重修,有孝廉方正孟传忠记文;同治十二年(1873年)县令耿天九及71代翰博孟昭铨重修,有孟昭铨的记文。以上修葺经过《重纂三迁志》有记载。碑石现皆无存。唯余残碑一座,是《重修后影堂碑记》,时当“道光元年辛巳季夏”(1821年)为67代孟毓珊、孟毓祥立石，孟传忠撰文。但这次修葺，《重纂三迁志》失载。

今孟子故里祠，于1982年由曲阜市文物局主持重修。有一门、一殿。殿三楹，中间有孟子父母像。右侧配孟子像，西向；左侧孟氏中兴祖孟宁像，东向。东侧有一跨院，北屋、东屋各三楹，原为孟氏故里户家庙，现作展览室用。祠外路南有池塘一亩许，便是孟母池了。故里祠有专人看守与管理，隶属曲阜市文物局孟母林管理所。

第二节　市旁之居

据70代翰博孟广均《庙户营添设祭田碑记》记载："庙户营在城西六里，旧有圣母邾国端范宣献夫人神祠，谓是三迁曾经之地。"按孟母三迁，由故里近墓之舍，至学宫之旁，中经市旁之舍。故知此地应为孟母二迁之处。神祠称"孟母三迁祠"，创建于清康熙五十二年（1713年），是孟氏二十户中的城西户后裔筹资兴建的，有专设的祭田以供祭祀。庙制正殿三楹及东西两配房，殿后厨房等附属建筑具备。其间屡经倾圮，屡次修建。至"文化大革命"后仍余正殿三间，作了供销社的库房，殿前作为供销社门市部。其原有《创建亚圣祠碑记》及《庙户营添设祭田碑记》两块石碑，嵌大殿东西两壁间。《孟母三迁祠》石碑，移入孟庙康熙碑亭东侧。

邹城市文物部门自1992年开始筹划，主要由庙户营附近几个村筹集资金，至1994年9月动工对该祠进行重修。外面绕以围墙，建祠门一座。将上述移入孟庙的《孟母三迁祠》石碑复制，重新竖立在门外东侧。殿前树前述康熙年间创建碑，及民国29年孟昭诩立石、孟庆辉书写的重修碑记。殿仍三楹，中塑孟子父母像，孟子像配享，殿西新建"孟母懿德堂"一座，陈列孟母三迁故事的塑像。1996年元月落成。于堂门外树

《重修孟母祠记及题名碑》,并设专人对此祠进行看守。

第三节　学宫之旁

历代孟氏家志都记载:“孟子故宅在县南门外,东约数十步。世传三徙学宫傍也。即今曝书台下。”又记:“曝书台不详所自。元元贞年间司居敬始表之。高二丈,方三丈,今在断机堂东。元代张颏在《创建子思书院之记碑》中说:驺人相传孟子故宅在县东南隅。其邑前临因利沟,南揖文贤冈。泗川掩抱,好事者筑曝书台其间,则昔日故有庐舍。又县治东隙地,今为淫祠者,旧名子思讲堂,谓孟子传道于此。按孟母三徙,自墓而市,自市而学宫旁。此地母所徙耶?孟子他日归邪?受学故当在鲁,岂子思子时至邹耶?历世滋久,文字不完,传信传疑,人心所向何如耳。”比较客观地认定了传说中的孟子故宅及附近的子思讲堂故地。此故地就是“徙舍学宫之旁”并最后定居下来的地方。

在传说中的故宅遗址上建祠,始于元成宗元贞元年(1295 年)。初建一室于曝书台下,名曰“断机”。与同时兴建的子思书院相通,没有塑像。

40 余年之后,断机堂已经圮坏。元顺帝时重修,有奎章阁学士李泂记文。

元顺帝至正五年(1345 年),里人马亨、李元彬、李俨,及孟氏族长孟惟让等在室中塑像,按一品礼制冠服,另辟门宇与子思祠隔开,自为一祠。有郑质记文。

明英宗正统四年(1439 年),县令房嵒重修,有教授裴侃记文。

明英宗天顺五年(1461 年),县丞宋融重修,有大学士许彬记文。

明世宗嘉靖四十一年(1562 年),县令章时鸾修。

明神宗万历十年(1582 年),县令许守恩重修。又添配房东西各三楹,置人看守大门,把“断机堂”改名为孟母祠,东与子思书院并列。

明熹宗天启二年(1622 年),毁于兵火。至天启五年(1625 年)兖州知府孙朝肃重修。

清圣祖康熙七年(1668 年),地震受损。至二十五年(1686 年)朝廷发帑金,遣内务府广储司员外郎皂保、工部都水司员外郎卞永式督理重修。

清圣祖康熙五十二年(1713 年),知县娄一均重修曝书台。娄一均自为文以记。

清世宗雍正十年(1732 年),65 代翰博孟衍泰重修。衍泰自为文以记。

清宣宗道光十三年(1833 年),70 代翰博孟广均重修。广均自为文以记。

清宣宗道光十五年(1835 年),县令孙士清重修,并增设祭品。有碑记。

清宣宗道光十六年(1836 年),河道总督栗毓美捐金重修孟母三迁祠、断机堂,并在街道左侧建三迁坊。有汪喜孙记文。

清穆宗同治十二年(1873 年),山东巡抚丁宝桢委派道员陈锦重修断机堂。以上建筑历经修葺,存在了 650 多年,为专祀孟子父母的场所。该祠毁前面貌,现代已少有人知。据《孟子家世》一书转引 20 世纪 30 年代日本人马场春吉氏《孔子圣迹志·附颜、孟其他邹鲁遗迹》一书记载,三迁祠位于邹县南关外。崇教门(邹县南门)外有沙河,名因利渠,渠上架桥名因利桥。桥北顺渠东行,跨路有砖木结构牌坊一座,额书“三迁故址”四字,为道光丙申(1836 年)仲冬栗毓美题。过牌坊东行,路南濒因利渠有“亚圣孟子洗砚处”石碑。款署:“武英殿校录、议叙州同、乙未

恩科举人、乙酉拔贡许浣敬书；敕授征仕郎、翰林院五经博士、戊子科举人、乙酉科拔贡、70代主鬯孙广均立石。”碑对过路北面南有门三楹，额“三迁祠”三字。门外东侧壁上嵌“孟母断机处”五字刻石。北面路东有汪喜孙撰文记述1836年栗毓美捐俸重修三迁祠、断机堂经过的石碑。院北正殿三间，题“断机堂”三字，堂内中央龛奉“邹国端范宣献夫人之神主”，东壁面西设一龛，奉亚圣孟子神位。堂内有嵌壁诗刻石。檐下有明朝石碑一幢，当时已不完整。堂前东南有台约一丈见方，台上有亭，名“曝书亭”。台下南侧有碑亭。康熙三十一年重修曝书台，雍正十年重修断机堂之碑，均竖立于此，当时东西配房已经圮坏无存。

1945年，三迁祠被战火摧毁，未再修复。

第二章　孟子周游列国遗迹

第一节　游梁遗迹

孟子在梁历事惠王、襄王两代，后人为了纪念他，在当时梁国都城大梁（今河南省开封市）建立了孟子游梁祠。

孟子游梁祠，始建于宋代，地点在东京里城西南，即今开封市包公湖一带。祠堂的两侧建有两座牌坊，左坊称“居仁”，右坊称“由义”。至明代，河南巡抚方大美认为，为教化百姓提倡仁义，游梁祠“规制故隘”，捐资三百余金，“撤而新之”。新建的游梁祠，“中为殿六楹，祀孟夫子”；“以万章、公孙丑诸弟子配。前为门，题曰‘仁义’之门，又前为门曰‘游梁祠’，仍其旧也。殿之北建讲堂六楹，匾曰‘性善’。其东西各列号舍十八间以定诸生”。使游梁祠具有相当规模，达到了“崇贤有仪”、“敬业有所”的目的。事载顺治本《祥符县志》中所载的方大美《游梁祠记》。

明崇祯十五年（1642 年），祠被黄水淹没。

清顺治十二年（1655 年），开封知府朱之瑶将被黄水冲没的游梁祠迁建在新府学明伦堂之后。康熙二十八年（1689 年），河南巡抚阎兴邦又“叹旧址之隘，专择善地增其式廓”，在开封府文庙北，贡院东（即今开封市第一师范以北龙亭以东处）重新修建了游梁祠。“捐资庀材重建大

殿若干楹,廊庑若干楹","中祀孟子"。(据68代衍圣公孔毓圻《重建游梁书院记》,载《开封府志》)并且"置奉祀生一人",以孟氏后裔充任,作为游梁祠的看护和管理人。(据光绪本《祥符县志》)至今守祠人已传至73代孟庆成。

康熙三十二年(1693年),奉到康熙御书匾额"昌明仁义",悬在正殿中。

乾隆四年(1739年),又在游梁祠增修正殿五楹,东西庑各五楹,以及房舍、门宇、坊表墙垣等附属建筑。乾隆三十四年(1769年)又重修,使得游梁祠"一新堂庑"。

道光二十一年(1841年),黄河围开封,游梁祠又遭毁废。后又经过重建。直到"文化大革命",大殿及主要建筑被最后拆除。

从现存游梁祠的旧照片来看,正殿面阔五间,为一硬山式建筑,青砖灰瓦,正脊设高浮雕的脊饰件,两端置大兽吻,重脊端置有五只瑞兽。大殿前建有面阔三间的卷棚,也置有瑞兽。卷棚两端各建一牌楼。

游梁祠不仅是祭祀孟子的地方,早在宋代建祠之初,就在临近建有游梁书院,作教授生徒的场所。明代曾加修葺。黄水淹没后,清初朱之瑶移建明伦堂后时,就名为"游梁书院"。"有室有庖有厢有湢……使诸生以时讲习其中。"康熙二十八年(1689年),巡抚阎兴邦移建游梁祠的同时,也重新移建了游梁书院。1841年被黄水冲废后,到同治十三年(1874年)巡抚于鼎在祠的东邻又予重建。光绪二十八年(1902年)还在书院中设立知新学堂,到民国3年(1914年)才因经费问题停办。据游梁祠守祠人、现住游梁祠东街2号院的孟庆成介绍,清时的游梁书院,是专门藏书办学的地方。民国年间改办县立师范,1949年前还有简易师范,至"文化大革命"前,祠、院已连成一片,后同时被毁。

孟子游梁祠的原址,在今开封市游梁祠东街与游梁祠西街之间,大部分被开封市鼓楼钢窗厂占用。房子被改建。

原悬于游梁祠正殿的康熙御笔匾额“昌明仁义”，于1984年在开封市第一师范学校里面的原开封府学宫后殿残墙上发现了其石刻。横长3.05米，上有“康熙御笔”印玺。是在康熙三十二年(1693年)书写后颁到河南，勒石于学宫的，是不可多得的文物珍品。

1984年文物普查中，在钢窗厂内还发现两块石碑。一块为《游梁书院记》，康熙二十八年(1689年)立。碑头为半圆形，碑厚0.25米，宽1.14米，周围绕以龙纹。另一块为《重修游梁祠碑记》，清嘉庆五年(1800年)立。碑额雕有二龙戏珠，额有篆书“流芳百世”字样，额头高0.74米，厚0.17米，残高0.73米，碑四周绕以云纹。字迹脱落，大多已不能辨认。1986年初，开封市文物管理委员会办公室在钢窗厂内原游梁祠旧址上将二碑竖起，并建了一座高4.8米，厚0.71米的碑楼加以保护，周围围以铁栏。以上二碑于1992年4月1日被开封市定为重点文物保护单位。

第二节　游齐遗迹

孟子在齐国(今淄博市临淄区)的居留，虽有争论，但时间较在他国最长，是没有争议的。据《孟子》书中提到的齐国地名，如《梁惠王下》记:“齐宣王见孟子于雪宫”，《告子上》记孟子曾说过“牛山之木尝美矣”云云，《公孙丑下》记“孟子去齐，宿于昼”等。还有稷下学宫。《孟子》书中虽未明确记载孟子曾居稷下，但近今论者还是认为孟子是最早的一批稷下先生。从《告子下》篇所记与淳于髡的论辩，以及《公孙丑下》篇中载齐王“欲中国而授孟子室，养弟子以万钟”等处看，不为无据。因此，稷下学宫也当是孟子游齐遗迹之一。还有传说中孟子迎养孟母到

齐时所经之地,后人名该处村庄名“饥行”村。还传说孟子在齐时曾与弟子们住在临淄南境的公泉峪,因而后人在该处建亚圣祠。以上这些地方,现在都考证到了它们的遗址所在,有些并且成为名胜和旅游景点。现分别简述如下:

雪宫台

相传雪宫是战国时期齐王修建的离宫别馆,因为由此处循水路可直达齐国古城的东北门雪门而得名。据考,初建于公元前600年至公元前585年。《晏子春秋》有“齐侯见晏子于雪宫”的记载。齐宣王时曾扩建。《孟子》书中齐宣王所说“寡人之囿,方四十里,民犹以为大”的地方,即指此处。

雪宫台遗址在临淄区皇城乡曹村庄东,长50米,宽30米,高40米,是山东省级重点文物保护单位。现在台上丛生灌木,可有效地保持水土免致冲刷。四周培植了百亩果园,环境清幽。

在雪宫台遗址以北数里处,有临淄区皇城乡自筹资金500万元新建的雪宫台,数十级台阶之上建高阁五楹,额“雪宫”二字,高大轩敞。后面还有已砌的殿、庑基础,有待下一步建筑。台下层是现代化的游乐设施,周围是花圃。

牛　山

牛山位于齐城南16华里处,南通稷山,连鲁中丘陵,东、北两面俯瞰广袤千里的鲁北平原。西北邻天齐渊,海拔174米,左右有淄河、女水萦绕。山脚下温泉流出,山明水秀。清代曾列入临淄八景之一。

牛山北麓有辅佐齐桓公称霸的名相管仲之墓,东麓有田齐威王、宣王、湣王、襄王四墓,远处有姜齐桓公、景公墓。山的西南有汉代曾向汉武帝请长缨要缚南越王而致之阙下的弱冠英雄终军之墓。北面有“景公流涕处”石碑，是《晏子春秋》记载晏子与齐景公及其佞幸艾孔、梁丘据等游牛山，景公流泪，艾、梁等陪哭，遭到晏子讥笑的地方。

孟子当时看到并且说过牛山之木遭到人为破坏，“是以若彼濯濯也”。后人加强了对牛山的保护。明、清两代有几任知县还亲自与百姓在这里植树造林。到清代还从山腰到山顶建起了多栋庙宇以及台阁楼榭等建筑，成为一著名景点——“牛山春雨”。每年农历三月三日和九月九日，各有六天庙会，招徕邻境青州、广饶、淄川等许多地方客商来此酬神、交易。后因兵燹匪乱，山上所有建筑、石刻均遭破坏。如今仅残留雕龙柱一件，圈龙式莲花座一件，柱基石一件，支石四件，上刻花卉及钓鱼图，不知为何时物。另有民国13年石碑一方，高1.7米，宽0.63米，正面刻阳文篆书“玉精明化”四字。现已将这些石刻加以保护。

昼邑

孟子“三宿出昼”之地，赵岐《孟子》注云：“齐西南近邑也。”焦循《正义》说：“周密《齐东野语》云：‘高邮黄彦利谓：孟子去齐宿画，读如昼夜之昼，非也。’《史记·田单传》画邑注云：齐西南近邑，音获，故孟子三宿而出，时人以为濡滞也，毛氏奇龄《经问》云：齐国有画邑，然焉知无昼邑。赵岐云：昼，齐西南近邑，是明有昼邑矣。且赵岐注孟子正在齐郡。其地有昼邑城，在临淄县西南，相传孟子出宿处，故凿然注此。此真身历其地，见之真，故言之确者。故画邑在临淄西北三十里，即戟里城。战国燕破齐时将封王蠋以万家，即此地是。燕从西北至齐，当是画邑；孟子从西南至滕，当是昼邑，一南一北，字形虽相蒙，地势无可混也。”杨伯峻《孟子译注》也持此说。

但是，据《孟子家世》转引《括地志》载：“戟里城在临淄西北三十里，

春秋时为棘邑,又云画邑,蠋所居此也。”又引民国9年《临淄县志》说:“田和篡齐后,改棘邑为昼。”据考,其地在临淄区路山乡田旺村与朱台镇桐林村之间,这里在龙山文化遗址之上,现存一片春秋战国时期的古城遗址,该处正当浉水汇入淄水的地方,渡口位居要冲,为齐国西向之门户。孟子离齐也必须途经此地。而且临淄西南三十里附近也无类似的遗址,因此断为此处。即是昼邑故址。

稷下学宫

《史记·田敬仲完世家》:“宣王喜文学游说之士,自如驺衍、淳于髡、田骈、接予、慎到、环渊之徒七十六人,皆赐列第为上大夫,不治而议论。是以齐稷下学士复盛,且数百千人。”裴骃《集解》引刘向《别录》云:“齐有稷门,城门也。谈说之士期会于稷下也。”又司马贞《史记索隐》:“《齐地记》曰:‘齐城西门侧系水左右,有讲堂址往往存焉。盖因侧系水,故曰稷门。古侧、稷音相近尔。’又虞喜曰:‘齐有稷山,立馆其下,以待游士。’亦异说也。《春秋传》曰:‘莒子如齐,盟于稷门’是也。”

稷下学宫遗址经近年考察和勘探,认为它的主要活动中心应在齐国故城西北的稷门,今齐都镇邵家圈村一带,并沿系水(又名渑水今称泥河)左右,从故城以西向南延伸,直到故城西南申门。

仉行村

仉行村是临淄城南淄河西岸的一个村庄。传说孟子迎养其母到齐,曾经其处。后人因纪念孟母仉氏,遂称此村名。村头有村名碑,大书“仉行村”三字。

公泉峪亚圣祠

淄博市临淄区南仇镇西约五华里,沿蜂子山西麓北上入公泉路,西侧有一深沟。沟西一带,南、西、北三面群山环抱,形成一个盆地,面积约一平方公里。东面一沟之隔,以蜂子山为屏障,形势闭塞。这地方就是公泉峪。西山麓有白龙庙,依山建筑,面南。庙南有“公泉”,即此地命名的由来。庙右上200米处有白龙洞,洞口右侧刻“宋元丰四年”字样,白龙庙前有书院。据明嘉靖《青州府志·学校志》记载:“白龙洞书院,在公泉峪,郡人曹凯读书处。”书院内现遗有石碑一幢,现已断为两截。下半截砌于白龙庙院墙内,上半截横卧白龙庙前。该碑统长1.4米,宽0.7米,厚0.18米。正面碑额横刻“公泉书院”四字,双钩勒刻,字径约15厘米。碑文记述书院兴建沿革,但年远无法辨认。另从白龙庙前残存的宋雍熙三年(986年),明弘治九年(1496年),明嘉靖三十四年(1555年),清光绪三十四年(1908年)等重修白龙庙石碑的残缺片断,可知该书院当兴建于宋代,并且早于白龙庙。

白龙庙与公泉书院东侧崖下,有亚圣祠三间,南向。纯青石拱式结构,长6.4米,宽5米,高4.6米。在后壁突出殿内的自然巨石上刻有台龛。原有像设,不知何时毁弃。当地人在台龛上塑曹凯像,右侧塑孟子像,均为南向,左侧尚空一位。庙内香火不绝。传说孟子居齐时,曾与群弟子来此,后人因而建祠纪念。按:祠中供奉的曹凯,据明嘉靖《青州府志·人物志》记载:“曹凯,字宗元,正统间进士,授给事中,闻英宗北狩,率言官于阙门,执嬖幸锦衣指挥王山等踢杀之。”晚年致仕,曾在此读书。

第三节　游滕遗迹

故滕城在今滕州市西七公里处,地名“滕城”。属姜屯镇辖境内。滕文公馆待孟子的“上宫”,及“滕文公台”都在此处。

古城址东部,尚可见一段城垣,由城垣可推知当时故城周长约2公

里。上宫遗址东靠荆河,遗址依稀可见。半壁悬崖,高台危岸,树木丛生。

滕文公台,据万历及康熙《滕县志》分别记载:“灵台在滕城东北隅,台下为灵沼,滕文公效文王筑之者。”“文公古台在西滕城内。旧志载滕文公效文王为台,台即此。今为元帝庙,树木葱郁,夏可忘暑。”

文公台遗址在上宫以西数百米。1977 年 12 月 3 日,树立文物保护单位标志牌。1991 年开始重修,1992 年落成,有马苓运撰文、袁少松书丹的 1992 年《重修文公台记》。重修的文公台,有两段 36 级台阶,台上有五楹两层高阁,下层中间龛内有滕文公向孟子问政的泥塑,情态如生,上层为“滕国史迹展”。高阁两侧东西庑各六楹。两庑前接两座抱角亭,庑壁砌石刻多块,台下有唐槐二株。

台东仍保留部分道庙,有文昌阁、吕祖阁等建筑。文昌阁以东为碑林。著名碑刻有宋黄庭坚书《宋太祖圣谕戒石碑》,宋苏轼五古诗碑《滕县时同年西园》,还有从染山移来的后唐长兴年间《重修伏羲庙碑》,及复制“文化大革命”中毁掉的李家店村《生公墓碑》,该碑为民国年间著名书法家华世奎书。

另外,《孟子·公孙丑下》载:“孟子去齐,居休。”休城在滕县西 25 里处,遗迹今已不存。

另据雍正本《三迁志》载:“上宫在滕县城外东南隅,文公馆孟子于此。”光绪本《重纂三迁志》于此条下又记:“旧有书院,不详何时所建。国朝乾隆时,博士孟衍泰,道光时济宁州州同丁宗洛均有重修书院记。”

据此,“上宫”有两种说法。

旧时滕县还有性善书院。雍正本《三迁志》及《重纂三迁志》均记:“性善书院在滕县儒学之左,元时创建,列于学宫。内有存心堂。”志书以下全文转录元天历三年庚午(1330 年)学士虞集《性善书院记》和元至正十一年辛卯(1351 年)刘逢源《存心堂记》。虞集记称:“延祐元年,监察御史任居敬言于朝曰：‘昔滕文公尝闻性善之说于孟子，宜表义塾曰性善书院。’”刘逢源记称：“窃闻孟子告滕文公，教诲之道多矣。台臣献言惟以性善名其书院。”又说：“七篇之中，无非欲人存心也。以‘性善’而名书院者，固为知要；以‘存心’而名斯者，尤为肯綮之旨。”也是因纪念孟子而命名。

第四节 其他遗迹

据孟氏家志记载，当时孟子足迹所到之处，各地所建有关孟子的纪念物还有很多。兹据旧志所载者条列于下。

明万历《孟志》及天启本《三迁志》都记载：

“孟子庙，一在茌平县东北孟家庄，相传孟子游齐梁时，尝经此。后人因立祠。”

“孟庙在茌平县治东，世传孟子游齐梁，馆此。”

“孟子亭在莱芜县。孟子反齐，止于嬴。嬴，莱芜也。”

“孟母庙在阳谷县东北四十里，世传孟母祈蚕之所。”

“孟母故宅在山西榆次县。该县志云：‘母，并人也。其地有三徙乡。’”

雍正本《三迁志》载：

“孟子祠在吴地，乃十九代孟忠厚以隆佑皇后之兄子，扈从高宗南迁，赐第姑苏。因家建祠，不忘本也。”

“范县今属濮州，邑西南二十里有碑刻。孟子避邹鲁之难居此，故至今其地有孟子庙，孟子台，孟子河云。”

“孟社，在沂水县，社有孟母祠。”

“性善祠，在河南商丘县。”

“游梁祠，在河南萧县。”

附：

子思祠、子思书院

一、子思子作中庸处

当地故老相传，子思曾居邹讲学和在邹作《中庸》，认为孟子亲承子思之教。金·孙弼《谒祠记》，称孟子“后孔子三十五年而生”。元·张颏《重修孟墓记》中仍引《孔丛子》中孟子与子思相与问答之言，认为这是孟子“平生出处之本也”。因此过去便有许多子思居邹讲学和在邹作《中庸》的纪念物，其中主要有曝书台和《子思子作中庸处》碑。

曝书台紧靠孟母断机堂东侧稍南，不知始筑于何时。元元贞元年（1295年）县令司居敬创建子思子“中庸精舍”，始标明此台。明宪宗成化十八年（1482年）刘浚纂《孔颜孟三氏志》卷六《亚圣孟子事类》中说：“曝书台一座在书院西，高丈余，世传昔子思作《中庸》，曝于此台之上，故名。”古人对此虽有人怀疑，如明·朱禋《曝书台》诗中说：“高台虽旧基，疑信将谁究？临风自沉思，是也或还否……”但也有人肯定。叶聪诗中说：“《中庸》作成欲谁托，独立书台望寥廓……有时摊书向台上，烈日争光九千丈……”更多的人据人心所向，持存信存疑的态度。如汪舜民诗说：“高台休问何人筑，书在须求述圣心。”

邹县旧地方志都记述此台，如明嘉靖年间《邹县地理志》说此台是“世传子思作《中庸》，曝于此台”。但入清以后，康熙年间的两部《邹县志》均说“世称为孟子曝书台”。康熙年间的邹县知县娄一均《曝书台碑记》也说“相传为孟子曝书处”。不知因何改变旧有说法。

断机堂与子思祠被毁后，曝书台同时废弃，后渐渐夷为平地。

“子思子作中庸处”碑，在旧时邹县城南门外因利渠北岸东侧，与“孟母断机处”碑并列。中书“子思子作中庸处”七大字，右上书“道光壬辰孟春”，左下款署“济南杨岳春敬书”、“七十一世孙袭封衍圣公庆镕立”。与其同列的另一碑中书“孟母断机处”五大字。右上书“道光壬辰仲春”，左下款署“古任城张继周敬书”、“亚圣七十代主鬯孙广均重立石”。按：道光壬辰为道光十二年（1832 年），前述二碑均立于此年。据孟广均《重修断机堂记》说：“先博士照亭公于道光十年备文移县详请修理。续因帑项待筹，三载以来未克鸠工……”立碑正在这个时间段内。与此同时，没有其他有关修作的记载。二碑也没有记载勒碑立石的缘起。

前述二碑于 1972 年由邹县文物保管所将其移入孟庙，立于康熙碑亭的东侧。

二、子思祠与子思书院

旧传邹县县治以东有“子思讲堂”，是传说中的思孟授受之处，后来变为淫祠。而世传的孟子故宅在县东隅，“好事者筑曝书台其间”。这里原来是邑民聚居的地方，元成宗元贞元年（1295 年）县尹司居敬为修子思祠，曾动员把县治东的淫祠“奉而迁之”。但当地居民“惧神之不我福也，不敢”，“居敬学未知方，见义不勇，无以解一时之惑”。动员没有成功，于是转而动员县东南隅“居故宅者”的居民，居民们倒都愿意迁徙。于是在故宅及曝书台以东，创建了子思祠三间，名为“中庸精舍”。匾额上题“渊源”二字。内塑子思子面南危坐像，孟子面向西侍坐。有

三氏学教授张颈记文碑。司居敬又自撰碑阴记,从此有了纪念子思的专门场所。

元成宗大德六年(1302年),县尹宋彰在渊源堂之后又建讲堂三间。匾额题“率性堂”,并在堂左侧建学官居室,在东西两侧建斋舍厨库,总名“中庸书院”。申请朝廷批准,这是书院创建之始。

元仁宗延祐元年(1314年),尚书省照磨姜元,字舜举,邹县人,向书院捐赠了《九经正义》、《资治通鉴》等书。在他的带动下又有邑令刘遵理、乡士大夫孟祇祖等21人,邑士郭演等50人捐钱购书。此举有刘太记文。据此文记载的总目,共有经史类书籍1260卷之多。

延祐二年(1315年),请旨改“中庸书院”为“子思书院”。设山长一员管理祭祀及教学之事,官品与州学正相同(从六品)。从此书院有了相当规模,并且具有半官办的性质。

后因书院所处地势低洼,院宇狭窄,前靠因利渠,每年雨季渠水溢出,院内积水。至正三年(1343年)八月,县尹邓彦礼将旧堂东移改筑,并将斋舍厨库都进行了修整,在因利渠北岸筑堤植柳。建书院南门,门外向西修通道六百步,直通邹县城南门外大街上。这是规模较大的一次改建与重修。4年后,县尹孔之威依原规模又重修了一次。

明成祖永乐元年(1403年),邹县知县朱琺将讲堂再次移至曝书台东。以后重修子思祠与书院的,还有1425年知县房嵓,1522年山东巡抚陈凤梧,1561年浙江巡抚赵炳和知县章时鸾,1582年知县许守恩,1598年知县王一桢,1611年知县胡继先等。其中胡继先重修的规模较大。先葺子思祠,次及书院。创建景贤堂,十分轩敞宽阔,可容负墙而坐者数十许人。后为慎独斋,西为修道院,可以充诸弟子藏修游息之所20余间。从此,子思书院与子思、孟母二祠,俨然列而为三。

明天启二年(1622年)遭兵燹,断机堂、子思祠与子思书院三建筑一同被毁。到天启五年(公元1625年),兖州知府孙朝肃重建二祠,子思书院未再修复,遂废。子思书院实际存在时间由元成宗大德六年(1302年)至明熹宗天启二年(1622年),共历时320年。

书院存在期间,办学经费主要靠地方上各界人士捐赠。元大德年间书院落成后,县尹宋彰与全县士绅集资三万缗,存入邑内富豪之家生息。以其利息作为祭祀、延师及资助学生和差役的费用。延祐元年(1314年),县尹刘遵礼从学资本利中提取10523缗,买田158.7亩,这是有学田的开始。延祐四年(1317年),县尹曹彬又募集7425缗,买田297亩,募民耕种,用地租作为书院费用及师生生活开支,并将土地的亩数、四界刻石碑作为标志。后来的山长曹德辉、卜习吉相继买田,学田亩数达810多亩。天历二年(1329年),由于学田多数被豪强侵占,名存实亡,田租收不上来,孔思本又募资买田189亩,另找人租种。明万历二年(1574年),知县王汝振为书院置地48亩,生员路学捐地139亩。后因距城较远,逐渐废弃,由贫民认粮占种。万历二十八年(1600年),知县王一桢续置962亩,坐落城南兴隆庄。万历四十七年(1619年),署教谕王汝受续置274亩。天启二年后,书院被毁,学田遂亦无人管理,皆散入民家。

入清以后,康熙七年(1668年)诏发帑金遣内务府广储司员外郎督理重修子思祠。康熙十二年(1673年),衍圣公孔毓圻增修两庑及重门外垣,孔毓圻自为文以记。

道光八年(1828年),有邹城人草书一碑,立在书院门外,追记至圣68代孙孔传朔捐修子思祠未就,其子孔继淳继承父志,于嘉庆十四年(1809年)重修完工,未及建碑。这时因祠中柏树被雷雨摧倒,卖价若干。用此款项勒石以记。其撰书姓名俱已不可见。

道光二十九年(1849年),70代翰博孟广均与曲阜衍圣公议妥,各

任经费之半,重修子思祠,有山东巡抚陈庆偕记文。

同治十二年(1873年),山东巡抚丁宝桢委派道员陈锦监修孟庙、断机堂与子思祠三处,陈锦自为文以记。三年后,孟广均等又请丁宝桢为文刻石以记其事。

1945年,子思祠与断机堂同时被兵燹所毁,此后未再修复。

子思祠被毁前的格局是:三迁祠以东是子思书院,大门三间向南,二进院落。北面正殿名"景贤堂",后为"慎独斋",左右各有号房。书院以东是子思祠。三间面南的祠门,匾额书"述圣祠"三字。门北西侧有"子思作中庸处"六字,东侧有陈庆偕撰写的清咸丰四年重修碑记。院内中央有碑亭一座,中立清乾隆帝《述圣赞》碑。赞文是:"天地储精,山岳萃灵,是生仲尼,玉振金声。世德作永,孝孙维则,师曾传孟,诚身是力。眷兹后学,示我中庸,位天育物,致和致中。夫子道法,尧舜文武,绍而家声,述乃文祖。"碑亭以后正殿五间名"述圣殿",殿内中央龛中供奉子思。东侧龛内有孟子配位。殿顶正中悬匾"性天述祖"四字,为雍正三年(1725年)御笔。殿内西侧有《述圣像碑》,碑上端有篆书宋高宗十四年御制《子思赞》,赞文是:"闲居清膺,世业克昌,可离非道,孜孜立行。发挥中庸,体国有常,入德枢要,治道权衡。"赞文下是子思坐像。该碑为康熙年间67代翰博孔毓珽所立,殿前左右有两庑。

1945年被毁后,其他均无存。唯殿中乾隆《述圣赞》碑及《述圣像》碑,连同南门外因利渠北岸的"子思子作中庸处"、"孟母断机处"共四块碑移入孟庙,立在康熙碑亭以东,今存。

第七篇　孟氏后裔

孟氏，自被孟氏家族尊奉为“始祖”的孟子，到被孟氏族众尊称为“中兴祖”的孟宁，其间45代见于记载的孟氏后裔不多。从第46代传到第55代“克”字辈，人丁才逐渐兴旺起来。随着历代封建王朝对孟子的尊崇，孟子封爵的不断显赫，福荫也泽被其后代子孙，享受“地免杂徭，人无丁役”等许多恩优特权，孟氏后裔遂繁衍成为闻名全国的名门望族之一，散居于北至黑龙江，南到江浙、两广等省份的大半个中国，并有旅居美国、日本、韩国以及东南亚地区诸国者。孟氏家族虽然人数众多，居住分散，但因为有一个由朝廷赐封的管理机构——亚圣府，以及严明的族规、家法，且按时纂修族谱，续立行辈，所以自孟子至今虽然延续了近80代，却是支派有序，户属有统，“户”系于“派”，“派”统于“宗”，世代井然，源流连贯。

第一章 后裔繁衍

第一节 故里后裔

一、嫡裔相承

据清道光四年(1824年)纂修的《孟子世家谱》及《孟志》、《三迁志》等有关史料记载,孟氏自二代起,单传20代。第21代观生二子,长子名嘉,次子名陋。嘉生二子,长子怀玉,次子龙符。怀玉生一子,名表。自表又单传至第33代,名浩然。浩然生二子,长子云卿,次子庭玢。云卿生二子,长子名简,次子名华,系第35代,不知何因,皆无传,遂以庭玢之孙常谦为第36代继之。常谦生二子,长子遵庆,次子元阳。遵庆传琯。琯生二子,长子方立,次子方迁。方立以下又单传至第44代,名公济。另据黄县支谱说,43代兄弟二人,长昶,次庚;44代二人,长忠厚,次公齐。第45代即为孟宁。

孟宁在宋元丰七年(1084年)主持纂修的族谱序言中写道,“自二代仲子以后,或贵显,或潜晦,代有人焉。至44代公济,值皇宋景德初,契丹大举入寇,车驾北巡,山东骚动,乃携妻子避匿东山,藏族谱于屋壁而去,时莫有知者。逮元丰六年,家人拆毁古屋,得烂简于壁,拾其鼠啮蚀蠹之余,详视辨认,历代族祖名字,有存有遗,事迹有全有略,姑缀辑遗谱

藏于家,以俟将来。"孟子嫡裔70代孙、世袭翰林院五经博士孟广均在其主持纂修的《重纂三迁志》中写道:"今述世系,从公济始者,据孟氏世谱,公济以下乃有世次可稽也。其四十四代以前,旧志所载诸名类,皆附会失实。"

孟宁生二子,长子名存,次子名坚。坚仕宋为徐州刺史;存守林庙主祀事,递传至9世孙克刚而祀绝。次支坚9世孙克仁之长子希文承嗣,诏授翰林院五经博士,主奉祀事(以下长子承袭)。希文生4子,长子(言)元袭职。元生一子,名公綮袭职。公綮生10子,长子彦璞袭职。彦璞生二子,长子承光袭职。承光生7子,长子宏略,次子宏誉;宏略因战事早亡未袭,子闻玉年幼,宏誉代袭,待闻玉年长袭职。宏誉生一子名闻玺。闻玉早卒无子,应袭乏人。是时,衍圣公呈秉朝廷,以闻玺承袭世职,主祀事。闻玺生3子,长子贞仁袭职。贞仁生8子,长子尚桂袭职;尚桂生9子,长子衍泰袭职;衍泰生7子,长子兴铣早卒未袭,子毓瀚袭职。毓瀚无子,以堂弟毓濂长子传梿承祧袭职。传梿生4子,长子继烺袭职。继烺生一子广均袭职。广均生4子,长子昭铨袭职。昭铨生4子,长子宪泗袭职。宪泗生3子,长子庆桓、次子庆榕早卒,三子庆棠代袭。庆棠生2子,长子繁骥袭职。孟繁骥于1990年在台湾病逝。

孟氏44代之后主祀人承袭情况列表于下:

44代,公济。孟氏家志称其"少励高行,不乐仕进,避乱东山,遂终身焉"。

45代,宁,宋仁宗景祐四年(1037年)授迪功郎、邹县主簿,主祀事。孟氏族众奉其为"中兴祖"。

46代,坚,宁之次子,官徐州知州。

47代,宽。

48 代，钦。

49 代，津。

50 代，德义，登进士第，授鱼台县尹，辞不仕。

51 代，允祖（以上宋代）。

52 代，惟恭，字彦通。主持修葺孟庙殿庑，刻孟氏宗支图碑等。享年 76 岁。

53 代，之训，字鲁甫。孟氏家志称其"少有学识，以孝信著闻"。仕至莒州学正，享年 52 岁。（以上元代）

54 代，思谅，字友道。明洪武元年（1368 年）诏授邹县主簿。有吏才，正祀典，修祠墓。

55 代，克仁，字信夫。因其子希文承祧大宗，承袭世职，故于天顺三年（1459 年）诏赠翰林院五经博士。

56 代，希文，字士焕。景泰三年（1452 年）诏授世袭翰林院五经博士。孟氏世职自此始。享年 57 岁（1433—1489）。

57 代，（言）元，字长伯。弘治二年（1489 年）承袭世职。享年 57 岁。

58 代，公肇，字先文。嘉靖二年（1523 年）代袭世职。为孟元之弟孟亨之子，及堂弟公綮年长而谢职。曾为戴光修《邹县地理志》作序。

公綮，字橐文。嘉靖十二年（1533 年）承袭世职，享年 63 岁。

59 代，彦璞，字朝玺。隆庆元年（1567 年）承袭世职。

60 代，承光，字永观。万历二十九年（1601 年）承袭世职，因被闻香教农民起义军杀死，朝廷诏赠太仆寺少卿，享年 46 岁。

61 代，宏略，字以韬。应袭世职，卒于天启二年（1622 年）之难，朝廷诏赠太常寺丞。

宏誉，字振扬，天启三年（1623 年）代袭世职。崇祯二年（1629 年），

兄子闻玉长成，让职，改授世袭锦衣卫千户。享年67岁。

62代，闻玉，字龙甫，宏略之子。崇祯二年（1629年）承袭世职，享年46岁。闻玺，字龙华，宏誉之子。因闻玉无子，于清顺治二年（1645年）承袭世职。

63代，贞仁，字静若，顺治二年（1645年）承袭世职。享年77岁。

64代，尚桂，字播馨，号松皋。康熙五十五年（1716年）承袭世职。

65代，衍泰，字懋东，号普瞻。康熙五十九年（1720年）承袭世职。

66代，兴铣，字起辉，因早卒，未袭世职。年仅25岁。

67代，毓瀚，字钟北，乾隆十六年（1751年）承袭世职。27岁卒。

68代，传梿，字国模。毓瀚弟毓瀿之长子，因毓瀚无子而承祧大宗。乾隆四十五年（1780年）承袭世职，享年49岁。

69代，继烺，字体耀，又字照亭，号星垣。嘉庆二十年（1815年）承袭世职，享年49岁。

70代，广均，字京华，又字胥沾，号雨山。道光十二年（1832年）承袭世职。钦加主事衔，晋员外郎衔，赏戴蓝翎。主持编写《重纂三迁志稿》，享年70岁。

71代，昭铨，字伯衡，又字显衡，号稚华。同治十三年（1874年）承袭世职。享年61岁。

72代，宪泗，字法鲁。光绪年间承袭世职，享年81岁。

73代，庆桓，字颂武，早卒，未袭世职，年仅21岁。

庆棠，字泽南，号稚荪，光绪二十年（1894年）代袭世职。光绪三十一年（1905年）正式承袭。民国24年（1935年）由"世袭翰林院五经博士"改称为奉祀官。享年67岁。

74代，繁骥，号雪生，民国28年(1939年)代理亚圣府务，民国32年(1943年)袭奉祀官。1948年去台湾，享年83岁。

(以上根据清道光本、同治本《孟子世家谱》及《重纂三迁志》等史料整理)

表一：孟子嫡裔相承表

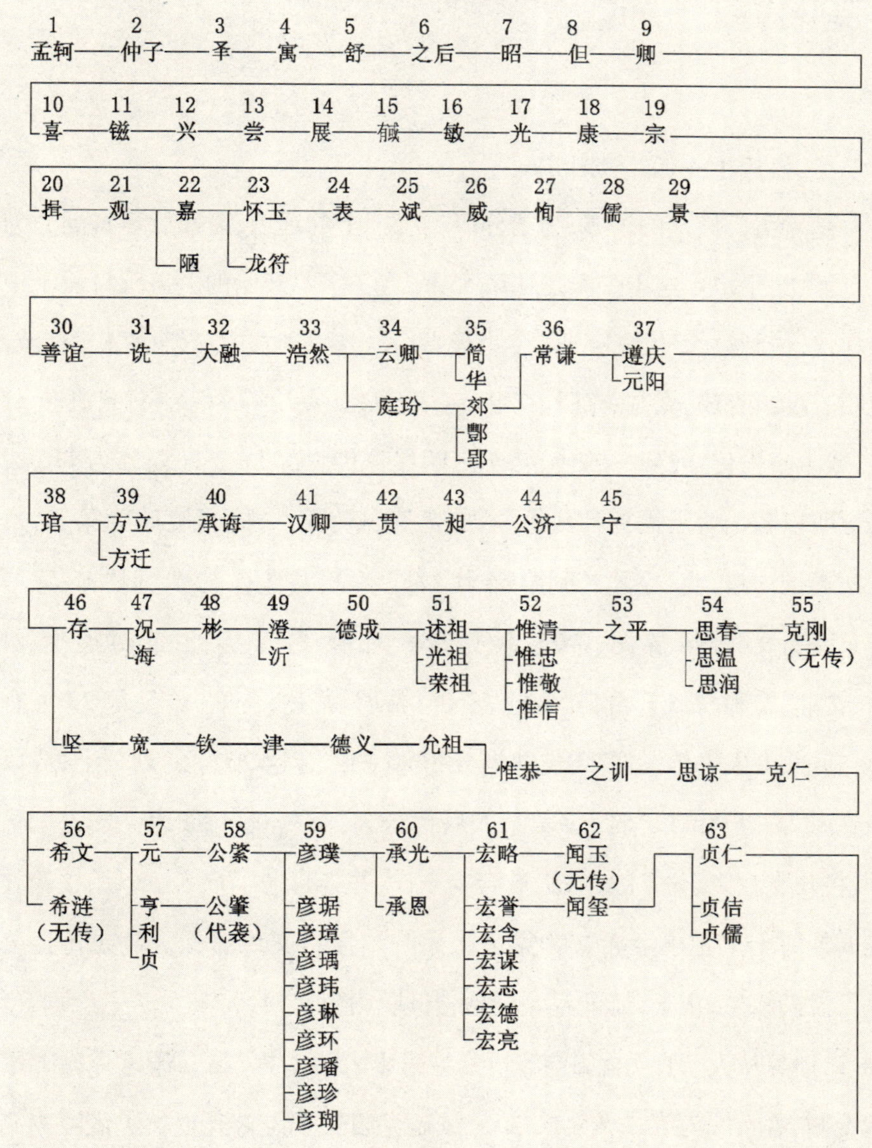

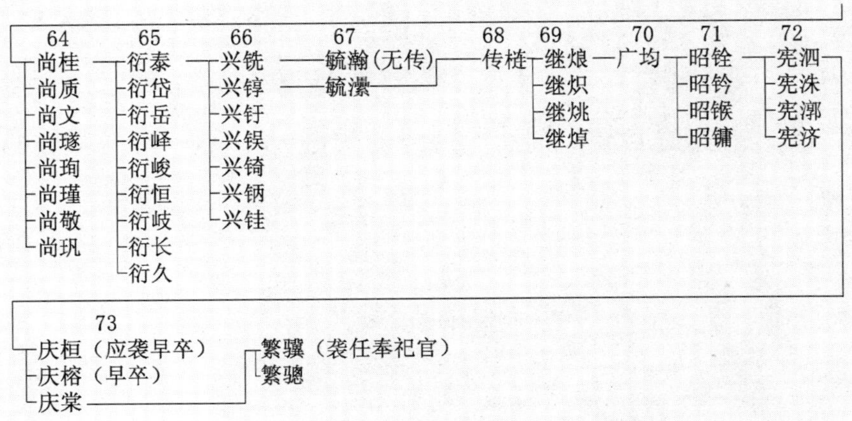

二、孟氏十一派、二十户

随着孟氏族众的增多,为了分清"支份"上的远近,孟氏后裔特划分为十一派、二十户。这十一派是从第55代"克"字辈开始的。孟氏自孟宁中经9代,传到第55代克字辈,共计有42人。这42人中,只有克仁、克诚、克昭、克威、克珏、克宽、克伊、克继、克绪、克缙、克纶等11支有传,其余31人,或本身失传,或到一二代、乃至三四代失传。这11支即划分为11派,特标明以敕赠博士孟克仁为第一派;孟克诚为第二派;孟克昭为第三派,依次类推。自"克"字辈传到第56代"希"字辈,共计有33人,但"希"字辈中只有希文、希渊、希源、希升、希瑛、希本、希胜、希誉、希钺、希政、希然、希浩、希鼎、希和、希松、希昪、希铨、希钟、希通、希达、希宽、希旻等22人有传,其他11人失传。这22支即划分为20户。在这20户的划分上,或以一支专为一户,或以"希"字辈某人后代分为二户、三户,或因某支人烟稀少,将几支在"支份"上比较近的合为一户,并各自命了户名。以始授翰林院五经博士主祀事孟希文为第一大宗户。孟希文传孟元。孟元传孟公綮。孟公綮生10子,长子孟彦璞承袭世职为大宗户,将其余7子彦琚、彦璋、彦璠等从大宗户分了出来,划分为第十六关南户;第二派孟克诚二子孟希渊、孟希源为第二城西户;第三派孟克昭长子孟希升之长子孟瀍为第三故里户；孟希升之二子孟俊为第四故宅户；孟克昭次子孟希瑛之长子孟注为第五凫绎户；孟希瑛之二子孟敏为第六西阁户；孟希瑛之三子孟善为第七影堂户；第四派孟克威长子孟希本之长子孟详为第八元庵户；孟希本之次子孟训为第九山头户；孟希本之三子孟聪为第十林东户；孟克威之二子孟希胜为第十一龙渊户；孟克威之三子孟希眷为第十二古彭户；第五派孟克珏之子孟希钺为第十三泗源户；第六派孟克宽之子孟希政为第十四大源户；第七派孟克伊二子孟希然、孟希浩为第十五临鞍户；第八派孟克继三子孟希鼎、孟希和、孟希松为第十七基阳户；第九派孟克绪三子孟希昪、孟希铨、孟希钟为第十八家庙户；第十派孟克缙二子孟希通、孟希达为第十九潦源户；第十一派孟克纶二子孟希宽、孟希旻为第二十林前户。

表二：孟氏十一派、二十户划分表

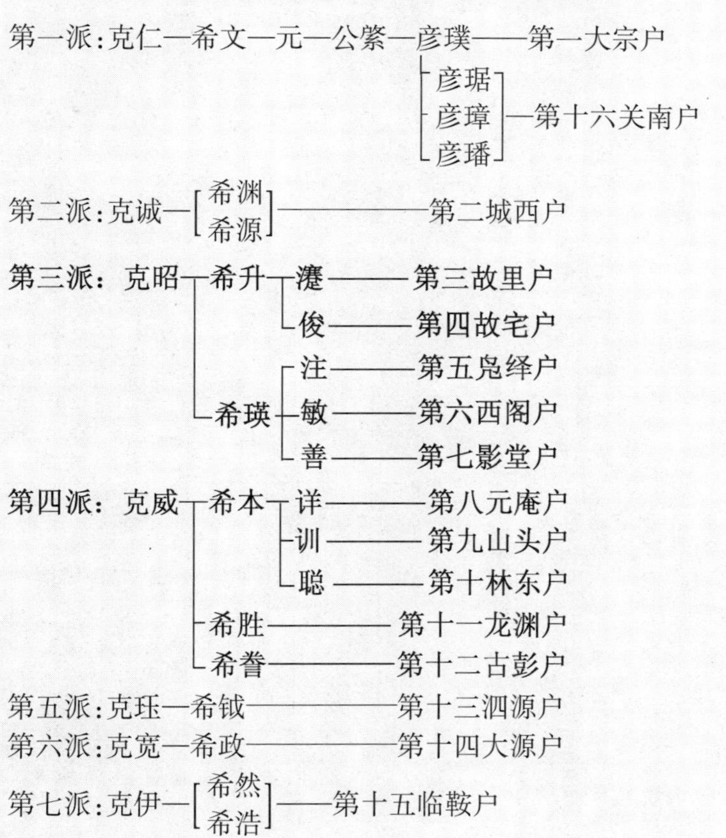

第八派：克继——希鼎、希和、希松——第十七基阳户

第九派：克绪——希昇、希铨、希钟——第十八家庙户

第十派：克缙——希通、希达——第十九潦源户

第十一派：克纶——希宽、希旻——第二十林前户

表三：孟氏十一派、二十户世系表

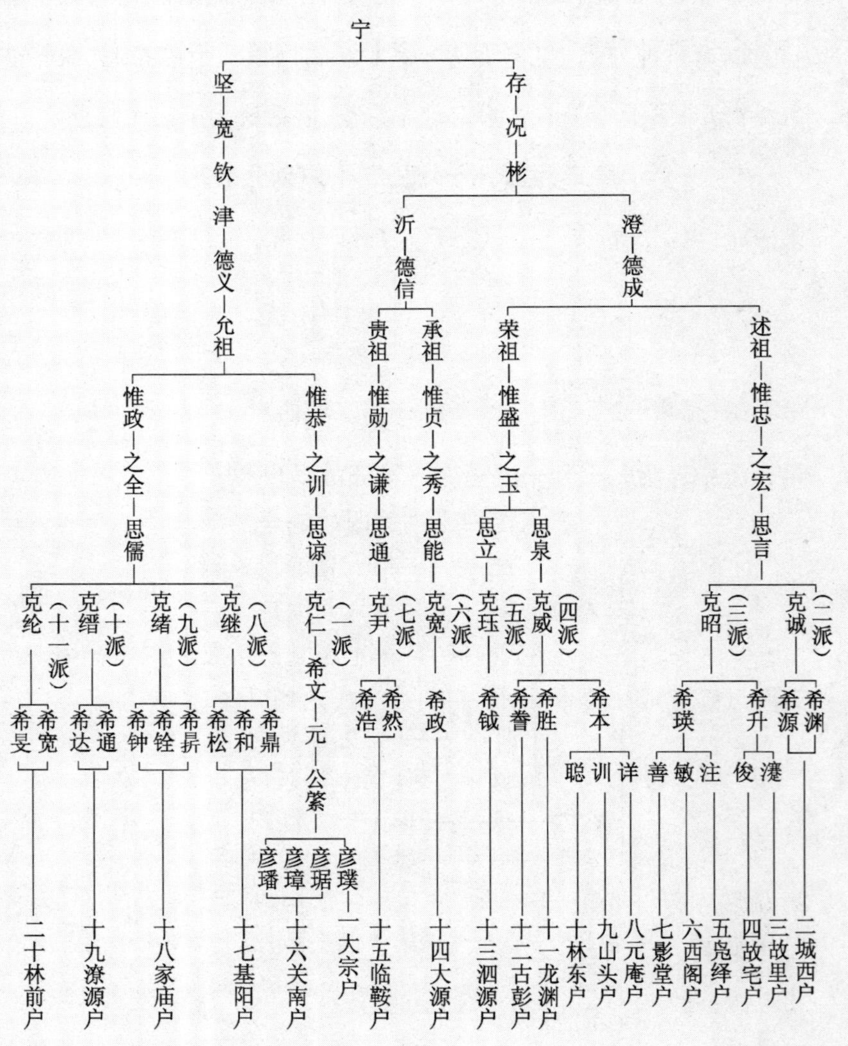

以上各户都有推选的户长、户举，负责本户例如续修族谱等有关事宜。清末民国年间，各户还要将所有人丁登记造册，报送孟府存查，每户按人口的多少交纳一定数额的丁银。在孟氏二十户中，第一户为大宗户。“大宗”是按宗法制度以始祖的嫡长子为大宗，其他则为小宗。故第58代孟公綮之长子孟彦璞承袭为大宗户。其他几子孟彦琚、孟彦璋、孟彦璠等则从大宗户中分了出来，划为第十六关南户。由此，“户”系于“派”，“派”统于“宗”，世代井然，源流连贯。但亦有孟氏族众不属于这十一派、二十户的，则为55代以前分支或迁居他乡者。

孟氏宗亲联谊会祭孟

到清代，孟氏家族人口得到迅速繁衍。清道光四年(1824年)修《孟子世家谱》时，仅在谱的15岁以上的成年男子即有5000多人。至今，邹城市内孟氏族人分布在北孟庄(皇粮庄)、南孟庄、孟楼、孟官庄、孟傅、山头、庙户、大束、凰翥、八里沟、邹城南关以及曲阜凫村等地。北孟庄孟氏族人占居民总数的60%—70%，共约4000余人。山头孟氏族人占居

民总数的75%以上,共约5000人。庙户营孟氏族人占居民总数的90%以上,共约7000人。凫村孟氏族人占居民总数的80%,共约4000余人,是孟氏族人最为集中的几个村庄。南孟庄不超过1000人,南关不超过500人,连同其他各村庄以及散居各乡镇、村庄的,总计5万人左右。居住在故里的孟氏族众,基本上是在十一派、二十户的范围以内。二十户以内族众,没有再续分支谱。

第二节　外徙后裔

孟氏族众从宋景祐年间第46代开始,就有外迁的记录。特别是宋室南渡以后以及后来的明、清两代,外迁更为频繁。至今孟氏后裔散居全国各地,并且还有的迁往韩国、日本、东南亚以至欧美等地。近现代徙居外地的孟氏后裔纷纷回故乡"亚圣府"续修支谱。改革开放以来,各地族人回邹城续修支谱或进行其他族务活动的约20余(支)处,借此得以了解孟氏族人在外地的分布情况。

山东省内,主要分布在以下县市:

济南市郊,集中居住地有历城区孟庄、陈孟圈等处,以及章丘市的旧军、孟白庄、孟家窝、孟家峪、孟张庄等处。

莱西市,集中在前孟格庄、望城、孟格庄等处。

枣庄市,集中在孟庄、侯孟、滕州孟仓、孟庄、前王晁等处。

昌邑市,集中在孟家洼、小南孟、北孟等处。

青州市,集中在张孟口、孟古店等处。

临朐市,集中在孟家庄子、盘阳孟家等处。

昌乐市,集中在孟家庄等处。

安丘市,集中在孟家官庄、孟戈庄等处。

诸城市，集中在孟疃、大孟家哨等处。

平度市，集中在田庄孟家、孟格庄。

寿光市，集中在南北孟家、纪台孟家、侯家孟家等处。

宁阳市，集中在西大孟、小孟等处。

陵县，集中在孟集、孟家庙、东孟洼、神头孟家等处。

无棣市，集中在孟家庄、大孟家等处。

莘县，集中在西孟庄等处。

胶南市，集中在孟家庄、东孟家滩等处。

菏泽市，集中在东孟庄、孟寨、孟庄等处。

定陶市，集中在孟海、孟庙等处。

单县，集中在孟集、大孟庄、孟寨等处。

聊城市，集中在孟庄、大孟营等处。

曹县，集中在孟楼等处。

荣成市，集中在孟格庄等处。

曲阜市，除故里凫村外，在孟家村、前孟庄等处也有聚居。

兖州市，集中在孟家庄、小孟等处。

金乡县，集中在大孟堂、羊山孟营等处。

嘉祥县，集中在孟姑集等处。

龙口市，集中在海岱孟家、孟家楼、羊岚孟家、下西家孟家等处。

胶州市，集中在北王珠孟家等处。

周村区，集中在孟家堰等处。

栖霞县，集中在孟家沟、东孟家沟等处。

海阳县，集中在大孟格庄等处。

蓬莱市，集中在孟家等处。

五莲县，集中在许孟等处。

济宁市，集中在孟庙等处。

肥城县，集中在王瓜店等处。

宁津县，集中在双庙孟、孟集、东孟洼等处。

武城县，集中在东孟庄等处。

临邑市，集中在孟寺等处。

滨州市，集中在孟家等处。

惠民县，集中在北孟等处。

临沂市，集中在西水湖涯、孟家村等处。

沂水县，集中在孟母、孟家庄等处。

费县，集中在孟家庄等处。

东平县，集中在孟村等处。

齐河县，集中在大孟、孟庄等处。

高青县，集中在孟集等处。

其他如微山、沂南、招远等县市，都有孟氏族人居住。据悉济南郊区、寿光、龙口等县市居住的孟氏都有支谱。

其他省份孟氏族人分布情况：江苏省集中在丰、沛等县，河北省集中居住地是景县、永年等地，四川省的集中居住地是大邑。河南、山西、浙江、安徽、四川、贵州、广东、黑龙江、辽宁、吉林、内蒙古等省、自治区都有孟氏族人集中居住。估计不下几十万人。

遍布全国的孟氏后裔支派繁多，邹城孟氏大宗府所能掌握的也极为有限，仅就有历史资料记载的，及与大宗府有联系因而比较了解的支系，介绍以下几支：

浙江省绍兴独树孟氏：据《绍兴县志》记载："孟氏……至五代时，有名度者，自兖分徙于洛。度生庭训，庭训生尚进，尚进生元，元生公随、公齐。公随从父居洛，而公齐归兖……公随自洛迁卫州共城。子在生女为哲宗皇后，遂由共城徙汴梁。在子彦弼扈后南渡至越州。今越之孟氏皆其后也。此孟氏南北两支之所由分也。……南支则南渡后，高宗推恩外家，故其子姓多膺封爵，最为鼎盛，宋亡始衰。……今就在越之支系考之，彦弼长子忠亮曾返洺州奉世祀。忠亮子庾则居绍孟家桥。次子忠厚及其长子德璘居绍兴府治右赐第。其次子德懋、德载居诸暨夫概里，其孙道遵居山阴小赫。彦弼有弟彦卿，子忠信，亦居小赫。德璘子诚之、宜之、令之，始舍府城赐第而徙于乡。诚之居会稽稷山，今王家堰、上茅、洋铺前皆其后也；宜之居会稽王墩泾，今独树村皆其后也；令之居东鉴湖滨，人称为孟家府，后讹为孟家封。今凤墅、洪桥、富村、平水、横泾等处皆其裔也。”以上资料叙述了孟在一支在绍兴的分布情况。该支于明崇祯十三年(1640 年)修支谱，清康熙、乾隆、光绪年间均曾续修。明末清初著名戏剧家孟称舜出于该支。

浙江义乌孟氏后裔祭孟

山东省龙口(黄县)孟氏支系：该支孟氏以北宋眉州防御使 42 世孟

元为分支祖。据龙口市75代孟键提供的资料:孟元与大宗支孟贯是同辈份兄弟。孟元生43世孟庾,孟庾生女孟皇后及44世信安王孟忠厚,忠厚与宗支名人公济同辈(据《宋史》孟皇后父名在,孟忠厚是孟皇后兄子)。孟忠厚生子二,即45世孟世宁、孟安。孟世宁、孟安与大宗支名人、被孟氏族众誉为中兴祖的孟宁同辈。

龙口支系46世为孟林及刑部侍郎孟献,严州知府孟导,47世荆鄂都统制孟宗政,48世吉国公威镇荆襄的孟珙,49世孟之经、孟之缙。50世湖州知府、进士孟浩,51世孟槐,52世孟和兴,53世孟克敬,54世孟焕文,55世保定侯孟善,56世孟希贤,57世孟言元。明永乐二十一年(1423年)孟言元迁入黄县(今龙口市)孟家村定居,到59代有孟彦升由孟家村迁本县羊岚孟家。60代有孟承良由孟家村迁本县孟家楼。后来又有人迁本县下丁家、上下孟家。据龙口市最新人口普查资料提供,龙口孟氏计3000多户,1.2万余人。全市20个乡镇区还有孟姓零散居住的人口。该支系自明朝初年以来与邹县大宗府联系不断,先后多次到孟府进行族务联系活动。

山东省章丘“旧军孟家”:据《孟子世家流寓章丘支谱》记载,孟子后裔从46代分出一个支派,“始寓亳,再迁云梦,迁山右,迁直隶枣强县,中阅九世……传至55代祖讳子位、子伦者,复于前明洪武二年三月二十六日,自枣强迁还山东,居旧军镇。子位祖不再世,即失绪。今之旧军镇南支者,皆伦祖裔也”。

除孟子伦的一支外,同代迁来的还有孟桂,至56代又有孟希贤,到61代又有孟宏宽,由此构成旧军镇孟氏东、西、南、北4大支系。孟子伦为南支,孟希贤为北支,孟桂为东支,孟宏宽为西支。自明洪武二年(1369年)迁入,至民国年间,已历21代,近600年。东支传了164人,西支传了174人,南支传了1825人,北支传了2189人。4支中,数北支人丁繁衍兴旺，而南支最为发迹，成为蜚声齐鲁，名扬海内外的巨商望族——“旧军孟家”。

南支孟子伦后裔从清康熙年间贩卖土布和皮货开始发迹。至清乾隆年间，孟兴智、孟兴泰兄弟二人由行商变为坐贾，在北京、天津、济南等大中城市开设“祥”字号商店，鸦片战争前后，“祥”字号商店遍布华北，其中著名的有瑞生祥、谦益祥、瑞增祥、隆祥、庆祥、瑞林祥等，号称华北“八大祥”。与此同时，家中也大起楼宇，广置良田。到清同治初年，旧军孟氏到“传”字辈，共有兄弟10人，各立堂号：三恕堂（孟传璐）、其恕堂（孟传瑗）、容恕堂（孟传珽）、矜恕堂（孟传珊）、学恕堂（孟传玙）、进修堂（孟传珠）、承恩堂（孟传瑃）、承训堂（孟传琪）、乐馀堂（孟传玘）、世洋堂（孟传璟），这便是遐迩闻名的旧军孟10大堂号。他们共有土地约7000亩，其中土地最多的是矜恕堂和进修堂。至新中国成立前，孟家“祥”字号商业共发展到106家，跨6省、18市，在我国近现代商业发展史上占有一定位置。其鼎盛时期是在清末民初，代表人物是孟洛川（详见后裔名人）。

河南省开封孟子后裔：为纪念孟子游梁，北宋年间在开封城内西南隅修建孟子游梁祠。为祭祀孟子，从山东邹县迁来孟子嫡裔。清康熙三十四年（1695年）《开封府志》记载“本祠奉祀……择选嫡派孟尚义、尚礼给札任事”。由此可知，清朝初年在汴的为孟子第64代嫡传后裔孟尚义和孟尚礼兄弟。清时，官府颁游梁祠奉祀生印章一枚，其院产契书均保管在奉祀生处。祭孟时，奉祀生只代表孟氏族人一席参加祭祀。按季向政府领取赡养费，清时为银两，民国期间改支为14.70元，旧制沿传到1949年止。至1992年，在汴的孟子嫡裔中，最年长者为73代孟庆成。

江苏省武进县孟氏族众：武进县居住的孟氏族众现约有1000多人，

同出一源，系出南支，但因未发现支谱，不详其支派。近现代以来，武进孟氏出现了许多著名学者，如我国现代著名教育家孟宪承，我国著名矿床地质学家、中国科学院学部委员孟宪民等。

湖南省孟氏族众：孟子传至第22代为东晋孟嘉，嘉生二子，长子名怀玉，其后人即今日邹城市孟氏大宗直系子孙；次子名龙符，便是南方诸支派之祖。孟龙符下传20世，至第42代孟忠厚，系宋哲宗孟皇后之兄子。孟忠厚后随宋高宗南渡，其长子世宁传今日之湖南省孟氏诸支。第49代孟之缙为宁乡支。孟之经传至第54代，分为安乡支和桃源支。第48代上还分出一支，其他不详。

孟氏在台湾的族人：1949年以后，孟氏后裔中许多人去了台湾，1968年，在台孟氏族人成立孟氏宗亲会。1989年3月，孟氏宗亲会议决定重修族谱，由孟继丙、孟庄彝主撰。《孟氏在台宗系名册》反映了孟氏族人在台湾的繁衍情况。在台孟氏族人的原籍，包括山东、河北、北京、

台湾代表团祭孟

天津、湖北、河南、江苏、安徽、辽宁、吉林、湖南、陕西、山西、云南、浙江、四川、贵州、黑龙江、台湾等 19 个省市，现在分住在台湾 20 个县市，名册中共 196 户，记载男丁 420 余人，女 230 余人。

孟氏族人旅居海外并且宗族鼎盛、人烟繁茂的，有韩国的一支与日本的一支。

旅居韩国的孟氏族众：始迁祖为孟承训。承训为唐昭义军节度使孟方立之次子，于 888 年（时当唐僖宗文德元年，新罗第五十一代真圣女王二年）到了朝鲜半岛。据《孟氏朝鲜支派世系》记载，其“初来东国时陪来圣像，而卜居于月城山西草洞。新罗景明王屡招不进”。由孟承训下传至第 13 世名孟仪者，官吏部典书，以槌杀叛臣曹頔功，封新昌伯。从此定籍贯新昌，故其后称“新昌孟氏”，孟氏族众称孟仪为新昌孟氏始祖。仪子孟裕，官吏部尚书，次子孟福，官工曹典书，为二世；孟裕子希道，号东溥，官修文殿提学，是为三世；希道子思诚，字诚之，文科殿试状元及第，官至大匡辅国崇祯大夫、议政府左议政、兼领经筵集贤世子傅，谥文贞，是为四世；思诚子归美官通训大夫、司宪府监察，是为五世；归美子第六世孝曾，无嗣；次子继曾官宣教郎、世子翊卫社洗马。继曾的儿子为第七世；长硕钦，封新昌君，其后代为新昌君派；次子硕卿，官承政院左承旨兼副司直，其后代为司直公派；三子硕俊，官护军，其后代为护军公派。又第二世之次支孟福的后裔，在先分支为关北派。是为新昌孟氏的四个支派。

韩国孟氏族人传至今天，在世的是孟仪以下第 20—27 世。比照中国孟氏世系小有差异。《孟子世家谱》列孟仲子为第二代，故至孟方立为 39 世。而韩国《新昌孟氏大同谱》其先代谱系表中无孟仲子，所以孟方立为 38 世。孟方立以下辈分并无紊乱。故其新昌孟氏始祖孟仪，按上代世系为51世（孟方立以下13世），实际与中国第52世孟惟恭同辈

韩国孟子学会祭孟

(也是孟方立以下13世)。由此下推,其第20代“述”字辈,与国内71代“昭”字辈为同辈。顺次21世“燮”字,对应国内“宪”字;22世“在”字,对应国内“庆”字;23世“镐”字,对应国内“繁”字;24代“永”字,对应国内“祥”字。在其谱系表中,护军公派内出现了25代柱硕和26代兴烈的名字,则分别与国内的“令”、“德”二字对应。

旅居韩国的孟氏按居住地域分,据1987年10月韩国全国人口调查,按姓氏分别统计的数字,居住在汉城特别市的孟氏族人1263户,5243人;釜山163户,683人;大邱49户,200人;仁川238户,974人;京畿613户,2522人;江原147户,629人;忠北169户,731人;忠南937户,4295人;庆北73户,300人;庆南144户,595人;全北68户,306人;全南333户,1495人;济州10户,41人;总计4207户,18014人。至今又经20多年,居住在韩国的孟氏后裔应有2万人左右。

居住在韩国的孟氏宗族有“新昌孟氏大宗会”的组织。早在1960年12月11日,曾经成立“在京孟氏宗门会”,选孟世永为会长。1978年4月,孟华燮继任会长。1976年11月8日,成立了全国规模的“新昌孟氏大宗会”,通过了《大宗会规约》,选孟镕燮为会长。后由孟殷燮、孟万燮继任二、三届会长,前在京孟氏宗门会会长孟华燮为名誉会长。大宗会于1988年开始编纂《新昌孟氏大同谱》。在此之前,孟氏韩国系家谱曾经三次编纂与续纂。第一次为1675年乙卯(当清康熙十四年,朝鲜肃宗一年)5月。第二次在1762年壬午(当清乾隆二十七年,朝鲜英祖三十八年)仲春。第三次在1815年乙亥(当清嘉庆二十年,朝鲜纯祖十五年)暮春。以上三版本分别称乙卯谱、壬午谱和乙亥谱。本次修谱于1989年11月完成,分五卷,第一卷为总编,包括序言、凡例、姓源、旧谱序言、凡例、先世史迹等内容,第二卷为“新昌君派”,第三卷“司直君派”,第四卷“护军公派”,第五卷“关北派”。

韩国孟氏大宗会还负责大宗会基金及族内财产的管理使用,文贞公杏坛古宅及广州宗山的管理守护及祭享,以及宗族的敦睦团结等方面工作。

孟氏流寓日本广岛的武林一支:孟忠厚次子(史佚其名)之子孙迁居南宋都城临安,又传19代,至第61代有孟治庵者,东渡日本,便是现在日本广岛武林氏一支的始祖。孟治庵东渡后,先姓渡边氏,后姓武林氏,是以乡贯作姓氏。立于日本广岛泰市南湘院墓地之墓碑载:“治庵名士式,明杭州武林郡人。漂流仕长门国,称孟二官。后仕艺藩为医官,改武林治庵。明历三年丁酉五月十八日病死,实亚圣孟子六十一世裔也。”按日本明历三年丁酉,当1657年,即清顺治十四年。

治庵生2子,长子与一郎,次子式重。式重又生2子,长子尹隆,次子隆重,即武林唯七(1672—1703)。关于武林氏后人,有武林吉之丞所作《先祖由绪书并略系图》,记长支与一郎一支。据资料记载,武林治庵生与一郎(二世),与一郎生半六止实(三世),半六生权正吉(四世),权正吉生好太夫(五世),好太夫生吉之丞(六世),吉之丞生尚友(七世),尚友生尚彦(八世),尚彦生新太郎(九世),至十世有武林彦一,十一世有武林富子。据墓碑载,富子卒于1975年1月25日,寿79岁。次支式重、唯七一系不见记载。近年来,这支流寓日本广岛的孟氏族人托新闻界来华人士与邹城市孟氏宗支联系,曾带来记述其世绪的文字资料。

第二章　历代优遇

第一节　历代袭封

迪功郎:宋景祐四年(1037 年),孔子 45 代孙孔道辅任兖州知府时,于凫村访得孟子第 45 代孙孟宁,推荐于朝廷,诏授迪功郎、邹县主簿,主孟子庙祀,孟氏后裔始授官职。对此,金大安三年(1211 年),孟子 48 代孙孟润在其所续族谱序言中说:"迨仁宗景祐四年,孔公道辅守兖州,访亚圣坟茔于四基山之阳,得四十五代宁公,荐于朝,授迪功郎、邹县主簿。公重修故宅,拆毁屋壁,乃得家谱。岁久,鼠啮蚀蠹,磨灭断缺,失次二三。公披阅群书,证以见闻,重加编次,复成完本,以贻后世。宗族相传……昭著不泯,皆迪功继志述事之力也。"孟氏族众尊称孟宁为"中兴祖"。

翰林院世袭五经博士:孟氏后裔直接由朝廷授予官衔,始于明代。明景泰三年(1452 年),朝廷诏授孟子第 56 代嫡孙孟希文为世袭翰林院五经博士,主奉祀事,从此孟子后裔始授世职。孟克仁因其子孟希文承祧大宗,承袭世职,明天顺二年(1458 年),朝廷赐赠孟克仁为翰林院五经博士。此后,直到孟子第 73 代嫡孙都沿袭"世袭翰林院五经博士"称号。

亚圣奉祀官:1935 年(民国 24 年),南京国民政府在恢复祀孔祀孟等大典的同时，废除“世袭翰林院五经博士”封号，并委任孟子第 73 代嫡孙孟庆棠为“亚圣奉祀官”。1937 年“七·七”事变后，孟庆棠逊职，由其长子孟繁骥代理亚圣府务。1943 年(民国 32 年)，孟繁骥被任命为“亚圣奉祀官”。

其他封谥：孟子第 60 代嫡孙、承袭翰林院五经博士孟承光和其长子、应袭世职的孟宏略，因在明天启二年(1622 年)被“闻香教”农民军所杀，朝廷诏赠孟承光为太仆寺少卿、孟宏略为太常寺丞，其次子宏誉为世袭锦衣卫千户。至孟子第 70 代嫡孙孟广均，除承袭世职又加 7 级，钦加主事衔，晋加员外郎衔，赏戴蓝翎等。

第二节　历代优免

赐田：始于宋代。以后虽有变化，但历代帝王对孟氏后裔的这种恩赐，从未间断，一直延续到民国。

宋元丰六年(1083 年)十月，朝廷诏封孟子为邹国公，并“给其赐田以严洒扫”，但未详数额。政和四年(1114 年)赐田百亩。两次赐田前后相隔仅 30 年。元泰定五年(1328 年)，朝廷诏赐孟氏后裔祭田 30 顷，地点在今邹城市峄山镇野店村。孟府在其赐田的四周树立有祭田碑，并募民佃种，野店即成为孟府的佃户村。

明景泰三年，朝廷在诏授孟子第 56 代嫡孙孟希文为世袭翰林院五经博士的同时，拨赐田 6 顷，坐落在滕州市境内。景泰六年(1455 年)，都察院左佥都御史徐有贞奏请朝廷，请复颜孟二氏祭田。同年 12 月，朝廷诏赐颜孟二氏祭田百顷：“既复野店之田六十顷，又得蔡庄之田四十顷而益之。总为百顷，分而两之。”单景泰年间，朝廷诏赐祭田共计达 56 顷之多。其祭田不仅包括野店、蔡庄，而且郭里、石墙、太平等乡镇的许

多村庄也有孟府祭田。

赐拨庙户、佃户及其他服役人员:宋宣和四年(1122 年),朝廷诏有司拨庙户 25 户,免其杂税,专事洒扫邹国公庙,孟庙自此始有庙户。元至正二十六年(1366 年),以孟子第 54 代孙、宗子孟思谅奏请,拨庙户 5 户。明景泰六年(1455 年),朝廷在诏赐孟府祭田的同时,钦赐佃户 10 户。徐有贞撰《赐复颜孟二庙祭田记》碑文记载:“又择于邹、滕、宁阳之籍,得上户二十,分隶乎二庙,以供佃事。”明景泰六年,朝廷诏孟庙设礼生 56 名,以供祭祀。明成化七年(1471 年),朝廷又赐拨佃户 7 户。成化十八年(1482 年),朝廷复赐孟庙庙户 25 户,以充洒扫;景泰六年,朝廷诏孟庙设门子 14 名;万历二十五年(1597 年),邹县令王一桢在为四基山孟子墓捐置祭田 20 亩的同时,设林户 5 户,以看守林墓。

《大清会典》载孟府佃户为 32 户。实际上,佃户数额远比史籍所载者要多。孟府在其祭田所在村庄,虽设有管理祭田和收租的处所,但对其佃户主要是通过户头来管理。户头代孟府管理祭田和催租,而孟府则拨给户头一定数额的土地,不交租子,作为报酬。但逢二、八月丁祭,户头则要给孟府选送祭祀用的猪、羊等物。祭田还分户地和租地,户地交粮,租地纳钱。

《大清会典》载,康熙二十二年(1683 年),亚圣后裔有庙户 25 户,有门子 5 名,专司看守庙门。

由于每年春秋两次的“丁祭”祭祀时须奏乐,据记载清朝拨乐户 5 户。清末民初祭祀时,孟府专发“谕单”传礼生、乐工,人数都在 10 人左右,凭证出入庙、府。

蠲免差徭:对孟氏族人优免差徭,始于唐代。唐贞观元年(627 年),朝廷始诏免圣贤子孙赋税。开元十三年(725 年),朝廷明文诏免孟氏子孙赋役。宋嘉祐元年(1056 年),敕免孟氏税粮。金明昌五年(1194

年)，诏先师邹国公后优免赋役。至元代，元文宗“诏孟氏子孙，奉上丝绵、颜色、税石、军役、大小差拨，并行蠲免”。元代曾先后5次诏免孟氏子孙赋役税粮。

明代，孟氏杂差赋役蠲免如旧。洪武十八年(1385年)，朱元璋降谕工部，凡圣贤之后罚做劳工的，尽行释放。

清代，孟氏后裔“地免杂徭，人无丁役，庙佃人等，供应庙役，民差毫无干涉。在庙设礼生，杂泛差徭，尽行蠲免”。这些优免还惠及孟母故宅凫村的百姓。

优学优仕：曲阜“孔、孟、颜、曾”四氏学，是为培养这四姓子弟而设立的专学。四氏学源于孔氏家学。元仁宗延祐年间，始增颜、孟二氏子弟，遂成孔、颜、孟三氏学，孟氏子孙开始享有受教育的优待。

在明代科举时，每科额加一两人给“孔、孟、颜、曾”四氏学，实际每次科举中举都在3名以上。整个清代，四氏学每次科中的举人亦都在3名以上，最多时达到8名(同治庚午科)。孟氏子孙在乡试科举中，享有比一般民籍优厚的待遇。

第三章　后裔名人

第一节　故里后裔名人

居住在故里的孟氏宗支后裔，确然有据的从第44代公济开始。其世系相传已载“后裔”其他章节。此处对孟氏各代宗子及居住在故里的疏属中名人，称述其事迹。

孟宁，孟氏第45代主祀人。宋仁宗景祐四年（1037年）孔道辅守兖州府，寻访圣贤后裔，访得孟宁。经孔道辅推荐，特授邹县主簿。孟氏族中称他为中兴祖。以后孟氏宗支后裔便都是孟宁的后代。

孟惟恭（1274—1349），字彦通，孟氏52代主祀人。他的主要事迹是增修孟庙和置备祭器。据《三迁志》记载，元泰定五年（1328年），元朝政府拨给孟府祭田30顷，钱3000缗。他用这些钱置买了笾、豆、罍、洗等祭器。余钱和田租收入，又陆续兴建了孟庙正殿，在殿中塑亚圣像，建了两庑，作棂星门、重三门，构建了讲堂、西斋、神厨、库房，周围修了百多丈的围墙。又在孟庙东北修断机堂，筑曝书台，刻立包括《加封亚圣制》碑在内的碑碣30多块。

孟希文（1433—1489），字士焕，孟子56代嫡孙，祖父孟思谅。元、明易代之时的战乱乱定之后，邹县知县桂孟寻访孟氏后裔，访得思谅。洪武元年依中兴祖旧例,授予邹县主簿以奉孟子祭祀。再传至孟希文,此人重交情,讲义气,博闻强记,洞察事故,平时生活俭朴,唯爱好文物古董和名人字画,搜集购置颇多,不惜重资。明代宗景泰二年(1451 年)应皇帝诏旨赴都,受封为世袭翰林院五经博士。又于英宗天顺三年(1459 年)把这职位追赠给他的父亲孟克仁。孟氏世职从孟希文开始,授职后,凡皇帝临雍大典及每年万寿圣节,都随曲阜衍圣公同颜、曾等氏后裔一齐赴都参加庆典,享受封建帝王给予的"殊荣"。孟希文历代宗、英宗后元、宪宗、孝宗四朝,于孝宗弘治二年去世,享年 57 岁。

孟公肇,字先文,生卒年不详,为孟子 58 代孙。其父孟亨,是孟希文之次子。公肇 15 岁丧母,事继母孔氏如生母。正德初年,境内纷乱,居民仓促避难。继母孔氏有病不能行,促公肇先逃。公肇勉强背负孔氏奔峄山,得以全命。57 代博士孟元死后,其子公繁年幼不能袭职,朝议令公肇于嘉靖二年(1523 年)暂摄博士事。嘉靖十二年(1533 年),公繁长成,又把博士位让给公繁。对孟公肇的品行人格,当时的地方官和士大夫阶层评价甚高。作第一部《三迁志》的沂州兵备道佥事史鹗与他是好友。

孟承光(1577—1622),字永观,孟子 60 代嫡孙。万历二十九年(1601 年)承袭世职。天启二年(1622 年),"闻香教"首领巨野人徐鸿儒发动起义,5 月 17 日占领邹县。因承光与其长子宏略曾率家人、仆役 30 余人协助官兵攻城,官兵撤围后,教军焚掠了孟宅,杀承光父子及其母孔氏。事后,明政府赠承光为太仆寺少卿,母孔氏为贞淑恭人,子宏略为太常寺丞,次子宏誉荫世袭锦衣卫千户。御制祭文,遣官来邹主持祭祀和旌表。

孟宏誉,孟承光次子。承光长子既已从死,宏略之子闻玉才 7 岁,不能主鬯,遂由宏誉暂袭翰林院五经博士。崇祯二年(1629 年)闻玉长到 14 岁,宏誉便具呈申报朝廷,把世职让还闻玉,自己专任世袭锦衣卫千

户。以后致仕,十几年优游林下。

孟承相(1512—1598),字永卿,号坛峰,邹县人。承相以岁贡生出身授河北保定府深县教谕。先后加级调任唐县、河间。后升任保宁府(治所在今四川阆中县)司理,又擢巩昌府(治所在今甘肃省陇西县)通判。承相为人和易,不显棱角,但临事刚正果严,居官廉慎自守。晚年退职家居,教子孙读书之暇,刻亚圣石像和断机图碑碣两座。参与编纂孟氏家志,刻印苏洵批点的《孟子》一部。

孟贞仁(1639—1715),字静若,孟子 63 代孙。61 代暂摄翰林院五经博士孟宏誉的孙子。宏誉让职给闻玉。闻玉死后,因为无子,世职由宏誉之子闻玺承袭。闻玺抱病,不能"诣阙嵩呼",便把世职传给了 7 岁的儿子孟贞仁。贞仁居然"当拜祝万寿时威仪卒度"。在职 70 年,享寿 77 岁而终。他有 8 子,依次是尚桂、尚质、尚文、尚璲、尚琪、尚瑾、尚玙、尚玑。孟氏 20 户中的"大宗户"都是他 8 子的后代。

孟贞珮(1629—1692),字玉轲,居邹县境内孟子墓所在的四基山下。祖父名宏秀,父亲名闻养。贞珮年轻时补博士弟子员,从清初著名诗人施闰章受业。卒业时考取县丞。曾受孟贞仁委托与邹县县丞林光春共同负责修理孟庙,现其干事才能。康熙二十三年(1684 年)皇帝第一次南巡,归途中经曲阜,谒孔庙。贞珮随孔孟颜曾四氏有功名人员迎驾并参加陪祭。事后降恩旨,凡四氏陪祭人员"皆得越次授职",于是贞珮得同知衔,时年 56 岁。又经五年才实放山西绛州(治所在今山西闻喜县西北)。到任以后兴利除弊。第二年,蒙古准噶尔部的统治者噶尔丹大举进犯内蒙古,康熙帝御驾亲征,命山西转运粮草。62 岁的孟贞珮接此差事,凌风犯雪,转粟运刍,跋涉边塞,直至大军在乌兰布通克敌报捷,才得休息。但积劳成疾,不得不求休致。离任之日,绛州士民拦车哭留,送行的诗歌装了满满一箱。离任后,人们在绛州郊外岔路口立遗爱碑,怀念其功德。休致后一年便病重而死，享寿64岁。贞珮有三子：尚歧、尚嶷、尚岱。二子尚嶷字立轩，以恩贡出仕，做过县令、州佐之类地方官，代理过知府，能作诗文，有《燕山游草》、《游黔见闻录》等书传世。

孟广均（1800—1869），字京华，号雨山，孟子70代主鬯孙。自幼聪颖，博通经史典籍及大家文辞。弱冠补弟子员。道光乙酉科（1825年）拔贡生，戊子科（1928年）中举人，道光十年（1830年）承袭翰林院博士职，后又加主事，晋员外郎衔。孟广均在战乱频繁的清代中晚期主持孟氏家族事务38年，在孟氏历代主祀人中甚是突出。孟广均承袭世职后，修缮庙府林墓，自孟林、孟庙、孟母断机堂、孟府等古建筑群逐一修整，贡献突出。他一生除敦睦亲族、恪供祀事以外，曾主持纂修了《重纂三迁志》，续修《孟氏世家谱》，增补、校勘雍正、乾隆、嘉庆三朝中大量孟氏家族史料；创办"三迁书院"，以教育孟氏族中子弟。治学态度严谨，学问浩瀚而粹密。酷爱金石文物，收藏颇富，故此又号铁樵、金石花竹主人。与当时学人交游广泛，留下许多作品。

孟繁骥（1908—1990），字雪生，孟子第74代嫡裔。毕业于天津南开大学附属中学。"七七"事变后代理府务，在其妻兄协助下，采取新的管理方法，以具体措施整饬孟府。1943年正式承袭亚圣孟子奉祀官世职。同年，创办孟氏小学，并亲授高年级"孟学课"。1949年去台湾。1968年，在台创立孟氏宗亲会，被选为台湾孔孟学会理事。1990年6月26日病逝于台北市宏恩医院。生子祥协、祥肃、祥孚，女莲君，各有成就。

第二节　外徙后裔名人

历代孟氏名人，有的本传上便载明是孟子后裔，有的代系关系分明可据。今据各种孟氏家志所列，参之正史，对历代后裔名人简略介绍如

下：

孟卿，东海兰陵(今山东省苍山县兰陵镇)人。史籍上没有留下生卒年月，名字也已无可考。他的学生后苍在汉武帝时立为博士，他的儿子孟喜在宣帝时立为博士。向孟卿学《礼》的亲传弟子有二人。一为鲁(今山东曲阜)人闾丘卿，后无所闻；另一卓有成就的弟子是后苍。后苍的学生即孟卿的再传弟子，有戴德、戴圣、庆普、闻人通汉等，均有建树。孟卿的三传弟子中有徐良、桥仁、杨荣、夏侯敬、庆咸等。从以上所记授受关系，看出他在今文《礼》学中所起的承先启后的作用。另外，孟卿《春秋》之学传授东海兰陵疏广，也成为大家，立为博士，宣帝时任太子太傅。孟卿在《汉书》中有传，孟氏家志列为孟子第九代后裔。

孟喜，字长卿，孟卿的儿子。生活在西汉武帝至宣帝时代。孟卿觉得《礼经》和《春秋》多而繁杂，所以不要儿子传习父业，而要他向田何的再传弟子田王孙学《周易》。田王孙传孟喜、梁丘贺和施雠。三人各成家，这就是西汉今文《易》学的施、孟、梁丘三学派。孟喜在学术上好自我称誉，他把他的气候阴阳灾变的学说，说成是独得师传。他的同门人梁丘贺对此曾加批驳，说田王孙死时孟喜已回东海，不可能独得师传。又一蜀(郡治在今四川成都)人赵宾，先学术数，后为《易》学，对《周易》文字有妄解之处，且善于巧辩，自我标榜，说他的学说传自孟喜，孟喜竟予以认可。后赵宾死，孟喜也就不再承认，因此降低了威信。孟喜仕途多曲折。先举孝廉，作郎官，后任曲台署长(曲台是汉宫的殿台)，因病免官。后来又作丞相的掾吏。博士员缺，众人推荐孟喜。皇帝听说他不依师法，便不肯用他，直至宣帝时才立为博士。孟喜开创的“孟氏易”学派，学术特点是以六十四卦分配气候，以卦气言《易》。他的亲传弟子有同郡的白光，字少子；沛郡的翟牧，字子兄(兄读 kuàng)，皆为博士，与师并列为翟、孟、白三氏之学。孟喜的另一弟子焦延寿，再传京房，开创了西汉今文《易》学的“京氏学”。孟氏学派以象数之学来说明《周易》，用八卦与阴阳之数预言灾变，固然是虚妄的，但是其中也包含了一些天文、历法和乐律的知识，不乏合理成分。与其卦气相配的学说，后来曾用于历法的推算，其后流于方技，更以后至五代、北宋间的陈抟又歧入道家，并影响宋明理学。清朝人惠栋著《易汉学》，阐发了他的卦气学说。关于孟氏学派的著作现已不存。《汉书·艺文志》著录的有《易经》十二篇，含施、孟、梁丘三家，又有《孟氏京房》十一篇，《灾异孟氏京房》六十六篇。《新唐书·艺文志》仍著录有《孟喜章句》十卷，《京房章句》十卷。清朝人马国翰辑录唐以前散佚的古籍编成了一部《玉函山房辑佚书》。其中有《周易孟氏章句》二卷。“京氏学”今存《京氏易传》三卷。另辑有《周易京氏章句》一卷。此外，黄奭《汉学堂丛书》、孙堂《汉魏二十一家易注》等也有辑录。孟喜在《汉书》中有传。孟氏家志列为第十代后裔。

孟尝，字伯周，会稽上虞人，生活在东汉桓帝时前后。少时为郡户曹吏，后策孝廉，举茂才，拜徐令，迁合浦太守。合浦地近南海，产珠，前任贪财，责民人滥采，致使产量大减。孟尝到任后，变革弊政，珍珠生产得以恢复，受到民人爱戴。去任时，吏民攀辕挽留，孟尝只得夜间乘乡民船遁去。隐居躬耕乡里，年70余，卒于家。孟尝在《后汉书》中有传，孟氏家志列为第13代后裔。

孟光，字孝裕，河南洛阳人，生活在东汉至三国时期。东汉灵帝时为讲部吏，献帝时逃入蜀。刘备定益州，拜为议郎。后主时为符节令、屯骑校尉、长乐少府，迁大司农。正直敢言，无所回避，因此为当政所不喜。延熙九年(246年)秋大赦，孟光独持异议，当众指责尚书令费祎，认为大赦是权宜之计，衰敝穷极，不得已而行之，政治清明的时候，不宜“数施非常之恩，以惠奸宄之恶”。费祎不能答。后来坐事免官，家居90余岁

卒。孟光在《三国志·蜀书》中有传,孟氏家志列为第17代后裔。

孟宗(?—217)三国吴江夏(今湖北省鄂城)人。初名宗,字恭武。后因吴主孙皓字元宗,避讳改名为仁,所以史书上又称他为孟仁。孟宗的主要事迹是孝行。开始时他在骠骑将军朱据幕下任军吏,母亲随军居住。孟宗本就郁郁不得志,又因夜里下雨,母亲的住室漏雨,感到对不起母亲而起来哭泣。后来朱据知道了,便让他做监池司马,升任吴县令。由于不能带家眷到任所去,所以他每得到时新之物必寄给母亲,自己从不先吃,做监池司马时甚至不避嫌送鱼给母亲。早在孙权嘉禾元年(232年),便规定州县的地方官凡父母死去不等交代便擅自离任的,可加重处罚至大辟(死刑)。孟宗的母亲死后,他立即弃官奔丧。丧事毕后自己拘系到武昌,甘受处罚。当时任荆州牧镇武昌的吴国大将陆逊,表述他的素行,为他求情,才减罚一等,并继续为官。孟宗为官有惠政。任豫章(今江西省南昌)郡守时,民人感其德,生子以他的名字命名。后升光禄卿、御史大夫。孙皓宝鼎三年(268年)被任命为吴国司空。到任第四年死去。民间流传着孟宗"哭竹生笋"的故事。传说他的母亲在冬月忽然想吃竹笋,他到林中哀叹,林中竟生出笋来。后世把他与虞、舜、曾参等二十四个有孝行的典型人物列为"二十四孝",作诗绘画进行表扬,在民间很有影响。孟宗在《三国志》中有传。孟氏家志把他列为第19代后裔。

孟观,字叔时,晋时渤海东光人。惠帝时为殿中中郎。当时杨骏专权,楚王司马玮将讨杨骏,孟观为贾皇后宣诏旨,述杨骏罪恶。杨骏被诛以后,孟观被任为黄门侍郎,迁积弩将军,封上谷郡公。氐族首领齐万年在关中起事,拥众数十万。诸将相继为其所败。朝廷用孟观讨齐万年。观率领宿卫兵及关中士卒,亲冒矢石,经数十战,大破氐军,生擒齐万年,威震氐羌。为此,转东羌校尉,征拜右将军。赵王司马伦篡位,署孟观为安南将军，监河北诸军事，假节钺，屯兵宛地。他的儿子孟平为淮南王司马允的前锋将军，讨司马伦时战死。因为孟观拥兵在外，遂假称孟平为司马允所害，赠积弩将军以安孟观之心。齐王司马冏起兵讨司马伦，许多人劝孟观响应齐王冏。孟观迷信星象，以为紫宫帝座没有变故，应在司马伦身上，所以不从众议，八王乱定后，以从司马伦的原因被杀，传首洛阳，夷三族。孟观在《晋书》中有传。孟氏家志把他列为第21代后裔。

孟嘉，字万年，生活在东晋元、明、成三帝时代前后，即公元4世纪前半期，无确切生卒年代可考。本籍江夏鄂（今湖北省鄂城）人，因为他的曾祖父孟宗卒葬新阳县（今湖南省宁乡西北），后世遂在那里定居。孟嘉与东晋两位历史名人有姻亲关系。他的妻子陶氏是东晋名将大司马陶侃的第十个女儿。他的第四女又是东晋诗人陶潜的母亲。陶潜有为外祖父写的传记，当然只是正史本传以外的别传。但是实际上后出的《晋史》中的本传（附桓温传后）只是陶潜所作传记的节录，孟氏《三迁志》中关于孟嘉生平的文字也是照抄陶潜的，所以说他是借陶潜才得以在历史上留名。传中说他“始自总发，至于知命，行不苟合，言无夸矜，未尝有喜愠之容”。活了53岁，只作过从事、功曹、别驾之类小官，最高做到征西大将军桓温的长史。没有什么可称述的事迹，但陶潜记述了他生活中的几个小故事，活脱地画出了他不同流俗的人格和风度。晋明帝妻兄庾亮，是东晋著名大臣，成帝时任太尉，都督江荆豫益梁雍六州诸军事，领江、荆、豫三州刺史，镇武昌，任命孟嘉为江州属郡庐陵郡（今江西省吉水东北）从事。任满回武昌，庾亮接见了他，问当地风俗得失。他答不知道，得问下边的人。庾亮很欣赏他不加矫饰的诚实，用麈尾掩口而笑。众人散去，庾亮说：孟嘉真是个有盛德的人啊！又任命他为劝学从事。当时任豫章郡（今江西省南昌）太守的褚褒，到武昌去进谒庾亮，

庾亮设宴招待。孟嘉因为官阶低,座次很远。席间褚裒向庾亮打听孟嘉,庾亮说他也在座,请褚裒自己去找。褚裒满场寻觅,一个一个地观看,最后指着孟嘉说,只有这个才是。其气度出众可以想见。东晋权臣桓温于永和元年(345 年)任征西大将军、荆州刺史,继庾氏之后握长江上游兵权,任命孟嘉做他的参军。九月九日重阳节登高,桓温率全体僚属和宾客游龙山。当时大家都穿军服,忽然一阵风把孟嘉的帽子吹落,他竟毫不知觉。桓温有意开他的玩笑,用眼色指示众人不要告诉他。过了一会,孟嘉去上厕所,桓温命当时著名文士孙盛写文章嘲笑他。文章写成,放在他的座位上。孟嘉回来见到,立即索笔作答,不假思索而文辞华美,四座叹服,从此留下了“龙山落帽”的典故。

孟陋,字少孤,孟嘉之弟。读书,通“三礼”,曾为《论语》作注。隐居不仕,布衣蔬食以文籍自娱。晋简文帝司马昱为会稽王辅政时,召为参军。后来桓温还亲自登门去请,皆不出。《晋书》把他列入《隐逸传》中。孟氏家志把他和孟嘉都列为第 22 代后裔。

孟怀玉(385—415),平昌安丘(今山东省安丘西南)人。南渡后居京口(今江苏省丹徒县治)。东晋大将、南朝刘宋开国皇帝刘裕手下大将。刘裕伐孙恩,以怀玉为建武司马。又助刘裕讨桓玄,从平京口,定京邑,因功封鄱阳县侯,食邑千户。又以平卢循功加阳丰县男,食邑 250 户。官做到太尉、咨议参军、征虏将军。义熙八年(413 年),迁江州刺史。不久又督江州、豫州之西阳、新蔡、汝南、颍州、司州之松、滋六郡诸军事,南中郎将,仍兼江州刺史。当时荆州刺史司马休居长江上游有异志,所以任命怀玉防备他。义熙十一年,加持节。当年卒于任所,赠平南将军。

孟龙符(378—410),骁勇有武艺,少年时即好游侠,受知于东晋大将军刘裕,以军功封平原县五等子。当时南燕国王慕容超据广固。刘裕伐广固时，以龙符为车骑将车，加龙骧将军、广川太守，领兵为先锋。军行至临朐，与敌人争夺水源，击退了敌人。乘胜追击时陷入重围中被杀。追赠青州刺史。《宋书》本传称龙符为孟怀玉之弟。怀玉卒于义熙十一年，寿31岁，而龙符伐广固阵亡当在义熙六年，寿33岁，据此推算尚长于怀玉七岁，不知何以致误。孟怀玉、孟龙符二人，《北史》、《宋书》俱有传。孟氏家志把他们列为第23代后裔。

孟威（？—536），字能重，河南省洛阳人。在北魏由东宫齐帅、羽林监，累迁沃野镇将。以通晓北人言语及熟悉北土风俗，屡次出使高昌、蠕蠕等处。北魏节闵帝普泰年间任大鸿胪卿，加骠骑大将军、左光禄大夫。天平二年卒，赠司空。《北史》、《魏书》俱有传。孟氏家志把他列为第26代后裔。

孟诜，汝州梁（今河南省临汝）人，唐高宗时进士。由凤阁舍人，历任春官侍郎、同州刺史，中宗神龙初年致仕，隐居伊阳山治方药。睿宗时又将召用，以老固辞不受。平时曾向人说："养性者善言不可离口，善药不可离手。"这说法得到当时人们的赞同。开化初年卒，年33。新、旧《唐书》俱有传。孟氏家志把他列为第31代后裔。

孟浩然（689—740），襄阳（今湖北省襄阳）人，年轻时应过进士考试，没有考中，在家乡的鹿门山隐居。为人行侠仗义，救人患难。早年已擅诗名，为李白、张九龄、王维所赞赏，并先后建立起很好的友谊。李白著名的《赠孟浩然》诗，称他为"夫子"，对这位年长12岁的诗人表示了十分的尊重和敬仰。孟浩然一生大部分时间过着隐居生活，以布衣终老。其实，他并非真正甘心退隐，像许多被儒家思想熏陶的封建士大夫一样，也很想出来做一番事业。为了实现其用世的抱负，他在40岁那年离开家乡到长安求官。张九龄和王维都曾向皇帝推荐过他。在一个意外的场合见到了唐玄宗。那时王维为翰林待诏，私自把他带进内署，不

料玄宗皇帝偶然来到。浩然避匿床下,王维不敢隐瞒,具以实告。皇帝表示早就闻此人的名字而没能见到,为什么藏起来呢?命他出来,问他的诗作。于是浩然向皇帝再拜,背诵自己以前所作诗篇给皇帝听。背到《岁暮归南山》一诗,中有“不才明主弃,多病故人疏”之句,触了皇帝的忌讳。皇帝说是你自己不愿做官,为什么赖朕弃你呢?竟因此而放还不用。他有一首《留别王维》便是这次临行时作的。诗最后两句说:“只应守寂寞,还掩故园扉。”表达了因功名不遂而产生的退隐的愿望。山南东道采访处置使、荆州刺史韩朝宗回京,愿偕孟浩然同行,便向朝廷推荐。本已约定行期,届时他却与友人相聚欢饮,有人提醒他与韩公的约会,他说,喝起酒来哪里还顾得上这些事!竟没有去,事后也没有后悔。开元二十四年(736年),张九龄罢相不久又左迁荆州长史。孟浩然上《临洞庭上张丞相》诗,诗中说:“欲济无舟楫,端居耻圣明。坐观垂钓者,徒有羡鱼情。”既然伏处草莽愧对明主,便是又想出仕了。张九龄果然把他召到府署里,任为从事。二三年后,张九龄回籍展墓(实际是休致),府署撤销。不久九龄病卒,孟浩然也于同一年患背疽而死。孟浩然诗上承初唐,下启盛唐,有《孟浩然集》传世,存诗260多首。多表现遁世隐居的生活情趣和描写山水景物、旅游风光、田园生活。诗风蕴藉含蓄,出语平易而情景交融,含义隽永。《唐书》有传,孟氏家志列为第33世。

孟简(?—824),字几道,德州平昌(今山东省商河西北)人,孟诜的曾孙。孟简是进士出身,做到仓部员外郎。因与领户部兼度支盐铁副使王叔文不合遭到排挤。宰相韦执谊和稀泥,“为徙他曹”。(韩愈有《雨中寄刑部几道》联句,大约作于元和元年,故知当是转到刑部。宪宗元和年间拜谏议大夫知匦事,掌管吏民投匦上书)。河北藩镇王武俊的孙子袭成德军节度使王承宗反,宪宗命他宠信的宦官吐突承璀为行营招讨

处置使，发左右神策军及河中、河南、浙西、宣歙诸镇兵马讨王承宗。孟简以为不可，与谏官李鄘、许孟容、白居易等齐集延英殿力争，说是自古没有宦官作大帅的。宪宗不得已，把行营招讨处置使改为招讨宣慰使。可是仍然按命将出师的礼节，皇帝亲御通化门送行。皇帝又抓了孟简谏诤时"悻切"（态度不好）这个罪过，把他贬出为常州刺史。在常州，当地旧有渠道已经淤塞作废，孟简督率吏民开挖疏通渠道41里，可灌溉田地40万亩。因治水的劳绩而"赐金紫"（金印紫绶，只有位至宰相、列侯才能用。所以赐金紫就是给予相当于宰相、列侯级别的荣誉）。这条渠道便以他的姓氏为名，叫做"孟渎"。此后，孟简在仕途上仍然不顺。先是由常州刺史召入为给事中，又出为浙东观察使，又以工部侍郎召还，转户部加御史中丞。按惯例当时这一职位颇受重视，宰相往往由此晋升。前任崔群便是升了宰相而由孟简接任的。不料后来却又外放为山南东道节度使，他非常不满意。谁知当时有诏旨设置临汉监，负责牧养官马，命孟简兼临汉监使。皇帝的官马监，宦官事事插手，孟简也就不能不与他们应付。他的亲吏陆翰负责起草章奏文书，也做些与宦官打交道的事情。此人骄横跋扈，并且擅自与宦官们拉起关系。孟简愤怒，追还陆翰，用私刑处死。于是有人告发，降为太子宾客分司东都，再贬吉州司马。后来遇赦转睦州刺史，后又调任，第二次到常州任刺史。最后又回到太子宾客分司东都任上，病死。孟简对朋友重信义，能写很好的诗文，在江淮间很有名。晚年信奉佛教，曾与刘伯刍等人翻译过梵文经典。孟简在《唐书》中有传。在孟氏族中的代系，按孟诜推算当为34代。

孟云卿，平昌（今山东省商河西北）人，生活在玄宗、肃宗时代，具体生卒年月不详。天宝年间应过进士考试，没有考中。肃宗时曾任校书郎。善作诗，其作品语言朴素，反对藻饰。有时能反映一些当时的生活现实，如《伤时》二首中有"虎豹不相食，哀哉人食人"之句。与杜甫、薛

据等为友。杜甫有《酬孟云卿》一诗，诗中有“相逢虽衰衰，告别莫匆匆……明朝牵世务，挥泪各西东”之句。元结、韦应物诸人也都很看重他的作品。孟氏家志把孟云卿列为第34代后裔。

孟郊（751—814），字东野，湖州武康（今浙江省德清县）人。年轻时隐居嵩山，40多岁才入都应试。唐德宗贞元十二年（796年）中进士，已经46岁。50岁得到个溧阳尉（掌一县的军事，位在县令下）的官职。这个县内有投金濑、平陵城等风景优美的地方。他经常在这些地方徘徊流连，终日行吟，不管公务。县令便禀明府太守，另委一人代理他的职务，分取他一半官俸。在这种情况下，孟郊便辞职回家了。元和元年（806年）前宰相郑余庆为东都留守，因李翱的推荐，任命他为水陆转运从事，还作过协律郎。在洛阳为官的这一段时间，与周围的人们关系不洽合，还受过一些攻击，处境孤独，生活比较困窘。又因三个儿子都在很短的时间内相继夭殇，所以日子过得也很凄苦。元和九年（841年），郑余庆出镇兴元，又表奏孟郊为参谋、试大理评事。他带老妻从洛阳到兴元（今陕西省汉中市），只走到阌乡（今河南省灵宝）就得暴病，结束他凄凉悲苦的一生，年64岁。孟郊身后萧条，靠郑余庆、樊宗师、韩愈、张籍这些朋友帮助，买棺殡殓，运回洛阳安葬。剩余的一些钱财接济他的家人。殡葬时依张籍提议，朋友们私谥他为“贞曜先生”。韩愈为他写了墓志铭，对他的诗给予很高评价，对他穷愁困窘的生活深表同情。孟郊的诗长于古风、乐府，内容多悲叹自己的穷愁孤苦。因为多发寒苦之音，因而后世把他与贾岛并提，有“郊寒岛瘦”之称。也有许多反映劳苦大众苦难生活，为他们诉不平的作品，如《织妇辞》、《寒地百姓吟》等。孟氏家志把孟郊列为35代后裔。

孟元阳（？—814），行伍出身，起于陈、许二州军中。善治军，为大将时曾率军在西华（陈州境内，在今河南省）屯垦。他在盛夏季节穿着草鞋立在稻田中指挥军士耕作，做活的都休息了才离开。所以他督理的屯田年年丰收，军食不缺。后来以军功加御史大夫衔。唐宪宗元和初，拜河阳节度使、检校尚书。元和五年拜右仆射、昭义节度使。入朝为羽林统军，封赵国公，拜左金吾大将军。元和九年卒，赠扬州大都督。元阳在新、旧《唐书》中俱有传。孟氏家志把他列为37代后裔。

孟方立（？—889），邢州平乡（今河北省平乡县）人，出身行伍。在昭义军中为先锋，驻天井关（在今山西省晋城县南太行山顶），潞州军乱，裨将成邻杀节度使高浔。方立乘机引兵自天井入据潞州，斩成邻。唐朝政府遂命方立为昭义军节度使。昭义军原来节制五州，即泽（今山西省晋城县）、潞（今山西省长治市）、邢（今河北省邢台市）、洺（今河北省永年东南）、磁（今河北省磁县），镇治在潞州。方立以为潞州山川高险而人性剽悍，常发生兵乱驱逐镇将，而且他本人是邢州人，所以把军镇治所迁到邢州去。潞州当地豪强势力对迁徙治所不满，遂由昭义监军祁审诲出面向河东节度使李克用乞师，要求恢复昭义军。李克用便差他的从弟李克修取泽、潞二州。表奏克修为节度留后，孟方立自以太行以东的邢、洺、磁三州为昭义军。于是有了两个昭义军，长年攻战不休，对农业生产造成极大破坏，赤地千里。唐昭宗龙纪元年（889年），李克用遣李罕之、李存孝攻邢洺，大败孟方立军。方立力屈，被围困在邢州，粮尽援绝，服毒自杀。

孟迁（？—901），孟方立的堂弟，原在孟方立属下为洺州刺史，在军中颇得众人拥护。孟方立死后，被推戴为节度留后。他向宣武军节度使梁王朱全忠请救，以抗晋军。朱全忠正进攻时溥，不能分兵。便派了王虔裕仅带300人去敷衍他。唐昭宗大顺元年（890年），李存孝又攻邢州。孟迁执送王虔裕等300人降晋。晋把孟迁全族迁到太原，命孟迁为汾州（今山西汾阳）刺史。后来又取得信任，重任泽潞节度使。唐昭宗

天复元年(901 年),梁派遣氏叔琮出天井关攻晋。孟迁又降梁,为梁兵带路攻太原,没有攻克,氏叔琮还军,带孟迁归梁。梁太祖憎恶孟迁反复,把他杀了。

孟知祥(874—934),字保胤,邢州龙冈(今河北省邢台)人。祖父名孟察,父亲名孟道。孟方立是其伯父。孟迁降梁时,知祥的父亲孟道仍留在晋。知祥娶李克用弟克让之女。后唐庄宗时为马步军都虞侯、太原尹、北京留守。前蜀王衍降唐,命知祥为成都尹、剑南西川节度副大使行节度使事。遂于同光二年(924 年)入川。庄宗死后,明宗入主,枢密使安重诲专权用事,因为知祥是庄宗旧人,颇遭疑忌,用客省使李严为西川监军以制孟知祥。李严前曾出使两川,献策伐前蜀王衍,因此遭蜀人怨恨。李严至成都,孟知祥把他杀掉。明宗不加追究,遣使慰谕,并送其妻琼华公主、妾李氏及子孟昶入川。但是安重诲继续对孟知祥排斥、打击,派亲信到两川节度使管辖下的诸州去,并带兵赴任,多者两三千人,少者亦不下 500 人。明宗天成四年(929 年),安重诲派夏鲁奇为武信军节度使,分东川的阆州为保宁军,派李仁渠为节度使,又以武虔裕为绵州刺史。西川孟知祥、东川董璋皆大惊恐,于长兴元年(930 年)九月,相继起兵反唐。董璋破阆州,擒杀李仁矩。孟知祥杀夏鲁奇于遂州,击退奉命讨蜀的石敬瑭。安重诲被谗言得罪而死。明宗又对孟知祥采取笼络政策。长兴三年(932 年)知祥攻杀董璋,并有东西两川。明宗就势拜知祥检校太尉、中书令、行成都尹、剑南东西两川节度、管内观察处置统押近界诸蛮兼西山八国云南安抚制置等使,但是仍不遣还他留在洛阳的家属。明宗死后,愍帝应顺元年闰正月,知祥即皇帝位,国号蜀,史称“后蜀”,定年号“明德”。这时后唐内乱,潞王李从珂在凤翔起兵,唐山南西道节度使张虔钊、武定军节度使孙汉韶带着管辖的地盘降蜀。这年六月,虔钊等到成都,知祥设宴慰劳,席间得病,手缓不能举觞祝酒。七月

病死，在位七个月，享寿61岁。谥为“文武圣德英烈明孝皇帝”，庙号高祖，葬和陵。

孟昶(919—965)，初名仁赞，字保元，孟知祥第三子，是媵妾李氏所生。孟知祥建后蜀国后以孟昶为东川节度使，同中书门下平章事。知祥死后，孟昶即位，仍称明德元年，直到明德四年才改下一年为广政元年。孟昶即位以后朝中多是知祥时的旧人，知祥生前待他们过于宽厚，知祥死后他们更加骄纵，夺人良田，广造宅第，做出种种横行不法的事情，人民十分怨恨。孟昶先后杀李仁罕、张业等，把政权牢牢掌握在自己手中。开始时颇有成事的气魄，他准许人民上书言事，使下情得以上达。他攻取凤州(今陕西省凤县)，降秦(今甘肃省秦安北)、成(今甘肃省成恩)、阶(今甘肃省武都)三州，使后蜀疆域恢复到前蜀王衍时的规模。孟昶借晋汉之际中原多事的机会雄踞一方，国内比中原地区相对安定。但是君臣渐渐奢侈起来，“至于溺器皆以七宝装之”。以致国势日削，后周时又失去了秦、成、阶三州。宋朝建立后，宋太祖派王全斌等带兵伐蜀，蜀将王昭远轻敌致败。孟昶命他的儿子玄哲率精兵数万守剑门，玄哲挈带爱姬，并带几十个伶人和乐器同行，自然兵无斗志，纷纷奔溃。宋兵渐渐逼近，老将石頵建议聚兵坚守。孟昶叹道：“吾与先君温衣美食养士四十年，一旦临敌，不能为吾东向放一箭。虽欲坚壁，谁与吾守耶?”于是奉表降宋。被带到宋都汴梁，拜检校太师兼中书令，封秦国公。只过了7天便死了，寿46岁，追赠楚王。自孟知祥入蜀，至孟昶降宋，父子相继凡40年。

孟方立、孟迁、孟知祥、孟昶一系，新、旧《唐书》、新、旧《五代史》俱有传。孟氏家志把孟方立、孟迁列为孟氏39代后裔。但家志不载孟知祥父子。从孟方立世系推算，孟知祥为第40代，孟昶为41代。

宋哲宗昭慈圣献孟皇后(1077—1135)，洺州人，祖父孟元。眉州防

御使、马军都虞侯、赠太尉;父孟在,荣州刺史。后于宋哲宗元祐七年(1092年)被选入宫,册立为皇后。后来刘婕妤有宠,臣章惇、内侍郝随等迎合刘氏告孟皇后在宫禁中以符水治病和用女尼进行祷祠活动,于绍圣三年(1096年)被废,出居瑶华宫,号"华阳教主"、"玉清妙静仙师",法名"冲真"。中间一度还宫,不久又被逐出,过了30年的贬谪生活。靖康初(1126年)所居住的瑶华宫失火,徙居延宁宫;延宁宫又失火,只得出居相国寺前内侄孟忠厚的私宅里。第二年,金兵攻克汴京,掳徽、钦二帝及六宫有位号者北迁。孟氏独以废去名号,又出居宫外因而获免被掳。金兵退后,僭位"楚皇帝"的张邦昌迎孟后居延福宫,尊为元圣皇后,垂帘听政。孟后差人迎康王赵构即皇帝位,尊孟氏为元圣太后,后改隆圣太后。后来在苗傅、刘正彦作乱请废皇帝立太子时,太后再次垂帘听政,利用韩世宗平乱。由于两度对高宗的支持,对南渡后的政治稳定起了很大作用,因此与高宗保持如母子一般的关系。高宗每得时新果品,必先献给太后,然后自己才敢品尝。宣教郎范焘与太后侄孟忠厚有隙,诬奏太后密养钦宗的儿子。高宗不信,治密告者的罪。绍兴五年,孟后患风疾,皇帝不离左右,连日衣不解带地侍候。四月病死,年59。皇帝穿重服,丧祭用母后临朝礼。上尊号"昭慈献烈皇太后",后改谥号为"昭慈圣献皇太后",推恩外家受封爵的50人。

孟忠厚(?—1157),字仁仲,浼州人。父亲孟彦弼是哲宗隆圣皇后之兄。忠厚于徽宗宣和年间官做到将作少监。靖康元年知海州,召入京师代理卫尉卿。因为奉太后命迎立高宗之故授徽猷阁待制、显谟阁直学士。惯例外戚不宜居宰相位,因此台谏官交章论列,皇帝碍着太后的面子不便处理,太后知道后立刻命改为武职。因此改授常德军承宣使、开府仪同三司、信安郡王。历判镇江、明州、婺州、福州、建康、绍兴、平江等地。加少保、万寿观光使、提举秘书省等官。忠厚奉孟太后训示避远权势，太后从来不为外家乞恩，忠厚也曾要求裁节本家恩典。但高宗因为孟太后的缘故待忠厚特别优厚。忠厚本与秦桧有内亲关系，但不依附秦桧，因此遭秦桧疑忌，曾一度罢为醴泉观使的闲职。秦桧死后才又召回重用。绍兴二十七年卒，赠太保，恩荫三个儿子皆直秘阁，亲属六人皆进一级官职。

孟太后和孟忠厚在《宋史》中都有传。孟氏家志失载。据《绍兴县志资料》第一辑《民族、氏族上》“独树村孟氏”条下记载：“孟子居邹为邹人。至五代时有名度者，自兖分徙于洺。度生庭训，庭训生尚进，尚进生元，元生公随公齐。随从父居，而公齐归兖…公随自洺迁卫州共城。子在生女为哲宗皇后，遂由共城徙汴梁。在子彦弼扈后南渡至越州。今越之孟氏皆其后也。此孟氏南北两支之所由分也……在之女其册立诰敕曰：‘邹鲁华胄，流光储祉’，则其为亚圣世裔因无可疑。今就越之支系考之，彦弼长子忠亮曾返洺州奉世祀。忠亮子庾则居绍兴孟家桥。次子忠厚与其长子德璘居绍兴府治右赐第……”据此，比较《宋史》记载，孟在与孟彦弼之间，多出公随、公齐一代，按公随与公齐同代推算，孟太后当为46代女，孟忠厚为47代。另据《孟子世家黄县支谱》提供的资料，定孟后祖父孟元为42世。孟元生43世孟庾（《宋史》当为孟在），孟庾生孟皇后。则孟后为44代女，孟忠厚为第45代。

孟宗政，字德夫，本籍绛州。祖父孟安、父亲孟林都在岳飞军中，从岳飞到随州枣阳，后世便在那里定居。宗政自幼豪侠，有胆略。宋宁宗开禧二年（公元1206年）金兵进犯襄、郢一带（在今湖北），宗政率义士利用险要地形袭击金兵，夺取金兵辎重，从此被录用为承节郎、枣阳令，转秉义郎、京西钤辖，驻扎襄阳。宁宗嘉定十至十二年（1217—1219年），连续三年保卫枣阳一带，无数次喋血苦战，先后挫败完颜赛不、完颜讹可等金将。升荆鄂都统制，仍知枣阳军。他招纳中原归来的遗民，

安排他们的生活。组织其中勇壮者为忠顺军,给金人以很大威胁,金人称他为“孟爷爷”。后因病疽而卒,赠右武大夫、团练使、防御使。宗政善治军,罚不避亲,赏不避怨。初到枣阳时身边的差人犯令,立斩之。为此得到军民爱戴,死时,军民痛哭,边城为之罢市。

孟珙(1195—1246),字璞玉,孟宗政的儿子。孟珙的青年时代正值金国衰落,受蒙古人逼迫,金宣宗妄图南侵宋朝,在南方扩地立国。宋宁宗嘉定十年(即金宣宗兴定一年,公元 1217 年),金宣宗发兵渡淮河,分道南侵。乌古伦庆寿侵樊城,围枣阳。孟珙的父亲孟宗政受荆湖制置使赵方的命令抵御金人。孟珙向其父献策,在金兵必经之路的罗家渡设伏,乘金人半渡邀击,歼灭过半。接着宗政奉命援枣阳,战场上父子失散,孟珙在万马军中把父亲救出。十二年(1219 年),金将宗颜讹可率步骑 20 万,分两路攻枣阳。金兵环集城下,孟珙登城放箭,敌军应弦而倒,众将士叹服。宗政命孟珙绕道劫金人,破金军 18 寨,斩首千余级。其勇敢和谋略得到制置使赵方的赏识。蒙古军步步南下,金哀宗弃汴京出逃归德,又由归德逃至与宋接壤的蔡州(今河南省汝南)。金哀宗天兴元年(即宋理宗绍定六年,公元 1233 年),南宋与蒙古相约攻金。孟珙当时任修武郎、鄂州江陵府副都统制,奉命率两万人攻蔡州。孟珙至蔡州,与蒙古将领倴盏射猎割鲜饮马奶酒,相约为兄弟。蔡州城外有柴潭,潭上筑楼,伏巨弩设防。孟珙决堤把潭水引入汝水河中,又用薪草填潭,从潭上行军攻城。1234 年初,孟珙军从南城奋勇先登,攻克蔡州,金国宰相乌古伦镐被俘投降,元帅乌林答阵亡,金哀宗自焚,金国灭亡。次年(1235 年),蒙古窝阔台汗便大举南侵,其第三子阔出及宗王口温不完等相继攻克襄阳、郢州、枣阳、光化等地。1238 年,孟珙被任命为荆湖制置使。连续三次战胜蒙古军队,先后收复了信阳、樊城、光化和襄阳。孟珙向朝廷上奏章说:“襄樊为朝廷根本。今百战而得之,应加经理。”于是他招纳降人，扩编军队，派兵分驻新野、樊城及唐邓之间，扭转了荆襄地区的抗战形势。1240 年，孟珙拜宁武军节度使、四川宣抚使兼知夔州。西川制置使陈隆之与副使彭大雅有矛盾，互相上奏章攻击。孟珙写信责备他们，大意是：国事到了这个地步，合智并谋还恐怕不能挽救国家的危亡，怎能再为私而斗呢？二人接书非常惭愧，于是与孟珙合作整顿蜀政。列出徭役不均、赏罚不明、官吏贪污、减扣军粮、上下互相蒙蔽欺骗等几条弊端，发文到各郡县，进行大力纠正。又选择险要之地设立寨栅，安集流民，大兴屯田。从秭归到汉口之间，设 20 屯，170 庄，垦田 1880 多万亩，解决了军食不足的困难。1242 年，朝廷派另一抗战派将领余玠为四川安抚制置使接替孟珙，使孟珙专任荆湖。余玠路经孟珙驻守的江陵，孟珙以屯米十万石助饷，派兵六千护送入川。可见其识大体、顾大局的精神。在抗战派将领们努力经营之下，南宋朝廷一时又有了一些振作的景象。孟珙正当要有所作为的时候，不幸因病殁于江陵任所，年仅 52 岁。赠太师、吉国公，谥忠襄。他在病重时尝叹道："三十年收拾中原人，今志不克伸矣。"孟珙学问精邃，对《易经》有研究，曾作《警心易赞》六十四章，系于《周易》六十四卦之后。兼通佛学，自号"无庵居士"。平居生活俭朴，不蓄财产。临阵叱咤风云的大将，退归私邸则焚香扫地，隐几而坐，像个读书人的样子。他对待部下有恩，虽然名高位重，但对老兵退卒都能平易和蔼地接待，所以能深得众人之心。

孟宗政与孟珙，孟氏家志失载，以前之世系不详。20 世纪 40 年代编定的《孟氏世系表》（未付印，稿藏孟府档案中）定孟宗政之祖父孟安与大宗支孟宁同辈，为 45 代。则孟宗政为 47 代，孟珙为 48 代。《孟子世家黄县支谱》提供的资料与此说一致，可从。但称孟安为孟忠厚次子，这在《宋史》各该本传中无此记载，而且里籍也不合。或真或伪有待考证。孟珙生二子，长子之经，是今湖南安乡一支和湖南桃源一支的祖

先;次子之缙,是今宁乡一支的祖先。

孟思诚(1360—1438),字自明、诚之,号古佛,系属孟氏流寓韩国的一支。先是唐昭义军节度使孟方立之次子孟承训于公元888年移居朝鲜半岛。下传十三世名孟仪,官吏部典书,封新昌伯,故其后称“新昌孟氏”。韩国孟氏族众称孟仪为新昌孟氏始祖。孟仪生孟裕,裕生希道,希道生思诚。思诚生于高丽恭愍王九年庚子七月十七日。年27岁参加丙寅文科考试,获状元及第,授艺文春秋馆检阅。1392年,朝鲜太祖李成桂新中国成立后,官内史舍人、礼曹议部。太宗朝为大司宪。世宗九年丁未年(1427年)拜右议政,不久升左议政,领经筵集贤院事。世宗十七年乙卯年(1435年)76岁致仕。二十年戊午,年79岁,十月四日卒于温阳乡,赠谥文贞。其思想秉承儒家德治主义,处世清白,不治家产,享有很高声誉。家居后以道学教养后进。著作有《太宗实录》、《高丽史》、《八道地理志》、《新撰经济六典》四部主撰的官书。通音律,整理高丽歌乐。作有《观天庭歌词》及汉文诗《燕子楼》等名篇。妻崔氏,系高丽侍中崔莹之孙女,大护军崔潭之女。生二子,长归美,官通训大夫、司宪府监察,赠工曹参判;次得美,官富宁府使,赠正宪大夫,汉城府尹,佥知中枢府事。其后裔繁荣昌盛,至今寓居韩国的孟氏族人已达二万余人。

孟称舜,字之若,又字子适,或作子塞,会稽山阴(今浙江省绍兴)人,一作乌程(今浙江省吴兴)人。生活在明末清初时代,生卒年不详。《绍兴县志》有记载,属于南支孟忠厚的后裔,具体是第几代已无考。他在明崇祯年间考中秀才,戏剧创作活动大致在明末的天启崇祯时代。创作风格受汤显祖影响,重文采辞藻和人物刻画,被认为是临川派戏剧作家。其作品多写缠绵悱恻的爱情故事。一生写作传奇5种、杂剧6种。现存的有传奇《二胥记》、《贞文记》、《娇红记》3种;杂剧《英雄成败》、《死里逃生》、《花前一笑》、《眼儿媚》、《人面桃花》5种。以《娇红记》为代表作。孟称舜在编选出版杂剧剧本方面也作出了贡献,他选刻了两部杂剧选集。一部婉丽近似柳永“杨柳岸晓风残月”的风格,因名《柳枝集》,选编《倩女离魂》等杂剧26种;另一部雄健略似苏轼“大江东去”的风格,因名《酹江集》,选《汉宫秋》等杂剧30种。并附钟嗣成《录鬼簿》,介绍元代杂剧及散曲作家一百多人的生平及作品。两部选集合称《古今名剧合选》。

武林唯七(1672—1703),日本义士,孟子后裔,属南支孟忠厚一系。祖父名孟治庵,东渡日本。据其墓碑记载:“治庵名士式,明杭州武林郡人。漂流仕长门国,称孟二官。后仕艺藩为医官,改名武林治庵。明历三年丁酉(当公元1697年)五月十八日病死,实亚圣孟子六十一世裔也。”其墓地在日本广岛泰市南湘院。治庵生二子:与一郎、式重。式重又生二子:尹隆、隆重。隆重即武林唯七。唯七仕赤穗藩主浅野长矩,为近侍祇侯。元禄十四年(1701年),长矩被江户幕府的朝使吉良义周谋害致死。1702年12月,长矩的家臣、武士们为他报仇,进攻吉良官邸。这就是“赤穗事件”。肇事后自首,于1703年2月4日同时剖腹自尽殉主,共47人,称为“四十七士”,或“赤穗四十七义侠”。武林唯七是其中的主要人物。就义前曾赋绝命诗:“三十年来一梦中,舍生取义几人同,家乡卧病双亲在,膝下奉欢恨不终。”关于武林氏后人有武林吉之丞所作《先祖由绪书并略系图》,记长支与一郎一系。次支式重——唯七一系不见记载。1940年,王梓生氏作《武林孟氏考》颇详。近年来,该支孟氏族人托新闻界来华人士与邹城市孟氏宗支联系,带来记述其世绪的文字资料,是为整理本文的主要依据。

孟洛川,名继笙,字鸿升,清末民初人,近代企业家,居山东章丘旧军镇,旧军孟氏十大堂号之一的矜恕堂孟传珊的第四子。他创办的主要商号是瑞蚨祥绸布店和泉祥茶叶店。他以圣贤后裔自矜许,讲究忠恕与推

己及人。将儒家的哲理用于经商和治家。他以《大学》里面“生财有大道;生之者众,食之者寡,为之者疾,用之者舒,则财恒足矣”这几句话作为经营方针。因货真价实,童叟无欺而饮誉中外。孟洛川有民族气节,在商场上与外国侵略势力进行斗争。也做过救灾、赈济方面的慈善事业。

孟养轩,名广宦,号养轩,与孟洛川同时,是孟氏十大堂号中进修堂孟传珠之孙,也是经商的能手。他创办的商号有谦祥益、隆祥、益和祥(以上均营绸布)、鸿祥(主营茶叶)等。

孟宪承(1894—1967),江苏省武进县人,我国现代著名学者、教育家,孟子72代后裔。幼年就读于常州中学堂,后进上海南洋公学预科。1916年圣约翰大学毕业,考取公费留学,在美国华盛顿大学专攻教育学。1920年获硕士学位,翌年赴英国伦敦大学研究所深造,1921年回国,在东南大学和圣约翰大学任教。此后在清华大学、南京高等师范学堂、东南大学、北京师范大学等校任教,抗日战争期间在湖南等地院校讲学。1949年后在浙江大学发起“新教育研究会”。1959年调上海,历任华东军政委员会委员、华东行政区教育部长、上海市教育学会会长、华东师范大学校长等职。一级教授,先后当选为第一、二、三届全国人大代表,上海市第三、四届政协副主席。孟宪承长期坚持中外教育史研究,治学严谨,知识渊博,著作等身。其教育理论著作有:《新中国教育史》、《教育概论》、《教育通论》、《西洋古代教育》、《教育与文化》、《现代教育的两大思潮》、《查特斯论编制师范课程的原理》、《现代教育的趋势》、《高等教育新试验》、《民众需要的什么教育》、《苏联和美国的成人教育》等。还翻译了不少西方教育名著,如威廉·詹姆斯的《现代学说》、杜威的《教育与思维》、克柏屈的《教育方法原理》、波特的《教育心理辨歧》等。晚年编《中国古代教育文选》和《中国古代教育资料》,取材广博，立论精当，被列为高等学校教科书。

孟宪民（1900—1969），江苏省武进县人，孟子72代后裔。我国著名矿床地质学家、中国科学院学部委员。幼年随父至汉口，1918年考入清华大学，毕业后公费选送美国留学，1927年获硕士学位。回国后任中央研究院地质调查所研究员，1946—1952年任清华大学地质系教授，对我国地质事业有重大贡献。1937年任资源委员会锡矿工程处主任时，主持个旧锡矿的勘探和开采，为我国建成锡矿基地。在微量化学矿物鉴定方面有特殊专长，对铌钽矿和石油、天然气的找矿亦有创新见解。晚年注重同生成矿学说的研究，对开发的铁、钼、钴、锌、汞、锑、锡按层状观点进行系统研究，并译介欧美同生成矿学术论文。他的同生成矿的学术观点，在我国地质学界引起高度重视。曾到巴基斯坦、斯里兰卡、缅甸等国进行学术活动，赢得较高声誉。其学术著作有：《若干金属矿床的勘探总结》、《矿床同生论译文集》、《锡矿矿床之地质研究》、《对有色金属矿床生成规律的体会》、《微量化学的矿物鉴定法》、《中国铜矿的分布情况及勘探方法》、《矿床成因与找矿》、《矿床分类与成矿作用》、《铌钽的经济地质》、《云南个旧锡矿地质论略》、《云南之锡》等。1952年，中华人民共和国地质部成立时，孟宪民即到地质部工作，先后担任地质矿产司副司长、矿物原料研究所副所长、地质科学院副院长等职。1954年曾列席全国政协会议，1956年加入中国共产党，当选为第三届全国人民代表大会代表。生前还担任过中国地质学会常务理事、《地质学报》主编等。

第八篇 孟子研究

《孟子》一书自问世两千多年以来,学者们不间断地进行了研究。古人讲究"述而不作",所以研究方式以注释为主。其实"述"也是"作",在对《孟子》章句的注释中,表达的仍是研究者的观点。近现代以来的研究方法与古人不同,他们从《孟子》书中归纳出论题,然后进行论证。因为古人与近现代人研究方式不同,所以志书记述的方式也因之而异。对古代研究主要介绍历代各种注本、专著,是以注本、专著的书目为经,学术思想为纬。对近现代研究,则逐一介绍其观点,以论题为经,而以书目、题目为纬。依此原则,把两千多年来研究的概况作以下介绍。

第一章　古代孟子研究

第一节　秦汉至隋唐

《汉书·艺文志》在儒家53家之中，著录有《孟子》十一篇，没有提到注本。《隋书·经籍志三》子类儒家项下，著录了三种《孟子》注本，即：

《孟子》十四卷，齐孟轲撰，赵岐注。

《孟子》七卷，郑玄注。

《孟子》七卷，刘熙注。此下附注："梁有《孟子》九卷，綦毋邃撰，亡。"

《旧唐书·经籍志下》丙部子录儒家类所著录的仍前四家。《新唐书·艺文志》增以下两种，即陆善经注《孟子》七卷和张镒《孟子音义》三卷。

《清史稿·艺文志》著录马国翰所辑《孟子》古注，有汉代程曾、高诱、唐代丁公著等共9家。有的资料说最早为《孟子》作注的是西汉刘向，但最初的几种目录文献都没有著录，《汉书》本传中也没有提及。所以，还没有找到此说的依据。另外《宋史·艺文志》还著录《孟子》14卷，为扬雄、韩愈、李翱、熙时子4家注。

以上所述唐代以前的9种注本，除赵岐一家之外，其余全部亡佚。因此赵岐注是《孟子》研究中最早也是最权威的著作。

赵岐（108—201），字邠卿，京兆长陵（今陕西咸阳东北）人。开始任司空，因耿直和疾恶如仇，得罪了中常侍唐衡之兄唐玹。158年，唐玹出任京兆尹，赵岐惧受唐玹迫害而逃亡，遍历江、淮、海、岱等地，曾在北海卖饼为生。后得到北海望族孙嵩的庇护，据说藏在孙嵩家的复壁内达数年之久，完成了《孟子》一书的注释。后来党锢祸解，赵岐复出任并州刺史，后又任过议郎、太常等职。

赵岐的《孟子注》是孟子学史上现存最早也是最完整的注释。它在书前的总序《孟子题辞》中，简述了孟子家世及生平，概括《孟子》一书的内容为："包罗天地，揆叙万物，仁义道德，性命祸福，粲然靡所不载。"赞扬它的作用为："帝王公侯遵之，则可以致隆平、颂清庙；卿大夫士蹈之，则可以尊君父、立忠信；守志励操者仪之，则可以崇高节、抗浮云。有风人之托物，《二雅》之正言。可谓直而不倨，曲而不屈，命世亚圣之大才者也。"然后它分《孟子》为七篇，每篇又分上下两卷，共14卷261章。分析每篇、章、节的句读，串解其义。每章之末又概括其义理，称为"章指"。

赵岐注《孟子》注重古事、人名、地望等具体事实的解释，笃守章句，讲明训诂。他的注本是解读《孟子》的必读书，后人对其给予很高的评价。如《四库全书总目提要》说它："盖其说虽不及后来之精密，而开辟荒芜，俾后来得循途而深造，其功要不可泯也。"清代阮元在《孟子注疏校勘记序》中说它："属书离辞，指事类情，于训诂无所戾，七篇之微言大义，藉是可推。"但宋儒对它不满意。朱熹《朱子语类》中说"赵岐《孟子》，拙而不明"。陆象山也批评"赵岐解孟子，文义多略"。

关于赵岐的注本，多是与孙奭疏合刻的注疏本。单有赵岐注的，有元广阳罗氏刻的魁本大字详音句读本，及清初影宋抄本，分别藏在天津图书馆及北京图书馆。

唐代林慎思作《续孟子》上下卷，上卷七篇，曰《梁大夫一》、《梁襄王二》、《乐正子三》、《公都子四》、《高子五》、《公孙丑六》、《屋庐子七》；下卷七篇曰《咸邱蒙八》、《齐宣王九》、《万章十》、《宋臣十一》、《庄暴十二》、《彭更十三》、《陈臻十四》，共约3500字。其《序》称："《孟子》书先自其徒记言而著，予所以复著者，盖以孟子久行教化，言不在其徒尽矣，故演作《续孟》。"按他的作书动机，可以说是对孟子思想的发挥。

唐代刘轲有《翼孟》三卷，已佚，后人笔记中有提及者。

围绕孟子思想学说的争论，孟子生前及《孟子》书中有记述的，不列入研究范围。从稍晚于孟子的荀子开始，便有对孟子的批评。荀子在《非十二子》中说："略法先王而不知其统，犹然而材剧志大，闻见杂博，案往旧造说，谓之五行。甚僻违而无类，幽隐而无说，闭约而无解。案饰其辞而祗敬之曰：此真先君子之言也。子思唱之，孟轲和之。世俗之沟犹瞀儒嚾嚾然不知其所非也，遂受而传之，以为仲尼、子游为兹厚于后世，是则子思、孟轲之罪也。"这是对思孟学派最严苛的批判。但是，其所持以批评的"思孟五行说"，后世多不得其解。1973年湖南长沙马王堆汉墓出土帛书《五行篇》，发现了认识这个问题的门径，但所涉及的都是孟子后学的思想，具体内容从略。

对孟子的批评，还有东汉王充《论衡》中的《刺孟》一篇。凡刺孟子十数事，如说利有"货财之利"与"安吉之利"，梁惠问利国，孟子不分两种不同质的利，贸然便答"何必曰利"是不合适的。又如，孟子自诩"知言"，沈同私问，本是挟私意欲自伐之意。如知其意不应直接地答以可伐，不知其意，便不能算"知言"了。又如"五百年必有王者兴"，考之自帝喾至周朝的历史，于年数皆不验。因此他认为孟子与俗儒无殊，其他

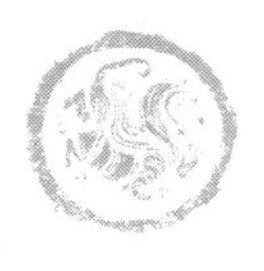

持论大略如此。

第二节　宋　代

宋代,《孟子》的各种注解本渐渐多起来,而且大多流传至今。拣其影响较大的略作介绍:

《孟子注疏》是最为通行的注本,汉赵岐注,宋孙奭疏。孙奭(962—1033),北宋博川博平(今山东省茌平县)人,字宗古。宋太宗端平年间九经及第,曾任国子监直讲、兵部侍郎、龙图阁学士,《宋史》有传。孙奭曾撰《孟子音义》,但对其曾为《孟子》作疏,学者多持怀疑态度。朱熹《朱子语类》曾提及,说是邵武士人所假托,蔡季通识其人。《四库全书总目提要》说它“其疏皆敷衍语气,如乡塾讲章……全不似疏体”,并指出许多错误。但久列学官,是旧时读《孟子》的重要注本,在学人中影响最为普遍。文渊阁《四库》本660页,约40万字。

《孟子音义》二卷,宋孙奭撰。刊正唐代张镒《孟子音义》及丁公著《孟子手音》二书,兼引陆善经《孟子注》而成。《四库全书总目提要》举出69条与《注疏》本不同,从而反证了所谓孙疏之伪。文渊阁《四库》本22页,约1.5万字。

《孟子解》一卷,宋苏辙撰。苏辙(1039—1112),宋眉山(今属四川省)人,字子由,晚号颍滨野老。该书凡二十四章,一章一论,如首章论“圣人躬行仁义而利存,非以为利”;第二章论“文王之囿七十里,乃山林薮泽,与民共之”等。文渊阁《四库》本16页,约5000余字。

《孟子传》二十九卷,宋张九成撰。张九成(1092—1159),字子韶,南宋钱塘(今浙江省杭州市)人。绍兴二年进士第一,官刑部侍郎,《宋史》有传。该书一章一解,主于阐扬义理,不主于笺诂文句,“曲折纵横,全如论体”(《四库提要》)。文渊阁《四库》本572页,约18万字。

《尊孟辨》三卷、《尊孟续辨》二卷、《别录》一卷,宋余允文撰。允文字隐文,建安人。《四库全书总目提要》引《朱子语类》所列举事实,指明他武断乡曲,人品不无可议,并认为此书也是“窥视意旨,迎合风气而作,非直能辟邪卫道者”。该书凡辨司马光《疑孟》十一条(附史剡一条),辨李觏《常语》十七条,辨郑叔友《艺圃折衷》十条。《续辨》则辨王充《论衡·刺孟》十条,辨苏轼《论语说》八条。此后,又有《原孟》上、中、下三篇,是为别录。此书已佚。清乾隆年间编纂《四库全书》时,从《永乐大典》中还原出来,复还旧观。商务印书馆1937年铅排本62页,约4万字。

《孟子集注》七卷,宋朱熹撰。朱熹(1130—1200),字元晦,徽州婺源(今属江西省)人,曾任秘阁修撰,宋理学的集大成者。此书融会诸家之说,故谓之“集注”。本是与《论语》等合为《四书集注》,其中《孟子》部分216页,约11万余字。此外,朱熹还有《四书或问》三十九卷,其中含《孟子或问》十四卷;《论孟精义》中含《孟子精义》十四卷,《孟子要略》五卷等解孟著作。

《癸巳孟子说》七卷,宋张栻撰。张栻(1133—1180),字敬夫,号南轩,绵竹人,迁衡阳,南宋主战派将领张浚之子,官至吏部侍郎、右文殿修撰。该书于宋乾道四年(1168年)开始撰写,至九年(1173年)完成。《四库全书总目提要》称其“于王霸之辨、义利之分,言之最明……微有寄托于时事……其辞感愤,亦为南渡而发”。文渊阁《四库》本459页,约15万余字。

此外,见于著录的《孟子》注解本还有:

张载《孟子解》十四卷。

赵德《孟子集注笺义》。

真德秀撰、刘承辑补成书的《四书集编》二十六卷，含《孟子》部分十四卷。

蔡模《孟子集疏》十四卷。

赵顺孙《四书纂疏》二十六卷，含《孟子》十四卷。

旧题为苏洵评《苏评孟子》二卷。

旧本题尹焞撰《孟子解》二卷。

施德操《孟子发题》一卷。

旧本题王应麟撰《论语孟子考异》二卷。

王若虚《孟子辨惑》一卷。

游酢《孟子杂解》一卷。

扬雄、韩愈、李翱、熙时子四家注《孟子》十四卷。四人不同时，不可能同注一书，当为熙时子所为。据考熙时子乃北宋刘贡父。此书已不存，存熙时子注《孟子外书》四篇。

程颢作、程颢门人记《孟子解》四卷。

吕大临《孟子讲义》十四卷。

王令《孟子解》十卷。

王雱《孟子注》十四卷。

蒋之奇《孟子解》六卷。

龚原《孟子解》十卷。

陈旸《孟子解义》十四卷。

陈禾《孟子传》十四卷。

许允成《孟子新义》十四卷。

邹浩《孟子解》十四卷。

杨时《孟子义》。

范祖禹《孟子解》。

李郁《论孟遗稿》。

王安石《孟子解》。

何镐《孟子集解》。

潘兴嗣《孟子说》。

丰稷《孟子注》。

吕希哲《孟子解》。

钱文子《孟子传赞》十四卷。

王汝猷《孟子辨疑》十四卷。

戴溪《石鼓孟子答问》二卷。

见于著录者，率多亡佚。因系记述当时研究成果，故并录于此。

宋时已有人对《孟子》书进行删节，有马休《删孟子》一卷，未见。有的目录文献作“冯林”，此从《宋史·艺文志》。

宋代掀起一股非孟的潮流。对孟子思想学说发难的有李觏《常语》、郑叔友《艺圃折衷》、司马光《疑孟》、晁说之《诋孟》。苏辙《孟子解》12—14章，以孔子之论性，难孟子之论性。另外北宋苏轼、刘原父，南宋叶适等都有非孟言论。

非孟的内容首在孟子不尊周王室的问题。如李觏《常语》说：“孔子之道，君君臣臣也；孟子之道，人皆可以为君也。天下无王霸，言伪而辨者不杀，诸子得以行其意，孙吴之智，苏张之诈，孟子之仁义，其原不同，其所以乱天下，一也。”又说：“孟子曰：‘五霸者，三王之罪人也。’吾以为孟子者，五霸之罪人也。五霸率诸侯事天子，孟子劝诸侯为天子。苟有人性者，必知其逆顺耳矣。孟子当周显王时，其后尚且百年而秦并之。呜呼，忍人也，其视周室如无有也。”“春秋书王，存周也……履周之地食周之粟，常有无周之心，学仲尼而叛之者也。”

其次，对孟子“王霸之辨”提出批评。如司马光《疑孟》说：“夫仁，所

以治国家而服诸侯也。皇帝王霸皆用之。顾其所以殊者,大小高下远近多寡之间耳。假者,文具而实不从之谓也。文具而实不从,其国家且不可保,况于霸乎？虽久假而不归,犹非其有也。"

再次,非孟派对孟子对君臣关系的相对性,尤其是"土芥"、"寇仇"之论,也提出批评。如司马光《疑孟》说:"夫君臣之义,人之大伦也。……余惧后之人,挟其有以骄其君,无所事而贪禄位者,皆援孟子以自况,故不得不疑。"郑叔友《艺圃折衷》也说:"孟轲既教齐、梁、滕之君,使自为汤武,则是诸侯未尝受命于天子也。"

关于心性说的辩论仍在继续。如司马光《疑孟》,在批评了告子"性之无分于善不善"之后,又说:"孟子云,人无有不善,此孟子之言失也。丹朱、商均自幼及长,所日见者尧舜也,不能移其恶,岂人之性无不善乎?"苏辙《孟子解》说:"忍人之心,不仁之端也。无耻之心,不义之端也。争夺之心,不礼之端也。蔽惑之心,不智之端也。是八者,未知其孰为主也,均出于性而已。非性也,性之所有事也。今孟子则别之曰,此四者性也,彼四者非性也,以告于人而欲其信之难矣。"苏轼《论语说》也说:"夫以食色为性,则是可以求得也,而君子强之。禁其可求者,强其不可求者,天下其孰能从之？故仁义之可求,富贵之不可求,理之诚然者也。如以可为不可,以不可为可,虽圣人不能。"

尊孟派起而与之辩论的,有张九成、朱熹、张栻、余允文等。张九成《孟子传》与张栻《孟子说》都是在《孟子》正文之后缀以短论,借疏解文意之机,抉发自己的识见,并对非孟派的议论进行驳正。系统地对非孟派驳正的则是余允文《尊孟辨》等三书。其书先举非孟言论,然后逐条进行驳正。有趣的是,许多非孟言论借余氏之《尊孟辨》才得以保存。如李觏的议论在本人集中仅保留两条,余氏驳正达 17 条之多,其本人集中没有的,都保存在余氏书中。

综观宋朝非孟与尊孟的争辩，诚如《四库全书总目提要》所说："盖宋尊孟子始王安石。元祐诸子务与作难，故司马光《疑孟》、晁说之《诋孟》作焉。非攻孟子，攻安石也。"这是就非孟者而言。就尊孟者而言，《四库全书总目提要》说到余允文作《尊孟辨》的动机时，在举例证实余氏人品不厚之后，又说："又周密《癸辛杂识》载：'晁说之著论非孟子。建炎中，宰相进拟除官，高宗以为孟子发挥王道，说之何人，乃敢非之！勒令致仕。'然则允文此书其亦窥伺意旨，迎合风气而作，非真能辟邪卫道者欤？"总之，都与现实的政治斗争有联系。

宋理学家特重孟子。周敦颐、邵雍、张载、程颢、程颐等北宋五子思想，莫不渊源孟子或有所取于孟子思想。至南宋朱熹，把《孟子》归入"四书"，提高了它的地位。他所作《孟子集注》，对《孟子》作了符合理学思想的新诠释。

朱熹注《孟子》第一个特点是引入一个"理"的概念，用以解释孟子的心、性、四端等等。并由此导入"理"、"气"二分的观点。他在解释《告子上》"生之谓性"时说："性者，人之所得天之理也。生者，人之所得于天之气也。性，形而上者也；气，形而下者也。人物之生，莫不有是性，亦莫不有是气。然以气言之，则知觉运动，人与物莫异也。以理言之，则仁义礼智已禀，岂物之所得而全哉！"

其次，又由此导出天理、人欲二分的观点，以对应于孟子的义利之辨。他在解释梁惠王问为国时说："此章言仁义根于人心之固有，天理之公也。利心生于物我之相形，人欲之私也。循天理，则不求利而自无不利；循人欲，则有利未得，而害已随之。所谓毫厘之差，千里之谬。此孟子之书，所以造端托始之深意，学者所宜精察而明辨也。"又在解释"人皆谓我毁明堂"章时说："然天理人欲，同行异情。循理而公于天下者，圣贤之所以尽其性也；纵欲而私于一己者，众人之所以灭其天也。二

者之间不能以发,而其是非得失之归,相去远矣。"

朱熹对孟子"知言"、"养气"之论也有所发挥,认为是发前圣所未发,有大功于世。

第三节　金代　元代

金代为《孟子》作注的,有赵秉文作《删集孟子解》十卷。

宋末元初人金履祥撰《论语集注考证》十卷、《孟子集注考证》七卷,合为一书。金履祥,字吉父,婺之兰溪人,《元史》有传。该书取朱子《集注》"用《经典释文》之例,表其疑难者疏之。于朱子未定之注,但折衷归一。于事迹、典故辨订尤多……拾遗补阙,以弥缝其隙,于朱子深为有功"。该书《孟子》部分文渊阁《四库》本 88 页,约 6 万字。

以后《孟子》注多含"四书"注中。

元代刘因撰《四书集义精要》,存二十八卷。刘因(1249—1293),字梦吉,号静修,容城(今河北省徐水县)人。元世祖时官至承德郎、右赞善大夫,《元史》有传。"朱熹卒,卢孝孙辑其时诸人问答与《集注》有异同者,凡一百卷",名《四书集义》。后人病其烦冗,刘因乃择其指要,删其复杂,勒成三十卷。《四库全书总目提要》称其:"芟削浮词,标举要领,使朱子之说不惑于多歧。苏天爵以简严粹精称之,良非虚美。盖因潜心义理,所得颇深,故去取分明,如别白黑。"可惜《孟子》部分仅占两卷,仅至《滕文公上》,而且其中还有缺佚。

《四书辨疑》十五卷,不著撰人。据考为元代陈天祥所作,中含辨《孟子》者 174 条。

《读四书丛说》八卷,元代许谦撰。许谦(1270—1337),金华人,字益之,世称白云先生。受业金履祥之门。其书入《四库》仅四卷,《论语》

已缺，幸《读孟子丛说》二卷尚完。据《中国古籍善本书目》著录，尚保有完璧者。

此外，元代人注“四书”的还有：

胡炳文《四书通》二十六卷。

张存中《四书通证》六卷。

袁俊翁《四书疑节》十二卷。

王充耘《四书经疑贯通》八卷。

詹道传《四书纂笺》二十八卷。

朱公迁《四书通旨》六卷。

史伯璿《四书管窥》八卷。

倪士毅《重订四书辑释》二十卷。

不属“四书总义”类的，还有：

李公凯《附音傍训句解孟子》七卷，有善本藏北京图书馆、湖南省图书馆。《四库全书》未收，亦未存目。

元代开始有人根据《孟子》书中内容，对照战国史实，对孟子生平事迹，附及孟子弟子事迹进行研究，编制了几部年谱之类的书：

程复心《孟子年谱》一卷。

吴迁《孟子年谱》一卷。

吴莱《孟子弟子列传》一卷。

关于金、元两代参与孟子学术思想讨论的，有金代刘章，曾作《刺〈刺孟〉》，其书已佚。元代大儒张𩒹，因曾任孔、颜、孟三氏学教授，故当时孟子林庙及断机、子思诸祠重修碑记多出其手。撰述中于孟子生平有所考证，学术思想亦多所称述和发挥。

第四节 明 代

明代注释和研究孟子的著作“四书总义类”主要有：

《四书大全》三十六卷，明永乐十三年（1415年）翰林学士胡广等奉敕撰，是应科举的讲章，为最为通行的本子，后来讲科举之学的四书注本浩如烟海，本书实为滥觞。《四库全书总目提要》说它：“盖由汉至宋之经术，于是始尽变矣。特录存之，以著有明一代士大夫学问根柢具在于斯，亦足以资考镜焉。”有轻之之意，特以官书，仍居目录之首。其《孟子集注大全》部分，文渊阁《四库》本十四卷676页，约42万字。

《四书蒙引》十五卷，蔡清撰。《四库全书总目提要》称：“（蔡）清人品端粹，学术亦醇，此书虽为科举而作，特以明代崇尚时文，不得不尔，至其体认真切，阐发深至，犹有宋人讲经讲学之遗，未可以体近讲章，遂视为揣摩弋获之书也。”在同类书中评价较高。其书第九卷至十五卷为《孟子》部分，文渊阁《四库》本652页，约22万字。

《四书因问》六卷，吕柟著，其第五至六卷为《孟子》部分，文渊阁《四库》本93页，约3万余字。

《四书留书》六卷，章世纯撰。章世纯，字大力，临川人。天启辛酉举人，官至柳州府知府。其著作总名《留书》，但其中讲“四书”的六卷，前后有作者自制的序、跋，内容皆诠释四书之意。故此《四库全书》的编者把这六卷单独著录入经部，其余部分入“别集”。章世纯为明末制艺名家。《四库全书总目提要》说他：“其诂释四书，往往于文字之外标举精义，发前人所未发，不规规于训诂。……扬雄所谓好深湛之思者，世纯有焉。”评价较他书为高。其书第五卷至第六卷为《孟子》部分，文渊阁《四库》本55页，约1.8万字。

关于此类“四书”纂注之书,《四库全书总目提要》于卷后评价说:“阐明理道之书,遂渐为弋取功名之路……盖自高头讲章一行,非惟孔曾思孟之本旨亡,并朱子之《四书》亦亡矣。今所采录惟取先儒发明经义之言,其为揣摩举业而作者,概从删汰。”

《四书评》十九卷,李贽撰,如评点小说之法,在原文之后加评语,正文之上加眉批。其书第十三至十九卷为《孟子评》,对孟子以赞扬之词居多。常用“明白”、“反复讲明”、“绝妙文字”、“的真神品”等语。有“此等文字,真如慈母之为子,大有功于世教。孟子,大圣人也”这样的至评。但有时也时见微词,如在评“不得罪于巨室”时,称孟子为“老世事”。评“咸丘蒙问”章时说:“读此篇罢,便思曲尽今人作文丑态、看书痴状。”批“淳于髡曰”章说:“如此说来,善陈善战的,却不大是扯淡。”常见诸如此类活泼辛辣的文字。全书共16.4万字,《孟子评》部分7.4万字。

明代有人继续研究孟子生平事迹。这类书以陈士元《孟子杂记》第一卷为代表。盖因以前关于孟子传记仅《史记》中一篇合传,其中叙述孟子的寥寥不足百字。明朝薛应旗曾作《四书人物考》,采摭他书,为纪三卷,传三十七卷,但《四库全书总目提要》说:“杂考《四书》名物,饾饤尤甚。”陈士元辑此书共四卷,其首卷叙孟子事迹。以后三卷,则为发明孟子义理、辨析与考订《孟子》文句。从整体看,不纯属事实考证类著作,所以各目录文献仍旧归入四书类。

其他释《孟》著作还有:

《四书古今文注发》九卷,杨时乔撰。

《孟子订释》管至道撰,《四库全书·存目》著录为《孟义订测》七卷。

《孟子疑问》,含在《四书疑问》十一卷中,姚舜牧撰。

《孟子贯义》,陈懿典撰。

《性善绎》,方学渐撰。

《孟子大全纂》，陈一经撰。

《孟子集说启蒙》，景星撰。

《近溪子孟子答问集》一卷，罗汝芳撰。

《孟子说解》十四卷，郝敬撰。

《读孟子》二卷，曹珖撰。

《孟子解义》，张洪撰。

《孟子订释》七卷，顾宪成撰。

有的资料称有《孟子注疏大全合纂》一书，张溥辑。但明、清史的《艺文志》都未著录，《四库全书》也没有列目。近代才发现美国普林斯顿大学葛斯德东方图书馆有收藏，一函八册。按《明史·艺文志》著录张溥辑《四书纂注大全》三十七卷，书名有出入，撰者为一人。前者疑是后者的《孟子》部分，有待证实。

明代孟子研究的一个重要成果，是王守仁把孟子的“良知”说与《大学》“致知”的概念结合起来，发展为“致良知”的学说。他的《传习录·答聂文蔚二》中有一段话可以看作这一学说纲领性的说明：“孟氏‘尧舜之道，孝弟而已’者，是就人之良知发见得最真切笃厚、不容蔽昧处提省人，使人于事君处友仁民爱物，与凡动静语默间，皆只是致他那一念事亲从兄、一念真诚恻怛之良知以应之，则更无有遗缺渗漏者，正谓其只有此一个良知故也，事亲从兄一念良知之外更无有良知可致得者，故曰‘尧舜之道，孝弟而已矣’。此所以为惟精惟一之学，放之四海而皆准，施诸后世而无朝夕故也。”

第五节　清　代

清代研究与阐释《孟子》的著作有：

孙奇逢《四书近指》二十卷。孙奇逢(1584—1675),字启泰,号钟元,世称夏峰先生,直隶容城人。此书“于四子之书挈其要领,统论大旨,间引先儒之说以证异同”(《四库提要》)。其14至20卷为《孟子》部分。文渊阁《四库》本135页,约4.5万字。

黄宗羲《孟子师说》二卷。黄宗羲(1610—1695),字太冲,号南雷,学者称梨洲先生,浙江余姚人。本书为作者述平日所闻其师刘宗周关于《孟子》的议论,故名“师说”。刘、黄师弟学宗王阳明,本书所述也多是阐发“良知”之旨。文渊阁《四库》本144页,约4.8万字。

王夫之《读四书大全说》。王夫之(1619—1692),字而农,号姜斋,学者称船山先生,湖南省衡阳人。本书以读书札记的形式,以四书原有篇章为序,每章的标题以下有若干篇论说,对“四书”本文提出自己的解释。全书共10卷,其第8至10卷为《孟子》部分,凡论202篇,约14万字。

陆陇其《四书讲义困勉录》三十七卷。陆陇其(1530—1692),字稼书,浙江平湖人。本书第24至36卷为《孟子》部分,文渊阁《四库》本680页,约23万字。

陆陇其《松阳讲义》十二卷。本书为作者任灵寿知县时与诸生讲论而作,随时举示诸生,并非逐章逐句讲解,没有讲到的篇章也不列章目。故全书止118章,其11至12卷讲《孟子》,文渊阁《四库》本35页,约1.1万余字。

李光地《读孟子札记》二卷。李光地(1642—1718),字晋卿,号厚庵,福建安溪人。本书于《孟子》随时札记所见,大旨主于寻求义理,不主文本训诂。文渊阁《四库》本84页,约2.8万余字。

毛奇龄《四书剩言》四卷。毛奇龄(1623—1713),字大可,号初晴,称西河先生。本书是随时杂记的语录体,不以“四书”各书分编,也不以

经文次序为先后,每卷各含各书若干条。《孟子》部分于第一卷中11条,二卷15条,三卷10条,四卷13条。西河说经善考证,善辩论,诠释义理往往广征博引,反复推衍。

李颙《四书反身录》六卷,续补一卷。李颙(1627—1705),字中孚,号二曲,陕西省盩厔人。此书为作者口授,门人王心敬记录而成。《四库》存目而未收。

《日讲四书解义》,喇沙里、陈廷敬等奉敕编,二十六卷,是康熙十六年(1677年)由皇帝御定的,是对"四书"的官方解释。《四库全书总目提要》恭维说:"所推衍者皆作圣之基,为治之本,词近而旨远,语约而道宏……"其13至26卷为《孟子》部分,共635页,约21万字。

戴震《孟子字义疏证》三卷。戴震(1723—1777),字东原,安徽省休宁人。其书前身为《原善》、《绪言》和《孟子私淑录》,在此基础上,至乾隆四十二年(1777年)才定稿成书。该书以疏证《孟子》的形式,阐发作者的哲学观点和政治思想,抨击程朱理学和当时的封建统治者,以期达到"正人心"的目的。全书由序及上、中、下三卷组成。上卷论述"理"15条;中卷论"天道"4条;"性"9条,下卷包括"才"3条,"道"4条,"仁义礼智"2条,"诚"2条,"权"5条。书中提出"理存于欲"的哲学伦理学说和"体情遂欲"的政治思想。中华书局标点铅排本59页,约4万字。该版本包括前述三文及附录等共217页,25万字。

焦循《孟子正义》三十卷。焦循(1763—1820),字理堂,一字里堂,江苏甘泉(今江苏省扬州市)人。焦循采取完善的赵注,舍弃托名孙奭的宋代伪疏,广采清代60余家学者关于《孟子》的论述,经过辨析折衷,酌加己意,为《孟子》作新疏。指陈《孟子》引据古经的根据,校勘本文及古注中的异文,训释经、注的字词,考明本文及古注中的人物、史事,考证山川、地名、草木、农谷、典章制度。诸凡理气性命、井田封建、天文历算、地理水道、逸书考订、六书训诂、版本校勘等各个方面，将乾嘉朴学研究成果收罗无遗。全书 30 卷。首卷为《题辞》，末卷为《篇叙》。中间 28 卷，分疏《孟子》七篇上下。上海古籍出版社影印本 466 页（每面影印线装刻本 2 合页），共约有 70 万字。是古代孟子研究与注疏中集大成的著作。

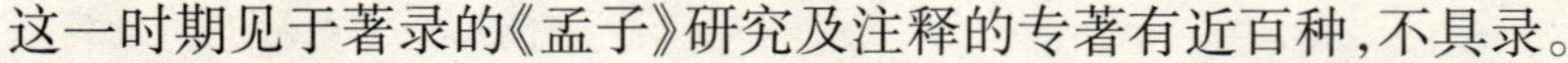

这一时期见于著录的《孟子》研究及注释的专著有近百种，不具录。

第二章　近现代孟子研究

近现代以来，研究人员的众多，范围的扩大，专著、论文数量的增加，传播手段的迅捷，以及载体形态的多样化，使孟子研究的规模迥异于古代。尤其是新中国成立以来，孟子研究取得了巨大成就。

第一节　晚清至民国时期

清末民初以来，西学东渐，中国传统文化受到一定冲击，中国有远见的官僚提出"中学为体、西学为用"的主张，学习西方先进的科学技术。至新文化运动期间，更始终贯穿着两个主题，即对传统文化的批判和对西方文化的迎接。但第一次世界大战的爆发，暴露了西方社会的弊病，梁启超、张君劢等六学者考察西方各国，认识到欧洲人科学万能的大梦已经被灭，一些学者又开始回过头来面向东方，形成所谓"东方文化派"。其代表人物杜亚泉、梁启超等都曾从孟子学说中寻找中国传统文化的积极因素。

最早提出儒学重建的是康有为，他所著孟子研究专著《孟子微》，发表在他自创的刊物《不忍》1—7 期（1913 年 2—8 月）。他在著作中使儒学与西学接轨。例如他说《孟子》中"民为贵、社稷次之，君为轻"，是古代中国人的民主。"万物皆备于我"，"人皆可以为尧舜"，相当于西方人的平等观念，实开"西学中源说"，或"中国自古有之"的先河。《东方杂志》曾载《孟子学说为西学之祖说》一文，可以作为这一思想的代表作。

此后出现的新儒学的代表人物，在孟子研究中强调了过去不大强调或有意掩盖的一些积极内容，重新认识到他有别于孔子的思想价值。如冯友兰在其所著《中国哲学史》有关孟子的章节中称“孟子在中国历史之地位，如柏拉图之在西洋历史，其气象之高明亢爽亦似之”。并如实讲述和高度评价了他的理想的政治及经济制度、性善、反功利、天、性及浩然之气等学说。开始以历史唯物主义观点研究古代文化，反映在孟子的研究方面，如郭沫若以充分的证据指出子思之儒、孟氏之儒及乐正氏之儒实为一系。出于子游，而不是如过去所说由曾子—子思—孟子一脉相传。并认为《礼记·礼运》是子游一派的主要经典。他从《史记·孟轲列传》“退而与万章之徒，序《诗》、《书》述仲尼之意”说“《诗》、《书》的编制是孟氏之儒的一项大业”。认为《尧典》、《皋陶谟》、《禹贡》、《洪范》诸篇就是他们的作品。《大学》是以性善说为出发点的，所以实际上是孟学。这些观点前人都没有论及。

这一时期孟子研究方面的重要著作还有罗根泽《孟子传论》、胡毓寰《孟学大旨》、《孟子本义》、钱穆《孟子研究》、《孟子释义》等。论文则有梁启超《读孟子记》、罗根泽《孟荀论性新释》、张君劢《自孟荀至颜戴之性论》、章太炎《孟子大事考》、胡毓寰《孟子政治思想中的民本主义》、《孟学厄言》、《孟子七篇源流及其注释》、蔡介民《孟子事迹思想考辨》、钱穆《孟庄论人生修养之比较观》、唐君毅《孟子性善论新释》、冯友兰《孟子浩然之气章解》等。

第二节　中华人民共和国成立后

新中国成立以来，孟子研究取得了显著的成就，学者们能以辩证唯

物主义与历史唯物主义的观点，对孟子思想、政治主张给予正确评价，理清了对孟子几个方面的看法。

一、阶级属性

孟子是哪个阶级利益的代言人？20 世纪 50 年代最传统的观点以为是没落奴隶主阶级的代表。经过长期反复的争鸣，绝大多数都承认，孟子并非主张倒退复辟，他一生政治活动的中心内容是提倡、保障个体经济，而这恰恰是封建社会的经济基础。因此，孟子是新兴地主阶级的政治代表。

二、政治思想

1. 仁政思想。这是孟子政治思想的核心部分，学者们都充分肯定孟子对仁政学说的光大之功，进一步发扬了孔子倡导的仁，建立起完整的仁政学说体系，对后世影响深刻。

但对仁政的评价仍有分歧。有人认为仁政体现了人民的利益，是具有人民性的学说；有人则认为孟子的仁政是要历史倒回到几百年前的周文王时代，恢复“耕者什一，仕者世禄”的旧制度。

2. 民本思想。民本思想是孟子思想的精华所在。他对庶民地位的认识，大大超过他的前代和同代人。他提出了我国古代对君权进行限制的、十分尖锐的理论，体现了统治阶级对自己的政治代表的要求和监督。但其目的仍是从地主阶级的整体利益和长远利益着眼，通过“保民”的手段达到维护封建统治的目的。

这是孟子比战国一般统治者明智的地方，也是日后封建“治世”常用的策略。

三、哲学思想

1. 孟子哲学的性质。争论较多，有主观唯心主义说、客观唯心主义说、客观唯心主义中包含朴素唯物主义因素说、唯物主义说、唯心主义向朴素唯物主义和朴素辩证法转化说、调和客观唯心主义和主观唯心主义的"天人合一说"等等。其实，孟子哲学思想是一个博大精深的体系，对于其性质判定的不一致，恰恰反映出孟子哲学思想的复杂性。不应简单化。

2. 孟子哲学的特点和作用。有学者探讨了孟子哲学的理性特点，指出孟子尊重和推崇理性的精神，是对理性作用的严肃探讨。尤其在天人之变的论辩中，这种以理性特点体现天命的思维形式，实际上是作为一种否定天命论的形式出现的，从人类认识发展史的角度考察，以理性的形式去代替、否定宗教神学的形式，是一种巨大的进步。

关于孟子哲学的作用，学者们给予了相当的重视，认为它在中国哲学史上具有承上启下的重要作用。

3. 性善说。学者们对此聚讼纷纭的学说给予了实事求是的评价，对"超阶级的人性论"、"虚伪性"、"杀人不见血的软刀子"等旧说进行了清算。孟子对人性的思考是很有价值的，他看到人除了具有阶级性以外，还具有人类共同的本性，即普遍的人性。这是对人类认识史的宝贵贡献。有学者指出，孟子主张性善说，主要着眼于人是可以教育的，从而强调后天教育的重要性，这在实践上意义更大。

4. 自然哲学思想。过去对这一课题注意不够，近年来有学者从孟子对天的看法入手，探讨了他的自然哲学思想。认为孟子能以客观的态度说明自然现象，视天为自然之天，并认为有规律可循。尤其他能看到不同事物间的因果联系，强调按客观规律办事，都具有唯物观点。

5. 心气论及其渊源。有学者认为孟子的心气论是主观唯心主义的，

他所说的“气”，不是物质，而是精神。这种心气论源于道家，孔子思想中不包含此种因素，这是孟子在孔子思想体系以外广泛吸收前人思想成果之明证。

6. 历史观。孟子的历史观中含真理的成分。他已经预测到物质生产是推动社会前进的力量，认为历史是一个不断发展的过程，其中有规律性。对孟子的“英雄史观”有学者认为孟子指出了英雄与一般人之间的辩证关系，英雄也是从普通人中经过艰苦的锻炼产生的，只要加强修养，“人皆可以为尧舜”。

7. 辩证法思想。学者们都看到了孟子学说中丰富的辩证法思想。如“不为”、“有为”、“乘时”、“待势”、“行其所无事”、“执中”、“权变”等。

四、社会分工理论

孟子曾说过“劳心者治人，劳力者治于人，天下之通义也”，被当作宣扬剥削有理来批判。近年来学者们提出许多不同意见，认为劳心劳力说并非始于孟子，孟子只不过从社会分工的角度出发来论证的，是其对人类进化到阶级社会之后的社会现象的正确的理论概括，分工理论集中反映了孟子所处时代社会分工的现实。不仅不是为统治阶级剥削压迫人民找“合理依据”，相反的包含了对统治者的揭露。“无野人莫养君子”，等于宣布剥削者是由被剥削阶级供养的。

五、伦理观

孟子的伦理观有许多合理的内核，对中华民族共同的心理状态的形成起了重要作用。今天仍有不可估量的现实意义。

六、经济思想

对孟子的“义利观”、恒产理论、重农而不抑商的主张,都给予了充分肯定。

七、教育思想

教育思想是孟子思想的主要方面。他乐为天下育英才,反对贵族垄断教育,重视人的个性,主张顺应不同个性加以教育等,都丰富了我国的教育理论和教育实践。

八、比较研究

近年来尤其是新时期以来,学术界重视了孟子与其他思想学说的比较研究,主要进行了以下比较:

1. 孔、孟比较研究。有学者对孔、孟的政治思想进行了比较研究,认为孟子并非孔子的纯粹信徒,两者政治思想相差甚远。孟子不鼓吹强权统治,不主张禁锢人性、人欲。他与孔子的主要不同之处:一在治民思想方面,孔子是以责民为主的礼治,孟子是以责君为主的仁政;二在事君方面,孔子是忠君、谏君、隐君之恶、救君之危,任何时候不叛君,孟子却只是帮助好君,迫暴君让位,甚至诛杀暴君;三在上下互制思想方面,孔子是君民均以礼来互相约束,孟子则以“仁”来互相约束。

2. 孟、墨比较研究。有学者指出,孟子表面上排墨,实际上吸收了墨子的部分理论加以改造,融入自己的思想体系中,从而丰富发展了儒家学说。如在尚贤、尚同、禅让、非攻、义利观等方面,孟、墨的主张几乎完全相同。

3. 孟、荀比较研究。在人性论方面,孟子第一个系统地探讨人性问题,提出人性理论。荀子继孟子之后探讨人性论。虽一主性善,一主性

恶，但异中有同，即立论的宗旨都是要使天下达到善，都是从人的生理官能入手论人性，从人的生活需求论人欲，从而都强调封建伦理的重要性，最后都归结到后天的教育上。

4. 孟子与法家的比较研究。针对历史的特殊时期扬法抑儒的极左思潮，提出“法家爱人民”是谬论。有学者指出，法家思想是对人民残酷压迫的学说，法家的集大成者韩非，主张君、父、夫权的绝对权威神圣不可侵犯，把精神枷锁套到人民头上。而孟子不但没有支持强化君权，反而对当权者暴行的谴责不绝于耳。事实表明扬法抑儒的极左观点是站不住脚的。

5. 其他比较研究。近年来又出现了孟子思想与佛教思想的比较研究，孟子思想与原始基督教义的比较，孟子思想与兵家思想的比较，鲁文化与齐文化的比较等，都开创了新的研究园地。

邹城市是孟子故里，当地的孟子学术研究活动始于20世纪80年代，逐渐形成一批研究力量。1982年7月17日，成立了“邹县孟子学术研究会”，由邹县哲学、历史、教育、文化等社会科学战线骨干力量51人组成。成立以来共进行了五次学术交流活动。

1982年研究会成立时，同时进行了学术交流活动。山东社会科学院哲学研究所研究员于首奎、山东大学教授张知寒、曲阜师范学院教授骆承烈、郭克煜、曲阜文管会孔凡银、邹县孙斌、王轩等宣读了论文。

1984年10月26—31日，邹县孟子学术研究会会同山东哲学研究会、山东社会科学院哲学研究所、山东大学哲学系、历史系、山东师范大学教育系、曲阜师范学院孔子研究所等共同发起，举办了第二次孟子学术研究会，也是首次举办全国规模的大型孟子学术研究活动。与会人员130多人，收到论文、资料70余篇。分别就孟子的民本思想、仁政思想、心性学说、伦理道德思想、哲学思想的基本倾向等几个方面进行了比较

深入地研讨。会后结集《孟子思想研究》，于 1986 年 12 月由山东大学出版社出版。

1988 年 10 月 21—25 日，邹县人民政府、邹县孟子研究会与山东孔子学会、山东社会科学院儒学所等 7 单位联合发起孟子讨论会，同时举行孟子新塑像复原揭幕仪式。参加讨论会的全国各地学者 100 多人，提交论文 50 余篇。围绕孟子对儒学学说的发展及其在中国传统文化中的贡献和地位这一主题，对孟子思想进行了全方位的研讨。《孔子研究》1989 年第一期发表了讨论会综述。

1994 年 5 月 16—18 日，邹城市孟子学术研究会首次独立举办了第四次孟子学术思想研讨会，也是国内举办的首次国际孟子学术研讨活动。来自韩国、日本、美国、德国以及中国海峡两岸的专家学者 30 余人出席了会议。会议收到孔子基金会名誉会长谷牧、北京大学教授张岱年、北京图书馆馆长任继愈以及中国墨子学会发来的贺电。会上，国际新儒学知名学者美籍华人杜维明先生作了《从孟子深造自得说看其执中思想》的演讲，交流论文 25 篇，会后结集为《孟子研究论文集》，1997 年 7 月由山东大学出版社出版。

1995 年值孟子诞辰 2367 周年，韩国孟子学会联系来华祭祀孟子，同时进行两国孟子学术交流活动，日期定于 1996 年 1 月 5 日，即农历乙亥年十一月十五日。来华的韩国学者及居住在韩国的孟氏后裔共 27 人，中国学者 30 余人参加。是日上午，在邹城市东北四基山孟子墓进行祭孟活动。祭场由邹城市孟子学会布置，祭品由韩国孟子学会按该国礼仪制备，韩国学会祭孟活动一遵古仪，中方学者按国内习惯行三鞠躬礼。下午，进行学术研讨活动。研究会由山东大学教授丁冠之、中央党校科研部副部长、教授崔龙水和韩国学者安炳周三人主持，崔龙水（朝鲜族）兼作翻译。会议论文结集为《孟学研究》，会后由山东人民出版社于

1998 年 6 月出版。

近十数年，尤其是进入 21 世纪以来，随着“国学热”的逐渐升温，孟子学术思想研究再度兴起，研究的范围更加扩大，研究内容更加深入。

1997 年 7 月，邹城市孟子学术研究会与韩国孟子学会联合举办了孟子思想研讨会。会议在邹城市择邻山庄举行，中韩学者共 30 余人与会。共征集论文 20 余篇。1998 年 6 月，山东人民出版社出版论文集《孟学研究》；1999 年，韩国孟子学会出版了《孟子研究》第二辑。

2002 年是孟子诞辰 2374 周年。5 月，以台北市山东同乡会理事长秦慧珠为团长、台湾孟氏宗亲会名誉理事长孟昭熙为领队、台北市齐鲁文经协会参加的文化交流访问团一行 23 人专程在孟庙举行了祭祀孟子活动。之后，在邹城宾馆举行了“海峡两岸孟子思想学术研讨会”。研讨会由邹城市孟子学术研究会主持，海峡两岸的 60 多位学者和孟子后裔参加了研讨，五位学者发言。

2005 年 9 月 22—23 日，“孟子思想暨邹鲁文化研讨会”在邹城市择邻山庄召开。这次研讨会是 2005 中国曲阜国际孔子文化节主题活动之一，由山东大学文史哲研究院、山东师范大学齐鲁文化研究中心、邹城市人民政府等单位联合主办，济宁职业技术学院协办。40 余位学者围绕“邹鲁文化与中华文明”这一主题进行了深入研讨。与会学者认为，邹鲁文化不是狭隘的区域文化，而是属于中华文明的源头文化、母体文化、主流文化。从地域上讲，邹鲁文化覆盖以今曲阜、邹城为中心的古汶泗流域，包括泰山以南的鲁中、鲁西南、豫东、苏北和皖东北即今天的黄淮地区。与会者还就邹鲁考古学文化与其他文化之间的影响和渗透进行了讨论。

2005 年 10 月 27 日，由美国哈佛大学燕京学社社长、山东大学儒学研究中心名誉主任杜维明先生提议，北京大学儒学研究中心和山东大学儒学研究中心共同主办、山东省邹城市孟子学术研究会协办的“郭店竹简与思孟学派研究座谈会”，在北京大学召开。山东大学儒学研究中心主任庞朴、北京大学儒学研究中心主任陈来共同主持座谈会。来自北京大学、清华大学、中国社会科学院、北京师范大学、武汉大学、山东大学、山东社会科学院等单位的15名学者就郭店14篇儒家简的学派归属、郭店竹简“仁内义外说”与思孟派的关系、思孟学派能否成立以及荀子批判思孟学派的内在根据、郭店竹简中情性礼乐的内涵与思孟学派的关系、中国古代思想的发展等问题进行深入研讨。

2006年4月26—28日，儒学全球论坛(2006)孟子思想的当代价值国际学术研讨会在邹城市召开，由山东大学和邹城市人民政府联合主办。到会的美国、加拿大、韩国、日本、越南及中国香港、台湾、内地学者共100余人，收集论文80余篇。山东省政协副主席孔令仁出席开幕式，山东大学副校长王琪珑讲话，山东大学儒学研究中心主任庞朴致辞。中国孔子基金会等单位以及著名学者任继愈、杜维明、汤一介、李学勤发来贺电。中国社会科学院研究员钟肇鹏、蒙培元，清华大学教授钱逊，北京大学教授董洪利，武汉大学教授郭齐勇，香港孔教学院院长汤恩佳，台湾大学教授黄俊杰，美国耶鲁大学教授金安平，日本东京大学教授池田知久，韩国成均馆大学教授崔英辰等学者就孟子的心性学说、孟子的人性论思想、孟子思想的时代价值、孟子的民本思想、孟子学诠释方法、历代孟子学研究以及孟子学在海外的传播与研究等问题作了主题发言。与会学者认为，孟子作为儒家思想的继承者和发扬者，为儒家学说在中国历史上的巩固和发展立下了不朽功勋，以“民本”、“仁政”、“王道”和“性善论”为主要内容的孟子思想，两千年来对中国哲学政治思想的发展及民族道德观的形成都产生了深远的影响。孟子思想在当前全球一体化进程和各种文明的对话中，逐渐显现其独特的价值。

2007年8月10—13日，儒家思孟学派国际学术研讨会在济南和邹城两地召开。会议由山东师范大学齐鲁文化研究中心、美国哈佛大学燕京学社、邹城市人民政府主办，北京大学、山东大学等科研机构协办。山东师范大学副校长、齐鲁文化研究中心主任王志民，哈佛大学燕京学社社长杜维明，韩国孟子学会会长赵骏河以及来自美国、瑞士、新加坡和中国台湾地区的专家学者，共30多所高校和科研单位的50余名学者出席会议。会议期间，邢文、赵骏河、韩星、丁鼎等中外学者围绕思孟学派的思想内容、基本精神、实际意义和孟子学术思想的形成、特征等相关问题进行了深入研讨。与会学者对孟子故里、有关孟子的文物遗迹进行了实地参观考察。

随着全社会对孟子研究的重视，孟子文化影响的不断扩大，经过徐州师范大学和徐州孟氏宗亲的积极推动，以及孟子故里邹城市和社会各界的广泛支持，2008年10月，徐州孟子学院成立。徐州孟子学院主要依托徐州师范大学历史文化与旅游学院为办学实体，开展弘扬传播孟学、传承优秀传统文化的普及教育以及学术研究活动。

附一：

中国内地孟子研究
专著及论文要目

专著要目

杨伯峻:《孟子译注》,中华书局,1960 年 1 月出版。

邱汉生:《四书集注简论》,中国社会科学出版社,1980 年 8 月出版。

钟肇鹏:《中国古代著名哲学家评传·孟轲》,齐鲁书社,1980 年 9 月出版。

贺荣一:《孟子之王道主义》,北京大学出版社,1993 年 7 月出版。

王业兴编:《孟子研究论文集》,山东大学出版社,1984 年 11 月出版。

刘蔚华撰:《山东古代思想家·孟子》,山东人民出版社,1985 年 6 月出版。

刘方元译注:《孟子今译》,江西人民出版社,1985 年 8 月出版。

谢祥皓编:《孟子思想研究》,山东大学出版社,1986 年 12 月出版。

吕涛:《孟子评传》,山西人民出版社,1987 年 3 月出版。

杨伯峻:《孟子导读》,巴蜀书社,1987 年 5 月出版。

沈蘅仲:《孟子菁华》,上海教育出版社,1987 年 6 月出版。

杨伯峻译注:《孟子选译》,人民文学出版社,1988 年 10 月出版。

刘聿鑫、刘晓东译注:《孟子选译》,巴蜀书社,1988年10月出版。

赵宗正等编:《孔孟荀比较研究》,山东大学出版社,1989年9月出版。

王其俊:《孟子新探》,济南出版社,1989年9月出版。

谭承耕:《论语孟子研究》,湖南教育出版社,1990年3月出版。

林新樵注译:《孟子选注释》,海峡文艺出版社,1990年出版。

刘鄂培:《孟子选讲》,北京古籍出版社,1990年8月出版。

张光勤、都德滨编:《孟子箴言录》,北京广播学院出版社,1991年12月出版。

骆承烈编译,李天辰、刘世生英译:《孟子名言》(汉英对照译本),齐鲁书社,1991年12月出版。

翟廷晋:《孟子思想评析与探源》,上海社会科学院出版社,1992年5月出版。

赵立纲编注:《孟子名言》,山东美术出版社,1992年5月出版。

李双译注:《孟子白话今译》(先秦诸子今译丛书),中国书店,1992年9月出版。

李中民编:《孟子——儒家的灵魂》(白话中国古典精萃文库卷二),春风文艺出版社,1992年9月出版。

李渊庭整理:《梁漱溟讲孔孟》,中国和平出版社,1993年4月出版。

中国孔子基金会编:《孔孟荀之比较》(中日韩越学者论儒学),社会科学文献出版社,1994年9月出版。

杨国荣:《孟子评传——走向内圣之境》,广西教育出版社,1994年12月出版。

杨泽波:《孟子性善论研究》,中国社会科学出版社,1995年5月出版。

何晓明:《亚圣思辨录——〈孟子〉与中国文化》,河南大学出版社,1995年6月出版。

金良年撰:《孟子译注》(中华古籍译注丛书),上海古籍出版社,1995年12月出版。

张天成、刘余莉编著:《儒门亚圣——孟子》,中国华侨出版社,1996年6月出版。

王其俊:《亚圣智慧——孟子新论》,山东人民出版社,1996年12月出版。

董洪利:《孟子研究》,江苏古籍出版社,1997年10月出版。

张奇伟:《亚圣精蕴:孟子哲学真谛》,人民出版社,1997年12月出版。

李振纲:《孟子的智慧》,河北人民出版社,1998年12月出版。

赵昌平:《孟子:匡世的真言》,上海古籍出版社,1997年8月。

刘鄂培:《孟子大传》,清华大学出版社,1998年4月。

杨泽波:《孟子评传》(《中国思想家评传丛书》),南京大学出版社,1998年12月。

刘慧宇编:《战国思想家孟子》,海天出版社,1999年10月。

杨泽波:《孟子与中国文化》(《大思想家与中国文化丛书》),贵州人民出版社,2000年10月。

兰陵:《孔孟学说之精华》,新华出版社,2000年5月。

刘培桂:《孟子与孟子故里》,中国文史出版社,2001年5月。

刘培桂:《孟子林庙历代题咏集》,齐鲁书社,2001年8月。

徐克谦:《孟子现代版》,上海古籍出版社,2001年8月出版。

刘耘华:《诠释学与先秦儒家之意义生成:〈论语〉、〈孟子〉、〈荀子〉对古代传统的解释》,上海译文出版社,2002年3月出版。

王耀辉:《孟子正道》,长江文艺出版社,2003年1月出版。

张茂泽、郑熊:《孔孟学述》,三秦出版社,2003年10月出版。

李幼蒸:《仁学解释学:孔孟伦理学结构分析》,中国人民大学出版社,2004年7月。

杜敏:《赵岐、朱熹〈孟子〉注释传意研究》,中国社会科学出版社,2004年12月。

徐洪兴:《孟子直解》,复旦大学出版社,2004年1月出版。

王其俊:《孟子解读》,泰山出版社,2004年1月出版。

高专诚:《孟子通说》,山西人民出版社,2004年出版。

刘培桂:《孟子林庙历代石刻集》,齐鲁书社,2005年9月出版(孟子研究文库第一辑)。

黎孟德编:《四书感悟:孟子》,巴蜀书社,2005年1月出版。

戴兆国:《心性与德性:孟子伦理思想的现代阐释》,安徽人民出版社,2005年7月出版。

刘培桂:《孟子大略》,泰山出版社,2007年2月出版。

论文要目

杨向奎:《孟子的思想》,载《文史哲》,1957年9期。

罗根泽:《孟子传论》,载《诸子考索》,人民出版社,1958年出版。

罗根泽:《孟荀论性新释》,载同上。

童书业:《孟子思想研究》,载《山东大学学报》(历史版),1961年8期。

汤一介:《孟子的哲学思想》,载《新建设》,1961年7期。

李荫农:《关于孟子的阶级划分论——与杨荣国同志商榷》,载《学术研究》(广州),1962年3期。

冯友兰:《论孟子》,载《中国哲学史论文二集》,上海人民出版社1962年版。

包遵信:《孟子认识论的唯心主义本质》载《江汉学报》,1964年5期。

董治安:《孟子的“仁政”思想及其在中国古代文学史上的影响》,载《文史哲》,1978年6期;收入《孟子研究论文集》,山东大学出版社,1984年11月版。

周乾溁:《论孟轲的阶级属性》,载《历史教学》,1979年7期,收入《孟子研究论文集》。

孙开泰:《试论孟子的“仁政”学说》,载《思想战线》(云南),1979年4期。

金学智:《试论孟轲的“民贵”思想》,《中国哲学史论文集》,山东人民出版社,1979年版。

沈善洪:《略论孟轲的道德学说》,同上。

严北溟:《论孟轲的阶级属性》,载《中国哲学史论文集》,吉林人民出版社,1979年版。

商聚德:《孟子哲学思想十题》(上、下),载《河北大学学报》,1980年3—4期,收入《孟子研究论文集》。

王棣棠:《略论孟子对认识论的贡献》,载《东岳论丛》,1980年4期,收入《孟子研究论文集》。

严北溟:《从评价孟子谈哲学的党性问题》,载《哲学研究》,1980年9期,收入《孟子研究论文集》。

束景南:《也谈孟子哲学的评价问题——与严北溟同志商榷》,载《哲学研究》,1981年4期,收入《孟子研究论文集》。

王兴华等:《孟子“仁政”初析》,载《中国哲学史论》,山西人民出版

社,1981 年 4 月版。

吴琼:《论孟轲哲学思想中性善论与天命论的矛盾》,载《中国哲学史研究》,1981 年 8 期,收入《孟子研究论文集》。

严北溟:《再谈孟子评价与哲学党性问题》,载《哲学研究》,1981 年 7 期,收入《孟子研究论文集》。

刘百顺:《〈孟子〉中的"民"是指沦为庶民的奴隶主阶级吗?》,载《学术月刊》,1981 年 9 期。

乔长路:《关于孟轲哲学思想的几个问题》,载《哲学研究》,1981 年 12 期,收入《孟子研究论文集》。

王业兴:《孟子的庶民观》,载《山东大学文科论文集刊》,1982 年 1 期,收入《孟子研究论文集》。

刘坚承:《论孟子对孔子伦理思想的继承与发展》,载《徐州师范学院学报》,1982 年 2 期,收入《孟子研究论文集》。

刘坚承:《孟子重商思想应予肯定》,载《东岳论丛》,1982 年 2 期,收入《孟子研究论文集》。

张寿彭:《孟子经济思想初探》,载《兰州大学学报》,1982 年 2 期,收入《孟子研究论文集》。

于民等:《孟子关于美和美感的认识》,载《中国哲学史研究》,1982 年 3 期,收入《孟子研究论文集》。

张岱年:《孟子"民为贵"疏释》,载《中国哲学史研究集刊》,2 期,上海人民出版社,1982 年 7 月版。

王恩宇:《孟子哲学思想体系研究》,载《中国哲学史研究》,1982 年 4 期。

《中国美学史》编写组:《孟子的美学思想》,载《美学》4 期,上海文艺出版社,1982 年 10 月版。

刘枫:《论孟子的井田思想》,载《经济学术资料》,1982年8期。

万斌:《孟轲民主思想新探》,载《青海社会科学》,1983年1期。

姜春隆:《浅谈孟子的伦理观》,载《长春师范学院学报》,1983年1期。

徐建全:《孟子认识论的再认识》,载《研究生学报》(湖北财经学院),1983年1期。

王国炎:《论孟子的朴素辩证法思想》,载《江西大学学报》,1983年1期,收入《孟子研究论文集》。

罗忠恕:《孟子的心理学思想》,载《中国古代心理学思想研究》,江西人民出版社,1983年2月版。

王筱芸:《试论孟子的"性善论"》,载《广西师范学院学报》,1983年2期,收入《孟子研究论文集》。

关玉惠:《试论孟轲的经济思想及其阶级属性》,载《南开经济研究所季刊》,1983年3期。

孙开泰:《孟子与稷下学宫的关系》,载《齐鲁学刊》,1983年3期。

黄卫平:《孟荀人性论评议》,载武汉大学哲学系为纪念七十周年校庆编印的《中国哲学史文稿》。

赵润琦:《孟子的"仁政"学说及其哲学基础——兼向严北溟先生求教》,载《西北大学学报》,1983年4期。

杨钊:《孟子的历史观》,载《史学史研究》,1983年4期。

罗世烈:《孟子伦理思想初探》,载《四川大学学报》,1983年4期,收入《孟子研究论文集》。

田正利:《孟子思想的若干研究》(1981年全国中国哲学史、思想史专业研究生毕业论文提要),载《中国哲学》10期,三联书店,1983年10月版。

梁启超:《梁启超论孟子遗稿》,载《学术研究》,1983年5期,收入《孟子研究论文集》。

徐仁甫:《〈孟子〉辨正》,载《中华文史论丛》,1983年4期。

刘宗贤:《孟子的先天道德论》,载《齐鲁学刊》,1984年2期。

裴大洋:《孟子的哲学是客观唯心论》,载《陕西师大学报》,1984年2期。

刘若瀛:《孟子的民本思想及论辩艺术》,载《沈阳师范学院学报》,1984年2期。

黄朴民:《孟子"仁政"思想新探》,载《杭州大学学报》,1984年2期。

陈瑛:《孟轲的伦理学说》,载《中国哲学》12期,三联书店,1984年4月版。

黄卫平:《孟子性善说新探》,同上。

张季平:《孟轲"万物皆备于我"辨析》,载《文史哲》,1984年3期。

王兴业:《论孟子历史观中的唯物主义因素》,载《东岳论丛》,1984年3期。

王其俊:《孟子人性思想简议》,载《齐鲁学刊》,1984年3期。

沈斌华:《孟轲的经济模式及其性质》,载《内蒙古大学学报》,1984年4期。

闻纪之:《对"义利之辨"的思考》,1984年9月17日,载《文汇报》。

江荣海:《孟子"民贵君轻"思想述评》,载《齐鲁学刊》,1984年5期。

常校珍:《孟子的人才观》,同上。

朱大刚:《试论孟子和庄子文学思想的贡献》,载《华东师范大学学报》,1984年5期。

黄中业:《也谈孟轲是新兴地主阶级思想家》,载《辽宁师大学报》,1984 年 5 期。

黔容:《也谈孟轲“万物皆备于我”的命题》,载《文史哲》,1984 年 6 期。

翁德森:《试论孟子的劳心劳力说》,载《华东师范大学学报》,1984 年 6 期。

何应灿:《孟轲逻辑思想刍议》,同上。

王应常:《大同小异的儒家大一统思想——孟荀政治思想的比较研究》,载《新论坛》,1984 年 6 期。

黄卫平:《从孟荀人性分歧的阴错阳差看中国传统思维方式的特征》,载《未定稿》,1984 年 13 期。

侯中文等:《孟子“天命”中的规律性必然性思想初探》,载《哲学思考》(成都),1984 年试刊。

黄朴民:《略论孟子政治思想的历史地位》,载《杭州大学学报》,1986 年 1 期。

黄朴民:《历代贬孟述略》,载《齐鲁学刊》,1986 年 1 期。

冯金源:《孟子游诸国考》,同上。

董平:《道生佛性说与孟子人性论的比较》,同上。

戴洪才:《孟子的伦理思想》,同上。

周乾溁:《孟轲“法先王”的实质》,载《中国哲学史研究》,1986 年 2 期。

康明轩:《孟子的民本主义思想管见》,载《山西大学学报》,1986 年 3 期。

吕涛:《〈孟子〉的作者》,载《孔子研究》,1986 年 3 期。

杨逊:《孟子学说由“显”而“隐”的政治背景——孟学流变刍议之

一》,载《湘潭大学学报》(社会科学版),1986 年 3 期。

杨阳:《试论孟子的人道主义思想》,载《齐鲁学刊》,1986 年 2 期。

刘奉光:《孔孟哲学思想比较》,载《青海师范大学学报》,1986 年 4 期。

王其俊:《孟子理想初探》,载《东岳论丛》,1986 年 5 期。

羊涤生:《关于孟子哲学的几个问题》,载《文史哲》,1986 年6 期。

赵忠文:《论孟子“仁政”与孔子“仁”与“德政”说的关系》,载《中国哲学史研究》,1987 年 3 期。

祝风梧:《孟子对孔子政治思想的发展》,载《湖北大学学报》(综合版),1988 年增刊。

史东岳:《孔孟义利观新评》,载《东岳论丛》,1989 年 3 期。

丁永志:《孔孟荀哲学思想比较研究》,载《烟台师范学院学报》(哲社版),1989 年 3 期。

张奇伟:《评〈孟子评传〉》,载《孔子研究》,1989 年 4 期。

李铭建:《错误及其价值——〈论语〉、〈孟子〉的两则旧注》,同上。

宗华:《第二次孟子学术讨论会综述》,载《孔子研究》,1989 年第 1 期。

刘培桂:《也谈孟子是何时被尊为“亚圣”的》,载《文史知识》,1989 年第 6 期。

周国林:《关于孟子“助法”思想的评价》,载《孔子研究》,1990 年 1 期。

孙开泰:《试评孟子的认识论》,载《管子学刊》,1991 年 1 期。

林永光:《孟荀人性学说的心理分析》,载《管子学刊》,1991 年 1 期。

崔一心:《孟荀人性学说的心理分析》,载《管子学刊》,1991 年 4 期。

刘培桂:《历代对孟子的封谥与尊崇》,载《齐鲁学刊》,1992 年第

4 期。

杨泽波:《性善论立论之谜》,载《孔子研究》,1993 年 2 期。

白奚:《孟子非稷下先生辨》,载《管子学刊》,1993 年 2 期。

倪乐雄:《孟子战争观试析》,载《孙子学刊》,1993 年 2 期。

刘培桂:《孔道辅与祭祀孟子之始》,载《孔子研究》,1994 年第 1 期。

刘培桂:《孔子以后一人,功不在禹下——从孟庙碑刻看孔孟关系》,载《孔孟荀之比较(中、日、韩、越学者论儒学)》,社会科学文献出版社,1994 年 9 月版。

刘培桂:《历代对孟母的尊崇与封谥》,载《齐鲁学刊》,1994 年第 4 期。

刘培桂:《1994 邹城孟子学术思想国际研讨会综述》,载《孔子研究》,1994 年第 4 期。

葛志毅:《孟子学统与战国文化》,《陕西师范大学学报》(哲学社会科学版),1995 年第 4 期。

张奇伟:《孟子义利观新解》,《北京师范大学学报》(社会科学版),1995 年第 4 期。

王其俊:《论孟子的社会变迁思想》,载《孔子研究》,1995 年 3 期。

刘培桂:《试寻孟庙岿然千秋之根基》,载《孔孟月刊》,第 33 卷,第 11 期,1995 年 7 月版。

刘鄂培:《孟子的美学思想及对中国传统美学的影响》,载《中国哲学史》,1996 年 3 期。

霍艳霞:《孟子仁政思想的内在结构初探》,《河北大学学报》(哲学社会科学版),1996 年 1 期。

孙聚友:《孟子人学思想探析》,《孔子研究》,1997 年第 2 期。

刘玉明:《也论孟子民本思想的渊源形成》,《管子学刊》,1997 年

4期。

岩滨:《'97邹城中韩孟子学术研讨会综述》,《道德与文明》,1997年6期。

张延龄:《也说"性善论"》,载《孟子研究论文集》,山东大学出版社,1997年7月版。

王轩:《孟子思想在国内外的深远影响》,载《孟子研究论文集》,山东大学出版社,1997年7月版。

杨泽波:《孟子弟子考辩》,《孔子研究》,1998年第1期。

杨泽波:《孟子理想人格的思想与践行》,《中国文化研究》,1998年第1期。

杨海文:《孟子与汉代思想史的散点透视》,《齐鲁学刊》,1998年第3期。

杨福生:《孟子荀子论辩艺术》,《安徽大学学报》(哲社版),1998年第3期。

刘培桂:《孟子林墓何以千古不泯》,载《孟学研究》,山东人民出版社,1998年6月版。

张延龄:《孔孟林庙祭祀之我见》,载《孟学研究》,山东人民出版社,1998年6月版。

徐克谦:《孟子"义内"说发微》,《孔子研究》,1998年第4期。

张延龄、刘培桂:《从思想史的长河中看孟子——读〈孟子大传〉》,《孔子研究》,1998年第4期。

刘培桂:《孟子林庙历代题咏简介》,载《孔孟月刊》,第37卷第1期,1998年9月28日版。

张延龄:《孟氏六种家志校记》,载《孔孟月刊》,第37卷第4期,1998年12月版。

陈克守:《孟子的逻辑反驳简析》,《逻辑今探——中国逻辑学会第五次代表大会暨学术讨论会论文集》,社会科学文献出版社,1999年1月。

杨阳:《内在超越与内圣外王——孟子思想的政教一体化思维特征》,《管子学刊》,1999年1期。

边家珍:《孟子论辩六法》,《孔子研究》,1999年第2期。

王建华:《孟子五说》,《江苏社会科学》,1999年第4期。

宁登国:《〈孟子〉的历代诠释研究概观》,《管子学刊》,1999年4期。

刘清平:《论孔孟儒学的血亲团体性特征》,北京大学哲学系主编《哲学门》,2000年一卷一册。

朱义禄,张谊:《论孟子民本思想对后世的影响》,《同济大学学报》(社会科学版),2000年2期。

胡卫青:《中西人性论的冲突:近代来华传教士与孟子性善论》、《复旦学报》(社会科学版),2000年3期。

杨海文:《"仁且智"与孟子的理想人格论》,《孔子研究》,2000年第4期。

刘培桂:《孟子周游列国年代考》,《孔子研究》,2000年第4期。

张积家:《比较、鉴别、发展:康有为对孟荀人性论的比较研究》,《华南师范大学学报》(社会科学版),2001年第1期。

周宏:《孟荀交互主体性思想初探》,《东南大学学报》(哲学社会科学版),2001年3期。

李传印:《孟子在唐宋时期社会和文化地位的变化》,《中国文化研究》,2001年3期。

张应杭:《论孟子的心性说及其现代意义》,《华东师范大学学报》

（哲学社会科学版），2002 年第 1 期。

杨泽波：《就〈孟子大传〉与刘鄂培先生商榷》，《复旦学报》（社会科学版），2002 年第 2 期。

杨国荣：《儒家政治哲学的多重面向——以孟子为中心的思考》、《浙江学刊》，2002 年第 5 期。

徐国荣：《名士精神与汉魏之际孟子地位之沉浮》，《孔子研究》，2002 年第 5 期。

刘培桂：《孟子林庙历代石刻概述》，载《孔子研究》，2002 年第 5 期。

林晓平：《论孟子对历史治乱盛衰的总结》，《湛江师范学院学报》，2003 年第 2 期。

杨海文：《孟子故里"圣地化"的基本内涵——评刘培桂〈孟子与孟子故里〉》，《孔子研究》，2003 年第 3 期。

杨海文：《孟子研究的史学进路——兼评刘培桂先生新著〈孟子与孟子故里〉》，《华南理工大学学报》，2003 年第 4 期。

龚来国：《试述唐宋间的"疑孟"、"非孟"思想》，《史学月刊》，2003 年第 10 期。

唐潇浩：《孟子王道政治学说的局限》，《江淮论坛》，2004 年1 期。

胡家祥：《〈孟子〉与〈庄子〉思想倾向之比较》，《黄冈师范学院学报》，2004 年 1 期。

林晓平：《孟子与史学》，《赣南师范学院学报》，2004 年第 25 卷第 2 期。

孙先英：《〈孟子〉升经与王安石变法——兼论尊孟疑孟的争论及实质》，《求索》，2004 年 5 期。

余怀彦：《孔孟德治思想的现代反思》，《儒学与当代文明——纪念孔子诞生 2555 周年国际学术研讨会论文集》（卷四），九州出版社 2005

年出版。

田彬:《为政在人——试论孟子君臣观中的理性精神》,《西南民族大学学报》(人文社会科学版),2005 年 1 期。

魏义霞:《仁——在孔子与孟子之间》,《社会科学战线》,2005 年 2 期。

白奚:《孟子对孔子仁学的推进及其思想史意义》,《哲学研究》,2005 年 3 期。

李葆华:《林慎思〈续孟子〉对孟子的解读》,《北方论丛》,2005 年第 3 期。

郭杰:《仁政·性善·浩然之气——孟子精神世界的再认识》,《深圳大学学报》(人文社会科学版),2005 年 3 期。

李葆华:《孟子思想体系构成纲要》,《辽宁师范大学学报》(社会科学版),2005 年 4 期。

杨泽波:《西方学术背景下的孟子王道主义——对有关孟子王道主义一种通行理解的批评》,《华东师范大学学报》,2005 年第 4 期。

刘清平:《论孟子推恩说的深度悖论》,《齐鲁学刊》,2005 年4 期。

马永庆:《孟子的权变伦理思想评析》,《哲学研究》,2005 年5 期。

唐献玲:《浅析孟子性善论道德教育思想及其现代启示》,《社科纵横》,2005 年 5 期。

陈战国:《孟子的民本主义》,《儒学与当代文明——纪念孔子诞生 2555 周年国际学术研讨会论文集》(卷一),九洲出版社,2005 年 6 月。

李景林:《论"可欲之谓善"》,《易学与儒学国际学术研讨会论文集》(儒学卷),2005 年 8 月。

苗润田:《理智与情感之辨——孟子非以禽兽喻杨墨论》,《易学与儒学国际学术研讨会论文集》(儒学卷),2005 年 8 月。

朱辉宇、姜晶花:《以性善为根据的治国路径——从孟子性善论视角解读其仁政论思想》,《道德与文明》,2006 年 1 期。

鲍宇:《从“心”的意涵看孟荀思想发展的逻辑进路》,《长春工业大学学报》(社会科学版),2006 年第 2 期。

孙召华:《自孟庙修建看孟子地位的变迁——兼论孟子形象的多面性》,《管子学刊》,2006 年 3 期。

孙宝山:《黄宗羲与孟子的政治思想辨析》,《孔子研究》,2006 年第 4 期。

周淑萍:《宋代孟子升格运动中的四种关键力量》,《史学理论研究》,2006 年第 4 期。

刘培桂:《张岱年先生论孟子》,《中国哲学的转化与范式——纪念张岱年先生九十五诞辰暨中国文化综合创新学术研讨会文集》,中州古籍出版社,2006 年 4 月版。

黄俊杰:《21 世纪孟子学研究的新展望》,《文史哲》,2006 年第 5 期。

李凯:《试述孟子诠释思想的本体论内涵》,《孔子研究》,2006 年第 6 期。

汤浩:《论孟子行政思想的内在逻辑冲突》,《求索》,2006 年 11 期。

谭承耕:《关于孟子性善论及恻隐之心新探》,《湖南社会科学》,2007 年 4 期。

王元明:《弗洛姆的性善论及其与孟子性善论的比较》,《天津师范大学学报》(社会科学版),2007 年 5 期。

赵法生:《孟子性善论的多维解读》,《孔子研究》,2007 年 6 期。

梁涛:《“以生言性”的传统与孟子性善论》,《哲学研究》,2007 年 7 期。

余群:《从时代背景看孟子“以意逆志”的内涵》,载《齐鲁文化研究》,总第 6 辑,2007 年 12 月版。

赵元龄:《孟子廉政思想的当代价值》,载《齐鲁文化研究》,总第 6 辑,2007 年 12 月版。

刘培桂:《明末白莲教据邹县与孟府惨祸》,载《齐鲁文化研究》,总第 6 辑,2007 年 12 月版。

向世陵:《孟子王道论的经济主张分析》,《中国社会科学院院报》,2008 年 1 期。

附二：

中国香港、台湾地区孟子研究专著及论文要目

专著要目

胡毓寰：《孟子事迹考略》，台湾台盛书局版。

唐君毅：《孟子证义》。

牟宗三：《儒学的光辉与孟子》。

王伟侠：《孟子教育学说》，台北复兴书局版。

王伟侠：《孟子分类纂注》，台北"中华文化出版事业委员会"出版。

温晋城选注：《孟子会笺》，台北正中书局版。

钱穆、戴君仁等：《孟子研究集》，台北"中华丛书编审委员会"，1963年版。

吴康：《孔孟荀哲学》（上、下册），台湾商务印书馆，1967年版。

许叔彪：《孟子今义类编》（中华丛书），台北台湾书店，1986年版。

程兆熊：《孟子讲义》，力行书局出版。

朱广福：《孟子话解》，台湾商务印书馆版。

唐迪风：《孟子大义》，台北学生书局版。

周绍贤：《孟子要义》，文景出版社，1970年修订版。

张元夫：《孟子述闻》，台湾商务印书馆，1972年版。

史次耘注译:《孟子今注今译》(重印古籍今译丛书),台湾商务印书馆,1973 年 2 月版,1984 年 1 月修订版。

陈立夫:《孟子之政治思想》,台湾中华书局,1973 年版。

黄公伟:《孔孟荀哲学证义》,台北市幼狮文化事业公司,1975 年版。

林永嘉:《孔孟荀教育哲学思想比较分析研究》,台北文景书局,1976 年版。

陈大齐:《孟子性善说与荀子性恶说的比较研究》,台北"中央文物供应社"版。

陈大齐:《孟子的名理思想及辩说实况》,台湾商务印书馆版。

唐林泉:《孟子政治思想新论》,台湾商务印书馆,1977 年 6 月版。

张学波:《孟子研究》,台北汉文书店,1978 年版。

刘正浩:《中国历代思想家五:孟子》,台湾商务印书馆,1978 年 6 月版。

杨承林:《孔孟荀的道德哲学》,台湾商务印书馆,1978 年版。

骆建人:《孟子学说体系探赜》,台北文津出版社,1979 年 6 月版。

陈顾远:《孟子政治哲学》,启明书店版。

任卓宣:《孟子学说的体系》。

张明凯:《孟子思想与中国文化》,台湾商务印书馆版。

蒋伯潜:《孟子新解》(语译广解四书读本),启明书店版。

梁韦弦:《孟子研究》,台北文津出版社出版。

陈大齐:《孟子待解录》,台湾商务印书馆,1980 年 8 月版。

滕春光:《孟子教育哲学思想体系与批判》,台湾正中书局,1983 年 7 月版。

王支洪:《孟学的现代意义》,台北东大图书公司,1984 年 12 月版。

董承文:《孔孟荀教育思想》,高雄复文图书出版社,1987 年 10

月版。

林汉仕:《孟子探微》,台北市文史哲出版社,1988 年出版。

南怀瑾:《孟子旁通》,台湾老古文化事业公司出版。

黄俊杰:《孟子》(世界哲学家丛书),东大图书公司,1993 年 2 月版。

李明辉:《康德伦理学与孟子道德思考之重建》,台北"中央研究院中国文哲研究所",1994 年出版。

黄俊杰:《孟子思想的历史发展》,台北"中央研究院中国文哲研究所"筹备处,1995 年印行。

尤信雄:《六十年来之孟子学》(六十年来之国学丛书第一册:经部第十篇),台北正中书局出版。

黄俊杰:《孟子思想史论》,台北东大图书公司出版。

李明辉:《孟子思想的哲学探讨》,台北"中央研究院中国文哲研究所",1995 年出版。

刘述先编:《儒学与人权——古典孟子学的观点》,台北"中央研究院中国文哲研究所",1997 年版。

唐志龙编:《内圣外王:孟子谋略纵横》,台湾正展出版公司,1998 年 12 月出版。

李明辉:《孟子重探》,联经出版公司,2001 年出版。

李明辉:《四端与七情——关于道德情感的比较哲学探讨》,华东师范大学出版社,2008 年 6 月版。

论文要目

牟宗三:《孟荀合论》(上、下),载《民主评论》,3 卷 21—22 期,1952 年 10—11 月。

黄建中:《孟学述要》(上、下),载《民主评论》,4 卷 7—8 期,1957 年

4月。

唐君毅:《孟墨庄荀之言心申义》,载《新亚学报》,1卷2期,1956年2月。

钱穆:《比论孟庄两家论人生修养》,载《人生》,14卷1期,1957年5月。

张君劢:《孟子哲学》、《孟子哲学》(续),分载《民主中国》,1卷5期,2卷4期,1958年12月,1959年2月。

徐复观:《孟子知言养气章试析》,载《民主评论》,10卷9期,1959年5月。

薛光前:《孟子和圣多默斯对义的观念》,载《清华学报》,2卷1期,1960年5月。

张君劢:《立极之哲人——孟子》,载《民主中国》,5卷1期,1962年1月。

沈忱农:《孟子政治思想的研究》,载《孔孟学报》,4期,1962年9月。

胡耐安:《孟荀平议》载《孔孟月刊》,1卷2期,1962年10月。

阎子缄:《民主政治思想的先导——孟子》,载《孔孟月刊》,1卷4期,1962年12月。

罗联络:《略评〈孟子字义疏证〉》,载《建设》,11卷8期,1963年1月。

王焕琛:《孟子的教育思想》,载《孔孟月刊》,1卷7期,1963年3月。

孙鼎禾:《〈孟子〉之中心思想》,载《孔孟月刊》,1卷9期,1963年5月。

宋子开:《略论子思孟轲思想》,同上。

史次耘:《孟子的人生基本态度》,载《孔孟月刊》,1卷11期,1963年7月。

张亨:《孟子致为臣于齐》,载《孔孟月刊》,2卷3期,1963年11月。

陈大齐:《孔孟荀三子所说人性的分析》,载《孔孟月刊》,2卷4期,1963年12月。

文大强:《孟子的教育思想之研究》,载《孔孟月刊》,2卷5期,1964年1月。

屈万里:《〈孟子〉七篇的编者和〈孟子〉外书的真伪问题》,载《孔孟学报》,7期,1964年4月。

李耀宇:《孟子称为"亚圣"及其书列入十三经之一的由来》,载《华侨日报》,1964年5月13日。

陈大齐:《孟子"浩然之气"浅释》,载《政大学报》,9卷,1964年5月。

任卓宣:《孟子哲学体系》,载《哲学年刊》,2期,1964年7月。

蒙传铭:《孟子辩论术举例》,载《孔孟月刊》,2卷12期,1964年8月。

宋锡纯、梁容若:《〈孟子·许行章〉疑问解答》,同上。

赵海金:《〈孟子〉释补遗》(一、二),载《孔孟学报》,7—8期,1964年4月,1964年9月。

李白刚:《读〈孟〉七事辨疑》,载《孔孟月刊》,3卷1期,1964年9月。

弓英德:《为孟子性善说进一解》,载同上篇。

余书麟:《孟子的政治教育思想》,载同上篇。

孔诚:《孟子的政治哲学与现代政治》,载《孔孟丛刊》,1期,1964年9月。

胡自逢:《〈孟子〉书中的五等爵制》,载《孔孟月刊》,3卷2期,1964年10月。

黄得时:《山井鼎的〈七经孟子考文〉》,载《孔孟月刊》3卷3期,1964年11月。

戴君仁:《孟子性善说粗解》,同上。

李旭光:《秦汉魏晋隋唐之孟学》,同上。

左潞生:《孟子政治思想概述》,载《孔孟月刊》,3卷3期,1964年12月。

蔡爱仁:《拟补孟子弟子列传》,同上。

高明诚:《〈孟子〉中"夫"字用法探究》,同上。

张君劢:《〈孟子〉七篇中有关文学的言论》,载《孔孟月刊》,3卷7期,1965年3月。

孙宝琛:《孟子的政治思想》,载《孔孟学报》,9期,1965年4月。

苏尚耀:《〈孟子〉书中的寓言》,载《孔孟月刊》,3卷8期,1965年5月。

蔡仁厚:《孟子的人格精神》,载《孔孟月刊》,4卷4期,1965年12月。

赖明德:《孟荀学说比较研究》(上、中、下),载《孔孟月刊》,4卷1期(1965年9月),4—5期(1965年9月—1966年1月)。

高葆光:《孟子的性善论》,载《孔孟月刊》,5卷1期,1966年9月。

林语堂:《孟子说才、志、气、欲》,载《台湾新闻报》,1967年4月10日。

陈大齐:《孟子性善说与荀子性恶说的不相抵触》,载《孔孟学报》,13期,1967年4月。

王叔岷:《〈史记·孟荀列传〉斠证》,同上。

陈大齐:《孟子在名理思想上的两大贡献》,载《政大学报》,15期,1976年5月。

蔡仁厚:《孟子的游踪》,载《孔孟月刊》,5卷12期,1967年8月。

包乔龄:《孟子的文学价值》,载《孔孟月刊》,5卷12期,1967年8月。

吴康:《孟子哲学思想》,载《孔孟学报》,14期,1967年9月。

陈大齐:《孟子认食色为性否?》,载《孔孟月刊》,6卷1期,1967年9月。

唐传基:《〈孟子〉七篇与诗教》,载《孔孟月刊》,6卷2期,1967年10月。

谭煊吾:《孟子的民本思想》,载《孔孟学报》,15期,1968年4月。

熊公哲:《孟子与所谓齐学之研讨》,载同上。

熊公哲:《孟子“仁义”荀子“礼义”其辨如何?》,载《孔孟学报》,16期,1968年9月。

毛子水:《〈孟子〉焦疏补正》,载《孔孟学报》,16期,1968年9月。

陈宗敏:《孟子的引述诗书》,载《孔孟月刊》,8卷5期,1970年1月。

黄纪法:《孟子的政治思想》,载《孔孟月刊》,8卷6期,1970年2月。

庞景隆:《予岂好辩哉》,同上。

吴康:《孟子之政治思想》,载《孔孟学报》,19期,1970年4月。

赵海金:《孟子思想蠡测》,载同上。

陈大齐:《研讨人性善恶的几个先决条件》,载《孔孟月刊》,8卷8期,1970年4月。

王觉源:《孟子尚义人生思想》,同上。

冯炳奎等:《孟子说“人之所以异于禽兽者几希”,“几希”是什么》,同上。

熊公哲:《孟子距杨墨》,载《孔孟月刊》,9卷2期,1970年12月。

郑良树:《孟子见梁惠王时之政治背景》,载《孔孟月刊》,9卷4期,1970年12月。

杨一峰:《〈孟子〉“浩然之气”浅测》,载《孔孟学报》,22期,1971年9月。

刘宗烈:《论孟子教育思想》,同上。

蔡仁厚:《孟子心性论之研究》,同上。

王科珍:《〈孟子〉诗说》,载《孔孟月刊》,10卷2期,1971年10月。

褚柏思:《孟子思想的整体认识》,载《孔孟月刊》,10卷3期,1971年11月。

朱廷献:《论孟引诗书之探讨》,载《孔孟月刊》,10卷4期,1971年12月。

王秉钧:《〈孟子〉解说》(1—20),载《孔孟月刊》,8卷5期—10卷7期,1970年1月至1972年3月。

郭立民:《孟子的义利辨》,载《孔孟月刊》,10卷8期,1972年4月。

蔡仁厚:《孟子的修养论》,载《孔孟学报》,24期,1972的9月。

陆铁乘:《孟荀性论平议》,载《孔孟月刊》,11卷1期,1972年9月。

李居取:《论孟子法先王与荀子法后王》,同上。

简翠贞:《知言与养气》,同上。

唐君毅:《论〈孟子〉中之“兴起心志以立人”之道》,载《新亚书院学术年刊》,14期,1972年9月。

刘德汉:《孟子学说概要》,载《孔孟月刊》,11卷2期,1972年10月。

史墨卿:《孟子修辞观》,载《孔孟月刊》,11卷3期,1972年11月。

杜水封:《试探〈孟子〉一书所揭示的治学要领》,载《孔孟月刊》,11卷4期,1972年12月。

刘简:《孟荀论性述略》,载《孔孟月刊》,11卷6期,1973年2月。

蔡仁厚:《孟子对同时代学者的批评》,同上。

龚乐群:《孟子"独乐乐与人乐乐孰乐"解》,同上。

钱穆:《孟子学大义述——亚圣孟子诞辰纪念大会讲词》,载《"中央"日报》,1973年5月4日。

朱学琼:《论孟疑义集例》,载《孔孟学报》,25期,1973年5月。

谢信尧:《孟子非战与墨子非攻之研究》,载《复兴岗学报》,11期,1973年6月。

郭寿华:《孟子思想体系之研究》,载《孔孟月刊》,12卷1期,1973年9月。

简翠贞:《"万物皆备于我"浅释》,同上。

李日刚:《孟子其人其书考述》(上、下),载《孔孟月刊》,12卷1期、3期,1973年9月、11月。

林丽真:《孟荀性论的比较》,载《孔孟月刊》,12卷3期,1973年11月。

王大千:《〈孟子〉札记三则》,载《孔孟月刊》,12卷4期,1973年12月。

林贞羊:《孟荀人性论评述》,载《中国国学》,2期,1973年12月。

程文熙:《张君劢先生的〈孟子新论〉》,载《孔孟月刊》,12卷10期,1974年6月。

谢志雨:《王充〈论衡〉"性有三品说"评介及孟子性善说之新证》,载《孔孟月刊》,13卷3期,1974年11月。

陈维德:《孟子何以辟墨》,载《孔孟月刊》,13 卷 6 期,1975 年 2 月。

孙广德:《孔孟荀的天道观》,载《孔孟月刊》,13 卷 7 期,1975 年 3 月。

黄公伟:《孟子的形上学》,载《孔孟月刊》,13 卷 9 期,1975 年 5 月。

傅锡壬:《〈孟子〉书的譬喻和讽喻技巧》,载《孔孟月刊》,13 卷 11 期,1975 年 7 月。

冯炳奎:《孟子学说的全貌》,载《孔孟月刊》,14 卷 1 期,1975 年 9 月。

李伟泰:《孟子对人性的诱导》。载《孔孟月刊》,14 卷 3 期,1975 年 11 月。

顾昆阳:《孟子性善论与政治思想的关系》,载《孔孟月刊》,14 卷 3 期,1975 年 11 月。

汤承业:《孟子政治思想研究新论》,载《孔孟月刊》,14 卷 4 期,1975 年 12 月。

史墨卿:《孟子尚友观》,载《孔孟月刊》,14 卷 9 期,1976 年 5 月。

陈飞龙:《孟荀异同》,载《孔孟月刊》,14 卷 10 期,1976 年 6 月。

郑琳:《从我国先哲的美感智慧到孟子的美学体系的探索》,同上。

林政华:《孟子与〈春秋〉》,载《孔孟月刊》,14 卷 9 期,1976 年 8 月。

杨日出:《孟子的生活艺术》,载《孔孟月刊》,15 卷 1 期,1976 年 9 月。

卢瑞钟:《孟子的天道观念》,载《孔孟月刊》,15 卷 5 期,1977 年 1 月。

成惕轩:《从〈孟子〉一书中所看到的用人原则》,载《孔孟月刊》,15 卷 6 期,1977 年 2 月。

洪安全:《孟子对于诸子的批评》(上、下),载《孔孟月刊》,15 卷 6—

7期,1977年2—3月。

孟繁骥:《孟子家志述略》,载《孔孟月刊》,15卷9期,1977年5月。

张学波:《孟子的存养工夫》,同上。

陈立夫:《亚圣孟子对中国道统的贡献及纪念孟子的意义》,同上。

《孟子对中国政教之重大影响》,同上。

洪安全:《孟子与孔子》(上、下),载《孔孟月刊》,15卷9—10期,1977年5—6月。

詹秀惠:《孟子与王阳明的良知说》,载《孔孟学报》,34期,1977年9月。

陈乃臣:《浅论孟子与康德伦理思想之异同》,载《孔孟月刊》,16卷6期,1978年2月。

洪安全:《孟子师生之间》(上、下),载《孔孟月刊》,16卷6—7期,1978年2—3月。

朱延献:《〈孟子〉源流考》,载《孔孟月刊》,16卷7期,1978年3月。

王甦:《孟子的心学》,载《孔孟学报》,35期,1978年4月。

董义平:《孟子经济思想之研究》,载《中国国学》,6期,1978年4月。

龚乐群:《孟子与荀子的人性论》(上、下),载《孔孟月刊》,16卷9—10期,1078年5—6月。

杜米杉:《孟荀政治思想之比较》(上、下),载《宇宙》,8卷8—9期,1978年8—9月。

葛泽华:《孟子对中华文化道统的贡献》,载《新动力》,30卷9期,1978年9月。

张君劢:《孟子致良知说与当代英国直觉主义伦理学之比较》,载《鹅湖》,4卷4期,1978年10月。

南怀瑾:《孟子研究讲录》(1—7),载《人文世界》,7 卷 2 期—8 卷 6 期,1978 年 11 月。

黄景进:《孟子诗说的重新估价》,载《孔孟月刊》,18 卷 4 期,1979 年 12 月。

黄玉芬:《孟子的尽心之道》,载《孔孟月刊》,18 卷 5 期,1980 年 1 月。

徐汉昌:《人皆可以为尧舜》,同上。

骆建人:《孟子之大仁义即大功利说》,载《孔孟月刊》,18 卷 6 期,1980 年 2 月。

刘远智:《孟子论诗》,载《孔孟月刊》,18 卷 9 期,1980 年 5 月。

王甦:《〈文心雕龙〉述〈孟子〉考》,载《孔孟学报》40 期,1980 年 9 月。

蔡明田:《论孟子对禅让说的态度》,同上。

林庆彰:《〈孟子外书〉版本知见考》,载《孔孟月刊》,19 卷 1 期,1980 年 9 月。

张垣铎:《孟子"仁者无敌"思想发微》,同上。

陶希圣:《孟子论道》,载《食货》,10 卷 7 期,1980 年 10 月。

黄忠慎:《孟子所谓的"善教"》,载《孔孟月刊》,19 卷 3 期,1980 年 11 月。

林丽真:《由孟子之出处进退观其风格与人格》,载《孔孟学报》,43 期,1982 年 4 月。

蔡信发:《孟子对于士风的振兴》,载《孔孟月刊》,21 卷 10 期,1983 年 6 月。

王邦雄:《孟子疏解》(1—6),载《孔孟月刊》,21 卷 3—12 期,1982 年 11 月—1983 年 8 月。

韩凌霄:《孟子的政治思想与现代社会》,载《孔孟月刊》,22卷10期,1984年6月。

林平和:《〈盐铁论〉引述〈孟子〉考》,载《孔孟月刊》,22卷5期,1984年6月。

侯家驹:《孟子义利之辨的涵义与时空背景》,载《孔孟月刊》,23卷9期,1985年5月。

王熙元:《孟子的精神价值观》,载《孔孟月刊》,24卷1期,1985年9月。

陈修武:《孟荀论人性善恶的确定意义》,载《孔孟月刊》,24卷3期,1985年11月。

王基伦:《〈孟子〉与〈史记〉之关系》,同上。

朱冠华:《孟子知言养气义》,载《孔孟学报》51期,1986年4月。

陈维德:《孟子政治思想述要》,载《孔孟月刊》,24卷9期,1986年5月。

蔡德良:《孟子为学论》,同上。

王关仕:《"舜何人也予何人也"断句新探》,载《孔孟月刊》,25卷1期,1986年9月。

魏金绒:《孟子达权变之研究》,载《孔孟月刊》,25卷2期,1986年10月。

张蓓蓓:《韩愈与孟子》,载《孔孟月刊》,25卷3期,1986年11月。

吴吉助:《孟子春秋说试探》,载《孔孟月刊》,25卷5期,1987年1月。

黄绍梅:《孟子性善论是孔子心学的传承与创新》,《鹅湖》,1994年2期,总224期。

陈德和:《孟子学行思想举隅——以滕文公为例》,《鹅湖》,1994年

8期,总230期。

王其俊:《孟子思想产生的特殊原因》,《鹅湖》,1996年11期,总256期。

李正治:《孟子"礼根于心"型的礼乐思索》,《鹅湖》,1997年2期。

朱高正:《从〈孟子〉节文探讨孟子思想的当代意义——兼论有中国特色的民主政治》,《鹅湖》,1998年12期,总282期。

洪缨芬:《仁与爱的对话——论孟子的仁义观与雅斯培的爱观》,《鹅湖》,1998年12期,总282期。

苏子敬:《唐君毅先生对孟子之心与养心工夫的诠释(上)》,《鹅湖》,1999年1期,总283期。

苏子敬:《唐君毅先生对孟子之心与养心工夫的诠释(下)》,《鹅湖》,1999年2期,总284期。

曾守正:《孔孟说诗活动中的言志思想》,《鹅湖》,1999年12期,总294期。

洪缨芬:《试论孔孟学说中的价值衡量》,《鹅湖》,1999年12期,总294期。

林俊宏:《孟子仁政思想的开展(上)》,《鹅湖》,2000年5期,总299期。

林俊宏:《孟子仁政思想的开展(下)》,《鹅湖》,2000年6期,总300期。

王邦雄:《论孔孟儒学的安身立命之道》,《鹅湖》,2001年12期,总318期。

林忆芝:《孟子与人文精神之建立——家庭的伦理意义》,《鹅湖》,2003年6期,总336期。

柳熙星:《董仲舒与孔孟荀人性论的演变》,《鹅湖》,2003年10期,

总340期。

贾忠婷:《朱熹透过〈孟子〉所阐述的"心性情"三分之义理内涵》,《鹅湖》,2003年11期,总341期。

李建兴:《孟子言"思"之意涵探析》,《鹅湖》,2006年2期,总368期。

夏世华:《论孟子之不动心——林安梧"后新儒学"的切入点》,《鹅湖》,2006年6期,总372期。

李瑞全:《当代新儒学道德规范根源之建立:从孔孟到牟宗三》,《鹅湖》,2007年1期,总379期。

袁保新:《一九一二年——兼序〈从海德格、老子、孟子到当代新儒家〉》,《鹅湖》,2008年6期,总396期。

朱荣智:《孟子的修辞技巧》,《孔孟月刊》,1994年2期。

顾红亮:《孟子性善说的他者哲学诠释》,《孔孟月刊》,1995年4期。

常校珍:《孟子的"德治"观》,《孔孟月刊》,1995年4期。

陈韦铨:《试论孟子的诠释方法与意识主体(上)》,《孔孟月刊》,1995年8期。

陈韦铨:《试论孟子的诠释方法与意识主体(下)》,《孔孟月刊》,1995年10期。

简光明:《孟子何以未曾批判庄子》,《孔孟月刊》,1995年12期。

王玉生:《孟子自我修养思想的现代诠释》,《孔孟月刊》,1996年8期。

张学智:《"孔孟思想与现代人生系列论坛"——孔孟思想与中山先生》,《孔孟月刊》,1996年8期。

万光军:《小议孟子"革命"观》,《孔孟月刊》,1997年2期。

丁成际:《性命·人禽·心性——孟子的"性善说"的三个层面》,

《孔孟月刊》,1997年4期。

林裕学:《王安石尊孟思想与北宋儒学——由〈性情论〉、〈王霸论〉、〈大人论〉来探讨》,《孔孟月刊》,1997年4期。

张哲挺:《从结果主义看孟子道德哲学中的仁义原则(上)》,《孔孟月刊》,1997年4期。

王奕然:《试论孔孟、老庄之"圣人"面向》,《孔孟月刊》,1997年6期。

万光军:《韩愈对孟子"禽兽"和"道德"的论证》,《孔孟月刊》,1997年6期。

张哲挺:《从结果主义看孟子道德哲学中的仁义原则(下)》,《孔孟月刊》,1997年8期。

袁保新:《从海德格、老子、孟子到当代新儒学——一项从诠释学角度展开的自我反思》,《中国文哲研究通讯》,1994年3期。

邱湘云:《〈孟〉、〈荀〉二书语言表达方式比较》,《国文天地》,1995年4期。

陈德和:《孟荀性情说的共法与不共法》,《当代中国哲学学报》,1995年6期。

叶太平:《从人格精神看孟子比孔子的进步性》,《孔孟学报》1995年9期。

蓝丽春:《〈孟子〉从"子部"到"经部"定位论析》,《中国文化月刊》,1996年4期。

黄志煌:《孟子与荀子教育思想之比较》,《中山学报》,1996年4期。

陈政扬:《孟子与庄子圣人观比较》,《当代中国哲学学报》,1996年6期。

王中:《孟子的"天赋权利"思想——以"天爵"、"良贵"和"民意"为

视点》,《哲学与文化》,1996 年 7 期。

叶海烟:《孟子人权观的哲学意涵》,《哲学与文化》,1996 年7 期。

黄俊杰:《论东亚儒家经典诠释与政治权力之关系——以〈论语〉、〈孟子〉为例》,《台大历史学报》,1996 年 12 期。

周次吉:《孟子师承的研究》,《宗教哲学》,1996 年 12 期。

游维伦:《试评析邱黄海先生之〈论孟子修养论之系统的陈述〉》,《当代儒学研究》,1997 年 1 期。

附三：

国外部分孟子研究
专著要目

[美]艾文贺:《儒家传统中的伦理学》(是一部孟子与王阳明的比较研究作品),1990年出版。

[美]倪德卫:《儒家之道——中国哲学探讨》,江苏人民出版社,1996年11月出版。

[美]信广来(Kwong - Loi Shun):《孟子与早期中国思想》,1997年出版。

1997年7月,韩国孟子学会将1996年学术会议论文编辑成《孟子研究》,第1辑(论文集)。

1999年6月,韩国孟子学会将1997年学术会议论文编辑成《孟子研究》,第2辑(论文集)。

[美]周天玮:《法治理想国:苏格拉底与孟子的虚拟对话》,商务印书馆,1999年10月出版。

韩国李文永著,宣德五等译:《论语、孟子和行政学》,东方出版社,2000年出版。

[美]陈金樑(Alan K. L. Chan)主编:《孟子:背景及解释》,2002年出版。

[法]弗朗索瓦·于连(Francois Jullien)著:《道德奠基:孟子与启蒙

哲人的对话》,宋刚译,北京大学出版社,2002 年出版。

[美]艾文贺(Philip J. Ivanhoe)与 Xiusheng Liu 共同主编:《论孟子的道德哲学》,2002 年出版。

[美]江文思(James Behuniak Jr.)、安乐哲(Roger T. Ames)编,梁溪译:《孟子心性之学》,社会科学文献出版社,2005 年出版。

附录

一、历代奏疏制诰选

尚书省牒·特封孟子为邹国公敕

礼部状:“近准都省批送下朝散大夫、试吏部尚书曾孝宽札子:‘臣左领使京东西路,邹鲁实在封部。伏见孟轲有庙在邹,属兖州。未有封爵载于祀典。况先儒皆有封爵。孟轲自古尝以其书置博士,朝廷亦以其书劝学取士,宜有褒封,载于祀典。伏望圣慈付有司议定施行。’取进止后批送礼部勘当。本部寻符太常寺,详上件事理定夺。申:‘今据本寺状,检会近条节文,今后诸神祠加封,无爵号者,赐庙额;已赐额者,加封爵。初封侯,再封公,次封王。生有爵位者,从其本。当寺参详。孟子传圣人之道,有功于天下后世,非诸神祠一时感应之比。今若止加庙额、侯爵,恐未尽褒崇之义。检会颜子封兖国公,十哲并封郡公,欲乞自朝省详酌,特封国公。又缘与近条不同,乞据状申取朝廷指挥,申部者看详。’太常寺所申事理,虽于近条有妨,缘孟子传道于圣人,而为后世宗师,非诸子之比,谓宜封公,以示褒显。本部未敢施行,更自朝廷详酌指挥,伏候指挥。”

兖州孟轲·牒·奉敕:

“自孔子没,先王之道不明。发挥微言,以绍三圣,功归孟氏,万世所宗。厥惟旧邦,实有祠宇,追加爵号,以示褒崇。宜特封邹国公。”

牒至准敕。故牒。

元丰年六年十月　日牒

（选自孟庙石刻）

以孟子配享孔子奏·制

元丰七年五月壬戌，始以孟子配享孔子。晋州教授陆长愈奏乞：春秋释奠并以兖、邹二公配享。太常寺言：至圣文宣王以先师颜子配享及以次从祀，皆其门弟子也。孟子知道，固当尊祀，然于孔子异代。而与颜子并行配享之礼不可。礼官议：以为古者配享及从祀，但取著德立功其道有以相成者，不必皆同时也。如蜡之祭也，主先啬而祭司啬。先农之配，即以后稷。勾芒为少昊氏之子，祝融为高辛氏火正，今春秋之祭，则勾芒配伏羲、祝融，大庭迎气之日又为从祀。异代之人得为配祀明矣。唐贞观二十一年，诏伏生与高堂生、杜预、范宁之徒与颜子俱配孔堂。至今犹为从祀。以孟子于孔圣之门当在颜子之列。久未配享，诚为缺典。请如长愈议，自今春秋释奠以邹国公孟子配享文宣王，设位于兖国公之次。以称圣朝褒崇儒贤备条祀典之意。

制曰："可。"

（选自明万历三十九年刻本《孟志》卷三）

封乐正子克为利国侯配享孟子敕

封乐正子克为利国侯配享孟子敕曰：

由孔子至于孟子，百有余岁，去圣人之世若此其近也，兴圣人之道若此其难也。孟子既殁，配享孔子之庙，血食于天下，亦可谓至矣。今于邹独推尊孟子，求其门人高弟，使得从祀配享，南面而处，如孔子之尊焉。克也学古之道，好善优于天下，追以侯爵，其配食焉。斯文之光，万古不泯，可特封利国侯。

（选自明万历三十九年刻本《孟志》卷三）

封公孙丑等为伯从祀孟子敕

封公孙丑等为伯从祀孟子敕曰：

孟子既没，孔道益尊。今孔子庙食于天下，配享从祀后世无并焉。肆朕命邹国公，邹崇庙貌，使世世得祀，虽不及于天下，至于门人高弟配享从祀，自孔子以来未有如孟子者也。尔等志不行于当时，而见录于后世，列爵疏封，亦可为荣矣。可依前件，敕封邹国公孟子诸弟子而侯伯之（二敕疑有缺文误字，盖宋已南渡，金人刻于断弃之后者，宜其不完也，今俱依石刻原文录之）：

公孙丑寿光伯；万章博兴伯；告不害东阿伯；孟仲子新泰伯；陈臻蓬莱伯；充虞昌乐伯；屋庐连奉符伯；徐辟仙源伯；陈代沂水伯；彭更雷泽伯；公都子平阴伯；咸丘蒙须城伯；高子泗水伯；桃应胶水伯；盆成括莱阳伯；季孙丰伯；子叔疋伯。

先是太常寺言，兖州邹县孟子庙，宜以乐正克配享，公孙丑以下从祀，皆拟定其封爵。上从之，故有是命。

（选自明万历三十九年刻本《孟志》卷三。括号内字为原注）

圣诏褒崇孟父孟母封号之碑

上天眷命，皇帝圣旨：

朕惟由孔子至于孟子百有余岁，而道统之传独得其正。虽命世亚圣之才，亦资父母教养之力也。其父夙丧，母以三迁之教励天下后世。推原所自，功莫大焉。稽诸往代，实阙褒崇。夫功大而位不酬，实著而名不正，岂朕所以致怀贤之意哉？肆颁宠命，永贲神休。可追封其父为邾国

公，母为邾国宣献夫人。

主者施行。

延祐三年七月　日（宝）

（选自孟庙石刻）

加封孟子为邹国亚圣公圣旨

上天眷命，皇帝圣旨：

孟子，百世之师也。方战国之从衡，异端之充塞，不有君子，孰任斯文？观夫七篇之书，惓惓乎致君泽民之心，凛凛乎拔本塞源之论；黜霸功而行王道，距诐行而放淫辞。可谓有功圣门，追配神禹者矣。朕若稽圣学，祗服格言，乃著新称，以彰渥典。於戏！颂《诗》、《书》而尚友，缅怀邹鲁之风，非仁义则不陈，期底唐虞之治。英风千载，蔚有耿光。可加封邹国亚圣公。

主者施行。

至顺二年九月　日

（选自孟庙石刻）

授颜、孟嫡长子孙做翰林院世袭五经博士圣旨

景泰三年吏部为钦升官员事。景泰三年七日十三日，本部官于奉天门钦奉圣旨：

颜子、孟子他有功于世道，嫡长子孙都著做世袭五经博士，以奉祭祀。钦此。钦遵。

查得颜子嫡长子孙颜希惠，孟子嫡长子孙孟希文，当将各人填注翰林院世袭五经博士，行令，以奉祭祀。除补本覆奏讫，拟合通行。除外合劄本职，照依钦依内事理，钦遵施行。须至劄付者，一差辨事官谢意赍

捧。又劄付翰林院五经博士孟希文。准此。景泰三年七月十七日,对同都吏吴良。

(选自明成化十八年刻本《孔颜孟三氏志》卷六)

钦定加赠孟母“端范宣献夫人”封号碑

礼部等衙门谨题,为敬请推崇贤母封号,以光圣朝祀典事。该臣等会议得:

令德昭融,已著休声于往古;母仪炳焕,宜膺美号于千秋。(谨按,亚圣孟子母仉氏,守节抚孤,以慈母而兼严父;迁居教子,遂习惯而若性成;继织示勤,励知言养气之学;拥楹诫义,启守先待后之功。)母训昭垂,仪型百世。昔在元代已尊封邹国宣献夫人,崇祀庙庭。我皇上崇儒重道,典礼尤隆。孟母邹国夫人,诚宜加增封号,以作民教而树风声也。应如该侍郎赵殿最所奏请旨,敕加封号,以示尊崇。其封号字样,由内阁撰拟。告祭祭文,由翰林院撰拟。进呈恭候钦定。俟命下之日,仍交礼部行文该抚,遵照办理等因。于乾隆二年闰九月二十一日题。本月二十三日奉旨依议。钦此。馈于乾隆二年十月,内阁交出亚圣孟子母仉氏封号。

钦定“端范”。

今准翰林院移送祭文,一道到部抄录,移咨山东巡抚,备办祭品,委官一员,前往读文致祭,祭过日期仍行报部可也。

时

大清乾隆十四年岁次己巳秋八月穀旦

亚圣六十五代孙、翰林院世袭五经博士孟衍泰建立

后学廪膳生员李碧书丹(印)

石工崔代镌字

(选自孟庙石刻)

二、历代碑文选

新建孟子庙记

泰山孙复撰

孔子既没,千古之下,驾邪怪之说,肆奇险之行,侵轶我圣人之道者众矣,而杨墨为之魁,故其罪剧。孔子既没,千古之下,攘邪怪之说,夷奇险之行,夹辅我圣人之道者多矣,而孟子为之首,故其功钜。昔者二竖去孔子之世未百年也,以无君无父之教行于天下,天下惑而归之。嗟乎!君君臣臣,父父子子,邦国之大经也,人伦之大本也,不可斯须而去矣。而彼皆无之,是驱天下之民舍中国而之夷狄也,祸孰甚焉。非孟子孰能救之?故孟子慨然奋起,大陈尧、舜、禹、汤、文、武、周公、孔子之法驱除之,以绝其后。拔天下之民于夷狄之中,而复置之中国,俾我圣人之道炳焉而不坠。故扬子云有言曰:“古者杨墨塞路,孟子辞而辟之,廓如也。”韩退之有言曰:“孟子之功余以为不在禹下。”然子云述孟子之功不若退之之言深且至也。何哉?洚水横流,大禹不作则天下之民鱼鳖矣;杨墨暴行,孟子不作则天下之民禽兽矣,谓诸此也。

景祐丁丑岁夕,拜龙图孔公为东鲁之二年也。公圣人之后,以恢张大教兴复斯文为己任,常谓诸儒之有大功于圣门者,无先于孟子。孟子力平二竖之祸而不得血食于后,兹其阙也甚矣。祭法曰:能御大灾则祀之，能捍大患则祀之。孟子可谓能御大灾能捍大患者也。且邹昔为孟子之里，今为所治之属邑，吾当访其墓而表之，新其祠而祀之，以旌其烈。俾其官吏博求之。果于邑之东北三十里有山曰四基，四基之阳得其墓焉。遂命去其榛莽，肇其堂宇，以公孙丑、万章之徒配。越明年春，庙成。俾泰山孙复文而志之。复学孔而睎孟者也。世有蹈邪怪奇险之迹者，常思嗣而攻之。况承公命而志其庙，又何敢让？嘻！子云能述孟子之功而不能尽之，退之能尽之而不能祀之，惟公也既能尽之又能祀之，不其美哉！故直笔以书。时大宋景祐五年岁次戊寅六月六日记。

前莱芜监判官、将仕郎、试秘书省校书郎张硕书

虢略杨秘篆额

沈升刻字

□□□□龙图阁直学士、朝请大夫、给事中、兖州军州事兼管内劝农使及管勾仙源县、景灵宫太极观提举、郓濮等五州军兵甲巡检公事、上轻车都尉、鲁郡开国侯、食邑一千一百户、食实封贰佰户、赐紫金鱼袋孔道辅立石

（选自孟子林石刻。□示残缺字，下同）

先师邹国公孟子庙记

孟子葬邹之四基山，旁冢为庙，岁久弗治。政和四年，部使者以闻，赐钱三百万新之。列一品戟于门。又赐田百亩以给守者。而庙距城三十余里。先是尝别营庙于邑之东郭，以便礼谒。元丰六年，诏封邹国公。明年，又诏配食孔子庙，又诏更新庙貌。而地颇湫隘。宣和三年，县令宣教郎邵武朱缶，叹其土圮木摧，不称虔恭尊师之意，欲出己俸完之。县士徐鈸曰："庙濒水亟坏，不四十年凡五更修矣。若许改卜爽垲，则诸生愿任其事，不以累公私也。"令许之。鈸遂以私钱二百万，徙庙于南门之外

道左。乡人资之钱者又数十万，而后庙成。总四十二楹。中为殿，安神栖，绘群弟子像于两序。又为孟氏家庙于其东。以扬雄、韩愈尝推尊孟子，故又为祠于其西。重门夹庑，壮丽闳伟，与山中之庙轮奂相辉矣。于是求文以记之。

夫圣人之道，甚易知，甚易行，充之至不可胜用，而其极可以参天地赞化育者，其唯诚乎？尧、舜、禹、文王、周公、孔子相传者一道。孔子之没，其孙子思得之，以传孟子。故孟子之道以诚身为本，其治心养气化人动物，无一不本于诚。凡著书立言，上以告其君，下以告于人者，必本仁义，祖尧舜，亦无一言不出于诚也。故于滕文公则言必称尧舜，而于齐王则非尧舜之道不敢陈。盖其智诚足以知尧舜，又自知诚可以行尧舜之道，又知果得行其志，则诚可使吾君为尧舜，而吾民皆为尧舜之民。故以此自任，不敢有毫分之伪以欺人，而造大也。其论君臣之际，则曰：欲为君，尽君道；欲为臣，尽臣道，二者皆法尧舜。其论什一之法，则曰：重于尧舜者，大桀小桀；轻于尧舜者，大貉小貉。其论仁智，则曰：尧舜之智急先务，尧舜之仁急亲贤。称伊尹能以此道觉此民，而谓殃民者不容于尧舜之世。非诚知尧舜者能言之乎？虽当时之君尚权谋，相倾夺，上下交趋于利，而未尝桡一言以求合焉。非天下之至诚笃于自信者能之乎？孟子之没，道失其传。至有假其说而以伪言尧舜者，始说其君以帝道，则既不合而之王；中说其君以王道，则又不合而之霸，是志于求合而以伪欺其君者也。口尧舜之说以贾其高，躬申商之术以济其欲，是以伪欺天下而贼其君者也。昔之为从衡之说者，不过怵人君以利害强弱之势尔，其伪易见。若夫假帝王尧舜之说，使人君慕其高而不虞其奸，则其伪难知。作于心，害于政，其祸天下甚于杨墨，故不可不辩，以监天下后世窃孟子之说以为不义，而自比于孟子者。

宣和四年十月十五日

朝奉郎、监察御史、菟裘孙傅记

迪功郎、新泰学政、阙里孔端朝书

承议郎、秘书省校书郎、长安樊察篆额

魏信刊

（选自孟庙石刻）

重修邹国公庙记

奉训大夫、知泰定军节度副使、兼兖州管内观察副使、提举学校、常平仓事、骑都尉、天水县开国男、食邑三百户、赐紫金鱼袋赵伯成撰。

内族、定远大将军、世袭石秃鲁猛安、轻车都尉、开国伯、食邑七百户金源从杰书。

正议大夫、袭封衍圣公、管句先圣祀事、兼世袭曲阜县令、上轻车都尉、鲁郡开国伯、食邑七百户孔元措篆额

大哉！圣人之道，天下日用久而无弊者也。上焉！唐、虞、禹、汤、文、武之君，其道行，其教立，仁义礼乐刑政靡所不备，而民用丕变，日趋于治矣。下逮周公、孔子，得帝王所传之道，而无位以行，作为经术垂训阐教，俾天下后世恒必由之，圣日皎然，辉映千古。周衰，夫子没，横议肆行，纷纷籍籍，将谁适正？甚者杨墨，以邪诬民，持为我兼爱之论，乱君父之教，充塞仁义，其害人也深矣。杨墨不息，圣人之道不著。孟子此惧，故能养浩然之气，承三圣，明六经，距淫辞诐行，使不得作于其心，害于其事，作于其事，害于其政，是亦圣人之徒也。昔禹平洪水，人免昏垫，万世赖其功。能以道拯溺，消天下率兽食人之患者，信其功不下禹矣。噫！百世必祀，可谓至德。天下尊师重道，用王者之事，通祀于先圣。国开邹封，公其爵，而与享春秋之奠，并立乎圣人之域者，人宜知尊孟矣。

万物本乎天，人本乎祖。孔子生于鲁，于曲阜则林庙之奉尊崇显奕，

历代有加而无替。距邹仅一舍，在四基亦有孟茔之旧祠宇严立，于县之南，就文明之地而庙复建。列高弟公孙丑、万章之徒，其尊信犹在鲁矣。磨以岁月，上栋下宇久则斯弊。泰和八年夏六月，王公瑀来知是邑。视事之初，敬谒祠下，徘徊瞻视，议遽新之。方思政利民力，未暇给。

越明年，吏民洽和，皆服其教。不待劝率而富者相与出其赀，巧者相与献其技，辩者以言，壮者以力，咸乐经营，作新其庙。正殿奕奕，廊庑延接，四回而周，外达通衢，重门以辟，增其宏丽。又东北别立其室，以尊考妣。慈训宛然如在，得其时制，士民悦之。厥功告毕，特加礼祀。因矢言相告曰:圣贤之道昭昭乎其明矣。由之者治，不从之者乱，亘古今，历万世，与天地相终始矣。而欲赞其美者，虽一言以为赘，而庙之新旧，曾不能加毫末之损益，然思尊德教者宜如何哉？且释老杂儒教行乎中国，而乐诞泥空者，唱其说于其间。至有竭资产以奉塔庙者，于名教之地特不之顾。今令之能以教化治民，崇重儒术，可谓知所先矣。况吾邹鲁之乡亲被圣教之久，俗尚礼义，令又能因其俗以厚之，道弘教尊，愈久愈显，而师帅不贤，其谁得称之哉。闻其言，知其善，乐为之书。大安三年六月十五日，伯成谨记。

宣威将军、前行滕州邹县令、兼管句常平仓事、上骑都尉、太原县开国子、食邑五百户王瑀重建并立石。

（选自孟庙石刻）

驺孟子庙碑铭

登仕佐郎、孔颜孟三氏子孙教授、导江张䫉　撰

中议大夫、同知福建道宣慰使司事赵文昌书

翰林学士、太中大夫、知制诰同修国史李谦题额

驺孟子庙，有宋景祐四年，孔公道辅守兖州建于墓旁。后自墓旁徙

县东郭。宣和三年,令朱缶复徙南门外。金泰和间,令王瑀葺之。甲戌毁于兵,惟门垣在。几八十年,孟氏有德昌者,资力四方,阅岁既久,仅成一堂。元贞元年,进义副尉、达鲁花赤术忽难,从仕郎、邹县尹司居敬,主簿兼尉赵国祥,以建学余赀崇两庑与堂称凡十四间,新其阶庭级道。属颁掌教,考特牲馈食礼,俾春秋放而行焉。正配神西向之位,彻旁祀之不如法者。庙成,司侯请记。

颁读墓旁庙记,举辟杨墨之一事。南门庙记,举称尧舜之大纲。顾皆有孟子之一体,而未能得具体者。孟子学足以绍往圣之正传,才足以立百王之大法。岂惟千余载之后莫能知之。虽当时及门者亦未窥其奥。是以出处之际,仲子诡其说;辞受之间,陈臻致其疑;公孙丑、万章之徒难疑答问,未闻默契。盖知言养气,得天地之性善,扩前圣所未发者,其学也;谈仁义,黜功利,贵王贱伯,以正人心者,其志也。周衰礼废,诸侯恶害己也而去其籍。先王纪纲法度辨上下定民志者,未见存十一于千百。而三年之丧,井地之大略,班爵禄之等差,于文字废缺之余,本帝王之大经,而合时措之宜。考诸三王而不谬,建诸天地而不悖,质诸鬼神而无疑,百世以俟圣人而不惑。即是而观,以其才用天下,居帝者之世则皋夔稷卨,居王者之世则伊傅周召。奈何无舜禹也?无汤武也?时君昏庸,谓迂阔于事情,宜矣。后世英明之主,亦指君臣一二语以为言,岂能探其学,观其志,而知其才也哉!世无真儒,斯民不复见三代之治。邪说诬民,充塞仁义之害至斯极也。司马迁取荀卿同传,拟非其论。又班以雕龙炙毂,讥以方枘圆凿。赵岐释其书,亦不过谓长于譬喻,长于诗书而已。微韩愈一言,孰知孔子没独孟子传得其宗邪?韩子既有是言,宗孔氏者尚或非之,或疑之。呜呼!知者过之,愚者不及,道之难明也久矣。然则欲知孟子,质诸关、洛诸君子之言,庶几信而有征,固不在多言也。

元丰六年封邹国公。七年定九章之服,配食孔子。政和五年以乐正

克配享，封利国侯。从祀十有七人：公孙丑寿光伯，万章博兴伯，告不害东阿伯，孟仲子新泰伯，陈臻蓬莱伯，充虞昌乐伯，屋庐连奉符伯，徐辟仙源伯，陈代沂水伯，彭更雷泽伯，公都子平阴伯，咸邱蒙顿城伯，高子泗水伯，桃应胶水伯，盆成括莱阳伯，季孙丰阳伯，子叔承阳伯。旧别祠成都伯扬雄、昌黎伯韩愈，今迁附焉。既衅庙，司侯命绘事如礼。铭曰：

天地储精兮圣贤所资，或厚或薄兮错揉不齐。虞夏商周兮会元之期，禹皋伊吕兮见知闻知。期月不用兮空叹慭遗，其居甚近兮世未远而。天欲平治兮舍我其谁？安得所遇兮性之身之。无有乎尔兮孰知我悲？书徒存兮旨则微。道在迩兮夫奚疑？千六百祀兮此厥施。山凫绎兮川泗沂，庙奕奕兮神格思。春秋馈食兮歆或庶几，有印于心兮载歌铭诗。

元贞元年八月朔日

进义副尉、达鲁花赤忽哥赤立石

李达刊

（选自孟庙石刻）

邾国公祠堂记

前礼部尚书、翰林侍讲学士、中奉大夫、知制诰同修国史曹元用撰

嘉议大夫、前集贤侍读学士、国子祭酒蔡文渊书丹

宣圣五十四世孙、嘉议大夫、袭封衍圣公孔思晦篆额

延祐三年，诏封孟子父为邾国公，母为宣献夫人。千古旷典始行于我朝，旨哉！渊乎！是可见仁庙文治之盛矣。

自宋景祐四年，孔公道辅守兖州，建孟子庙于墓侧。宣和初，邹令朱缶徙建于南郭。后毁于金季之兵。我朝至元年间，孟氏有德昌者，别构孟子前殿，像邾国公若夫人于故室而时祀之。然逼隘不能容礼器之设，风雨穿漏，摧圮将压。泰定丙寅岁，监县帖哥出赡庙之赀于民，不期年而

收子钞七千余贯。谋诸风纪之司，撤邾国公故室而新之。县尹杨钦、主簿郑惟良亦相协赞。俾孟族长惟恭洎邑人毛翼董其役。经始乎丁卯之春，至秋而毕工。檐四出，楹五间。南北深三丈有奇，东西广五丈，高如深之数而少缩焉。栋宇户牖庭陛与夫丹垩之饰，俭而弗陋，侈而弗逾，于以妥灵揭虔。上下胥怿，邑之耆旧马亨、李俨、宁成章阖辞请元用为记。

考诸方册，邾国公言行无从可征，夫人姓氏亦不知所自。惟臧仓有孟子"后丧逾前丧"之语。后丧，母丧也。孟子早失所怙，惟夫人是依。三迁其居以示训，使之邻学宫而后定。以有知而教以信，断其机而劝之学，所以勉以义而淑其行者多矣。故孟子独绍孔子之传而得其宗，集义养气性善之论功被万世，夫人之力也。然则公之平日仪刑其家者，从可知已。非公无以成夫人之懿范，非夫人无以成孟子之大才。此圣代所以褒崇旧德，追封于千七百载之后，而邹邑吏士久而弥敬，增修庙祀汲汲焉，若子孙之事祖祢者也。遂为纪其兴筑颠末，仍系以诗曰：

岩岩亚圣，万世所宗。孰正其蒙？伊母之功。伊母所资，谅惟其父。礼重天朝，锡命肇举。爵以上公，国之于邾。爰秩其祀，爰崇其居。诜诜邹人，言念旧德。笾豆是陈，俨其翼翼。祠事孔明，有飶其馨。惟享斯格，神其永宁。

致和元年五月朔

从仕郎、益都路邹县尹、兼管本县诸军奥鲁劝农事王思明，典史孙友立石

里人常伟刊

（选自孟庙石刻）

重建两庑致严堂记

亚圣庙旧在四基山下侧，近陵寝。以故徙于县之东门。至宋宣和四

年，复徙于今之南门。历代修葺载籍可考。元末毁于兵。大明洪武初，前大尹桂公孟率孟氏子孙以建正殿，而两庑则未遑及也。永乐七年，漳州朱公瑶来宰是邑，以兴废补坠为己任。寻旧基，虑材用，计徒庸，捐己俸，始兴复之。经值年远，又行坍塌。今大尹滑台房公喦，贰尹相台高公能，金华童公常，主簿天台冯公温，典史云间张子忠，复捐己俸以重建之。经始于洪熙元年二月十六日，落成于其年四月十五日。孟氏宗子克仁者，一日诣庙学，备道其迁徙废兴之故，并及夫前后宰是邑者用心之勤，欲劖诸石，以示永久。

呜呼！孟庙毁于元，而桂公兴之。两庑同毁于庙，而朱公建之。逮其坍塌，而房公等复能完之。是房公能效朱公之用心，而朱公能效桂公之用心也。后之君子倘能效房公之用心，复能使后人而复效于后人，则孟庙轮奂之美，岂不同天地而为悠久者乎？谨书其官爵姓名于左，盖不独使来者有所兴起，亦不庶乎君子不没人善之意也。

时洪熙元年秋八月上旬吉日

孔颜孟三氏子孙教授司教授、广平张敏记

捐俸官：承事郎、知县房喦

迪功郎、县丞高能

迪功郎、县丞童常

将仕郎、主簿冯温

典史张子忠

典史张祥，阌乡人

儒学教谕陆承宗

训导余恺

邾城驿丞段兴

界河驿丞陈荣

洪熙元年十月吉日

五十四代孙、族长思儒

五十五代孙、宗子克仁等立

阙里岳谨镌

（选自孟庙石刻）

重修邹县孟子庙记

赐进士出身、光禄大夫、柱国、太子太保、礼部尚书兼武英殿大学士、知制诰、国史总裁、同知经筵事、洛阳刘健撰

赐进士、吏部尚书致仕、前光禄大夫、柱国、太子太傅、济南尹旻书

宣圣六十一代孙、袭封衍圣公、阙里孔弘泰篆

邹，孟子故乡，故有庙专祀之。始自宋景祐四年，孔公道辅守兖，建之墓侧。其后徙县之东郭，已而又徙之南门外，盖即今庙。我国家龙兴，列圣相承，崇重儒道。既正孟子邹国亚圣公之号，配食孔子，而于是专祀尤加意焉。洪武、永乐、正统间，屡尝修葺。由正统迄今，岁久复敝。五十七代孙、翰林院世袭五经博士元以为言。我圣天子方弘文治于天下，特下有司命修之。时都察院右佥都御史、光州熊公翀巡抚山东，奉命惟谨，而兖州知府龚君弘、同知余君浚实承委以行，遂相与协谋即事。始于弘治丙辰二月，明年丁巳三月工乃讫。庙址拓于旧，其广三十弓，纵百五十弓有奇。中为殿寝、东西庑。殿祀孟子，以乐正克配。庑以祀他弟子公孙丑以下。左为殿寝，祀邾国公。右孟氏之家庙，致严有堂，庖廪有舍。以及便户重门，凡为楹六十有四，俱仍旧规易以新之，而轮奂壮丽有加焉。熊公既率其属落之，而以书来请记。

余惟孟子庙而祀之，不但其故乡，盖通于天下。尝考其所由矣，周衰，先王之道不行，孔子以圣人生其时而不得位，乃删定六经，明其道于

天下后世。盖孔子之道即先王之道也。孔子既殁,未百年而异端大起,斯道复为之晦。于时有孟子者生,著书七篇,起而明之。其为力可谓至矣。然自是历千有余年,知之者尚鲜。在汉仅有扬雄氏,在唐仅有韩愈氏。二子之言曰:“古者杨墨塞路,孟子辞而辟之,廓如也。”曰:“孟子功不在禹下。”其言亦可谓明矣。然但语其事功,而未尽其蕴奥。故闻之者或未即喻而犹有异论。至宋,大儒程、朱二子者出,推其性善之称,王伯之辩,知言养气之论,以为扩前圣未发,有功于圣门,以为见道极分明,得孔子之心。由是孟子之道大明于天下,而其书遂与孔门之言并列为四,垂之万世而无复异论焉。夫孟子之道明,则孔子之道益尊;孔子之道尊,则尧舜禹汤文武周公孔子之传为有在矣。故自有宋迄今四百余年,诵孟子之书、仰孟子之道者,通于天下,而祀庙亦随之。以是言之,则孟子之祀盖有非一乡一邑可得而专者。然事必先其本,而物各有其源。先贤之乡邑,乃其流风余韵之所自,专祀之庙岂可阙焉而不重哉!而熊公等今兹之役,仰遵明诏,齐心毕力,度材庀工之恐后,盖能有见乎是欤!故因记庙之成,而历叙其所由如此,以为孟之子孙及四方逢掖之士进谒者告焉。

大明弘治十年岁次丁巳秋七月中元日立

管工官:邹县历俸阴阳训术鲍恭幹,泗水县医学训科纪简

(选自孟庙石刻)

邹县重修孟庙碑记

孟庙建在邹里,越有年祀。弘治间,奉诏重修。制益博敞,克称明禋。嗣是岳牧令长时有营葺。历载滋远,或圮且僈。邑之吏士咸用弗宁。万历乙未,侍御槜李姚公思仁按部至邹,展礼庙庭。三献告成,俯仰顾瞻,僾然嗟叹。曰下郡邑长吏,度厥经费,用图鼎新。邑令青阳王侯一

桢受而营之。庀工诹吉，鸠材致徒，蚤夜焦劳，覃精区画。凡木之工，宲桷栌楶之朽者易之；凡绘之工，藻绿丹漆之黦者饰之；凡陶之工，甗瓴甓甋之缺者补之；凡金石之工，璧珰螺首碣础礣级之刓且剝者更之。殿寝阶除，门庑坊楔，命自姚公者十之五；祢庙斋室，周垣庖库，拓自王侯者十之五。肇于是年十月，迨明年丙申四月落成。役不衍素，费不及私。而丰丽歙赩，霞驳云霨，巍然肖阙里之宫焉。官师庶长暨宗子里士，暨南北使轺，暨四方游旅，骏奔对越，咸肃且䜣。严庙貌之如新，庆鸿构之不偶也。王侯走使彀城，征行为记。

窃惟孟子之道，至唐韩愈氏而明；孟子之祀，至宋孔道辅氏而显。斯皆著在牒记，表诸前哲，无庸述矣。惟是祀之兴坠，关乎道之晦明；道之晦明，兆乎世之隆替。有不可不详者。彼韩愈氏溯道统之传，自尧舜禹汤文武至于周公孔子，而直以孟子承之。岂不以周公孔子所传者二帝三王之道，而孟子明之乎？夫二帝三王之道，天地之道也。立天之道曰阴与阳，立地之道曰柔与刚，立人之道曰仁与义。故仁义者，参三才而两之。上古帝王至于周孔，世相授守若箓图焉。而杨朱墨翟者出，以为我兼爱之说充塞仁义，其弊至于无父无君，则立人之道或几乎绝，而天地无与参矣。于是孟子辞而辟之，使其粲然复明，如日中天。马迁所谓遵夫子之业而润色之者，即进而与平成埒烈，岂不谅哉！杨墨之说方熄于前，而佛老之教复炽于后，其号愈侈，其义愈精，其尊信而归依者愈易且广。自汉及唐，湛浸漫延，沦肌浃髓，与吾儒分道而驰。韩愈氏有忧之，故推之孟子而附之周公之后。宋人赖其拥翊，有所承籍，得以表彰六艺，垂之无穷。盖孟子之祀显于宋之景祐，而周公孔子之道亦于其时大明矣。

国家恢崇儒术，尽黜百家，纳诸圣轨。自庙朝论议，闾里服习，非邹鲁之教，六艺之指，口不得谈，牍不得书，则所谓极纯至粹，大一统之风矣。家传户诵，渐渍既久，见谓布帛菽粟不充嗜好，乃始崇慕空玄，冥心

象罔，阔略实践，糟粕训言。于是二氏之教若将复入肌髓而不可救药。高明特达之流，至探其玄机秘藏，以默鐍于吾儒之阃，而不尸其名。操觚讲业之伦，亦摭其斧藻英华，以缘饰经艺而不寤其非。盖汉唐之季，流家可分。而今之颓风，主客罔辨，则亦吾道之阳九百六也。盖必有如孟子者辞而辟之，以拨而反之正，斯圣教中兴之会与？故即孟子之祀大兴于今，而有以卜周公、孔子之道将益明而不至于晦。周公、孔子之道明而不至于晦，而仁义之效可几睹于世也。是庙之新，所关于世之隆替，不渺小哉！

且夫孟子之祀，周公之祀也。周公以文考之昭，肇封于鲁。九世及桓，而孟孙氏别焉。有献伯之贤以执国政，有懿子敬叔之贤以游圣门。而[illegible]国承其世泽，锡有贤配以诞哲于邹。故孟子者私淑孔子，以实周公之胤也。昔者孔子以宋之公族东迁于鲁，世举目为圣人之后。而两楹梦奠，亦自曰："丘，殷人也。"汉用匡衡、梅福上书，封孔子后为殷绍嘉公，以奉汤祀，至于今世守之。夫孔子之祀即成汤之祀。则谓孟子之祀为周公之祀，匪无征矣。海岱之间，天下山水之所朝宗聚会。而邹鲁国于其中，故能降神炳灵钟于上古神明之胄，孕为贤圣，衍之万世，以存道统。则其祀之兴坠，固且与天地元化相为始终。二氏之教恶能与较，一朝之明晦而亦何忧于世道哉！姚公振纪贞猷，丕宣文化；王侯以循良茂异，克赞厥成，皆能行孟子之学而治于周孔之域者。故行也睹是举而嘉之，既述其道之所由明，以尊圣绪；因而本原其世，以著祀之所由兴，使后有所考览焉。

大明万历二十四年十二月吉日

赐进士出身、资政大夫、礼部尚书兼翰林学士、前经筵日讲、国史副总裁官、鲁国后学于慎行撰文

赐进士出身、知邹县事、青阳王一桢

县丞张东阳　胡济

教谕萧献捷

训导刘廪　李知止

典史李朝相

同立

（选自孟庙石刻）

重修亚圣庙碑

山东巡抚、右副都御史刘芳躅撰

古圣贤庙祀，历万世而不绝者，在曲阜为孔，在邹邑为孟。曲阜从无经残毁，且为诸大人按莅之地，补葺相踵。登阙里之堂，见殿庭礼器巍然焕然，咸称为至圣之完宇矣。惟邹亚圣旧祠，虽前代各有营葺，自明天启之癸亥，以迄我昭代，阅五十余载，数遭兵燹，风雨摧折。学士大夫往往过故宫而嗟黍离也。于康熙戊申之六月，地变大震，倾圮滋甚。呜呼！以圣贤宫墙其不至叹为丘墟者，仅如线耳。

余奉命抚东，按部至邹。瞻谒之下，目击大贤师弟在风雨中，恻然久之，益凄怆不忍去。而宗子即以重修状请。余以孟子道在万世，祠宇亦宜在万世。而时有衰敝者，此亦吾道之一阳九也。因思吾辈文章事业却从何处得来，须知他年富贵功名却向此中做起。况梵宫萧院邀福者尚挥布地之金，舞榭歌楼浪游者犹赠缠头之锦，岂圣贤瞻依之所为纲常名教攸关，而顾不一乃心力共谋缔构耶？余即毅然领其事，捐俸百金。学使杨公毓兰亦捐百金。第功费巨繁，非一二手足可成，因置募簿分传六郡。据各属所报，止获见银二百四十金。随给付县，估计重修。会同宗子孟贞仁，择六十四代族生孟尚锦督其事。设榻庙中，竭日夜而尽区画之。为之开陶场，为之起炉铸，为之采材木，为之选工匠，为之僦徒役，为之办

丹垩。木之朽者易之，甎之缺者补之，其黦者饰之，金石之刓且剥者整之、更之。肇于癸丑正月之十八日，迄四月终落成。正殿两庑岿焉，与阙里之堂遥相辉映。工竣，走使征余为记。

窃谓兴废举坠，固有土者之责。以孟氏之宫其创建重新，刊诸志载，勒之贞珉，无庸再赘。惟是庙之兴坠关乎道之晦明；道之晦明，兆乎世之隆替。我国家崇尚儒术，优礼圣贤，较往代加盛。故是庙之修，辉辉熇熇，匪第妥亚圣之灵，而荐绅衿士，宗子里人，与夫南北皇华，四方游旅，登堂对越，睹岩岩泰山之象，肃然致敬，凛然生畏，共仰称仁讲义之范，咸动去邪存正之思，真足以维人心而励风教。其关乎世之隆替也，岂浅鲜哉！是为记。

（选自清雍正初年刻本《三迁志》卷八）

邹县重修亚圣孟子庙碑

朱彝尊

尧舜禹汤文武周公之道传之孔子，孔子传之孟子。昌黎韩子之言天下之公言也。当其时，孔子没而微言绝，七十子没而大义乖。曾子之徒有吴起，子夏之徒流为庄周，周再传而为孙卿。盖有以斗问于墨翟者。而孟子受业子思之门人，舍冉闵游夏，愿学孔子。其言醇乎醇；其色粹然见于面，盎于背，施于四体；其气塞乎天地之间而毋馁。于滕世子道以性善，于齐王先攻其邪心，于梁去利而先仁义。《春秋》弟子不能赞，而孟子发其微；性与天道弟子不得闻，而孟子畅其旨。此之谓名世，此之谓大丈夫，此之谓豪杰之士。自韩子"功不在禹下"一言，百世之论定矣。乃世儒以其矫枉过直，有不知而续其书者。或刺之，或非之，或删之，或诋之，或疑之。至或比于忍人辩士仪秦之流，几于侮圣人之言也。已明之太祖颁其书于学官。当吴元年，即谕许存仁曰："孟子专言仁义，使当时有贤君用其言，天下岂不定于一乎？”又敕文学之士曰：“朕闻孔孟于世利济之心虑恐不及。”谕桂彦良曰：“孔孟一圣一贤，自汉唐以来称之。”谕赵晋曰：“孔孟之道卿幼学壮履。”大哉！王言必孔孟并举。其命刘三吾节文者，为发题试士恐启诸生讪上之端尔，乃无稽之言。谓帝欲废孟子，钱唐进谏，以腹受箭，野史近诬不足信。

邹县为亚圣故里，庙在县南门外，由来已久。其初褒崇之典未及。宋元丰六年，从吏部尚书曾孝宽之请，诏追封邹国公。政和五年，太常议以弟子十八人配。其后季孙、子叔罢祀，配者堂上一人，庑下一十五人。彝尊三谒庙，见栋宇摧颓，久圮不治，心焉负疚，若疢疾之入于怀也。岁在乙丑，丹徒张公以右副都御史巡抚山东，始庀材以葺庙。明年工毕，遗彝尊书，大旨谓：子之论文，六籍之外，七篇是宗。庙成，宜有碑，曷操奇觚以志岁月。彝尊不敢让，谨以闻于师者具书于石，兼取外书遗意括为歌诗。其辞曰：

大人藐之，白羽之白轻兮；杨墨距之，白玉之白贞兮；万钟去之，白雪之白清兮。源泉混混，盈科后进；泰山岩岩，云天是参。昔先王肇祀，三迁之里；春秋俎豆，邹峄之趾。遗像在屋，坐以千年；林有灌木，井洌寒泉。懿矣！张公抚兹东土，维正学是崇，靡废勿举。生民以来，盛于尼父；圣克亚之，秩祀斯所。

（选自清光绪十三年刻本《重纂三迁志》卷八）

重修孟庙碑记

山东为圣贤桑梓之邦，礼乐文章寰海宗仰。宣统纪元夏六月，宝琦奉命来此受任后，亟亟以修明文教为振兴政治之本。邹邑亚圣庙，自丁文诚公重修，迄今垂四十年。袁海观制军先有缮葺之议，卒不果。年久日圮，殊不足以昭诚敬曩。宝琦两使星轺，足迹所经，几遍泰西诸国。考

其政治风俗，首重宗教，罗马、基督教堂无不壮丽闳敞，炫人耳目。吾中国崇尚孔孟之教数千年矣，无贵践智愚贤不肖，莫不读其书，敬之奉之，何其盛耶！顾语其崇尚则如此，瞻其庙貌则如彼，又何其陋耶？邹贤继圣，中外同钦。宝琦不敏，修举废坠，与有责焉。爰续前议，筹拨公款，并劝募官绅，以补其不足。檄饬候补道黄华，候补府车保成，先后勘估董理，鸠工庀材，无间寒暑。宲楹之朽者以更，榱题之弛者以正，垣宇之圮缺者以完，丹雘之剥落者以泽。轮焉！奂焉！气象一新。并孟母祠、孟林、亚圣故里同时兴工，葺而新之。经始于宣统二年十月，越明年闰六月乃蒇事。庶几崇德报功，聿昭诚敬，而式中外观瞻焉。方今汽车四达，近接邹鲁。异域人士来瞻仰者接轸而至，吾知文教之被益自此远矣！

宣统三年闰六月

抚东使者钱塘孙宝琦谨记

（选自孟庙石刻）

三、历代题咏选

孟子

（宋）王安石

沉魄浮魂不可招，
遗编一读想风标。
何妨举世嫌迂阔，
故有斯人慰寂寥。

（选自清雍正初年刻本《三迁志》卷十一·题咏）

敬谒先师邹国公祠

（金）赵鼎

大定二十八年十二月七日，驰驿过邹县，敬谒先师邹国公祠，伤其芜秽殊甚，故作是诗。真定赵鼎。

老诞佛夷惑后来，
诸方宏构切云开。
先师立教尊姬孔，
其土一祠犹草莱。

景仁昨以被撤总督漕运滕之府钱六千万，数之通判。蒙郡侯一

见倾盖，乃出示昔日所赋之什。感其眷勤，俾摹诸石，庶清风不泯尔。

承安岁次戊午立秋日。定远大将军、行邹县令兼管勾常平仓事崔景仁立石。

（选自孟庙石刻）

首谒亚圣公题诗

（明）桂孟

孟幼读孔孟之书，即知景慕圣贤。及壮游四方，猥以足不迹东邹为慊。今幸奉天子之命，水陆走数千里，来长兹邑。首谒亚圣公。时邑治荐罹兵毁，庙宇蕖创，隘陋弗称。慨然有兴建之志。遂题诗曰：

七篇述作振儒宗，
绍圣恢宏盖代雄。
杨墨已归王道正，
齐梁未悟霸图空。
书藏老屋苍苔雨，
庙枕荒郊古木风。
藻荐一杯浇断础，
拟将微力效前功。

洪武元年六月朔旦

承事郎、济宁府滕州邹县知县、广信后学桂孟载拜谨书

亚圣五十四世孙孟思谅立石

玉工黄忠刊

（选自孟庙石刻）

祀孟子歌

（明）尤存

洪武三年正月十有二日，奉议大夫、佥山东东西道提刑按察司事、东郡段明德，巡历至鄹。视事之明日，率书吏吴郡尤存、金渊、郭琮，奏差蒲姑张鉴，躬谒亚圣公庙。窃惟鄹实孟子所生之邑，而其子孙世守林庙，历千有余年之间。凡有国有天下者，莫不褒崇而尊奉之，岂偶然哉？盖自尧舜禹汤文武周公孔子相传之道，至孟子能传之。孟子没而其道不传，是以百世之下，盛德光辉著于人心者，其不在兹欤！于是尤存再拜作歌，以寓蠡测之意。歌成，俾其五十四代孙思谅习之，以祀神。歌曰：

三圣不作，世远言湮，众泄泄兮。
上距孔子，相去获麟，百余岁兮。
杨墨塞路，惑众诬民，乱冈治兮。
仪衍连合，邪说纷纭，人欲肆兮。
驰佞骋伪，孰莸孰薰，国殄瘁兮。
有开必先，山川出云，时之至兮。
哲人挺生，独任斯文，出其类兮。
泰山岩岩，配禹超荀，功业炽兮。
命世亚圣，醇乎其醇，崇仁义兮。
绍尧继舜，道传其身，赖不坠兮。
贵王贱伯，拔本塞源，拯极弊兮。
性善微旨，养气知言，理昭晰兮。
万世作则，淑我后昆，开盲聩兮。
圣贤既没，名教实存，宇宙利兮。

凫绎奕奕，洙泗沄沄，秀所萃兮。

墓木丛翳，千古夕曛，俨清闷兮。

春秋蒇事，有孝诸孙，信不匮兮。

牲牷既洁，或炙或燔，神冀嗜兮。

清酤既载，笾豆孔陈，礼乃备兮。

钟磬琴瑟，无相夺伦，乐斯肄兮。

於穆厥灵，来格明禋，保我嗣兮。

承事郎、济宁府兖州邹县知县桂孟立

（选自孟庙石刻）

谒拜祠下敬赋一诗

（明）茅大方

□□□□岁次庚辰夏五日，大方偕大理丞庐陵彭与民，拾遗檇李朱逢吉，承制来抚齐鲁兵民。道滕过邹，谒拜祠下，敬赋一诗，以志瞻仰之意云。

鄹县城东有旧祠，
冕旒遗像俨容仪。
母贤昔著三迁教，
子圣今为百世师。
故里尚传羞俎豆，
新碑还刻断机絲。
焚香拜手登车去，
千古无忘义利辞。

嘉义大夫、副都御史、广陵茅大方谨识

（选自孟庙石刻）

谒邹国亚圣公祠

(明)薛瑄

往年瑄奉敕提调山东学校,因得连谒邹国亚圣公祠。近日复祗命南京大理,道经邹县,谨书律诗一首于祠壁,以寓景仰之意云。

时景泰三年正月八日

南京大理寺卿河东薛瑄书

邹国丛祠古道边,
满林松柏带苍烟;
远同阙里千年祀,
近接宣尼百岁传。
独引唐虞谈性善,
力排杨墨绝狂言;
功成不让湮洪水,
万古人思命世贤。

邹县县丞马骥　侯瓒

主簿王忠

典史马新　立石

(选自孟庙石刻)

道经邹邑,得拜亚圣,敬成律诗一首

(明)杨贡

贡钦承敕命,公干山东,道经邹邑,得拜亚圣。幼读其书,长履其地,获睹真容,不胜欣跃。亚圣道德,固非末学能形容其万一。然斯时拜谒,岁月不可不识。贡忘其固陋,谨薰沐百拜,敬成律诗一首,以置壁间

云耳。

时景泰三年正月立春日也。

诗曰：

乔木参天绕古祠，
晓从阶下拜先师。
泰山北斗瞻依处，
烈日秋霜辩论时。
仁义七篇蒙启迪，
纲常万世赖扶持。
乘骢有幸来邹邑，
远想仪刑不忍离。

赐进士、文林郎、监察御史、临川乐安杨贡题

邹县知县、淮阳陈良提调

儒学训导、东吴杨瓛书

五十六代孙希琏立石

（选自孟庙石刻）

祗谒先圣先师林庙，爰赋泰峄之篇

（明）徐有贞

有贞祗奉帝制治水于东兖。兹惟载期修浚之功亦既告成，乃循山导泉，周行泰岱阻徕。遂由曲阜至邹峄，祗谒先圣先师林庙。时孟氏主祀者翰林五经博士希文，而山东藩参陈云鹏实同谒焉。瞻拜之际，岩岩气象俨如生觌而亲炙之也。爰赋泰峄之篇，以识承学景仰之意云。

巍巍泰岳，厥有孔圣。

岩岩峄山，实生邹孟。
维孟继孔，为我先师。
学由慈训，才亚生知。
王迹既熄，麟经绝笔。
术变申商，道乱杨墨。
人心之溺，甚于洪流。
夫子拯之，功与禹侔。
一则曰仁，二则曰义。
仁义之外，所不言利。
其黜者伯，其尊者王。
一时之短，万世之长。
伊予小子，生后千祀。
学孟之学，事禹之事。
事也匪易，勉斯成之。
学也未至，进斯精之。
大君之命，岂敢怠遑。
先师之训，矧敢或忘。
河决既治，导山及邹。
载访林庙，来观来游。
爰暨藩参，亦有云孙。
敬将释菜，蘋蘩苾芬。
浩然之气，凛焉如在。
尚畀予明，传心千载。

景泰六年龙集乙亥夏五月之七日

中宪大夫、都察院左佥都御史、东海徐有贞题

邹县县丞但胜恭、宋融

典史马新

儒学教谕唐骐

邹国亚圣公五十六代孙希文等立石

（选自孟庙石刻）

谒亚圣祠林，遂漫成一律

（明）程敏政

景泰丙子春正七日，随严君之官西蜀，时甫十一岁。平日尝聆父师推讲亚圣开来继往之功。今经谒祠林，拜瞻遗像，不胜起敬。遂漫成一律，用展缅怀之私云。新安程敏政拜题。

缅仰遗容倍慕深，
岩岩气象重南金；
养成慈母三迁训，
力正生民万代心。
仁义扩充开闭塞，
波澜顿挽起湮沉；
谩追往日雄辞辩，
盛大流行法古今。

大明景泰七年仲春吉旦立石

承事郎、知县陈良

迪功郎、县丞但胜恭、宋融

将仕郎、主簿王敬

典史马新

教谕唐骐

训导曹显

郓城驿驿丞常健

石工梁俊刊

（选自孟庙石刻）

祗谒邹国亚圣公庙

（明）林荣

成化癸巳孟春穀旦，予巡历至邹邑。明日，祗谒先师邹国亚圣公庙。像设有严，神灵如在，起敬起畏。既而叹曰："当七国争雄之秋，邪说诬民，圣学湮晦，不有先师者出，力救而扶持之，孔子之道将坠于地矣。然则先师之有功于圣门，岂可涯涘也哉！其配享素王，庙食邹绎，人心敬仰而思慕之，历千万祀如一日者，良有以也。"五十六代孙博士孟先生希文，强予留题以纪岁月，因赋近诗一章如左方云：

纷纷功利惑当时，
斯道绵延一线垂；
力扫淫邪继周孔，
高谈仁义斥秦仪。
长松欲拔绳先系，
大厦将颓木已支；
千古峄山山下庙，
路人来往不胜思。

赐进士、巡按山东监察御史、番禺林荣谨识

儒学教谕、吉水刘原弼

亚圣五十六代孙、世袭翰林五经博士希文立

（选自孟庙石刻）

谒孟子庙

（明）刘濬

异教纷纷势竞张，
人非归墨即归杨；
七篇仁义严王法，
五霸桓文畏肃霜。
泰岳岩岩原有象，
精金焯焯世争光；
道承洙泗传千载，
古庙松篁尚郁苍。

（选自明嘉靖四年刻本《邹县志》卷四）

谒孟子庙

（明）汪舜民

异端扰扰杏坛空，
天命先生启众蒙。
仁义七篇承训诲，
庙庭一旦识仪容。
知言不是髡秦辩，
养气原非黝舍雄。
五尺儿童谈性善，
至今千载果谁功？

（选自明成化十八年刻本刘濬撰《孔颜孟三氏志》卷六）

谒孟子庙

(明)赵宽

轮奂巍巍切太清，
入门瞻礼惬平生；
重冈云雾凝寒碧，
古木风霜带晓晴。
道统真传开后学，
期文丕振仰皇明；
徘徊欲释新成奠，
无奈星轺从远行。

(选自明嘉靖四年刻本《邹县志》卷四)

拜亚圣，少抒夙昔之敬

(明)尹直

直以庆贺万寿圣节竣礼还南都，道经鲁邹，既谒先师，复拜亚圣，少抒夙昔之敬，致报本之诚，僭妄辄留数韵。

晓从阙里过邹城，
祇谒先贤竭素诚。
翼翼宫墙严自昔，
岩岩气象凛如生。
七篇总是传心学，
千载咸称亚圣名。
后学服膺遗训久，
道非尧舜不前呈。

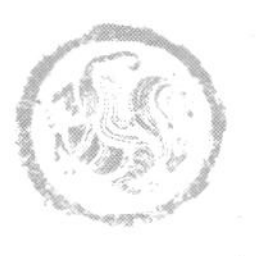

成化甲辰腊月望日

赐进士出身、正议大夫、资治尹、南京礼部左侍郎、前吏部右侍郎、翰林侍讲学士、兼经筵讲官、同修国史、泰和尹直书

（选自孟庙石刻）

复谒亚圣祠，敬赋一律

（明）马文升

成化乙巳，予以右都御史总督漕运于淮扬，寻奉命迁兵部尚书。道经古邹，拜谒亚圣祠，欲赋一律未果。去秋，改南京兵部参赞机务。兹奉左都御史之命还京，适遇南京礼部尚书耿公裕公务越阙，亦转南京兵部代予参赞南还，暨南京大理丞屠公勋、礼部郎中包公鼎复同谒祠下。敬赋此，以致景仰之意云尔。时成化丁未冬十二月十有九日也。

天生亚圣末周时，
只为人心久陷之。
道统百年资继续，
纲常千古赖扶持。
内仁外义言何切，
辟墨排杨论更奇。
两度经过拜祠下，
仰瞻遗像慰遐思。

赐进士、资善大夫、都察院左都御史、前奉敕参赞机务、南京兵部尚书、钧阳后学马文升拜书

邹县知县陈辅立

（选自孟庙石刻）

邹县谒亚圣祠诗

（明）耿裕

风采当时俨泰山，
至今凛凛邈难攀。
高名腾溢堪舆外，
浩气冲凌斗汉间。
千古论功同禹稷，
万方配享次曾颜。
遗经谆切明仁义，
圣道昭昭总赖闲。

地邻阙里水宗沂，
秀毓真儒万古辉。
集义早承三圣统，
辟邪深距二家非。
侵云祠宇人争仰，
避日松楸鸟退飞。
功烈允宜神禹并，
昌黎笃论莫能违。

成化丁未冬，裕以南都礼部尚书进贺登极表文，至阙下。先蒙改南京兵部，命以参赞机务，深惧弗称，辞而未获。南迈到邹，得遇左都宪马公负图亦以新命北上。邂逅之顷，喜慰无已，于是同谒亚圣祠下。公即赋七言律诗一首，裕亦勉成二律，纪一时经行景仰之意耳。诗云乎哉！时同谒者南京大理丞屠君勋，南京礼部郎中包鼎也。

是岁腊月十有九日

赐进士第、资善大夫、南京兵部尚书、奉敕参赞机务、前国子祭酒、吏部尚书、同修国史、经筵官、后学钜鹿耿裕拜手谨书

邹县知县陈辅立

（选自孟庙石刻）

谒亚圣公庙

（明）赵鹤龄

巍巍庙貌泰山连，
古木苍苍雨露偏。
仁义七篇开万世，
豆笾四配本三迁。
当年不轨攻邪说，
后学何由仰正传？
最是此功高大禹，
皎然日月丽中天。

弘治七年甲寅季春月望日

山东按察司副使、西蜀赵鹤龄拜手稽首书

（选自孟庙石刻）

谒亚圣庙，用薛文公韵聊写数语

（明）邵贤

弘治庚申，视学兖郡，因过谒亚圣庙。周视殿寝门庑及邾国夫人祠宇，时方奉命重建，宏敞严整，足称具瞻，可见一时巨工，祗若圣意，殊可美也。因用薛文公韵，聊写数语，以见高山仰止之意云。

新庙岩岩碧汉边，
一龛香火散轻烟。
七篇仁义扶名教，
万古斯文得正传。
心在辟邪兼翼正，
气惟善养更知言。
抠衣此日趋庭拜，
重叹三迁母氏贤。

赐进士出身、中宪大夫、山东按察司副史、奉敕提督学政、前吏部文选司员外郎、宜兴邵贤书

邹县知县、灵丘李天章勒石

（选自孟庙石刻）

谒先师邹国亚圣公庙

（明）罗璟

夫子精神对越前，
平生景仰在真传。
功承三圣言皆正，
王劝诸君事有权。
大道已无榛棘塞，
遗书终并日星悬。
升阶再拜怀千古，
三复知言养气篇。

赐进士第、前太子洗马、国子监祭酒、泰和罗璟撰

正德乙亥仲秋吉

翰林博士孟元建

（选自孟庙石刻）

谒孟庙

（明）徐文溥

冠珮岩岩耸太行，
百年庙祀峄山阳。
论功不在玄圭下，
谈性应为阙里光。
云护宫庭春杳杳，
露涵松桧晓苍苍。
于今战国风仍在，
感慨祠前一瓣香。

三衢徐文溥

（选自孟庙石刻）

祇谒孟庙敬志一首

（明）毛伯温

入邹祇谒孟夫子，
浩气堂堂俨若生。
尧舜以来惟此道，
孔颜之后独高名。
峄山秀色凌层汉，
泗水清流绕故城。
仰止高风惭后学，

云松烟柏不胜情。

东塘毛伯温拜书

嘉靖癸巳孟春吉日

邹县知县陈钺立石

（选自孟庙石刻）

丙申春二月谒孟庙

（明）周昌龄

翼翼黉祠沂水东，

岩岩气象坐春风。

七篇仁义云霄上，

万世经纶宇宙中。

论性养心传道统，

分庭抗礼藐王公。

古今亚圣斯文主，

天下尊崇祭祀同。

太仆丞、八桂恭城后学周昌龄拜书

县丞宁节立石

（选自孟庙石刻）

孟庙识敬一律

（明）费宷

数仞宫墙地，三迁俎豆风。

弘才真亚圣，上爵称元功。

门对千山雪，坛深百尺松。

瓣香斜日外，企敬自儿童。

嘉靖丙申腊月晦日

后学费寀拜书

邹县知县时阳刻石

（选自孟庙石刻）

谒亚圣先师孟夫子庙

（明）孙应奎

仲尼不作生夫子，
统承先圣忧盲否。
发明仁义扩齐梁，
开陈王道见经纪。
于时朱翟漫塞途，
杞柳猖狂复湍水。
力排峻决穷其归，
揭言性善明宗旨。
孩提爱敬本知能，
知能天有仁义已。
充此浩气塞天地，
达此明良追喜起。
发端用力在毫厘，
不为不欲心焉耳。
吾道自此行江河，
蔽淫邪遁斯风靡。
大功信不在禹下，

乾坤位列犹双峙。

如何易简复蓁芜。

后生诵说徒孔氏，

词章技术济播间，

昏夜哀怜同梦死。

我生千载幸有依，

良知圣学如掌指。

却惊请事三十年，

犹疑江汉无涯涘。

心生忽惰助与忘，

末由动静归于止。

隙驹恨莫挥鲁戈，

志尹空怀匹夫耻。

问俗驱车阙里来，

肃瞻遗像咨芳轨。

徘徊松桧百年心，

天籁悠悠如命已。

章丑犹能记七篇，

斯文后此当谁似？

嘉靖三十三年秋八月朔日

后学东浙孙应奎谨课

邹县知县刘相立石

（选自孟庙石刻）

谒孟庙

（明）李悬

古柏森祠屋，跻攀却步难。

太山谁视鲁，沧海自观澜。

断织经还续，坑书灰未寒。

蒸尝千万祀，仁义总居安。

嘉靖丙辰冬

晚学李悬题

（选自孟庙石刻）

谒亚圣宫

（明）陈其力

驰驱邹国三迁里，

仰止邾城亚圣宫。

古道平平荆棘剪，

中天矗矗斗山崇。

机丝不断如线脉，

统绪因成并禹功。

题勒半穷凫峄石，

可能写得七篇终？

滇晚学、芸心子陈其力漫书

嘉靖己未孟夏吉旦

邾城驿丞、余姚黄学立石

镌字石匠梁卿

（选自孟庙石刻）

祇谒亚圣祠

（明）徐炳

炎炎夏日长，驱车古邹邑。
祇谒亚圣祠，齐心兢惕惕。
殿阁耸巍峨，草树生颜色。
卓哉大丈夫，万仞何壁立。
浩然天地间，俯仰气充塞。
霸业小桓文，邪说距杨墨。
墦间富贵儿，妾妇纵横客。
亹亹称三王，谆谆谈四德。
梦想追唐虞，渊源绍精一。
闻道跻孔门，论功侔禹迹。
七篇千万言，昭揭如星日。
缅维岳神降，扳龙附凤翼。
五色乘云车，行行止于峄。
诞生岂偶然，上天实所锡。
幼孤舍市廛，闻见移俗习。
嬉戏从贾衒，母心长恻恻。
三迁依学宫，一刀断机织。
蒙养端圣功，抠趋训弥敕。
遂溯洙泗流，私淑探遗泽。
勿助仍勿忘，深造期自得。
玉振戛金声，升堂优入室。

四十不动心，齐梁环辙迹。

信知名世才，昌期逢五百。

世无明王兴，谁为伊与稷？

吾道既终穷，归与勤著述。

继往开来学，后圣良不惑。

吁嗟阿母贤，柔嘉世维则。

教子为亚圣，令名畴与匹。

姙姒相后先，姜嫄原一脉。

褒封崇庙貌，万古同血食。

隆庆己巳闰六月之吉

海宁改亭山人徐炳书

（选自孟庙石刻）

瞻谒孟夫子庙，漫题六绝志怀

（明）许孚远

壬午季冬朔后一日，过邾国，同表弟沈虚中暨维扬阎立吾，瞻谒孟夫子庙，漫题六绝志怀。

匹夫百代作人师，

庙貌千秋配鲁尼。

当日纷纷仪衍辈，

只今谁与论雄雌？

尊王贱霸匪嚣嚣，

诚伪机关不可淆。

救得人心千古在，

勋名真与泰山高。

纵横捭阖势薰天，
独学宣尼意藐然。
纳约侯王甘不遇，
只昭仁义在遗编。

浩气元从集义生，
勿忘勿助见真精。
假非道脉符先圣，
安得空言觉后英。

孔孟由来只此人，
如何灵爽至今存？
吾侪愿学谁无志，
好向青春细讨论。

信知性善为尧舜，
肯用权谋杂管商。
斯道若明如昼日，
世风何虑不陶唐？

江西建昌府知府、后学德清许孚远谨题

（选自孟庙石刻）

瞻孟庙五言古风

(明)连标

峄阳孕地灵,远望孤桐翠。
邹鲁曾观风,暑月乘骢至。
庙貌何崔巍,碣文星纬萃。
树有汉唐植,案遗晋魏器。
升堂虔荐藻,申此景行志。
缅怀战国时,举世崇功利。
苏张尚捭阖,扬扬称得意。
天生吾夫子,独立斯文帜。
抗礼诸侯庭,开蒙说仁义。
尧舜期其君,孔颜晤梦寐。
养气与知言,能抉千古秘。
惭余寡昧资,太山时仰企。
七篇佩髫年,皓首无敢易。
丈夫在所为,巍巍何足视。
通塞范驰驱,诡遇耻为累。
愿学遵遗矩,源流宗洙泗。

万历岁甲午夏月之吉

颍川连标题

(选自孟庙石刻)

谒孟庙

（明）于慎行

郲城旧里记三迁，
银榜朱扉大道边。
行地江河疏圣派，
谈天奭衍闭言筌。
洙流影借金铺日，
峄嶂云生画栋烟。
北望孔门元只尺，
千年海岳想真传。

于慎行

（选自孟庙石刻）

题孟庙古桧一首

（明）董其昌

爱此孟祠树，
森然见典刑。
沃根洙水润，
含气峄山灵。
阅世磨秦篚，
参天结鲁青。
方知樗散寿，
只入列仙经。

翰林庶吉士董其昌书

邹县丞张东阳刻

金陵朱时修镌

（选自孟庙石刻）

谒孟庙三首

（明）董应举

日射朱门带雪光，
苍苍庭树俨成行。
微言幸已窥千载，
浩气依然见一堂。
山色远从东岱至，
洙泗直泻九河长。
孰知万古趋跄地，
辛苦三迁不可忘。

道穷麟泣岱无光，
间气犹钟古峄阳。
二氏横流悲独切，
诸侯传食意何长。
直将真性齐尧舜，
不数功勋到霸王。
我亦有心生异代，
十年五度谒宫墙。

战国纷纷性失常，

圣途榛塞世披猖。

独窥二字天人际，

流出七篇江汉长。

行乞也能辞呼蹴，

孩提直可见陶唐。

吁嗟千载言犹在，

只把空王作素王。

万历戊申冬月，吏部主事、闽人董应举题

（选自孟庙石刻）

谒孟庙有感（二首）

（清）胡世安

六经已获麟，皇路渐荆榛。

时数虽乘可，宾师不是臣。

纵横羽日月，朱翟屣君亲。

夫子区区意，邪中挽此民。

千古全忠孝，微斯谁与归？

天心延鲁铎，圣质启邾机。

一像存庐墓，七篇耿德徽。

群生性不死，自是快瞻依。

丙子孟秋六日谒孟庙有感

西蜀胡世安书

（选自孟庙石刻）

谒孟夫子庙恭纪

（清）周灿

壬子秋日谒孟夫子庙恭纪

丹垣绿树昼森森，
古殿秋风敞夕阴。
历聘齐梁陈王业，
直排杨墨正人心。
机堂俎豆崇贤母，
阙里宫墙傍孔林。
惭愧后生真自弃，
峄山绝绪到如今。

关中周灿拜题

（选自孟庙石刻）

邹县谒孟子庙（二首）

（清）朱彝尊

井地连滕壤，诗书近孔门。
世儒多横议，夫子独知言。
杨墨归斯受，齐梁道自尊。
岩岩留气象，千载肃心魂。

坏道残碑卧，祠官异代虔。
爵班公一位，里纪母三迁。
乔木冬春冷，风灯卒史悬。

空令布衣士，瞻拜独凄然。

（选自清光绪十三年刻本《重纂三迁志》卷九·艺文四）

御制孟子庙碑·文

（清）爱新觉罗·玄烨

尼圣既往，敻矣音徽；
后百余岁，圣绪浸微。
尚异实繁，杨墨兢煽；
陷溺之祸，酷于昏垫。
惟子舆氏，距诐放淫；
以承先圣，以正人心。
述舜称尧，私淑孔子；
正学修明，百世以俟。
不有是者，斯道孰传？
宇宙晦霿，万物狂颠。
我读其书，曰仁曰义；
遗泽未湮，闻风可企。
岳岳亚圣，岩岩泰山；
功迈禹稷，德参孔颜。
刻石兹文，于祠之下；
诵烈扬休，用告来者。

康熙二十六年夏四月

（选自孟庙石刻）

孟子赞

(清)爱新觉罗·玄烨

哲人既萎，杨墨昌炽。
子舆辟之，曰仁曰义。
性善独阐，知言养气。
道称尧舜，学屏功利。
煌煌七篇，并垂六艺。
孔学攸传，禹功作配。

(选自清雍正初年刻本《三迁志》卷十一·题咏)

邹县谒孟子庙

(清)汪援甲

峨峨峄山秀，万仞凌苍穹。
笃生孟夫子，间气所独钟。
三迁承慈训，俎豆习礼容。
道一结真契，性善豁群蒙。
辩息杨墨炽，笑黜桓文雄。
虚生名世才，一泣谁与同?
我来驱车过，入庙寻遗踪。
堂楹閟以肃，桧柏罗青葱。
更观天震井，湛碧寒泉通。
客行乏溪毛，载拜致恪恭。
俯仰有余慕，穆然来清风。

(选自道光十四年董纯修《邹县志稿》卷十五·艺文下)

亚圣孟子赞

（清）爱新觉罗·弘历

战国春秋，又异其世。陷溺人心，岂惟功利。时君争雄，处士横议。为我兼爱，簧鼓树帜。鲁连高风，陈仲廉士，所谓英贤，不过若是。于此有人，入孝出弟。一发千钧，道脉永系。能不动心，知言养气。治世之略，尧舜仁义。爱君泽民，惓惓余意。欲入孔门，非孟何自？孟丁其难，颜丁其易。语默故殊，道无二致。卓哉亚圣，功在天地！

乾隆戊辰仲春月御笔

（选自孟庙石刻）

瞻拜大贤，敬题二律

（安南国）陈辉淧

岁庚辰仲冬下浣，舍舟登陆，径邹县，系大贤故里，瞻拜有虔，敬题二律。

其一

气象岩岩泰一巅，
尼山而后得心传。
济时念念曾三宿，
行道言言至七篇。
仁义莫移权谲习，
干戈谁挽泰和年？
赍书幸到钟灵域，
仰止丛祠拜大贤。

其二

邾山矗矗水泱泱，

天厚斯文续主张。

霸显已曾卑管晏，

治平初不绝齐梁。

阐休韪烈侪颜禹，

辟谬雄谈倒墨杨。

战国宾卿安足□，

巍巍世德□冠裳。

安南国岁贡部正使、丙辰科进士第、特进金紫荣禄大夫、入内侍大参僚、刑部左侍郎、惠轩居士陈辉淧爱春拜稿

（选自孟庙石刻）

敬谒孟子祠庙恭赋

（清）德保

乾隆乙酉秋日，典试江西，道经邹县，敬谒孟子祠庙，恭赋。

杨墨纷纭战国间，

挺生夫子辟贤关。

传心大圣真堪继，

论性群言尽可删。

当日功名轻管晏，

至今俎豆并曾颜。

祠堂瞻望留邹峄，

道貌岩岩接泰山。

吉林德保

（选自孟庙石刻）

展谒孟庙，恭和德定圃老夫子座主壁间韵

（清）李调元

功如大禹在人间，
舜跖鸡鸣第一关。
三徙里中真善择，
七篇书外尽堪删。
松声叟叟留遗韵，
庙貌岩岩仰道颜，
私淑孔门千古契，
平生亦自有尼山。

甲午秋，典试粤东，道经邹县，展谒孟庙。恭和德定圃老夫子座主壁间韵。

剑南李调元题

（选自孟庙石刻）

过邹宿国模世长第作

（清）阮元

甲寅冬日，过邹宿国模世长第作

霸王代谢百年间，
夫子风尘又辙环。
若使灵台开晋国，
岂能秦石上邹山？
遗书赖有邠卿注，

古庙常余博士闲。
今夜断机堂外住，
主人清话敞松关。

同馆弟阮元题

（选自孟府石刻）

入庙瞻遗像（四章）

（清）车保成

入庙瞻遗像，如亲气浩然。
功原侔大禹，圣乃亚文宣。
绝学明千古，金书记七篇。
栖栖游辙老，治乱信由天。

只欲人心正，翻将好辩闻。
功名卑管晏，事业陋桓文。
曲学防维密，吾儒界始分。
那知千载下，邪说更纷纷。

母教当年著，人间轶事传。
宫墙今万仞，故里昔三迁。
裕后谋贻善，承先代有贤。
家风敦孝弟，世泽庆长绵。

崇儒逢圣代，庙貌又重新。
日月光坛坫，云霞美奂轮。

大哉居本广，高矣道无垠。

古柏饶生气，森严若有神。

宣统辛亥秋七月

会稽车保成

（选自孟庙石刻）

四、古今名人论孟子

汉　司马迁　《史记·孟子荀卿列传》

太史公曰:"余读《孟子书》,至梁惠王'问何以利吾国',未尝不废书而叹也,曰:嗟乎,利诚乱之始也,夫子罕言利者,常防其原也。故曰:'放于利而行,多怨。'自天子至于庶人,好利之弊何以异哉!"

孟轲,邹人也。受业子思之门人。道既通,游事齐宣王,宣王不能用;适梁,梁惠王不果所言,则见以为迂远而阔于事情。当是之时,秦用商君,富国强兵;楚魏用吴起,战胜弱敌;齐威王、宣王用孙子、田忌之徒而诸侯东面朝齐,天下方务于合纵连衡,以攻伐为贤。而孟轲乃述唐虞三代之德,是以所如者不合。退而与万章之徒序《诗》、《书》,述仲尼之意,作《孟子》七篇。

东汉　扬雄　《法言》

古者杨墨塞路,孟子辞而辟之,廓如也。

东汉　赵岐　《孟子题辞》

(《孟子》一书)包罗天地,揆叙万类,仁义道德,性命祸福,粲然靡所不载。帝王公侯遵之,则可以致隆平、颂清庙;卿大夫士蹈之,则可以尊君父、立忠信;守志厉操者仪之,则可以崇高节、抗浮云,有风人之托物、《二雅》之正言。可谓直而不倨，曲而不屈，命世亚圣之大才者也。

（三国）魏　徐幹　《中论》

仲尼曰：可与立，未可与权。孟子曰：子莫执中，执中无权，犹执一也。仲尼孟子可谓达乎权智之实者也。

孟轲怀亚圣之才，著一家之法。

南朝　刘勰　《文心雕龙》

孟轲膺儒以磬折。

孟荀所述理懿而辞雅。

《隋书·经籍志》

仲尼祖述前代，修正六经，三千之徒，并受其义。至于战国，孟子、子思、荀卿之流宗而师之。各有著述，发明其旨，所谓中庸之教，百王不易者也。

《新唐书·艺文志》

自孔子在时，方修明圣经以绌缪异，而老子著书论道德；接乎周衰、战国，游谈放荡之士田骈、慎到、列庄之徒，各极其辩，而孟子、荀卿始专修孔氏以折异端。

唐　韩愈　《韩昌黎文集》

（儒家道统）尧以是传之舜，舜以是传之禹，禹以是传之汤，汤以是传之文、武、周公，文、武、周公传之孔子，孔子传之孟轲，轲之死，不得其

传焉。荀与杨也，择焉而不精，语焉而不详。

孟子醇乎醇者也；荀与杨大醇而小疵。

孔子之道大而能博，门弟子不能遍观而尽识也，故学焉而皆得其性之所近；其后离散分处诸侯之国，又各以其所能授弟子，源远而益分。惟孟轲师子思，而子思之学出于曾子；自孔子殁，独孟轲氏之传得其宗，故求观圣人之道者，必自《孟子》始。

孟子虽贤圣，不得位，空言无施，虽切何补？然赖其言，而今之学者尚知宗孔氏，崇仁义，贵王贱霸而已。……向无孟氏，则皆服左衽而言侏离矣。故愈尝推尊孟氏，以为功不在禹下者为此也。

宋　孙奭　《孟子音义》

夫总群圣之道者，莫大于六经；绍六经之教者，莫尚于孟子。自昔仲尼既殁，战国初兴，至化陵迟，异端并作，仪衍肆其诡辨，杨墨饰其淫辞，遂致王公纳其谋以纷乱于上，学者循其踵以蔽惑于下，犹洚水怀山，时尽昏垫，繁芜塞路，孰可芟夷？惟孟子挺名世之才，秉先觉之志，拨邪树正，高行厉辞；导王化之源，以救时蔽，开圣人之道，以断群疑；其言精而赡，其旨渊而通，致仲尼之教独尊千古，使非圣贤之道安能至于此乎？

宋　欧阳修　《欧阳文忠公文集》

昔战国之时，杨墨交乱。孟子患之而专言仁义，故仁义之说胜则杨墨之学废。至汉之时，百家并兴，董生患之而退修孔氏之道。孔氏之道明而百家并熄，此所谓修其本以胜之之效也。

宋　程颢　程颐　《河南程氏遗书》

仲尼，天地也；颜子，和风庆云也；孟子，泰山岩岩之气象也，观其言，

皆可见之矣。

孟子有功于圣门,不可胜言。仲尼只说一个“仁”字,孟子开口便说“仁义”;仲尼只说一个“志”字,孟子便说许多“养气”出来。

孟子有大功于世,以其言性善也。

孟子性善养气之论皆前圣所未发。

宋　张载

颜渊从师进德于孔子之门,孟子命世修业于战国之际,所以潜见之不同。

宋　邵雍　转引孟氏《三迁志》

知《易》者不必引用讲解,是为知《易》。孟子之言,未尝及《易》,其间《易》道存焉,但人见之者鲜耳。人能用《易》,是为知《易》,如孟子可谓善用《易》者也。

宋　苏轼　《孟轲论》

自孔子殁,诸子各以所闻著书,而皆不得其源流,故其言统要。若孟子可谓深于《诗》,长于《春秋》者矣。其道始于至粗而极于至精,充乎四海而毫厘有所必计,至宽而不可犯,至密而可乐者,此其中必有所守,而后世或未之见也。且孟子尝有言矣,人能充其无欲害人之心而仁不可胜用也,人能充其无为穿逾之心而义不可胜用也。士未可以言而言,是以言恬之也;可以言而不言,是以不言恬之也,是皆穿逾之类也。惟其不为穿逾也,而义至于不可胜用;惟其未可以言而言,可以言而不言者也,而其罪遂至于穿逾。故曰:其道始于至粗而极于至精,充乎天地放乎四海而毫厘有所必计。呜呼!此其所以为孟子欤?后之观孟子者,无观之

他，亦观之此而已矣。

宋　苏辙　《古史》

孟子生战国，知仁义可以化服强暴；日说诸侯谆谆之言，冀或信；而诸侯习于鄙诈，莫以为然。孟子之言非苟为大也，不深原其意，详究其实，未有不以为迂者。不嗜杀人，有能者，自孟子以来，汉高帝、光武、唐太宗、太祖皇帝四君，孟子之言岂偶然哉？性有习习，有美恶，譬之火能熟能焚，孟子谓之善火能熟者，荀卿谓恶火能焚者，荀之失远矣。

宋　杨时　《杨龟山先生全集》

道不行久矣。自周衰以来，处士横议，儒墨异同之辩起而是非相胜，非一日也。孟子以睿智刚明之才出于道学陵夷之后，非尧舜之道不陈于王前，非孔子之道不行于身，以道援天下；绍复先王之令绪其自任，可谓至矣。当是之时，人不知存之之理，恃强威弱，挟众暴寡，以为久安之势，此而已矣。夫由其道，则七十里而兴；不由其道，虽天下而亡，古今之常理也。彼方恃强挟众而骤以仁义之言诱之动逆之所顺，则不悟其理者，宜其迂阔而不能用也。故辙环于齐鲁晋宋之郊而道终不行耳，其势然矣。虽膏泽不下于民，其志不施于事业，而世之赖其力亦其浅哉？方世道衰微，使儒墨之辩息而奸言诐行不得逞其志，无父无君之教不行于天下，而民免于禽兽，则其功非小矣。古人谓“孟子功不在禹下”亦足为知言也。

宋　朱熹

曾子大抵偏于刚毅，这终是有立脚处，所以其他诸子皆无传，惟曾子独得其传；到子思也恁地刚毅，孟子也恁地刚毅，惟是有这般人，方始凑

合得着；惟是这刚毅等人始立得定。

宋　余允文　《尊孟辨》、《尊孟续辨》

昔战国有孟轲氏，愿学孔子。术儒术，道王道，言称尧舜，辞辟杨墨；唱天下以仁义。圣人之道，蚀而复明，孟子力也。

孟子之书，如日星丽天，有目者皆知尊之。

宋　张栻　《癸巳孟子说》

夫子之道，至矣。微孟子其孰能发挥之？方战国之际，在上者徒知以强大威力为事，而在下则异端并作，充塞仁义。孟子独以身任道，从容乎其间。其见于用，则进退辞受无往而不得；见于言，则精微曲折，无一之不尽。……使后之人知夫人皆可以为圣人，而政必本于王道，邪说暴行无所遁其迹，而人之类免于夷狄、禽兽之归。其于圣门，岂小补哉！今七篇之书广大，包含至深至远，而寻求有序，充扩有方。在学者笃信力行，何如尔？

元　许衡　《鲁斋遗书》

且如论性说孟子……若果真见是非之所在，只当主张孟子。

元　张颏　《重修孟庙碑记》

学足以继往圣之正传，才足以立百王之大法，岂惟千余载之后莫能知之，虽当时及门者亦未能窥其奥。……盖知言养气得天地之性，善扩前圣所未发者，其学也。谈仁义，黜功利，贵王贱霸以正人心者，其志也。

微韩愈一言，孰知孔子殁独孟子传得其宗也。呜呼！智者过之，愚者不及，道难明也久矣！然则欲知孟子，质诸关洛诸君子之言，庶几信而

有征,固不在多言矣。

明　李贽　《藏书》

孟氏之学,识其大者,真若登孔子之堂而受衣钵也。其足继孔圣之传无疑,其言性善亦甚是。

明　王阳明　《王文成公全书》

孟氏尧舜之道,孝悌而已者,是就人之良知发见得最真切笃厚,不容蔽昧处提省人,使人于事君、处友、仁民、爱物,与凡动静语默间,皆只是致他那一念事亲从兄真诚恻怛的良知。

明末清初　孙奇逢　《四书近旨》

"残贼之人,谓之一夫。"一章之案,在此二字。以"诛"字易"弑"字,是《春秋》之笔法。汤、武之举犯古今大难,亏孟子看得真,判得定。

明末清初　黄宗羲　《孟子师说》

使孟子得行其道,则三代之治当复现,而秦必不得志于天下。

人皆可以为尧舜之语,此孟子继往圣开后学一大节目。

学其学者,讵止千万人千百年?

明末清初　王夫之　《读四书大全说》

孟子之道,合则行,不合则止。

《孟子》一书,十九为当时药石,显真理以破妄说。

(心之官则思)千古未发之藏……故"思"字一字,是继善、成性、存

存三者一条贯通梢底大用，括仁义而统性情，致知、格物、诚意、正心，都在这上面用功夫……孟子之功，不在禹下。

清　唐甄　《潜书》

孟子之道，在养气而不动心。

将欲风天下，勿畏非圣之谤，勿窃尊儒之名，当心法孔孟，不可口法孔孟。

自尧舜以下，其言浑矣。孔子乃明言，孟子益显之。自闻孟子之言，而后知圣人之治天下，其事庸，其用近。如布帛之必可暖，谷肉之必可饱，妇人孺子，皆可听其言而知之。

清　李光地　《榕村全集》、《榕村语录》

孔子而后，孟子独出诸儒者以明性也。

（孟子）才大，学问直溯源头，掘井见源，横说竖说头头是道。

清　戴震　《孟子字义疏证》

孟子辨杨、墨；后人习闻杨、墨、老、庄、佛之言，且以其言汩乱孟子之声，是又后乎孟子者之不可已也。苟吾不能知之亦已矣，吾知之而不言，是不忠也，是对古圣人、贤人而自负其学，对天下后世之仁人而自远于仁也。吾用是惧，述《孟子字义疏证》三卷。韩退之曰："道于杨、墨、老、庄、佛之学而欲之圣人之道，犹航断港绝潢以望至于海也。故求观圣人之道，必自孟子始。"呜呼！不可易也。

清　崔述　《孟子事实录》

孔子以后，能发明二帝三王之道者，孟子一人而已。唯颜子或可与

相埒，其余未见有可抗行者也。

孔子虽圣人，无孟子以承之，则圣道之详不著。……有孔子不可无孟子。是以韩子谓“孟子之功，不在禹下”，又谓“求孔子之道，当自孟子始”，诚非虚语。

清　周广业　《孟子出处时地考》

（孟子）以居仁由义为志，以知言养气为学，明王道黜霸功。……行年四十已不动心，设科教育及门数百人。

清　焦循　《孟子正义》、《孟子篇叙正义》

孟子不枉道以见诸侯，正所以挽回世道，矫正人心，此即孟子援天下之权也。

孟子道性善，称尧舜，实发明羲、文、周、孔之学，其言通于《易》，而与《论语》、《中庸》、《大学》相表里。

孟子之学，通变神化，以时为中，易地皆然，能包容乎百家，故能识持一家之说之为害也。

清　曾国藩　《曾文正公全集》

愿终身私淑孟子。虽造次颠沛，皆有孟夫子在前，须臾不离。

魏源　《论语孟子类编序》、《孟子补赞》

学孟子为易简直捷而适于用。

（孟子）宜乎泰山岩岩之象，江汉浩浩之流，配神禹，称邹、鲁而百世无休。

康有为　《孟子微》

举中国之百亿群书，莫如《孟子》矣。传孔子《春秋》之奥说，明太平大同之微言，发平等同民之公理，著隶天独立之伟义，以拯普天生民于卑下钳制之中，莫如孟子矣！探冥冥之本原于天生之性，许其为善而超擢之；著灵明之魂于万物皆备之身，信其诚有而自乐之；秩天爵于人人自有而贵显之，以普救生人神明于昏浊污蔽之中，莫如孟子矣。

欲知孔子者，莫若假途于孟子。……通乎孟子，其于孔子之道得门而入，可次第升堂而入室矣。

梁启超　《饮冰室合集》

《孟子》为修养最适当之书，于今日青年尤为相宜。……气象博大，独往独来，光明俊伟，绝无藏闪。

（学《孟子》）则一生做人基础可以稳固，而且日日向上，至老不衰矣。

钱穆　《晚学盲言》

下逮孟子，遂又有一番新观念新理论出现。历叙上古圣人，却特地举出伊尹、伯夷、柳下惠三人，以下达孔子。后代人惯读其书，习以为常，不感有诧异。其实在当时乃是孟子一番开天辟地的新创论、新独见。即在孔子亦似乎未尝想到此处来，这真见孟子苦心，而影响后世亦特大。

冯友兰　《中国哲学小史》

能以学显于当世者，则推孟子、荀卿。二人实孔子后儒家二大师也。孔子在中国历史中之地位如苏格拉底之在西洋历史，孟子在中国历史中之地位如柏拉图之在西洋历史，其气象之高明亢爽亦似之。

牟宗三 《中国哲学的特质》

了解孟子的性善说,才可了解并从而建立人的真实主体性。中国儒家正宗为孔孟,故此中国思想大传统的中心落在主体性的重视。此“心”代表道德的主体性,他堂堂正正的站起来,人才可以堂堂正正地站起来;人不能站起来,那么一切科学、道德、宗教、艺术,总之,一切文化都无价值。这是中国思想的核心,所以孟子是心性之学的正宗。

张岱年 《孟子家世·序》

孟子是中国古代伟大的思想家、哲学家、教育家。孟子的精神境界之崇高、在学术史上影响之深远,仅次于孔子。孟子继承并发挥了孔子仁的学说,对于中华民族精神文明的发展作出了巨大贡献。

孟子提出了比较完整的人格价值理论,强调了人的主体性。孟子所宣扬主体精神包括两个方面,一是人格独立意识,二是社会责任心。孟子承认生命的价值,但提出“所欲有甚于生者”,“所恶有甚于死者”。“所欲有甚于生者”,即是人格的尊严;“所恶有甚于死者”,即是人格的屈辱。孟子赞扬禹稷的救世精神说:“禹思天下有溺者,犹己溺之也;稷思天下有饥者,犹己饥之也。”这就是宣扬人应有高度的社会责任心。如果一个人只有人格独立意识而没有社会责任心,那也是不足取的。孟子将人格独立意识和社会责任心统一起来,这对于铸造中华民族的精神文明具有非常巨大的积极意义。

到北宋时代,虽有人疑孟,但理学宗师张载、程颢、程颐都宗述孟子。南宋初期,朱熹、陆九渊立说不同,都尊仰孟子。清初,王夫之、戴震批评程、朱、陆、王之说,而都推崇孟子。孟子受到程、朱、陆、王以及王夫之、戴震的推崇,这表明孟子学说中确实含有精湛的内容因而具有充沛的生命力。

张岱年 《孟子大传·序》

《孟子》七篇,义深辞畅,自汉初以来即为学者所传诵。孟子虽曾受到荀子的批评,但是多数儒者在孟荀两家之中比较推崇孟子。

孟子是中国哲学中"天人合一"观念的首倡者。他提出尽心知天之说,将人的心性与天贯通起来。

任继愈 《孟子研究论文集·贺信》

中国先秦诸子百家并出,两千多年来对社会影响深远的只有儒、道两家。儒家代表人为孔孟。

儒家由孔子创立,得孟子而光大。孟子性善说成为中国传统人性论的主流;他的王道、仁政学说,历代王朝奉为施政准则(虽有暴君污吏亦不敢倡言霸道虐政);他的良知说,启发了宋、明理学的革新派;他的养气说,为后来心性论提供了可贵的思想资料;他的仁者无敌、得道多助、失道寡助的思想,为后世外交军事的最高指导原则;他关心农业生产,使人民不饥不寒,几千年来为政者奉为圭臬。这些基本思想,今天还活在人们生活中,还在起作用。孟子思想博大深宏,《孟子》文风,雄浑刚健,孟子人格高峻旷远。孟子留给后人的精神财富,值得继续深入发掘的地方很多。

一切有价值的文化遗产,一旦为社会所接受,就是人类共同的财富。他们属于中国,也属于全世界。

五、轶闻传说

围绕孟子生平事迹、孟氏后裔及孟子林墓,有许多轶闻传说,有的至今仍在口头流传。这些轶闻传说,大部分是前人记载下来的,可追溯到很早。除《孟子》书中及《史记·孟子荀卿列传》中的记载可作信史看待以外,其余都可视作轶闻传说。西汉韩婴《韩诗外传》及刘向《列女传》等书中记述的"三迁"、"断机"以及买豚肉以明不欺子的故事已在"母教"节内述及。其他在古代典籍中、历代地方志中以及孟氏家志中所记载的,按内容的先后顺序作如下记述:

(一)关于孟子生平的传说

1. 晋代王嘉《拾遗记》和宋代郑樵《通志》中记载孟子诞生时的情况说:(后被历代各种《邹县志》及孟氏家志转载)

"孟子生时,母梦神人乘云自泰山来,将止于绎,母凝视久之,忽片云坠而寤。时闾巷皆见五色云覆孟氏之居焉。"

2.《孔丛子》中记述了孟子幼时见子思及相与问答的几段话:

"孟子车尚幼,请见子思。子思见之,甚悦其志,命子上侍坐焉。礼敬子车甚崇,子上不愿也。客退,子上请曰:'白闻士无介不见,女无媒不嫁。孟孺子无介而见,大人悦而敬之。白也未喻。敢问。'子思曰:'然。吾昔从夫子于郯,遇程子于途,倾盖而语,终日而别,命子路将束帛赠焉。以其道同于君子也。今孟子车孺子也。言称尧舜,性乐仁义,世所希有也。事之犹可,况加敬乎?非尔所及也。'"

"孟轲问:'牧民何先?'子思曰:'先利之。'曰:'君子之所以教民,亦有仁义而已矣,何必曰利?'子思曰:'仁义固所以利之也。上不仁则下不得其所;上不义,则下乐为乱也。此为不利大矣。故《易》曰:利者,义之和也。又曰:利用安身,以崇德也。此皆利之大者也。'"

"孟轲问子思曰:'尧舜文武之道,可力而致乎?'子思曰:'彼人也,我人也。称其言,履其行,夜思之,昼行之。滋滋焉,汲汲焉,如农之赴时,商之趣利,恶有不至者乎?'"

"子思谓孟轲曰:'自大而不修其所以大,不大矣;自异而不修其所以异,不异矣。故君子高其行,则人莫能偕也;远其志,则人莫能及也。礼接于人,人不敢慢;辞交于人,人不敢侮。其唯高远乎?'"

3.《韩诗外传》和《列女传》都记述了孟母劝止孟子出妻之事,其记载大同小异。

《韩诗外传》上记述:

"孟子妻独居,踞。孟子入户视之,白其母曰:'妇无礼,请去之。'母曰:'何也?'曰:'踞。'其母曰:'何知之?'孟子曰:'我亲见之。'母曰:'乃汝无礼也,非妇无礼。《礼》不云乎?将入门,问孰存;将上堂,声必扬;将入户,视必下,不掩人不备也。今汝往燕私之处,入户不有声,令人踞而视之,是汝无礼,非妇无礼也!'于是孟子自责,不敢去妇。《诗》曰:'采葑采菲,无以下体。'"

《列女传》上则说:

"孟子既娶,将入私室,其妇袒而在内。孟子不悦,遂去不入。妇辞孟母而求去,曰:'妾闻夫妇之道,私室不与焉。今者,妾窃惰在室,而夫子见妾勃然不悦,是客妾也。妇人之义盖不客宿,请归父母。'于是孟母召孟子而谓之曰:'夫礼,将入门,问孰存,所以敬也;将上堂,声必扬,所

以戒人也;将入户,视必下,恐见人过也。今子不察于礼而责礼于人,不亦远乎?'孟子谢,遂留其妇。君子谓:孟母知礼而明姑母之道。"

4.《列女传》记载:

"孟子处齐而有忧色,孟母见之曰:'子若有忧色,何也?'孟子曰:'不敏。'异日闲居,拥楹而叹,孟母见之曰:'向见子有忧色,曰:不敏也。今拥楹而叹,何也?'孟子对曰:'轲闻之,君子称身而就位,不为苟得而受赏,不贪荣禄。诸侯不听,则不达其土;听而不用,则不践其朝。今道不用于齐,愿行而母老,是以忧也。'孟母曰:'盖闻妇人之礼,精五饣,幂酒浆,养舅姑,缝衣裳而已。故有阃内之修而无境外之志。《易》曰:在中馈,无攸遂。《诗》曰:无非无仪,惟酒食是议。以言妇人无擅制之义而有三从之道也。故年少则从乎母,出嫁则从乎夫,夫死则从乎子,礼也。今子,成人也。我老矣。子行乎子义,吾行乎吾礼。"

5. 历代《邹县志》和《三迁志》都记载孟子卒于冬至之日,邹人因哭孟子而废贺冬之礼,以后便成了风俗。

(二)关于孟子后世及林庙方面的轶事

1. 万历三十八年(1611 年),《孟志》及天启《三迁志》两书的"杂志"门中记载:明朝初年,太祖皇帝在孟氏族谱上加盖皇帝玉玺后,仍交还孟族中的人,并且在敕照中写明:"有此者袭。"因为按例孟氏宗子承袭邹县主簿。这份加盖印玺的族谱及所附敕照,便是应当袭职的凭据,后来授官世袭翰林院五经博士。不知哪一代博士,因为乏钱使用,把这份族谱典押给鲁王府的一个远支本家,很长时间不取赎。这位鲁王府的远支本家后来也穷了,又把这份族谱转质给孟氏的一个本家。不幸的是这孟氏族人家失火,于是这份族谱也被烧毁了。其第 62 代后裔孟闻钲家中藏有抄本,乃是他的祖父做官时,抽闲暇时间抄录的。对此,《孟志》的作者在记述此事时慨叹道:"呜呼,世事不可知! 倘不虞,而孟氏之派安所取信哉？今宜即谱稿一修之可也，是在宗子。”

另，雍正本《三迁志·闻达》中记载，孟闻钲是在崇祯二年皇帝幸太学时恩贡生。开始授沧州学正，后迁陕西宜川县令。曾“纂修族谱，有功宗派”。

2. 据《孟志》及天启《三迁志》记载，明代嘉靖年间以前的孟氏世袭博士，气势很是煊赫。因在元代宗子任主簿，与县尹为僚属，出入乘明舆，大列仪从，辟除行人，拜访知县用“侍生”的帖子，轿子直接抬入县衙的仪门以内。到万历八年（1580 年）知县许守恩认为这样不妥，于是改变前例，拜访知县时改为“治生”帖，送迎在大门以外，不能再坐轿入仪门，但乘轿及仪从还和从前一样。

3. 据《孟志》记载，孟氏初立为博士时，东昌府有一姓李的人，羡慕孟氏族人所受的优待，花了大钱，改名换姓窜入孟氏谱牒之中。目的达到以后，全家迁到邹县，果然广置良田、美宅，子弟中有好几人进学成了秀才。但几十年之后，失火烧了个干干净净，后世贫绝，存在世上一两个人都是痴呆，连麦子豆子都分不出来。“人咸谓之天道焉。”

4. 据《孟志》记载：孟氏庙户、差役，不负担国家徭役。早年有奸猾刁钻的人，便花钱行贿，投入孟庙中充当庙户。及至进去之后，府内遇有生辰、伏腊，要备礼入贺，另外一切杂用、费用也颇不轻，于是有已成庙户的又求告出为编民的。

5. 据《孟志》记载，孟庙中有许多碑刻都是磨平旧碑重刻的。如《孟氏祖图碑》还有两三个磨砻未尽可以看出痕迹的旧碑文字，吴能诗刻碑甚至尚有旧碑文字可辨识者 20 余字，还能看出笔法相当遒劲。查吴能的诗碑原石未找到。成化十一年《孔颜孟三氏志》上记录了原诗，名下注明是“知县”。嘉靖年间的《邹县乡土志》也载入其诗，名下更注明是“邹县知县”。查历代志书职官志，均失载其名，但知《三迁志》录诗在

“国朝”之前,故知吴能最迟当是元代知县。其诗题《谒孟庙》,诗说:“邾城楼郭白云边,林木苍苍尚岿然。金石勋封知几代,蘋蘩荐祀已千年。雨苔寂寂迷书屋,秋谷离离满墓田。今日丹青重绘画,邑人犹说子孙贤。”至于磨掉旧碑为何,便彼传而此不传了。

6. 孟庙西庑以前有一段碑的螭头埋在土中,偶然被发现,只见其篆额文曰:“皇太子、詹同过邹祀孟子记。”按:詹同为明初婺源人,洪武初官至吏部尚书兼翰林学士承旨。其时的太子当为懿文太子,即朱元璋的长子朱标,未即位卒。但史乘皆不载朱标与詹同经过邹县之事。《孟志》叙完此事后,诧曰:“皇太子,君也;詹同,臣也,岂容并称乎?皆可疑也!”其碑后来不知下落,有的说又被埋入土中了。按:明代在“靖难”之后,懿文太子之事也是敏感问题,所以原碑断螭被埋入土中,及既经发现又复埋掉,盖与此有关。

7. 据《重纂三迁志》记载:“康熙十一年春,日中时,忽有声如雷。闻者皆惊愕,不知所自起。移时见庙中阶前地陷,有甃甓圆痕。探之,乃古井也。井不知始于何时。而一旦无故陷出,理不可解。附志卷末,以广异闻。”(旧志有图,孟氏名曰“天震井”。)按:据康熙五十五年《邹县志》载,康熙十一年(1672 年)五月二十二日地震,地陷系地震所致,但所震出之古井何时挖砌,不详。

(三)口头流传的轶事

由于民间对亚圣孟子的敬重,所以口头流传的轶事很少。早年流传一个神话故事,说是当年孟子在峄山东麓设帐授徒,有学生万章,家住城南万村。万章是个孝子,家中有一老母,每天放学以后,要按时回家侍奉母亲。从学到家十几里之遥,为了不耽误学业,孟子赠给万章一双“登云鞋”,穿上这鞋,十几里路只用两步就能到家。万章在迈过峄山时,在峄山西麓石头上留下一个脚印,旧时赶峄山庙会的还专门去看此脚印。

后 记

1996年春夏之交，按照山东省地方史志编纂委员会的工作部署，由邹城市人民政府承编《孟子志》，邹城市人民政府当即组成《孟子志》编纂委员会，并于1996年6月，将具体编纂任务落实到人，开始了紧张的搜集资料和撰写工作。

编写人员南下南京、杭州、绍兴、宁波市，北上曲阜、济南、北京市，搜集资料、拜访专家学者，又循着当年孟子周游列国的足迹，经滕州、徐州市，西到商丘、开封市，东到淄博市，踏看了有关孟子的遗迹、遗址和纪念物，采访了当地通晓地方文化掌故的人士。在编写过程中，我们遵循志书体例，本着“述而不作”的原则，对所掌握的资料进行归纳与梳理，力求编出一部客观、准确、有参考价值的志书。次年6月底完成了征求意见稿。

1997年9月1日—3日，邹城市人民政府办公室邀请山东省暨济宁市有关领导及国内儒学专家40余人，召开了《孟子志》稿评议会。到会的儒学专家有清华大学刘鄂培教授，中国社会科学院衷尔钜研究员、孙开泰研究员，山东大学丁冠之教授，山东社会科学院王其俊研究员，曲阜师范大学孔子文化学院院长姜林祥教授、原副院长骆承烈教授，中国孔子基金会《孔子研究》常务副主编王钧林教授等。北京大学张岱年教授发来贺信，北京大学董洪利教授寄来详细的评议意见。会议在基本肯定

此稿的前提下，提出了许多宝贵意见。编纂人员梳理所有意见，整理出修改方案，遂据此进行修改。至2000年12月告竣。

2008年，对2000年修改稿再次进行修改，增加部分文献内容以及至2008年的学术活动和纪念活动概况、重要学术研究成果等。

《孟子志》的具体编纂工作，实行编纂委员会领导下的分工负责制。撰稿分工为：《概述》，第一、二、三篇，附录一、二、三，刘培桂；《大事记》，第四篇第一章第一、二、三、四节，第二章，第六篇，第八篇第一章，第二章第一、二节，附一、附二，第七篇第三章，附录五，张延龄；第四篇第一章第五节，第五篇第一、二、三章，第八篇第二章第三节、附三，附录四，王彦；第五篇第四章，第七篇第一、二章，孔令源。初稿完成后，由主编、副主编统编，主审、副主审审稿。

2009年，山东人民出版社组织出版《齐鲁诸子名家志丛书》，《孟子志》被列入其中。值此出版之际，向关心、支持、帮助本志编纂工作的有关领导、专家学者表示衷心的感谢！书中不足之处，欢迎广大读者批评指正。

《孟子志》编纂委员会

2009年1月

图书在版编目(CIP)数据

孟子志/刘培桂主编．—济南：山东人民出版社，2009.4（2011.4重印）
（齐鲁诸子名家志/王兆成，刘秋增总主编）
ISBN 978-7-209-04758-6

Ⅰ.孟… Ⅱ.刘… Ⅲ.孟轲（前372～前289）—人物研究 Ⅳ.B222.55

中国版本图书馆CIP数据核字（2009）第041012号

责任编辑：马　洁
装帧设计：蔡立国　武　斌
制　　作：侯地霞

孟子志
刘培桂　主编

山东出版集团
山东人民出版社出版发行
社　址：济南市经九路胜利大街39号　　邮　编：250001
网　址：http://www.sd-book.com.cn
发行部：(0531)82098027　82098028

新华书店经销
山东新华印刷厂印装

规　格　16开(184mm×260mm)
印　张　38
字　数　430千字　　插页　12
版　次　2009年4月第1版
印　次　2011年4月第2次
ISBN　978-7-209-04758-6
定　价　190.00元